中国古代
吏部名人

何 伟／著

中州古籍出版社

图书在版编目（CIP）数据

中国古代吏部名人/何伟著. — 郑州：中州古籍出版社，2016.4
ISBN 978-7-5348-6190-1

Ⅰ.①中… Ⅱ.①何… Ⅲ.①政治人物—生平事迹—中国—古代 Ⅳ.①K827=2

中国版本图书馆CIP数据核字（2016）第076432号

中国古代吏部名人

责任编辑：王小方
责任校对：吕兵伟
出 版 社：中州古籍出版社
　　　　　（地址：郑州市经五路66号　邮政编码：450002）
发行单位：新华书店
承印单位：郑州新海岸电脑彩色制印有限公司
开　　本：787mm×1092mm　　1/16
印　　张：19.5
字　　数：450千字
印　　数：1-2000册
版　　次：2016年4月第1版
印　　次：2016年4月第1次印刷
定　　价：58.00元

本书如有印装质量问题，由承印厂负责调换。

自序

习近平总书记指出:"历史是最好的教科书,要在对历史的深入思考中做好现实工作、更好走向未来。"古代官制史是我国历史长河中的璀璨瑰宝,蕴含着非常丰富的治国理政经验,今天仍值得我们深入研究和学习借鉴。

纵览我国古代官制的历史画卷,吏部应是其中最浓墨重彩的组成部分。历朝历代,吏部在职能上虽有所不同,但其基本职能主要是掌管文官的任免、考课、升降、勋封、调动等事务,即"掌品秩铨选之制,考课黜陟之方,封授策赏之典,定籍终制之法"。吏部在整个国家机构中居于非常重要的位置,为维护封建统治发挥了至关重要的作用。

吏部长官一般称为吏部尚书,下置侍郎、郎中、员外郎、主事等官职。吏部尚书通常为中央六部尚书之首,"班列次序,在其他各部之上。"通常设有尚书1人,正三品;侍郎2人,正四品上;郎中2人,正五品上;员外郎2人,从六品上。吏部主事4人,司封主事2人,司勋主事4人,考功主事3人。

据《通典·职官五》记载:"汉成帝初置尚书,有常侍曹,主公卿事。后汉改为吏曹,主选举、祠祀,后又为选部。魏改选部为吏部,主选事。"西汉时设有常侍曹,主管丞相、御史、公卿之事。东汉改尚书常侍曹为吏曹,又改为选部,魏晋以后称吏部,置尚书等官。隋唐将吏部列为六部之首。长官为吏部尚书,副长官称侍郎,历代相沿。吏部掌管全国官吏的任免、考课、升降、调动等事务。

吏部在各朝各代有着不同的称谓,但其职能大同小异,比如在唐代就变动几次:

唐武德五年(622)改选部曰吏部。

龙朔元年(661)改吏部曰司列,主爵曰司封,考功曰司绩。

光宅元年(684)改吏部曰天官。

垂拱元年(685)改主爵曰司封。

天宝十一载（752）改吏部曰文部，至德二载（757）复旧。

到清宣统三年（1911），清王朝的责任内阁设立制诰、铨叙等局，吏部遂撤。

在吏部一千多年的发展史中，涌现出了一大批历史名人，比如担任过吏部尚书的唐代名臣长孙无忌、杜如晦、颜真卿，宋代名臣王安石，明代名臣张居正，清代名臣陈廷敬、张廷玉、刘墉等，以及担任过吏部侍郎的唐代大诗人韩愈，宋代名臣范仲淹，清代名臣曾国藩、林则徐等，他们中的很多人有的成为一代名相，有的成为伟大思想家，有的成为著名政治家，有的成为著名文学家，他们都为后人所敬仰，他们如恒星般绽放着无尽的光芒，催人自省，发人深思，给人力量。

用人问题历来都是吏治的首要问题。"吏部"这个古代职能机构虽已被历史尘封，但中国古代吏部官员在用人方面的一些独到之处和做法是值得世人借鉴的。如宋朝范仲淹"庆历新政"中整顿官僚机构、明代张居正"考成法"为主要内容的吏治革新等都有裨益。

作者

2015年11月18日

目录

魏晋南北朝

山 涛	02
卢 毓	03
王 戎	04
李 胤	05
谢 安	07
何尚之	08
范 晔	08
徐 勉	10
朱士明	11
萧子显	12
封隆之	14
封孝琰	15
沈君理	17
蔡 徵	18
唐 瑾	19

隋唐五代

高 构	22
薛道衡	22
牛 弘	24
裴 矩	25
韦世康	27
令狐熙	28
杜 淹	30
杨恭仁	31
高 俭	32
杜如晦	33
戴 胄	34
姚 懿	37
刘祥道	38
褚遂良	40
唐 临	42
马 周	43
长孙无忌	44
裴行俭	49
张柬之	50
宋 璟	51
卢从愿	52
裴光庭	53
苗晋卿	55
王 维	57
颜真卿	58
金 忠	60
柳公绰	61
韩 愈	62
钱 徽	63
裴 潾	65
赵宗儒	66
魏 谟	68
杜 牧	69
陈 拙	70

冯　道 …………………………… 71

宋金元

毕士安 …………………………… 74
张齐贤 …………………………… 76
吕蒙正 …………………………… 77
王　旦 …………………………… 78
寇　准 …………………………… 80
范仲淹 …………………………… 81
曾公亮 …………………………… 85
文彦博 …………………………… 86
苏　颂 …………………………… 88
苏　辙 …………………………… 90
彭汝砺 …………………………… 91
黄庭坚 …………………………… 93
黄龟年 …………………………… 95
李若水 …………………………… 95
汪应辰 …………………………… 96
洪　遵 …………………………… 98
洪　迈 …………………………… 99
杨万里 …………………………… 101
韩彦直 …………………………… 102
郑　侨 …………………………… 104
张　栻 …………………………… 106
赵汝愚 …………………………… 107
袁说友 …………………………… 109

郑性之 …………………………… 110
吴　潜 …………………………… 111
程元凤 …………………………… 112
叶梦鼎 …………………………… 113
王应麟 …………………………… 114
杨云翼 …………………………… 115
元好问 …………………………… 117
陈思济 …………………………… 120
李　衍 …………………………… 121
许师敬 …………………………… 122
曹元用 …………………………… 124

明代

高　巍 …………………………… 128
夏原吉 …………………………… 129
魏　骥 …………………………… 130
顾　佐 …………………………… 131
王　翱 …………………………… 133
何文渊 …………………………… 140
商　辂 …………………………… 141
王　恕 …………………………… 142
马文升 …………………………… 144
黎　淳 …………………………… 146
耿　裕 …………………………… 147
刘大夏 …………………………… 148
李东阳 …………………………… 150

杨一清	152	周朝瑞	194
廖　纪	153	周嘉谟	195
王　琼	154	孙继皋	197
汪　铉	156	顾宪成	198
马　理	158	赵南星	199
钟　芳	159	王永光	201
许天锡	161	余懋衡	201
徐　阶	162	何宗彦	203
毛　恺	164	叶向高	204
王慎中	166	李　默	205
严　讷	167	袁宏道	206
郭　朴	169		
王国光	170		

清代

赵邦清	172	魏裔介	210
高　拱	174	赵士麟	212
张守直	175	王　清	213
海　瑞	176	李天馥	214
张居正	177	陈廷敬	216
孙丕扬	179	王顼龄	218
王家屏	181	李光地	220
徐元太	182	张鹏翮	222
吕　坤	184	田从典	224
胡执礼	186	陈元龙	225
温　纯	187	朱　轼	229
唐伯元	189	励廷仪	230
于慎行	190	沈近思	231
赵世卿	192		

张廷玉	233	汤金钊	262
黄叔琳	236	王茂荫	264
孙嘉淦	237	段光清	267
陈宏谋	239	朱凤标	269
刘统勋	240	花沙纳	272
刘　墉	242	单懋谦	273
彭启丰	244	曾国藩	274
孙士毅	247	张之万	276
梁国治	252	李鸿藻	278
戴联奎	254	袁保恒	280
曹振镛	257	唐景崧	282
申启贤	258	李殿林	285
王　鼎	259	张百熙	286
潘世恩	261	附：历代吏部官员表	288

魏晋南北朝
WeiJinNanBeiChao

山涛

山涛（205~283），字巨源，西晋河内怀县（今河南武陟西）人，"竹林七贤"之一，魏晋时期吏部尚书，官至冀州刺史、太子少傅、左仆射等。

山涛自幼便成了孤儿，家里甚是清贫。后虽居高官，处尊位，生活却谨慎俭约，常用自己的俸禄薪水救济邻里。

山涛是"竹林七贤"中年龄最大的一位，好老庄学说，曾与嵇康、阮籍等人到各地游学。投靠司马氏以后，他在仕途上可谓平步青云。曾推荐好朋友嵇康来洛阳做官，没料到嵇康不但不领情，还写了一篇《与山巨源绝交书》，称"志气所托，不可夺也"，"又每非汤武而薄周孔，在人间不止，此事会显世教所不容"，"不可己嗜臭腐，养鸳雏以死鼠也"。然而，嵇康临死前在刑场上将自己的儿女托付给了山涛，留言道："巨源在，汝不孤矣。"在嵇康被杀20年后，山涛荐举嵇康的儿子嵇绍为秘书丞。

早年，山涛见司马懿与曹爽争权，就隐退不问时事。到了40岁才进入仕途担任郡主簿。司马师执政后，他想倾心依附司马师，就考取秀才，做了郎中，后又任吏部郎。因为钟会在蜀作乱，司马昭决定西征，任山涛为行军司马，去镇守邺城。司马昭晋爵晋公以后，山涛主张以司马炎为太子。司马炎代魏称帝时，任山涛为大鸿胪，加官车都尉，晋爵新沓伯。后来山涛又做了冀州刺史，他选拔人才不拘一格，唯贤是举，搜访贤才30多人，后被调任侍中，官居吏部尚书、太子少傅、左仆射等。为吏部尚书时，每选用一个官吏，他都会秉承晋武帝的意旨，而且以

山涛

不同的方式进行选拔考核，时称"山公启事"。垂暮之年，他曾多次以老病辞官，朝廷都不批准。后又被升为司徒。

公元281年，山涛已经77岁高龄，在他反复上表苦辞之下，晋武帝司马炎才答应让他回家休息。过了两年"隐居"生活后，他平静地离开了人世。

"竹林七贤"之一的王戎曾这样评价山涛，他就像未经雕琢的玉和未经冶炼的金一样。人们往往欣赏玉和金光彩夺目的外表，而对未经雕琢的玉和未经冶炼的金，却不知道它们内在的高贵质地。看了山涛的逸事，我觉得评价很中肯。人们指责山涛、贬低山涛，主要认为他不该出仕司马氏。实际上，把山涛放在漫长的历史长河中看一看，他对社会的贡献和自我价值的实现远比醉卧竹林、博得清誉更有意义。

卢毓

卢毓，字子家，三国魏涿郡涿（今属河北）人，官至吏部郎、侍中、吏部尚书等。

卢毓的父亲卢植是当时很有名气的官员。不幸的是，卢毓10岁时就成了孤儿，又遇战乱，他的两个哥哥在战乱中相继死去。袁绍与公孙瓒交兵之时，幽冀地区正闹饥荒，他带着嫂子和侄儿四处漂泊，后以良好的品学为世所称道。因此，崔琰举荐他为冀州主簿。接着他又被晋升为丞相法曹议令史，转调西曹议令史。

魏国刚建立时，卢毓被任命为吏部郎。后来文帝任用他为黄门侍郎，又出调为济阴相，梁、谯二郡太守。因为谯是魏文帝的故乡，所以文帝便迁徙大量百姓到那里屯田繁衍，希望故土能够繁荣昌盛。然而谯地土壤贫瘠、百姓穷困，卢毓怜悯他们，于是上奏：不如把百姓迁到梁地去，那里土地肥沃，适宜发展生产。文帝为此对卢毓很失望，虽然听从了他的建议，但却芥蒂在心，于是就降了卢毓的官职贬为典农校尉，允许他将移民迁至睢阳。卢毓一心为民，亲自考察，选择肥美便利的地方，把百姓安置下来。后来卢毓又继任安平、广平太守，他为官一任，造福一方。

青龙二年（234），卢毓被任命为侍中。当时散骑常侍刘劭没有完成皇帝诏令制定律例的任务。卢毓就上奏：古今制定律例的目的就是为了统一规范人们的言行，不偏不倚，从而使那些奸猾之徒得以伏法。后来侍中高堂隆多次以官廷内部的事情恳切进谏，文帝因此很不高兴，卢毓就进言说："臣听说只有皇帝圣明了，臣子们才敢直言进谏，古代的圣王明君害怕自己听不进臣民评价自己过失的言论，就设置了敢谏之鼓。像我们这些近臣，都中规中矩地不敢谏言，愧不如高堂隆啊。高堂隆为人，是耿直出了名的，望陛下宽容他。"卢毓在职三年，屡为国事而谏言争取。皇帝就下诏："选才治国是历代皇帝的难题，须有贤圣之人来辅佐，替我分忧。侍中卢毓禀性坚贞执着，心平体正，是个兢兢业业的人。特以卢毓为吏部尚书。"接着就晋升卢毓为吏部尚书，皇帝对卢毓说："你才是我所需之人。"后来，卢毓推举常侍郑冲，皇帝说："文和，我了解他，希望你能引荐更多我没听说过的人。"于是卢毓就陆续推荐了阮武、孙邕，皇帝最终用了孙邕。

当时诸葛诞、邓飏等人名气很大，文帝妒忌他们。卢毓想举荐他们为中书郎，文帝就对他说："你是否真得熟知他们的为人呢？选举不要选那些有名气的人，名气就像画地作饼，不能吃啊。"卢毓答道："有名气的人，不一定就是奇人，他们大多都是常人。常人通过游学求教，然后才名扬天下，人们不应妒忌他们。愚臣不能识别异人，但陛下可以先循其名而任其职，然后再考察他们的任后表现。古人以参言、察考、考核等方式察验为官者的政绩。可如今的察考制度都被荒废了，致使朝廷官员鱼龙混杂，其政绩功过更是虚实真假难辨。"皇帝听后认为很有道理，就下诏开始科考、考核制度。当时司徒之位空缺，卢毓引荐管宁，皇帝不想用他，就问有没有其他人，卢毓道："敦厚诚

信,当属太中大夫韩暨;耿直清廉,当属司隶校尉崔林;坚贞忠厚,当属太常常林。"于是皇帝就用韩暨为司徒。卢毓选举人才,先看其性格品行,而后看其才学能力。黄门郎李丰曾经就人才的问题问到卢毓,卢毓说:"才是用以为善的,故大才成大善,小才成小善。今称之有才而不能为善,是才不中器也。"李丰等听了,很佩服卢毓的观点。

齐王曹芳继位后,赐爵卢毓关内侯。当时曹爽秉权,他想网织自己的党羽,就降任卢毓为尚书仆射,以侍中何晏代替卢毓的职位。接着,又贬卢毓为廷尉,司隶校尉毕轨又诬告卢毓,致使卢毓被免官。忠臣见此愤愤不平,纷纷为他辩护鸣不平。于是曹爽又授卢毓为光禄勋。后来卢毓又晋升为吏部尚书,加奉车都尉,封高乐亭侯,转为尚书仆射,继而又升为光禄大夫。高贵乡公曹髦继位后,进封卢毓为大梁乡侯。后来又被封为一子列侯。当时毌丘俭作乱,大将军司马景王出征讨伐,卢毓官至侍中。正元三年(256),卢毓因为疾病退居司空之职,并执意推荐骠骑将军王昶、光禄大夫王观、司隶校尉王祥。后来皇帝下诏授卢毓印绶,晋爵封为容城侯,食邑二千三百户。

甘露二年(266)卢毓去世,朝廷赐他谥"成"侯。

王 戎

王戎(234~305),字濬冲,琅邪临沂(今山东临沂)人。西晋文学家、书法家,"竹林七贤"之一。历任相国掾、吏部黄门郎、河东太守、荆州刺史、豫州刺史等职。

王戎出身于世家大族,祖父王雄为幽州刺史,父亲王浑为凉州刺史,封贞陵亭侯。王戎小时候就聪慧且有悟性,气宇轩昂,为裴楷所称赞。六七岁时在宣武场看戏,笼中老虎吼声震地,看的人都惊恐躲避,唯独王戎稳立不动,神色自若。又曾与儿童在路旁游戏,见李树果实累累,竞相摘取,王戎却不动声色。有人问其原因,他说:"树在路旁却果实满树,必定是苦果,才没人采摘。"大家一尝,果如其然。

王戎的父亲王浑与阮籍是好友。阮籍每次到王浑家,就必定去见王戎,而且促膝长谈。因为王戎"清赏",且有共同语言,所以两人便成了忘年之交。王戎经常在竹林中与阮籍、嵇康把酒临风,开怀畅谈。王戎为人直率随和,不重仪表威严,与人交往游学,善发言论,且能一语中的。一日朝中贤士在洛水河畔设宴会友,在谈到张良、季札时,王戎对他们的评价有理有据,见解精辟独到,被王济认为"超然玄者"。

王戎为学、处世,擅长明哲保身。就如钟会伐蜀,钟会与王戎辞别时,问伐蜀之计,王戎说:"道家有言:'为而不恃',非成功难,保之难也。"后来钟会果然遭遇失败,从此大家都认为王戎"知言"。所谓"知言",是指王戎能从"保身"角度对钟会进言,而并非从其伐蜀方面能进成功之策。王戎初涉宦途的时候,也曾有过一番作为:承袭父亲的爵位,做过相国掾,历任吏部黄门郎、河东太守、荆州刺史,后又升为豫州刺史,奉诏讨伐吴国,曾收复武昌(今湖北鄂州)等大片土地,举荐过正直贤良的石伟,从而"进爵安丰县侯,增邑六千户,赐绢六千匹","征为侍中"。但是随着政局日趋纷乱,晋内部危机加剧,王戎的"为我"思想日渐增多,"保身"哲学亦日趋圆熟。

王浑病死于凉州,朝廷曾赐王戎赀帛数百万,王戎坚辞不收,从此他有了高士之名。他见到嵇康被杀,阮籍途穷,晋王室对持不同政见的官僚残酷镇压,遂于侍中任上收南郡太守刘肇遗筒中细布50匹的贿赂以自污,从此,他便为世人所鄙夷,名声渐坏,然而以后,这种"自污"行为竟然愈演愈烈。王戎自污是他对晋王朝内部钩心斗角,争权夺势无言的反抗。

晋武帝死后,外戚杨、贾之间矛盾尖锐,宗室亦纷纷党附。此时此刻,王戎作为司徒,在王室将乱、太子被废等事情上竟然无所作为,实在有负司徒之责。在最高层的政治斗争中,他与各派势力保持着均等距离。在各大世族之间,通过典选保持平衡,并且培养拥戴自己的势力。在"八王之乱"期间,王戎作为尚书令曾劝司马冏交出兵

王戎像

权,"以王就第",以避免厮杀。但司马冏的谋臣一声呵斥,王戎的这一点锋刃就收藏起来,他立刻以上厕所为由得以全身而退。

王戎所取的这种"保身"之道也有许多苦痛之处,被扭曲的心灵时时在承受着折磨。这是一个特殊政治环境所造就的特殊性格的人,他为世人所抑,他为雅士所扬,均在于此。毁与誉,抑与抑,使他成为一个性格复杂的人。

李胤

李胤,字宣伯,辽东襄平人,晋朝吏部郎、吏部尚书仆射。累任乐平侯相、尚书郎、中护军司马、御史中丞、河南尹、太子少傅等职。

李胤的祖父李敏是汉朝河内太守,后来辞官还乡,当时的辽东太守公孙度曾试图强用他为官,然而李敏仕途之心已去,他便乘船东渡出海,从此杳无音信。李胤的父亲李信寻找多年,甚至渡海出塞千里寻父,依然未果。即使他想为父亲服丧却又担心父亲尚

在人间，因此他多年都如同守丧一样活着，不曾娶妻生子。直到有一天，同乡一个与李敏同龄的老人去世后，他才举办了丧事，开始服丧。

燕国徐邈与李信在同一个郡里，他对李信说："不孝有三，无后为大。你既然如此孝顺，为什么不曾娶妻生子，你这样倘若你父亲李敏在天有灵，也不会原谅你的。"李信这才娶妻，继而得子李胤。李胤出生后，李信便再也不行房事，如同居丧般活着。由于忧伤过度，数年之后便离开人世。

年幼的李胤成了孤儿，后来母亲也改嫁了，等他谙熟世事后，哀伤不已，茶饭不思，也以丧礼要求自己，又因为祖父依然生死未卜，便立了牌位供奉。李胤遗传了父亲孝顺的本性，也以孝闻名于国内。他外表不加修饰看起来弱不禁风，但却卓有远见，言必有据，处变不惊。

李胤最初在郡上做上计掾，后来又做了刺史助理。因为孝廉闻名于郡县，他又被举荐为镇北参军。后又升为乐平侯相，在任期间，政治清明，为百姓所称赞。很快，他又被擢升为尚书郎，继而升为中护军司马、吏部郎等职务。

李胤在任期间，大公无私，清廉正直，深受百姓的爱戴和朝廷的青睐，后被朝廷赐爵为关中侯，兼安丰太守。文帝又升他为大将军从事中郎、御史中丞。李胤铁面无私，执法必严，违法必究，文武百官都对他敬畏三分。在讨伐蜀地的战役中，他做了西中郎将，督察关中所有军机事务。此后，李胤又做了河南尹。泰始初年，他又做了尚书，晋爵为侯。

咸宁初年，皇太子入主东宫，皇上考虑到司录一职责任重大，而李胤身体虚弱，不宜过度劳累，他还要朝夕辅导太子，考虑到李胤

对书俑（西晋）

的身体状况，皇帝便将他任命为侍中，兼特进一职。不久，他又升为尚书令，同时还兼任侍中、特进两职。李胤虽然兼任数职，但他家境清贫，孩子生病了都没钱买药，由此可见李胤清廉为官的作风。皇上听闻此事，便赐予他十万钱币。之后他又做了司徒，在位五年，李胤简亮持重，尽忠尽责。因为吴会刚刚平定，大臣们都有战功，需有所提拔，李胤便上奏皇上意欲辞官以让贤于那些有战功的人，但皇上最终没有答应。

太康三年（282），李胤去世，皇上派遣御史持节前往致哀，谥号"成"。皇太子派遣亲近之人王赞前去表示哀悼，悼文中，字里行间都流露着皇太子对他的真情实意，文法辞藻堪称一绝。后来皇上想起李胤的清廉正直，他常对身边的大臣们说："前任司徒李胤与太常彭灌都是尽忠尽责、清廉公正之人，去世后，家里竟然没有留下半点财产，寡人曾经赐予李胤两百万钱币、谷物千斤，而他死后，这些东西竟然还留有半数，可见其质朴节俭的生活作风啊！"

谢 安

谢安（320~385），字安石，号东山，浙江绍兴人，祖籍陈郡阳夏（今河南太康），东晋政治家、军事家。历任吴兴太守、侍中兼吏部尚书兼中护军、尚书仆射兼领吏部加后将军、扬州刺史兼中书监兼录尚书事、都督五州、幽州之燕国诸军事兼假节、太保兼都督十五州军事兼卫将军等职，死后追封太傅兼庐陵郡公。世称谢太傅、谢安石、谢相、谢公。

他初与权臣周旋时，拒权臣、扶社稷从不卑躬屈膝，不违背自己的准则，等他自己当政的时候，又处处以大局为重，不结党营私，不仅调和了东晋内部矛盾，还于淝水之战击败前秦并北伐夺回了大片领土；而到他北伐胜利功成名就之时，还能急流勇退，不恋权位；因此被后世人视为良相的代表、"高洁"的典范。

公元383年，中国历史的大舞台上演出了一场以少胜多的著名战争。在这场战争中，东晋8万士卒一举打败了前秦80多万大军，不仅国家转危为安，而且留下了"八公山上，草木皆兵"的佳话，这就是淝水之战。运筹帷幄，夺取这场胜利的指挥家便是东晋宰相谢安。

说到谢安，不得不说绵延了近3000年的

谢安像

显赫世家——陈郡谢氏家族。谢家上可追溯至谢安的祖父谢衡，他曾是曹魏时的大儒，下则延续到谢安的九世孙谢贞，谢氏最后一位在史籍留下传记的子孙。在谢贞死去后的四年，已腐朽的陈王朝也终于在"玉树后庭花"的吟歌中走向终结。近3000年风流云散，到了盛唐，这个家族就已被赋予了一番华贵的忧伤，为人们追忆并叹惋。

何尚之

何尚之（382～460），字彦德，南朝宋庐江潜县（今安徽霍山）人，宋文帝至宋孝武帝时期曾任吏部尚书。

何尚之出生于世代尊奉佛法的庐江何氏望族，是南北朝时期一位审慎明达的政治家，同时也是当时一位深通玄学义理的名士。《南史》称其"少颇轻薄"，"及长，折节蹈道，以操立见称"，并"雅好文义，从容赏会，甚为文帝所知"。他是宋文帝和宋孝武帝均甚为倚重的朝中重臣，历任侍中、丹阳尹、吏部尚书、司空、尚书令等要职。

元嘉二十二年（445），宋文帝打算造玄武湖。何尚之劝阻文帝在湖中建方丈、蓬莱、瀛洲三山，以免劳民伤财。

何尚之曾在建康南城外建立学堂，收徒讲学。一时四方名士纷纷慕名而来，世人称这种现象为"南学"。他著有文集10卷流传于世。

何尚之一生仕途平稳。在个人生活上，他"立身简约，车服率素，妻亡不娶，又无姬妾"；在其政治生涯中，能做到"亲故一无荐举"，甚为难得。

讲学画像砖（东汉）

范晔

范晔（398～445），字蔚宗，祖籍顺阳（今河南淅川），范家自西晋永嘉之乱后移居山阴（今浙江绍兴）。范晔是南朝刘宋时期杰出的史学家，《后汉书》的作者。宋文帝元嘉年间曾任尚书吏部郎官至左卫将军太子詹事。

范晔出生在一个著名的官宦家庭，高祖范晷曾经是西晋雍州刺史，加左将军。曾祖父范汪在东晋从政，官至安北将军、徐兖两州刺史，晋爵武兴县侯。祖父范宁先后出任临淮太守、豫章太守。父亲范泰在晋朝曾经做过中书侍郎、国子博士、南郡太守、御史中丞等职。由于家庭政治渊源颇深，所以范晔从小便有为官的天赋。

范晔的家庭有家学传统。范汪博学多闻，擅长推理，撰有《尚书大事》20卷，《范氏家传》1卷，《祭奠》3卷，以及属于医学棋艺的《范东阳方》一书，共105卷。范

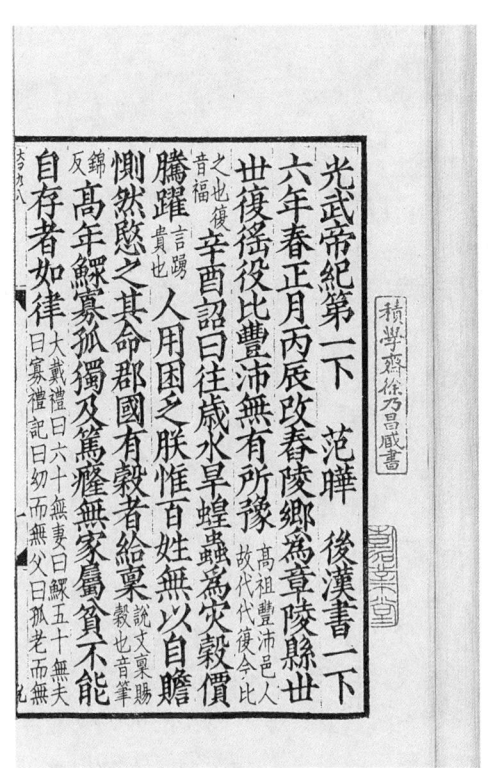

《后汉书》

宁也有《古文尚书舜典》1卷、《尚书注》10卷、《礼杂问》10卷。而范泰则留有《古今善言》24卷。受家庭的影响，范晔从小就博闻强识，敏而好学，再加上天资聪敏，因此尚未成年，便以博学多才，善写文章闻名于世。

东晋安帝义熙十年（414），范晔才17岁，州刺史便任命他为主簿，当时范晔同其父范泰持有相同的政治立场，他们都支持刘裕的势力，因此他始终不肯去做州刺史的主簿。六年后，即公元420年，刘裕称帝，改国号为宋，这一年，刚满23岁的范晔便应诏到刘裕之子彭城王刘义恭的府下做参军，后又随府转为右军参军。十余年中，他先后担任过尚书外兵郎、荆州别驾从事史、秘书监、新蔡太守、司徒从事中郎、尚书吏部郎等职务。

宋文帝元嘉九年（432）冬，扬州刺史彭城王刘义康母亲王太妃去世，刘义康把故僚们召集到府内料理丧事，范晔也到场。但是，刘义康的母亲去世，范晔实在悲伤不起来，就在临葬前一天夜晚，轮到他弟弟范广渊值班时，范晔兄弟俩邀请了朋友躲在屋里喝酒，醉意蒙眬之际，范晔酒后失态，竟然推开窗户听挽歌助酒。这件事传出去后，刘义康甚为愤怒，几句谗言上奏后，宋文帝便把范晔打发到宣城（今安徽宣城）当太守去了。

这次贬官对范晔影响很大，仕途上的坎坷勾起了他幼年生活的某些隐痛。范晔虽然出身名门，但是他本人却是个妾生的庶子。晋代自永嘉年间开始，妾生之子的地位大大降低，与普通人无异。嫡庶之别是官僚之家不可逾越的等级制度，因而也决定了子女们的社会身份。范晔的母亲把他生在厕所里，并且碰伤了他的前额，因此他便落得一个小名"范砖"。嫡母所生的哥哥范晏妒忌他的才学，便骂他是家里的克星，是终家破族的祸根。父亲范泰也不喜欢范晔，早年便将他过继给伯父范弘之。屈伸荣辱与宦海浮沉使得范晔心情十分苦闷，在宣城任上，他开始从事后汉史的编纂工作，以此排解心中的苦闷。史事的研究打开了他的眼界。范晔后来说："本未关史书，政恒觉其不可解耳。既造后汉，转得统绪。"这就是说，原来现实中很多不能解答的问题，在同历史的经验相对照后，他逐渐整理出了一些头绪。范晔凭着个人对历史问题的理解，写出了让他流芳百世的名作《后汉书》，而当时，他才35岁。

徐 勉

徐勉（466~535），字修仁，东海郯（今山东郯城）人。南朝梁政治家，既是一位贤相，也曾是一个秘书。年轻时，他在齐朝做过镇军参军、尚书殿中郎、领军长史，这些都是古代秘书性的职务。萧衍建立梁朝前后，他又担任过管书记、中书侍郎、谘议参军等秘书性职务，可以说是一个老资格秘书工作者。当然，他更是一个有名的清官。史称他居官清廉、不营产业、勤于政事、家无蓄积。

关于徐勉，历史上有一些经典的故事值得一读。

群犬惊吠

徐勉，从小笃志好学，早励清节。梁天监二年（502），他被梁武帝任命为给事黄门侍郎、尚书吏部郎，参掌大选。此时梁朝建立才一年多时间，梁武帝又兴师北伐，朝中政务军务十分繁忙。徐勉这时虽然已是吏部的重要官员之一，但因为他是秘书出身，极有文才，为了不延误军机，梁武帝于是让他"参掌军书"。徐勉本来就是一个十分勤勉的人，工作本身也确实繁忙，他因此往往要隔几十天才能回家一次。他家养了一群狗，因为他回来得少，这些狗都不认得自己的主人了，他每次回来都要引起它们的狂吠。畜生们完全把主人当成了陌生人，徐勉既感到好笑，又觉得无奈。有一次他感叹说，"吾忧国忘家，乃至于此。若吾亡后，亦是传中一事。"后一句的意思是："我死了后，如果有人写我的传记，群犬惊吠倒是件值得一记的轶事。"

只可谈风月，不宜及公事

天监六年（507），徐勉被任命为吏部尚书。吏部是古代六部之首，主管全国组织人事工作，其主官便是尚书。跑官现象不仅现代有，古代也有。徐勉做了吏部尚书，掌握了官吏的任免大权之后，他家可热闹了，有事没事来套近乎的人不晓得有多少。有些脸皮厚的人，甚至干脆伸手要官。徐勉的态度是一律不给。有一个叫虞暠的人，仗着和徐勉的关系比较好，有一次狮子大开口，"求詹事五官"。徐勉正色道："今夕只可谈风月，不宜及公事。"虞暠讨了个没趣，只得讪讪地告辞了。史载："勉居选官，彝伦有序"，"故时人咸服其无私"。一个古代的

郯国故城

"中央组织人事部长",在用人方面能让众人服其无私,是容易做到的吗?现在手中握有人事任免权的人,对跑官要官者的态度有没有徐勉那样"绝情"呢?《韩非子·外储说左下》:"私仇不入公门",意谓个人之间的仇怨,不能带到公务中来,那么,徐勉在家里要求来客"只可谈风月(清风明月之美景,可理解为朋友私情),不宜及公事",也就是不在私室拿原则做交易,不是同样值得称道吗?我们现在如果都能做到不给跑官者以官职,什么"身体靠运动,当官靠活动"之类的传言也就不攻自破了。

人遗子孙以财,我遗之以清白

半年清知府,十万雪花银,这是对古代官吏皆贪财的生动写照。其实,古代的贪官虽说比比皆是,但廉吏也是不乏其人的。徐勉就是一个十分清廉的官员。史书上说他"虽居显位,不营产业,家无蓄积,俸禄分赠亲族之穷乏者"。这些话绝非溢美之词。看到他家如此清贫,一些好心人便劝他经营产业,为子孙后代着想。徐勉回答说:"人遗子孙以财,我遗之以清白。子孙才也,则自致辎軿(辎和軿都是古代的车名,此处连用意为家产);如其不才,终为他有。"

"遗子孙以清白"这一思想绝非徐勉的即兴之言,而是发自内心的真诚表露。只要读读他给儿子徐崧的一封家书,就可证明这一点。

古往今来,多数父母遗留给子女的往往是多多益善的物质财富,这种父母看似爱子,实则害之,最终只能使子女滋长依赖心理,从而丧失独立创业的勇气和能力,坐吃山空,因而是愚蠢的、不明智的。徐勉清醒地意识到这一点,他把光辉的人格风范传给子女,这对今天某些不知教子,只知敛财的父母当是有所启示的。

陈朝吏部尚书姚察说:"徐勉少而厉志忘食,发愤修身,慎言行,择交游;及居重任,竭诚事主,动师古始,依则先王,提衡端轨,物无异议,为梁宗臣,盛矣。"《资治通鉴》上也说梁朝称得上贤相的只有范云和徐勉二人。

朱士明

朱士明浙江嵊州崇仁镇朱家堰村人,为南北朝时期梁朝的吏部尚书,自小在甘霖镇上朱村的外婆家长大。他聪慧过人,齐武帝永明年间举为茂才,后外出做官。当时,朝廷内部钩心斗角,百姓生活艰辛。朱士明获悉家乡剡县处于连年遭灾、百姓外出逃荒的困境,便利用皇上笃信佛教的时机,引导人们在家乡建造了一座青林寺(后改名为显静寺,在今甘霖镇技校校址内),将附近弃田集为寺产,就近分给附近农民耕种,春天发放种子,秋后向寺院缴纳少量租谷,其余归属个人。这样一来,很快将家乡逃荒之势遏止,朱士明又将此法推广到外地。后来,朱的声誉不断提高,皇帝知情后,特授予"儒林博士",令他分掌刑狱。在掌刑狱期间,朱士明秉公而断,不徇私情,未满三年,积案逐渐消除,冤案得到昭雪,朝野一片称颂。

梁天监九年（510），朱士明升任吏部尚书。上任期间，不负重任，凡五品以上官吏升降调动，亲加考察，办事铁面无私，因此得罪了不少朝中权贵。为把朱士明拉下马，权贵们暗暗勾结，罗列朱的罪名，并到朱的家乡剡县搜集材料，无中生有，借题发挥，添油加醋地给朱士明罗列了十大罪状。梁武帝听信谗言，将朱士明逮捕入狱。几个对朱士明怀有成见者亦落井下石，致使朱士明"罪状升级"，于梁天监十三年（514）正月十二日含冤受害。

家乡人民为缅怀朱士明的功绩，在他外婆家不远的寺前村建起了朱尚书庙，大殿正中供着他的塑像，并于每年农历正月十二日（朱士明忌日）竖大纛祭祀三天。

浙江嵊州崇仁古镇

萧子显

萧子显（487~537），字景阳，南朝梁南兰陵（今江苏常州）人，史学家、文学家。

他13岁的时候，萧齐皇朝被萧衍推翻了。萧衍的父亲萧顺之是齐高帝萧道成的族弟，他们都是萧姓，而且同族，但毕竟从他们的高祖父时候就分支了。萧衍建立了梁朝，他就是历史上有名的梁武帝。在梁朝，萧子显凭着他的才华、风度、谈吐出众，受到梁武帝的礼遇和信任，官至吏部尚书。

萧子显是一个"风神洒落，雍容闲雅，简通宾客，不畏鬼神"的人。他"性爱山水"，《梁书·萧子显传》录其自序："若乃登高目极，临水送归，风动春朝，月明秋夜，早雁初莺，开花落叶，有来斯应，每不能已也。"他又是一个"颇负才气"的人，做吏部尚书时，"见九流宾客，不与交言"，只是举起手中的扇子一挥而已，所以有些世族地主内心里对他很不满。但梁武帝倒是自始至终都把他看作一位"才子"。事实上，他的文才的确是有社会影响的。萧子显的同时代人、《宋书》的作者沈约甚至称赞他的文章是属于东汉名家班固一流的佳品。这个评价当然是过高了，但也可以看出沈约对其文才的赏识。

编撰史书是萧子显所酷爱的事业，在他

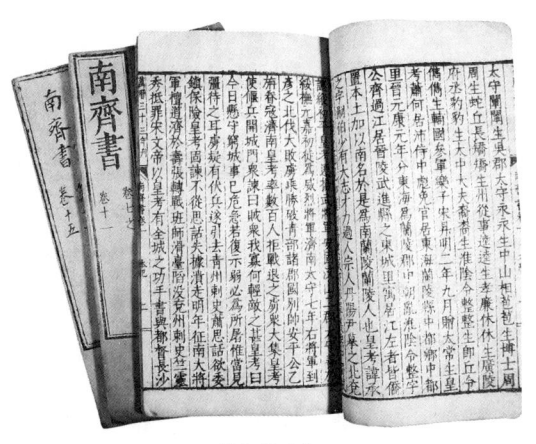

《南齐书》

的49年的生命历程中,其撰写了五部历史著作:《后汉书》100卷,《晋史草》30卷,《齐书》60卷,《普通北伐记》5卷,《贵俭传》30卷。他撰《齐书》,是向梁武帝请示并得到梁武帝批准的。萧子显撰写和完成《齐书》的时间,按照唐代史学家刘知几的说法,是在梁武帝天监年间。如果刘知几的说法是有根据的话,那么《齐书》的撰成当在天监八年(509)至十八年(519)期间,即萧子显20岁以后至30岁以前这十年当中。果然如此,那真是一位青年史学家了。除了《齐书》以外,萧子显的其他著作包括文集20卷都已不存。后人为了区别萧子显的《齐书》和唐初李百药所撰的《齐书》,把前者称为《南齐书》,后者叫作《北齐书》。

南朝萧齐皇朝在历史上只存在23年,是中国历史上年代很短的一个皇朝。撰写萧齐皇朝时期历史即《南齐书》的萧子显是齐高帝萧道成的孙子。一个史学家以他曾经是宗室的身份来撰写这个皇朝的历史,这在二十四史的众多作者中别无他人。

萧子显在撰写《南齐书》的过程中,可以参考的文献资料和汲取的史学思想还是不少的。早在齐明帝时,史学家檀超和江淹奉诏修本朝史,他们制定了齐史的体例,但没有最后完成修撰工作。此外,还有熊襄著的《齐典》、沈约著的《齐纪》、吴均著的《齐春秋》和江淹著的《齐史》十志。萧子显的撰述工作,在史书体例上"本(檀)超、(江)淹之旧而小变之";在史书材料上汲取诸家成果,终于著成《南齐书》60卷。

《南齐书》包含:帝纪8卷,除追叙萧道成在刘宋末年的政治活动外,主要记萧齐皇朝23年间的史事。志8篇11卷,其中有的上承刘宋,有的起于萧齐立国,断限比较明显。传40卷,其中不少是记少数民族地区史事的,而以《魏虏传》记北魏史事,这在性质上同《宋书·索虏传》是一样的。序录1卷,刘知几都不曾见到,说明它佚之甚早,故全书今存59卷。上面讲到,萧子显既是萧齐皇朝的宗室,又是萧梁皇朝的宠臣,所以他撰《南齐书》一方面要为萧道成避讳,一方面又要替萧衍掩饰。例如他写宋、齐之际的历史,就不能直接写萧道成的篡夺之事,只能闪烁其词,微露痕迹;他写齐、梁之际的历史,则用很多篇幅揭露齐主恶迹,以衬托萧衍代齐的合理。这是他作为齐之子孙、梁之臣子的"苦心",也反映出他在史学上的局限性。

《南齐书》部帙不大,包含的年代又很短,竟然也撰就了8篇志,确乎难得。这里面无疑包含了江淹的首创之功。《南齐书》中有些传,显示了萧子显在历史表述上的才华。如:他于《褚渊传》先写褚渊在宋明帝时受到信任,而在宋明帝临死,则写他也参与"谋废立",违背宋明帝的意旨;于《王晏传》先叙其与齐高帝、齐武帝的密切关系,继而写其在齐武帝死后也参与"谋废立"的事;于《萧谌传》先说其受到齐武帝、郁林王的信赖,后写其在协助齐明帝夺取郁林王皇位的政变中竟然领兵作前驱;于《萧坦之传》,先烘托其受到郁林王的特殊信任,以至于"得入内见皇后",后写他成了废郁林王而拥立明帝的关键人物。萧子显在写这些事件和人物的时候,都不直接发表议论,而是通过前后史事的对比来揭示人物的品格。清代史学家赵翼评价说:"此数传皆同一用意,不著一议,而其人品自见,亦良史也。"用顾炎武的话说,这种写历史人物的方法叫作"于序事中寓论断",司马迁写《史记》最善于运用这种方法。萧子显学习司马迁表述历史的方法,并取得一定的成就,被后代史学家称为"良史",这是很自然的事。

《南齐书》同《宋书》一样,都宣扬神秘的思想、佛法的深远,又都过分讲究华丽的辞藻,这是它们的缺点,也是那个时代留下的印记。

封隆之

封隆之,字祖裔,小名封皮,北魏渤海蓓县(今河北景县)人,东魏天平年间任吏部尚书,之前还当过龙骧将军、河内太守、左光禄大夫、河道大使、侍中、尚书右仆射等。

封隆之为人宽厚,性情温和,胸襟宽广,刚刚成人便做了州主簿,后来做了汝南王元悦的中兵参军。

北魏延昌初年(512),封隆之因为平定法庆有功而被赐爵为武城子(古代爵位的一个等级,分为公侯伯子男五个等级),不久,他便被升为司徒主簿、河南尹丞。当时青州、齐州发生叛乱,封隆之受命前往安抚,他很快就平定了这两个地方的叛乱,这件事充分展示了封隆之的政治军事才能。

北魏永安年间,他升为抚军府长史。尔朱兆等人屯兵晋阳,因为河内郡是战略要地,所以朝廷便任命封隆之为龙骧将军、河内太守,加官持节、后将军等职务以钳制尔朱兆的势力。然而不幸的是,封隆之还未上任,尔朱兆已经攻陷了洛阳,北魏庄帝被杀。在动乱中,封隆之的父亲封回被害,封隆之带着朝廷的符节回到故乡招兵买马,伺机东山再起,为父报仇,为国锄奸。高乾对封隆之说,"尔朱氏暴虐成性,多行不义,谋杀我朝国君,害死你的父亲,我们一定要消灭尔朱兆!"封隆之说,"国耻家仇,痛入骨髓,乘机而动,就在今天!"二人定下计策,偷袭冀州成功,高乾推举封隆之为冀州刺史。封隆之尽心尽力治理州

河北景县封氏墓群出土铜印

中政务，安抚百姓，深受当地人的拥戴。后来因为辅佐高欢进驻冀州，中兴初年（531）封隆之被任命为左光禄大夫、吏部尚书。同年十月，他又被调任为持节、北道大使。高欢率军与尔朱兆大战韩陵，封隆之便留守邺城，兼管冀州事务。北魏孝文帝即位后，封隆之被任命为侍中，不久，又赐爵为安德郡公，食邑两千户。

封隆之上表要求将自己原来的爵位富城子、武城子转授侄封孝琬等人，朝廷不但同意了他的请求，还下诏表彰了他。后来因受人陷害，封隆之逃回原籍，被北魏清河王元亶征为大司马、长史。

东魏天平年间，封隆之回京城任侍中。

东魏兴和元年（539），封隆之再次被任命为侍中。

封隆之在冀州刺史任内，平定地方动乱，尽心管理州事，他离开冀州后，人们想念他，为他立了德政碑。

东魏武定元年（543），北豫州（治所在今河南荥阳西北）刺史高仲密叛乱，封隆之受命前去安抚，局势很快稳定下来。高澄命令封隆之将参与闹事的人连同他们的家属全部杀掉。封隆之认为，过去朝廷说过，个人犯法不株连家属，如今杀掉他们的家属，只能表明朝廷不讲信义，弄不好要引发新的事端，不利于稳定大局。他不好当面违背高澄的命令，将这件事报告高欢，高欢赞同封隆之的意见，从而避免了一场大杀戮。

封隆之自追随高欢以来，参与机密，许多重要计策、秘密报告，都是由他起草的，他提出的意见，高欢都能听从并予以采纳。封隆之兼理济州事务，转齐州刺史。

武定三年（545）封隆之在任上去世，享年61岁。朝廷下诏，派官员吊唁，赐丧物500段，赠使持节、骠骑大将军、瀛州刺史、司徒公，都督冀、瀛、沧、齐、济五州诸军事，冀州刺史、太保，其余赠官不变，给予"宣懿"的谥号。封隆之死后，高欢非常痛心。他对人说，封公遵循道德规范，办事讲求"仁义"二字，参与军国大事20年来，饱经艰难险阻，可他忠心不改，始终如一。正因为他是这样一个难得的人才，我才准备把后事托付给他，没想到他早早离开了人世。失去他这样的忠臣和贤才，实在令人痛心。高欢说罢，泪流满面，痛哭不已。

封孝琬

封孝琬（522~572），字士光封隆之之侄，北齐天统年间并省吏部郎中，累任秘书丞、散骑常侍、中书侍郎、通直散骑常侍、尚书左丞等职。

北齐皇建元年（560），官至秘书丞、散骑常侍。封孝琬奉北齐主之命出使南陈，途中被拜为中书侍郎。回到北齐之后，因受他人的牵连而除名，失去官职。天统三年（567）又被任命为并省吏部郎中。封孝琬不但有学问，而且注意穿着，很有风度，同南阳王高绰是十分要好的朋友。没有多长时间，高绰就举荐他到晋阳执掌机密。

封孝琬性格十分直率，心里有什么就说什么，而且看不惯那些趋炎附势的势利小人。和士开是个十足的祸国殃民的邪佞之徒。他在河清年间为武成皇帝高湛所宠信，后主高纬年间官至中领军、尚书令。可以说是一人之下、万人之上，他陷害的忠臣良将无法计算。朝中不少大臣甚至民间的富商大贾都拜倒在他的门下。和士开的母亲去世，封孝琰去吊唁，发现邺城的富商丁邹、严兴和当朝的一个大臣像孝子一样披麻戴孝陪灵哭丧。从和家出来之后，封孝琰对人们说，严兴在南边，丁邹在北边，朝中还有个官，他们哭得实在是太悲恸了，那些势利小人是不会放过这个邀功请赏的机会的。他们马上将这些话报告了和士开。没过多长时间，黄门侍郎李环上奏后主高纬，说南阳王高绰骄横无忌、恣意妄为。和士开趁机对后主说，封孝琰同高绰一起外出，两个人骑马离开队伍，到其他地方说笑玩乐。言外之意，高绰是封孝琰纵容所致。后主听了非常生气，寻衅将封孝琰打了100鞭。觉得还不解气，又令高阿那肱追出官门打了50鞭。这顿鞭刑几乎置封孝琰于死命。从此封孝琰思想消颓，一蹶不振。和士开死后，后主高纬又重新起用他，让他做了通直散骑常侍，很快，又以本官兼尚书左丞。

北齐设集书省，是皇帝的侍从顾问机构，它的一个重要职能是规谏和驳正违失。通骑散骑常侍是集书省的长官。尚书左丞是中央高级行政官员，主管国家的祭祀、庆典、官吏的选拔任用等。封孝琰集通骑散骑常侍、尚书左丞于一身，实际上已位列宰臣

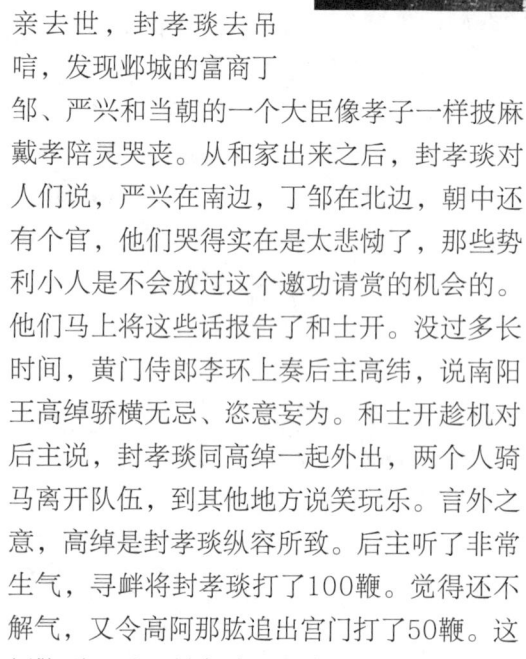

《北齐校书图卷》（宋摹本）

之职。封孝琰本来就生性爽直，以不避锋芒大胆敢言著称于朝；如今更是不畏强权，秉公执法，指出行政弊端，提出正确意见。道士昙献受到胡太后宠幸，不但得到丰厚的赏赐，而且经常出入后宫，做了管理国家佛教事务的沙门统。昙献受贿被僧众告发，封孝琰不惧太后的威势，查清昙献的犯罪事实，将其处以极刑，赃物查没入官。

北齐后主武平四年（573），南陈吴明彻进犯南境，北齐仪同三司尉破胡、长孙洪略的大军在吕梁大败。吴明彻挥军大进，很快占领了秦（治所在今甘肃天水）、泾（治所在今甘肃泾川北）、和（治所在今安徽和县）、合四州。到了这年的十月，吴明彻又兵陷寿春（治所在今安徽寿县），形势危急，朝野骚动。在这种情况下，穆提婆、高阿那肱等佞臣力劝后主西去晋阳享乐。封孝琰认为，皇上西去，必然使人们产生放弃邺城的错觉，对南线的战事不利。他和侍中崔季舒、张雕虎，散骑常侍刘逖，黄门侍郎裴泽、郭遵共同上疏进谏，要后主留在邺城。后主听信谗言，认为这是汉臣联名结伙造反，将封孝琰等人杀害在含英殿，封孝琰的儿子封君确、封君静发配到北方边陲，

另外两个儿子封君严、封君赞罚做劳役。后来，南阳王高绰因谗被杀，封孝琰的两个小儿子连坐遇害。79年后，即唐高宗永徽三年（652）五月，高宗皇帝令司沐大夫裴融传旨表彰封孝琰等"门挺忠鲠"，对其后人量才提拔重用。

沈君理

沈君理（约525~573），字仲伦，南朝陈吴兴武康（今浙江德清）人，曾任侍中、明威将军、丹阳尹、左民尚书、步兵校尉、东阳太守、东衡州刺史、明威将军、中书令、太子詹事、吏部尚书等职。

祖父沈僧晕是梁朝的左民尚书，父亲沈巡和高祖关系一直很好，梁太清年间曾做了东阳太守。侯景之乱平后，梁元帝任命他为少府卿。

沈君理才貌出众，博览经书，见多识广。最初做湘东王法曹参军。陈霸先平定南徐州后，沈巡便让沈君理去拜见陈霸先，陈霸先非常赏识他，还将会稽长公主许配给他，并任命他为府西曹掾，后来升为中卫豫章王从事中郎，不久又加封为明威将军，兼尚书礼部侍郎。后来又做了黄门侍郎，监管吴郡。陈霸先受禅，将沈君理封为驸马都尉，封永安亭侯。后来又做了吴郡太守，当时正是兵荒马乱之际，百姓流离失所，军事物资都被集中到东部边境一代，沈君理便召集士兵，自制兵器，老百姓都很拥戴他。

陈文帝陈蒨继位后，任命沈君理为侍中，后又升其为左民尚书，沈君理不肯接受，于是便封他为明威将军、丹阳尹。天嘉三年（562），再次封他为左民尚书，领步兵校尉，没多久便又升为前军将军。天嘉六年（565），沈君理被任命为仁威将军、东阳太

武士俑（南朝）

守。天康元年（566），因为父亲沈巡去世而离职。沈君理想去荆州为父亲迎丧，可是朝中大臣商议说，沈君理是忠臣，不方便让他离开，于是便让他长兄沈君严代为过去。等他回到家中即将为父亲办理丧事的时候，朝廷下旨追封沈巡为侍中、领军将军，谥号"敬子"。当年又升沈君理为信威将军、左卫将军。不久再升为持节、都督东衡和衡两

个州的军政事务,又提拔为仁威将军、东衡州刺史,领始兴内史。

太建元年(569),沈君理为父守丧期限已满,朝廷便将他任命为太子詹事,管理东宫事务,又升为吏部尚书。太建二年(570),陈宣帝陈顼封沈君理的女儿为皇太子妃,赐爵君理望蔡县侯,食邑五百户。太建四年(572),加封为侍中。太建五年(573)又升为尚书右仆射,领吏部,同时继续做着侍中。

那一年,沈君理身患疾病,皇帝亲自过去探望,太监五年(573)九月病逝,享年49岁。朝廷下诏追封他为侍中、太子少傅,办理丧事所需费用全部由朝廷置办,又追封他为翊左将军、开府仪同三司,侍中依然,谥号"贞宪"。

蔡徵

蔡徵,字希祥,南朝陈济阳考城人,曾做过南徐州刺史、太学博士、太子少府丞、新安王簿、吏部郎、太子中庶子、中书舍人、左民尚书、吏部尚书、安右将军等。

蔡徵是侍中、中抚军将军蔡景历的儿子,自幼聪慧过人,博闻强识,六岁的时候,拜谒梁朝吏部尚书河南褚翔,褚翔见到蔡徵,对他的聪慧赞不绝口。蔡徵7岁的时候母亲便去世了,7岁的他在丧礼上表现得如同大人一般。

梁元帝承圣初年,陈霸先当时还是南徐州刺史,他便任命蔡徵为主簿,不久便又

战马画像砖(南朝)

升其为太学博士。天嘉初年,升为始兴王府法曹行参军,先后做了外兵参军事、尚书客郎,在他为官期间,所有政务都管理得井井有条。太建初年,升为太子少傅丞、新安王主簿、通直散骑侍郎、晋安王功曹史、太子中舍人,兼东宫领直,同时还做中舍人。蔡徵父亲去世,他便离职回家守丧,后来世袭了新丰县侯,又被授为戎昭将军、镇右新安王谘议参军。

陈后主至德二年(584),蔡徵被提升为廷尉卿,不久又升为吏部郎、太子中庶子、中书舍人。之后,他做了左民尚书,与仆射江总知撰五礼事。后又加爵为宁远将军,陈后主十分欣赏他的才能。对他委以重任,又升其为吏部尚书、右安将军,每隔十天蔡徵就要去东宫给太子讲一些古今轶闻和时事政治。后来又被任命为廷尉寺狱,无论大事小事都要由蔡徵来决定。不久,朝廷大肆征兵,由于蔡徵深得民心,半月之间已经召集人马上万。蔡徵德高望重,而且仕途正如日中天,朝中大臣对他都十分敬畏。不久升为中书令,而且同时做着右安将军。由于中书令清简悠闲,有人便向皇帝进谗,"蔡徵对陛下的安排颇有微词",后主听后非常生气,大怒之下便革去蔡徵大将军的职位,还要将他斩首,幸好有人为蔡徵说情才逃过一死。

陈后主祯明三年(589),隋军渡江,后主这才想到了蔡徵,后悔万分,便再次起用他为知中领军。蔡徵日夜勤苦,费尽心力,方才稳住战事,后主嘉奖说:"等这件事平息以后必有重赏!"蔡徵率军与隋军决战于钟山南岗,后来城池被攻破,隋军攻入建康。

《陈书》中说,蔡徵风采奕奕,能言善辩,对很多事情都颇有研究。谈到士流官宦、皇亲国戚甚至当朝制度、宪章礼仪、户口风俗、山川土地时都对答如流。但是他性格直爽,敢于抨击时弊,愤世嫉俗,乃至于不能以退为进求得自保。

蔡徵为官一生,清明正直,政纲肃清,于67岁病逝。

唐瑾

唐瑾(约539年前后在世),字附璘,北海平寿人,北周文帝时曾历任吏部郎中、吏部尚书、吏部中大夫。

唐瑾身高八尺二寸,容貌伟岸,性格随和,胸襟宽广,博览群书,而且特别喜欢文学。17岁那年,周文帝对唐瑾的父亲唐永说:"听说你有两个儿子,一个叫唐陵,擅武,一个叫唐瑾,能文,何不将他们带入宫中,寡人对他们委以文武重任!"唐瑾便被任命为尚书员外郎、相府记室参军事。无论是军书还是羽檄,唐瑾都应对自如。先后破沙苑、战河桥,都有不小的功劳,于是被封为姑臧县子,后又连升为尚书右丞、吏部郎中。当时魏氏家族大搬迁,政务烦琐,唐瑾不仅要管理朝章还要主持国典。后来升为户部尚书,进位骠骑大将军、开府仪同三司,赐姓宇文。

于谨南伐江陵时,任命唐瑾为元帅府

二文士俑（北周）

长史，负责制定作战计划。江陵平定后，唐瑾并没有将所有敌军谋士关押，他考察了那些人的才能，见到有才之人便与众人商议，希望能够免其死罪，当时受到唐瑾帮助的人特别多。后来大军凯旋，大部分将领都掳掠了不少财物，只有唐瑾两袖清风，独有的战利品便是两车书籍。有人对文帝说："唐瑾肯定掳掠了不少辎重，都是梁朝的奇珍异宝！"文帝不信，但还是想知道这件事是真是假，于是秘密派遣专使去调查此事，专使调查的结果令文帝瞠目结舌，他竟然真的只拿了两车书籍。于是文帝慨叹："寡人认识唐瑾已经20多年，明明知道他不是贪财之人。可是如果不派人检查，恐怕难掩众人悠悠之口呢！所以寡人希望，以后授权你们做事，都必须做到公正廉明，像唐瑾这般！"后来文帝考虑到平复江陵，唐瑾有功，于是便晋爵为公。

周朝建立了六部，于是便授唐瑾为礼部中大夫，出为蔡州刺史。后来又转为荆州总管府长史。之后被召入朝廷，做了吏部中大夫，后来又做了御正、纳言中大夫。不到10个月，他就升了四次。后来他又被任命为司宗中大夫，兼内史。后来因公殉职于位，谥号"方"。

唐瑾生活态度一丝不苟，退朝休假期间依然穿着官服，遇到迅雷烈风，即使是在宴会上也要站起来整理衣帽，而且他还好施行善，家中没有多余的财物，所得的俸禄都分给了亲戚。他本身已经很贫穷了，还将自己的土地割给穷人。死后，他留给子孙的竟然没有一块是肥沃的田地，这件事在朝野间广为流传。唐瑾写有《新仪》10篇，所著赋、颂、碑、诔达20万字之多。

隋唐五代
SuiTangWuDai

高构

高构（539~611），字孝基，北海（治今山东昌乐西）人，历任北齐河南王参军、徐州司马、兰陵、平原二郡太守、冀州司马、雍州司马、吏部侍郎等职。

《古今姓氏书辨证》卷十一把其列入"河南高氏"（北魏时是娄氏改姓高氏）。

文吏俑（隋）

高构性格幽默，智谋过人，有辩才，好读书。历任北齐河南王参军、徐州司马、兰陵、平原二郡太守。北齐亡后，北周武帝宇文泰任用其为许州司马。隋文帝杨坚登基后，高构改任冀州司马，后升任比部侍郎，又转到民部，素以断案准确著称，受到文帝的赏识，改任雍州司马，一年后又回京任吏部侍郎。后因事被免职。炀帝继位后，重新起用高构担任吏部侍郎。当时在吏部任职的，多因不称职被免官，唯有高构受到广泛的赞扬。尤其是受到吏部尚书牛弘的器重。高构在吏部任职，负责选拔推荐官员。隋唐两代不少名臣最初都是由他举荐任职的，如唐太宗时的名相杜如晦、房玄龄、高士廉等。所以人们称颂高构有"知人之鉴"。高构因年老多病退职后，牛弘每当选用官员，都要先派人去征求高构的意见。河东薛道衡是当时有名的才子，但是写的文章都要先请高构审阅批改后才定稿。

大业七年（611），高构去世，享年72岁。

薛道衡

薛道衡（540~609），字玄卿，隋河东汾阴（今山西万荣）人。历仕北齐、北周、隋三朝，曾担内史舍人、淮南道行台吏部郎等职，与李德林、卢思道齐名，在隋代诗人中艺术成就最高，为当时文坛领袖。

薛道衡出身官僚家庭，6岁时父母双亡，成为孤儿。但他专精好学，13岁时，读《春秋左氏传》，有感于子产相郑之功，作《国

薛道衡像

《侨赞》一篇,辞藻华美,时人称为奇才。由此以文才名世。北齐时,薛道衡待诏文林馆,兼主客郎,负责接待、应对北周及陈的使者,与当时文坛才子李德林、卢思道等常相过从。

北齐亡,周武帝用薛道衡为御史二命士,薛道衡自以为不受重用,便弃官归乡里。后来又入仕途为州主簿,不久又为司禄上士。

杨坚为宰相时,薛道衡效力于大将军梁睿府下,参与平定王谦之乱。后又从征突厥,还朝后,被任命为内史舍人,仕途上开始有起色。当时薛道衡还兼任聘陈主使,多次往还江东,对陈朝的腐败情况了解很深,所以多次上奏隋文帝,要求对陈"责以称藩",也就是不承认陈朝和隋对等,实有灭陈、统一南方之意。

隋文帝开皇八年(588),薛道衡被任命为淮南道行台吏部郎,随从晋王杨广、宰相高颎出兵伐陈,专掌文翰。隋师临江,高颎问薛道衡:"此番举兵,能否克定江东,请君言之。"道衡回答说:"自古谈论大事成败,必须先从理论上预测。《禹贡》中有言,九州本为王土,南北分裂已久,连年战争,不曾中断,所谓天下分久必合,此乃其一;自古以来,有德者胜,无德者败,我朝君臣齐心,体恤百姓,深得民心,而陈叔宝残暴专政,沉溺酒色,此乃其二;治国之道在于用人,陈叔宝重用小人,疏远贤人,此乃其三;陈叔宝的士兵不过10万,西至巫峡,东至沧海,兵力分散,则防守虚弱,兵力集中,则顾此失彼,此乃其四。如此看来,陈叔宝必败无疑!"高颎听完后折服道:"先生谈论成败,有理有据,条理清晰,实在令我豁然开朗啊!"从这里可以看出,薛道衡对当时的局势分析得极有见地,是一个有政治才能的人。

在隋文帝时,薛道衡备受信任,担任机要职务多年,当时名臣如高颎、杨素等,都很敬重他。因而他的名声大震,一时无双。皇太子及诸王都争相与之结交,引以为荣。这对薛道衡来说本来应该是荣耀的事,然而,他却因此得罪晋王杨广而罹祸。

薛道衡曾与杨广一起伐陈,杨广对薛道衡的文才极其爱慕。隋文帝时,有一次,薛道衡被人弹劾在朝中结党,被除名,处以流放岭南。当时晋王杨广正坐镇扬州,听说这件事后,就秘密派人到长安通知薛道衡,让他取道扬州到岭南,等他到了扬州,就上奏皇帝,把他留在扬州幕府中。但薛道衡讨厌杨广的为人,就没有走扬州路,而走了江陵道。从此,杨广对薛道衡怀恨在心。

后来,杨广即帝位,即隋炀帝。薛道衡从地方回到京师。当时的隋炀帝对薛道衡尚有一丝爱才之心,本打算委以秘书监显职,但薛道衡愤然拒绝,写了一篇《高祖文皇帝

颂》奏上。隋炀帝看了以后,恼羞成怒,对大臣苏威说:"道衡至美先朝,此《鱼藻》之义也。"《鱼藻》是《诗经》中的一篇,据《诗序》讲,此诗通过歌颂周武王而讥刺周幽王。薛道衡是否有此意不得而知,但隋炀帝猜忌心很强,又专横独裁,他岂能容忍别人把自己和周幽王联系在一起,由此便借这件事将薛道衡"缢而杀之"。

隋炀帝杀薛道衡,另一个原因是妒忌他的文才。薛道衡自幼就是一个用心于文章字句之间的人,他喜欢在沉静中构思,史称:"道衡每至构文,必隐坐空斋,踢壁而卧,闻户外有人便怒,其沉思如此。"尤其长于诗作,比如他的《出塞诗》一首:"绝漠三秋幕,穷阴万里生。寒夜哀笛曲,霜天断鸿声。"诗中有一种边地的悲怆情调,又弥漫着一股粗犷壮大之气,体现了北朝文风的特点。同时,薛道衡因多次出使江南陈朝,受南方文风的影响也较深,比如他的《昔昔盐》一诗,辞采绚丽,对仗工整,描写铺排,极为细腻,其中"暗牖悬蛛网,空梁落燕泥",为千古吟诵的名句。当时,薛道衡的诗名极著,《隋书》讲:"江东雅好篇什,陈主犹爱雕虫,道衡每有所作,南人无不吟诵焉。"文风极盛的南方都很推崇道衡的诗作,可见其成就之高。但遗憾的是,这样一位风流才子,却生活在隋炀帝的统治之下,隋炀帝是个极其自负的人,他曾对别人说:"别人总以为我是承接先帝而得帝位,其实论文才帝位也该属我。"他的内心如此狭隘,怎么能容得下薛道衡呢?难怪他在杀了薛道衡后还说:"看你还能再作出'空梁落燕泥'否!"这固然是隋炀帝丑恶的内心世界的大暴露,但另一方面,也说明薛道衡在当时确实是诗才出众。

薛道衡死后,尚有文集70卷行世,后散佚,明人辑有《薛司隶集》,《先秦汉魏晋南北朝诗》录存其诗20余首,《全上古三代秦汉三国六朝文》录存其文8篇。事迹见《隋书》《北史》本传。

牛弘

牛弘(545~610),字里仁,隋朝安定郡鹑觚县(今灵台)人,隋朝有名的政治家和学者,历任礼部尚书、太常卿、光禄大夫、大将军、吏部尚书等职。

父亲牛允是西魏侍中、工部尚书,封为临泾公。牛弘初为北周中外府记室、纳言上士,父亲逝世后,袭封临泾公爵,任威烈将军、员外散骑侍郎,参加了《起居注》的修撰工作。宣政元年(578),升任内史下大夫、使持节、大将军、仪同三司。隋朝建立后,文帝对他十分信任,任命他为散骑常侍、秘书监,负责收集、校点和整理图书。牛弘对工作尽职尽责,向皇帝上了有名的《请开献书之路表》,总结了周秦以来图书散失的经验教训,介绍了隋朝图书奇缺的现实情况,建议颁发诏令,购求天下图书。隋文帝接受了他的建议,颁发了诏书,规定凡献书一卷,赏赐缣帛一匹。此举为朝廷征集了大量的图书资料。

牛弘学识广博,通今博古,对隋朝的制

陕西长武县牛弘墓

度建设起过重要作用，朝臣百官对其才学十分佩服。开皇三年（583），牛弘升任礼部尚书。开皇五年（585），弘奉命修定五礼（吉、凶、军、宾、嘉），成书100卷。隋文帝下诏行新礼，必有新乐，弘"议定雅乐，积年不成"。开皇六年（586），调任太常卿，与姚察、许善心、何妥、虞世基等人修定了乐律。九年（589）隋灭南陈，得南朝旧乐及乐工，牛弘遂以南梁、南陈乐合于古乐，加以修补，十三年（593），雅乐制成，并作乐府歌词。仁寿二年（602）弘与杨素、苏威等，采用梁礼，重修五礼，完成了隋朝整套的礼乐仪制。他还受命编定法律，编写了有名的《开皇律》。

牛弘为人谦虚谨慎，屈节下士，不尚空谈，坚持观点。有一次，皇帝命他宣读诏书，他坚持不接受，说："并忘之。"皇帝只好自找台阶，说："传言小辨，故非宰臣任也。"但是，对待比自己地位低的人，牛弘却宽容谦让。有一个叫牛弼的人，酗酒成性，在醉酒后杀死为牛弘驾车的牛，妻子将此事一再告诉他，牛弘却只是说"作脯""已知之矣"，仍然读书不停。

后牛弘被封为大将军、吏部尚书。牛弘选任官吏，先德行而后文才，务在审慎，所有进用，并皆称职。大业二年（606），牛弘任大将军，次年，又任光禄大夫，凡是重大礼仪和政治活动，炀帝都让他参加，并引他入帐中，与皇后同席伴座，共饮酒食，对牛弘十分器重。

大业六年（610）十一月，牛弘病卒于江都，时年六十六岁，炀帝惜之，赐赠甚厚，归葬安定。赠开府仪同三司，光禄大夫、文安侯，谥曰"宪"。

牛弘爱读书，孜孜勤学，手不释卷，一生创作了大量的著作和文章，有《牛弘集》13卷行世。魏征对他评价很高："牛弘笃好坟典，学优而仕，有淡雅之风，怀旷远之度，采百王之损益，成一代之典章，汉之叔孙，不能尚也。"

裴矩

裴矩（547～627），原名世矩，因避唐太宗讳而去世字。字弘大，河东闻喜（今山西闻喜东北）人，是隋朝重要的顾问大臣之一，他是出色的外交家、战略家，同时也是个地理、民族问题专家，隋文帝时期做过吏部侍郎。

裴矩起初担任了一些次要职务，之后他被派往广州地区平定叛乱，远征告捷，并在战后的安抚工作中表现突出，因而得到赏赐和擢升。从此他开始负责隋帝国北部和西部

三彩乘人骆驼（唐）

边境事务，在这里他面对帝国的最大外部威胁——极盛时期的突厥帝国，奉命计划和执行遏制突厥人的军事和外交活动。

裴矩不愧是出类拔萃的外交家和战略家，他仅仅运用传统的计谋，而不是庞大的军事行动，就让突厥实质上分裂为东西两大汗国，这个盛极一时的草原帝国在内耗中被严重削弱了。这一成就被证明是扎实和持久的，东西突厥之后再没有统一，并在大部分时间处于敌对状态，很多年之后唐朝的辉煌胜利便直接得益于此。

裴矩还是一个不知疲倦的地理学家和民族学家，炀帝继位后，裴矩成了他在边境问题和民族方面的主要顾问，在履行职责时，裴矩前往今甘肃省的边境贸易站，在那里收集关于亚洲腹地的情报；经过认真研究，他向主公呈献《西域图记》，书中描述了中国西面约40个"国家"的特点，同时概略地叙述了通往"西洋"的主要贸易路线。《图记》附有详图。在对待西域问题上，他的政策性建议是使用和平方式，主要是倚仗中国的财富和威望尽量争取这些民族和影响它们的代表人物。

裴矩的一大失误在于他加剧了炀帝对高丽进行军事冒险的野心，之所以说是失误，是因为它的结果是灾难性的，并被认为是造成隋帝国崩溃的主要原因之一，北宋史学家司马光等著的《资治通鉴》对裴矩进行了无情的批判："卒令中国疲弊以至于亡，皆矩之倡导也。"然而把责任都推到裴矩头上是有失公正的，作为一个对外战略，裴矩的理论是合理的，高丽地区是农耕地区，其国民是"开化"的，是容易并入帝国的。但隋军事上的低能、组织上的混乱让远征高丽变成一场灾难；另一方面，炀帝杀掉了被证明是隋朝最能干的大臣高颎，隋朝没有了坚强实干的行政工作负责人，国家行政已经失控，国家的资源被浪费和滥用以致过度消耗，对外实行积极干预扩张政策的基础已经失去。

裴矩只是对外战略的制定者，他专长是外交，把时间都花在隋朝西、北部的地理、民族问题的研究上，而对隋朝内部状况的急转直下是不甚了解的，因此裴矩的失误仅在于他低估了高丽的反抗力量。而高丽的抵抗力量之强是令人钦佩的，太宗皇帝在位时期发动的征服战争也未获胜利。

对于裴矩的人品，透过模糊的史料我们可以知道，他应该是一个比较正直的官员。《隋书》评价他："学涉经史，颇有干局，至于恪勤匪懈，夙夜在公，求诸古人，殆未之有。与闻政事，多历岁年，虽处危乱之中，未亏廉谨之节，美矣。"

因为裴矩才能卓越，成绩斐然，他所制定实施的外交政策影响深远，竟也引起外国学者的关注，甚至出现了一些介绍他生平的外文专著。反倒是国人对他知之甚少。

韦世康

韦世康（531~597），京兆杜陵（今陕西省西安市南）人，担任司州总管长史、民部中大夫、礼部尚书、吏部尚书等职。

韦世康的祖父韦旭是魏南幽州刺史，父亲韦敻隐居而不问政治，西魏、北周两代，朝廷曾数次征用他，都被他婉言谢绝，号曰"逍遥公"。世康从小就聪慧过人，胸襟宽广，10岁的时候就被任命为州主簿。在西魏时，刚满20岁就做了直寝（皇帝寝宫的值班警卫），封为汉安县公，而且娶了周文帝的女儿襄乐公主，朝廷授予他仪同三司。后来他在北周做官，并且和周武帝一起灭掉了北齐政权，被周武帝授予司徒总管长史。当时，百姓生活难以安定，世康安抚有方，兵士和百姓都非常满意。年底，他被升为民部中大夫，进位上开府，转为司会中大夫。

到隋朝时，尉迟造反，隋文帝非常担忧，他对世康说："汾、绛两地本来是周、齐的分界线，他在这里造反恐怕会造成动乱啊！现在我委以你重任，希望你能守住这里！"后世康便被授为绛州刺史，以此来镇守绛州。世康是个不以物喜，不以己悲的人，虽然这次让他来做绛州刺史，实际上是降职了，但是他并不为此烦恼，而是认真地治理这个地方。

世康在任数年，政绩斐然，他所管理的绛州连续几年在全国排名第一，因此，朝廷便将他任命为礼部尚书。世康没有什么嗜好，所谓无欲则刚，他在朝廷上不慕权贵，从来不曾以自己的威望压人。看到别人的优点，他会自我反省，如果自己没有，则认真学习，如果有，则低调不言。不久便晋爵为上庸郡公，加邑至两千五百户。当年又升

山东嘉祥徐敏行夫妇合葬墓《备骑出行图》（隋）

为吏部尚书，爵位依旧。隋文帝开皇四年（584），他因母亲去世便离职归乡。守丧期限未满，便又被朝廷召回。世康请求，希望能让自己为母亲守完丧期，隋文帝不允。世康在吏部的时候，选用官员公平公开公正，从来不肯给别人开后门，为朝廷选拔了大量的人才。开皇七年（587），他被任命为襄州刺史。不久，便又升为安州总管，后又升为信州总管。开皇十三年（593），他入朝为官，任职为吏部尚书。前后十余年间，他选拔的人才都成了朝廷的栋梁。他在闲暇的时候对家人说，"我听古人常说为官之道，功成身退为重，今年我就要60岁了，打算辞官还乡，你们意下如何？"他的儿子韦福嗣说："父亲德高望重，名扬朝廷内外，满腔忠诚，被先帝所倚重，都快要赶上汉宣帝时的疏广与疏受二人了，不过，父亲的打算自己做主即可！"

后来赶上朝廷大宴群臣,世康便对隋文帝说:"臣没有半点功劳,却占着这个位置,所以我想辞官还乡,退位让贤,希望皇上准奏!"皇帝答复:"寡人夙夜求贤,希望能和你一起治理天下,从而谋得太平盛世,今天爱卿所奏,实在让寡人有点失望啊!即使爱卿身体衰老,寡人还是希望爱卿能继续做下去的!"

后来隋文帝命他为荆州总管,当时天下一共有四大总管,并、扬、益三州由亲王管理,只有荆州托付给了世康,这件事在当时广为传颂。世康为政清廉,颇受百姓爱戴拥护,他所管理的辖区几乎没有诉讼案件,可见其政绩斐然。

开皇十七年(597),他死于荆州,享年67岁,隋文帝获悉世康死讯后,心痛不已,给了他的家人很多钱物用以办理世康的丧事,并追封他为大将军,谥"文"。

令狐熙

令狐熙,字长熙,曾担司勋曹中大夫、吏部曹中大夫、益州总管长史、汴州刺史等职。

令狐熙的父亲令狐整曾经在北周做过大将军,兼任始、丰两州刺史。令狐熙胸襟宽广,生活作风严谨,从不跟三教九流来往,凡是他所结交的朋友都是当时的名士。令狐熙还博览群书,尤其对"三礼"颇有研究,他擅长骑射,而且有音乐天赋。最初,由于他熟读经史,便被任命为吏部上士,不久又提升为都督、辅国将军,转为夏官府都上士,后来因为母亲去世而离职返乡守丧。

守丧期满,他被任命为小驾部,后来父亲又去世了,他悲痛欲绝,身体也每况愈下,到后来都必须要挂着拐杖才能站起来,经常听到他哭声的人们也禁不住忧伤而泣。河阴之战,朝廷命他脱下丧服走马上任,后世袭彭阳县公,食邑两千一百户。周武帝平北齐时,因为令狐熙留守有功,赠邑六百户,进位仪同,先后又做了司勋、吏部二曹中大夫。后来隋朝建立,隋文帝即位,令狐熙尽忠尽职向隋文帝进谏,后被任命为司徒左长史,加上仪同,晋爵河南郡公。当时位于北方的少数民族吐谷浑经常骚扰边境地带,于是朝廷便派行军长史辅佐元帅元谐去讨伐吐谷浑,令狐熙因为战功而进位上开府。

后来,令狐熙正好赶上王秀出坐镇蜀

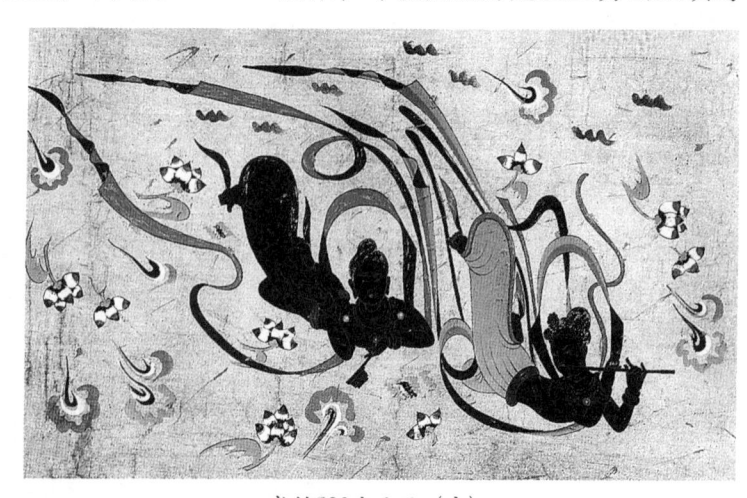

敦煌329窟飞天(唐)

地，考虑到用人必用正直之人，所以隋文帝便让令狐熙来益州做了总管长史，还没等他上任便又提升为沧州刺史。当时山东遗留了北齐的陋习，户口簿登记都不采用实名制，于是令狐熙便请命去那里任职。他在职几年后，当地的陋习均被摒弃，风气大好，被人称为"良两千石"。开皇四年（584），皇上到洛阳巡视，令狐熙便去朝见，当时山东的百姓都担心他会被调走，有的人甚至在他去洛阳的路上向令狐熙哭诉，不想让他离开。等到令狐熙回到山东时，老百姓们夹道欢迎，额手称庆。

开皇八年（588），他被调任为河北道行台度支尚书，山东的百姓为了纪念他便立碑为他颂德。后来行台被废除，朝廷便任命他为并州总管司马，后又升为雍州别驾，不久又升为长史、鸿胪寺卿。因为他本身就兼任吏部尚书，后又做了五曹尚书事，在职期间，所有事情都办理得井井有条，皇上十分信任他。

隋文帝到泰山祭祀后回宫，路过汴州时发现当地有很多陈规陋习，于是便派令狐熙为汴州刺史。令狐熙到达汴州后采取许多措施，他规定凡是有人沿街开门的全部都堵上，同时还将城外散居的人聚集起来，外来之人全部驱走，如果有滞留的全部关押起来，经过他的一番治理，汴州的政治一片清明。隋文帝听闻此事非常高兴，他对身边的侍臣说："汴州是天下最难治理的地方啊，没想到这令狐熙这么快就将它治理好了！"于是皇帝便下诏让相州刺史豆卢通向令狐熙学习管理上的技巧，几年之后豆卢通来朝觐见，他所治理的相州已经成为天下第一，于是隋文帝赐予他布帛300匹，并将此事昭告天下以示奖励。

岭南夷、越等少数民族叛乱，朝廷便任命令狐熙为总管，统管桂州等17州的所有军政事务，而且给他便宜从事的权力，同时

中国古代吏部名人
隋唐五代

还赐予他的家人500匹布帛，改封他为武康郡公。当时有个叫宁猛力的人，因为与陈后主同日出生，所以到处跟人说自己有贵人之命，在南朝陈的时候已经占据南海，后来隋文帝平复陈朝后，便将他招安了，而且还封他为安州刺史。然而宁猛力骄横跋扈，仗着自己的城池易守难攻，甚至从来不去拜见当朝皇帝。令狐熙给他写信希望能与之成为朋友，宁猛力的母亲生病时令狐熙还亲自过去送药，这一点让宁猛力十分感动，他毕恭毕敬亲自去令狐熙的府上拜访感谢。

当时有许多郡县同名，为了便于管理，令狐熙便上奏朝廷请求将安州改名为钦州，黄州改为峰州，利州改为智州，德州改为欢州，东宁改为融州，隋文帝都同意了他的请求。

在任几年后，令狐熙便有了告老还乡的想法，他启奏说："微臣今年已经61岁了，精力日渐衰退，实在不能胜任目前的官任了，希望皇上能够允许我告老还乡！"皇上不许，赐予医药，让他继续做官。

令狐熙奉诏传交州渠帅李佛子入朝，李佛子本来想谋反的，皇帝欲治他死罪，可是令狐熙却只是想将他羁押，后来有人到皇上跟前告令狐熙收了李佛子的贿赂所以才放了他，隋文帝听了十分怀疑，后来李佛子果然叛乱，隋文帝大怒，以为令狐熙真的收了李佛子的贿赂，于是派人将令狐熙逮捕。令狐熙生性刚烈，郁郁不得志，到永州的时候便忧愤而死，享年63岁。隋文帝依然不肯放过他，于是又没收了他的家财。后来等行军总管刘方抓住李佛子送入京师时，李佛子才说出了真相。其实令狐熙根本没有受他的贿赂，隋文帝顿时幡然醒悟，可是为时已晚，于是只能将自己的愧疚转为对令狐熙子嗣的优待，他将令狐熙的四个儿子诏入朝廷封官，令狐熙的小儿子令狐德棻在当时最为出名。

杜淹

杜淹（？～628），字执礼，京兆杜陵（今陕西长安）人，唐太宗时的宰相。杜如晦的叔父，曾经做过隋朝吏部尚书。

祖父杜业是北周豫州刺史，父亲杜征为河内郡太守。杜淹年幼时，聪明善辩多才艺，有美名，与同郡韦福嗣为莫逆之交。他对韦福嗣说，陛下好用隐士，咱们隐居在太白山（秦岭一山峰名）吧。两人因此不出仕，隐居太白山。隋文帝知道实情后，非常生气，把他们流放到长江以南。大赦天下后，杜淹回京。经雍州司马高孝基上表推荐，朝廷授他承奉郎。大业末年，官至御史中丞。

公元618年，隋朝灭亡，次年王世充在洛阳废皇泰主杨侗自立为郑国皇帝。以杜淹为吏部尚书，很是信任。杜如晦成为唐朝皇子李世民的谋士。杜如晦的哥哥和弟弟杜楚客密谋在洛阳起事，事情泄露（可能因为杜淹），哥哥被杀，杜楚客被关押。公元621年，李世民平定洛阳，差点将杜淹当成郑国高官杀掉，是杜楚客说服营救。

杜淹起初想投靠唐朝的太子李建成。负责选官的封德彝告诉了房玄龄，房玄龄怕太子得到会谋略的杜淹对李世民不利，便推荐杜淹为天策府兵曹参军、文学馆学士。

公元624年，庆州总管杨文干私运东宫铠甲，事发，唐高祖大怒，囚禁了李建成。杨文干举兵谋反，被李世民平定。事后，在齐王李元吉的劝说下，唐高祖释放了李建成，而归罪于杜淹和东宫的属官韦挺，将杜淹流放到巂州。李世民知杜淹无罪，赠以黄金300两。

公元626年，玄武门之变后，李世民即

《步辇图卷》局部〔唐〕

位，是为唐太宗。召回了杜淹，拜御史大夫，封安吉郡公，赐实封四百户。因为杜淹通晓古代典章，特诏东宫仪式簿领，由他主管。公元627年，杜淹判吏部尚书参议朝政，成为宰相之一。其前后推荐40余人，后来大部分都成了知名官员。

杜淹曾推荐刑部员外郎郅怀道，太宗问杜淹："郅怀道才行怎么样？"杜淹回答："怀道在隋朝做吏部主事，有清廉谨慎之名。隋炀帝三下江都时，行计已决，公卿都违心赞同巡游，郅怀道官位极卑，独称不可。臣亲眼所见。"太宗问："卿当时对下江都怎么说的？"杜淹回答："臣从行计。"太宗问："事君之义，有犯无隐。卿称怀道为是，为什么自不正谏？"杜淹回答："臣当时不居重任，又知就是进谏也必定不从，徒死无益。"太宗问："孔子称从父之命，未为孝子。故父有争子，国有诤臣。若以君主之无道，为什么还做他的官？既食其禄，为什么不匡正他的过失？"

太宗又召杜淹笑着问："卿在隋朝，可以说官位小而不言；仕王世充，为何不极谏？"杜淹回答："亦有谏，但王世充不从。"太宗说："王世充若修德从善，当不灭亡；既然他无道拒谏，卿怎么能免祸？"杜淹哑口无言。太宗又问："卿在今日，为宰相之一，会陈词极谏吗？"杜淹回答："臣在今日，必尽死无隐。当年，百里奚在虞国时，虞国亡；在秦国时，秦国霸。臣窃自比之。"太宗笑。当时，杜淹兼二职，而无清廉之誉，又素与长孙无忌关系不好，被当时舆论批评。有病的时候，太宗亲自到他家慰问，赐帛300匹。贞观二年（628）杜淹去世，赠尚书右仆射，谥"襄"。

杨恭仁

杨恭仁（568~639），原名纶，后改名温，字恭仁，弘农华阴（今陕西华阴）人，唐朝宰相，隋朝观王杨雄之子。杨恭仁原是隋朝官员，历任甘州刺史、吏部侍郎，曾平定杨玄感叛乱，后被裴蕴排挤出朝，担任河南道大使，兵败逃归江都。江都之变后，杨恭仁升任吏部尚书。

他是隋朝观王杨雄之子。隋文帝仁寿年间，杨雄任甘州（故治在今甘肃张掖）刺史。他生性忠厚，遵礼守法，在任政简宽和，善于安抚边疆各族人民。隋文帝曾称赞杨雄善于教子。

隋炀帝大业元年（605），杨恭仁任吏部侍郎。大业九年（613），隋礼部尚书杨玄感趁炀帝发兵东征高丽（在今朝鲜半岛）之机，在黎阳（今河南浚县）起兵反炀帝。炀帝派杨恭仁率军队参与镇压，他在破陵（今河南孟津东）与屈突通军配合打败了杨玄感。班师后，炀帝特意召见夸奖他说："闻破陵之战，卿战功第一。过去我只知你为官清慎守法，不知你作战也如此勇敢，看来是我用你不当。"

隋末，朝政腐败、贿赂公行。当时主管吏部选事的大臣苏威、裴蕴等人以权收受贿赂，唯杨恭仁谨慎自守，因遭苏、裴等人的忌恨，被排挤出朝，外任河南道大使，去镇压反叛朝廷的武装力量。他在谯郡（治所在今安徽亳州）打了败仗，逃到江都。大业十四年（618）三月，宇文化及、司马德戡在江都行宫缢杀了隋炀帝，他随宇文化及率军北逃到河北，曾被宇文化及署为吏部尚书，派他守魏县（在今河北大名）。当年五月，李渊在长安称帝，建立唐朝。杨恭仁被割据魏郡的元宝藏俘获，押送到长安。李渊和他相识，知他为人忠正，对他以礼相待，拜他为黄门侍郎，封观国公。

因为他仕隋曾在甘州任职，熟悉河西地区的人情风物，在各少数民族人民中有一定威望，所以李渊又派他去任凉州（故治在今甘肃武威）总管。武德二年（619）十月，又遥授他纳言之职。他在边疆认真抚慰，使葱岭以东的各部落倾心归附唐朝，和李唐政权建立了和睦关系。武德五年（622），突厥颉利可汗率兵犯境，杨恭仁以计退敌。所辖瓜州（治所今甘肃瓜州县锁阳城）刺史贺拔威，拥兵反叛，杨恭仁率本部兵马疾速平叛，连克二城。他释放了被俘的贺拔威士卒，这些士卒感激他不杀之恩，回去后囚贺拔威，押至杨恭仁的军营投降。李渊闻报大喜，于武德六年（623）六月，将他拜为吏部尚书，并检校（兼管）凉州诸军事。后又晋升为左卫大将军、旗鼓将军。

武德九年（626）六月四日，秦王李世民发动玄武门兵变，八月即皇帝位，是为太宗。当时，杨恭仁被李世民调任雍州牧（治所在今西安），加授左光禄大夫，并行扬州大都督府长史。贞观五年（631），任洛州都督。当时，他的弟弟和侄儿均与李唐皇室联姻，成为皇戚。后来他因年老有病请求致仕，太宗准他以特进归家休养。贞观十三年（639）卒。追赠开府仪同三司、潭州都督，陪葬昭陵（唐太宗李世民陵，在陕西礼泉县九嵕山）。

高俭

高俭（575～647），字士廉，渤海蓨（今河北景县）人，历任安州都督、益州大都督府长史、吏部尚书、尚书右仆射等职。

长孙皇后和长孙无忌的父亲早死，作为亲舅舅的高士廉将他们抚养长大。高士廉对李世民极为器重，以致主动将长孙氏许配给李世民。其因得罪杨广，被发配岭南，随后中原大乱，被隔绝在外，直到李靖灭萧铣时才得以回归。其人善管理、为李世民心腹，参与玄武门之变的策划。在贞观年间，任侍中、安州都督、益州大都督府长史、吏部尚书、尚书右仆射、同中书门下三品，封申国公。史载，高士廉"少有器局，颇涉文史"，主持编撰《氏族志》，与大文豪薛道衡等人结为忘年之交，为一时才俊。

其祖父高岳是北齐神武帝高欢的堂弟，封清河王，官至左仆射、太尉。其父高劢，北齐乐安王，也曾任左仆射。北齐之后入周，不知何故周武帝竟没将其与齐后主高纬一起杀掉。隋朝取代北周后还任过隋朝的洮州等四州刺史。

隋炀帝大业年间，高士廉的妹妹嫁给右骁卫将军长孙晟，生子长孙无忌和一个女儿。长孙晟死后，高士廉把妹妹接回自己家中，并非常厚待自己的外甥和外甥女。当时他发现年轻的贵族子弟李世民异于常人，就把外甥女嫁给他，这位长孙氏就是后来的文德皇后。隋炀帝时，高士廉由于和逃亡到高丽的兵部尚书斛斯政关系密切，隋廷便把他流放至交趾。萧铣称帝时，交趾太守丘和附梁，高士廉也随之降梁。萧铣被唐朝平灭后，高祖李渊因亲戚关系，命高士廉巡按岭南诸州。后来升迁他为雍州治中，而当时他的外甥女婿李世民为雍州牧。

"玄武门之变"，高士廉与外甥长孙无忌并共预密谋，并还亲率吏卒从监牢里释放

囚犯,授以兵甲,组成临时的军队支援李世民。贞观元年(627),提升为侍中。贞观十二年(638),以其佐命之功授申国公,拜尚书右仆射。

高士廉为人谨慎缜密,表奏皇帝的草稿一概焚毁,不使左右知晓。贞观二十一年(647)病死,时年72。当时太宗刚刚饮服"药石"(类似"五石散"的东西,当时认为既"壮阳"又"保健",实际上是毒性很大的东西。唐代多位贵族、皇帝因之而死),闻讯马上整装要亲临看视。高士廉的外甥长孙无忌急忙策马跪伏于半路迎接,痛哭陈说高士廉临终前切言皇上不要亲临,加之"饵石临丧"是医家大忌,劝了半天才把药性正发作的太宗皇帝劝回宫去。赠司徒,陪葬昭陵,谥曰"文献"。

高俭像

杜如晦

杜如晦(585~630),字克明,京兆杜陵(今陕西西安东南)人,从祖杲为北周、隋显官,凌烟阁二十四功臣之一,唐初名相,官居兵部尚书、吏部尚书、尚书右仆射等职。

杜如晦自少聪悟,好谈文史,是个典型的彬彬书生。隋炀帝大业年间作为候补官员,只补个滏阳尉的小官,不久就弃官回家。唐武德元年(618),如晦被李世民引为秦王府属官。如晦常从征伐,参与机要、军国之事,剖断如流。又迁陕东道大行台司勋郎中,并以本官入文学馆为十八学士之首。武德四年(621),李世民建天策府,以如晦为从事郎中。当时世民兄弟间皇位继承的争夺十分激烈,太子李建成恐怕秦王府内英才云集,日后于己不利,就以朝廷名义把李世民的手下许多文武僚臣从秦王府中调去外地任职。房玄龄当时对李世民讲:"府僚去者虽多,不足惜也。杜如晦聪明识达,王佐之才。大王您如果想经营天下,非此人不可!"李世民大惊,忙把已经调离的杜如晦追回。在平定薛仁果、刘武周、王世充、

杜如晦像

窦建德的战争过程中,杜如晦作为李世民高参,对军旅戎事剖断如流,深为时人敬服。李建成对杜如晦非常忌讳,他对齐王李元吉说:"秦王府中可惮之人,唯杜如晦与房玄龄耳。"随即向李渊讲房、杜两个人的过失,把他们调离李世民的秦王府。

武德九年(626),如晦潜入秦王府谋划玄武门之变,以功擢拜太子左庶子。太宗继位,如晦迁兵部尚书,进封蔡国公,贞观二年(628),以本官检校侍中,摄吏部尚书,仍总监东宫兵马事。三年(629),任尚书右仆射,仍领选事。

如晦为相时,正值唐新建不久。他与房玄龄共掌朝政,凡典章制度皆两人所定。时称如晦长于断,玄龄善于谋,两人配合默契,同心辅佐太宗,后世论唐代良相,首推房、杜。

贞观四年(630),杜如晦病重,李世民亲自去他家中探望,抚之流泪,在他咽气前升其子杜构为尚舍奉御。即使皇帝如此贵重其人,杜如晦仍旧抗不过疾病之侵,死时年仅46。太宗哭之甚恸,赠司空,徙封莱国公,谥曰"成",并手诏为制碑文。后来有一次唐太宗吃块美味的香瓜,忽然忆起杜如晦,怆然泪下,遣人以所食之半奠于这位文臣的灵牌前,不时送御馔祭奠。在杜如晦的每年忌日,太宗都派人到他家里慰问其夫人儿子,一直保持其公府的官吏僚佐职位,"终始恩遇,未之有焉"。

戴胄

戴胄(?~633),字玄胤,相州安阳(今河南安阳)人,曾为郑州长史、兵部郎中、尚书右丞、民部尚书、检校吏部尚书。

戴胄生性耿直,又有才能,对于律令法规和典章制度颇为通晓。隋朝大业末年,任门下录事,后又在越王杨侗处任给事郎。大业十四年(618)三月,隋炀帝在江都(今江苏扬州)被部下宇文化及所杀,留守东都洛阳的隋朝大将王世充拥立越王杨侗为帝。次年春,王世充欲废帝自立,戴胄曾力谏劝阻之,王世充不听,并把他派出去任郑州长史,守卫虎牢。武德四年(621)五月,秦王

陕西大荔县丰图义仓

李世民率军攻克虎牢,戴胄被俘,李世民让他在秦府担任士曹参军。李世民继位后,任命戴胄为兵部郎中,封爵武昌县男。

贞观元年(627),大理寺少卿一职暂缺,太宗以为"大理之职,人命所悬,当须妙选",经过认真考虑,乃命秉公执法的戴胄担任此职。一次,吏部尚书长孙无忌被召,未解佩刀而径直入宫,违犯了"卫禁律",监门校尉当时没有察觉。尚书右仆射封德彝认为监门校尉失职,罪当处死;长孙无忌误带佩刀入宫,判徒刑一年,以罚铜20斤赎罪。太宗表示同意。而戴胄却反驳道:"校尉不觉与无忌带刀入内,同属一时疏忽所致。陛下若念无忌有功,从轻处置,那么,不是本官所能管得了的。如果依据法律来处理,仅仅罚铜20斤,恐怕未必合理。"太宗说:"法律不是我一人的法律,而是天下共同遵守的法律,怎么能够因为无忌是皇亲国戚,便可以不执行呢?"乃命重新议罪。封德彝坚持自己原来的意见,太宗欲从之。戴胄又说:"校尉因无忌而获罪,根据法律,处置应当从轻。至于说到他们的过错,其实是一样的。而现在这样的处理,一生一死,差别是如此之大。所以,我决然请求予以改判。"太宗于是免除了校尉的死罪。

是年,戴胄升任尚书右丞,不久改任尚书左丞。当时尚书省不设尚书令,左仆射萧瑀免官,右仆射封德彝病卒,左、右仆射之职暂缺,政务全由戴胄和魏征两人处理。戴胄"处断明速",繁杂的政务办理得果断而迅速,人们都认为,像这样称职的尚书左、右丞,从唐高祖以来还是很少见的。未几,胄又兼领谏议大夫,与魏征轮流帮助太宗检点朝政之得失。

鉴于往年遇到灾荒,都是由国家粮仓拨出粮食进行赈济,而国家粮仓所存粮食有限,远远解决不了问题。戴胄乃于贞观二年(628)春上疏说道:"水旱之灾,历朝历代都在所难免。国家要有至少九年的粮食储备,这是《礼记》上所训诫的。如今正值战乱之后,百姓流散,人口剧减,每年上缴的租粮从未填满过国仓,而随即又须拿出来救济,仅仅够当年所用。倘若遇上大灾之年,用什么来赈济呢?所以隋代开皇年间立下制度,全国各级官府,层层储备粮食,名曰社仓,因而隋文帝时期未曾发生过饥馑之事。到了隋炀帝大业中期,国库储粮不足,又取社仓之粮以补国用,于是陷入山穷水尽的地步。鉴于此,臣建议上自朝中大臣,下至平民百姓,每年秋粮下来,按耕种土地的多少缴纳租粮,所缴租粮,就地储备于义仓之中。"太宗采纳了他的意见,同年四月,"诏天下州县,并置义仓"。

贞观初,"朝廷盛开选举",大力选拔人才。太宗下令,如有假冒做官资历者,必须自首,否则处以死刑。当时有个任徐州司户参军的柳雄,伪造在隋官资被发觉。戴胄根据法律判其流放罪,并上奏太宗。太宗说:"我下令不自首者处死,你却判其流刑,这不是让我失信于天下吗?"戴胄说:"陛下即刻杀掉那人,臣是管不了的。既然交付法司处理,臣不敢违犯法规。"太宗说:"你只管自己守法,而让我失信于天下吗?"戴胄说:"法律是布告天下、取信于民的国家大法,皇上的话不过是一时喜怒说出来的。陛下凭借一时气愤所说的话而杀人,这怎么可以呢?现在将案犯处之以法,这乃是忍小忿而存大信。如果顺从小愤而违背大信,臣实在为陛下惋惜啊!"太宗欣慰地说道:"朝廷执行法律有失,先生总是能够加以纠正,我还担忧什么呢?"像这类犯颜执法的事例还有很多,史称戴胄"所论刑狱,皆事无冤滥"。

贞观三年(629),戴胄进拜民部尚书,兼检校太子左庶子。十二月,尚书右仆射杜如晦以疾罢相,临终前,他提议让戴胄掌管选拔任用官吏的吏部。太宗即于贞观四年(630)二月命胄检校吏部尚书。戴胄为人虽忠正耿直,秉公执法,很有才干,但他出身低微,不通经史。在吏部供职期间,"抑文雅而奖法吏",对于有才学的文人学士,他没有给予足够的重视,有意无意地压抑了他们;而司法方面的官吏,却往往得到他的奖掖和重用,因而"时议非之"。太宗只好免去他的检校吏部尚书之职,让其仍以民部尚书参与朝政。

贞观五年(631)九月,太宗命人修复仁寿宫,并更名为九成宫,接着又要修葺洛阳宫。戴胄上疏劝阻说:"陛下立国于暴隋之后,拯救黎民百姓于水火之中,国家得以安定,此大功大德,普天下之下谁不称赞呢!臣才识浅陋,但愿以区区之诚向皇上进言,陈述一下臣职分之内的事情。近见关中、山西一带都在增置军队,富裕农家的丁壮纷纷被征从军。修复九成宫时,又将剩余的男子役使殆尽。京城方圆两千里以内,壮年男子大都早已派给了司农寺和将作监。在这种情况下,即使还有遗留下来的丁壮,又能够征派得了多少呢?刚刚经历了战乱离散,民间户少人弱,一人从军服役,全家便会废于农事。从军者督促他们去打仗,服役者责求他们交送粮秣。一家之口尽力耕作,也大都难以维持生计。何况如今丁壮弱少呢?我担忧这样会引起天下百姓的怨仇。七月以来,雨水过多,河南、河北一带,田地低下,究竟能否获得好收成,还很难说。加上国家和军队之所需,都要取之于国库,上缴的绢布,每年均在百万匹以上。丁壮服役后既然已经所剩无几,而赋税不减,费用不止,国库是要空虚的。况且洛阳宫殿目下足以遮蔽风雨,待数年后修毕,为时不晚。倘若一定要马上修好,恐怕是会使百姓们困苦不堪的。"太宗览奏,对戴胄甚为赞许,并对身边的侍臣说:"戴胄与我并无骨肉之亲,但他却始终以忠正公直砥砺自己的操行。其体察国事,情深意切,遇有紧要大事,无不上奏陈述申明。我晋封他的官爵,是要酬报他的一片赤诚之心啊。"

贞观七年(633)六月,戴胄病卒。太宗罢朝三日,为之举哀,并赠其尚书右仆射,追封为道国公,谥曰"忠"。又考虑到戴胄的庭院简陋,难以开展祭祀活动,他便专门派人为他建造了一座庙宇。

姚懿

姚懿（590~662），字善意，隋末唐初陕州硖石（今河南陕县东）人，祖籍吴兴郡武康（今浙江湖州德清），是大唐贤相姚崇之父。

隋文帝开皇七年（590），姚懿出生在一个官僚家庭。高祖姚纲；曾祖姚宣业，南朝陈国征东将军；祖姚安仁，隋朝青州、汾州二州刺史；父亲姚祥，隋怀州长史兼检校函谷关都尉。姚懿为姚祥幼子，弓马纯熟，喜读经史。少年胸怀壮志，做事坚毅果敢。隋末，炀帝纵情声色，穷奢极欲，滥征徭役。大业三年（607），陕州崤县（治于今河南陕县菜园乡南县村）因徭役赋税负担过重，农民苦不堪负，聚众反抗，官吏逃走。时年18岁的姚懿，召集地方豪杰，平息了动乱，被任命为崤县令。

大业十三年（617）七月，隋太原留守李渊起兵南下攻取长安。九月，右领军大都督李世民渡过黄河，派人去争取姚懿。姚懿认为李渊志向远大，将有天下，就劝说陕州州将："洛阳王世充不是真命天子，天命在唐，我们应该应天命顺人心才是！不然，陕州恐怕难逃战争祸殃了！"于是，姚懿和州将一起快速从小道拜谒了李渊。李渊高兴地接受了归降，赏赐给他们文书和金银布帛。以此，陕州人民避免了一场战乱。

唐武德二年（619），割据于马邑（今山西朔州）的刘武周勾结突厥南进。十一月，秦王李世民率军北伐，姚懿"预经纶之肇事，奉光华之旦景"，带兵随同北征，"扫虞田之氛雾，披晋野之荆棘，矢不虚发，策无遗筹"，参加筹谋，屡立功勋。

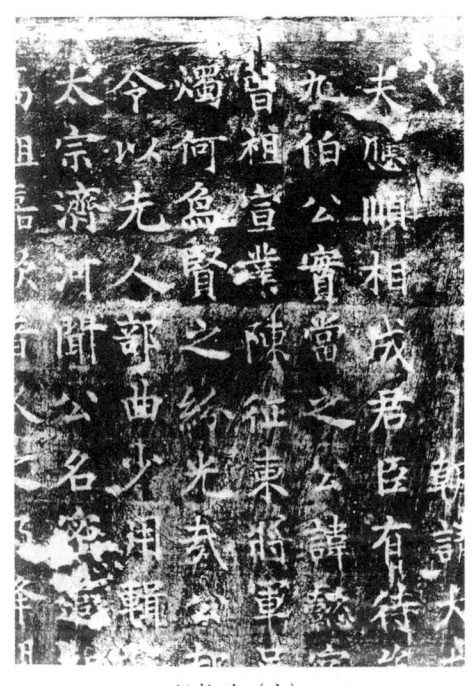

姚懿碑（唐）

唐武德三年（620）七月，高祖令秦王李世民统兵10万东征王世充。由于陕州硖石地处进军中原的要冲，其地水路北有黄河，南有洛河，陆路北有北崤道，南有南崤道。姚懿被任命为骠骑都尉，水陆行军副总管，主管河道漕运和陆路驿递，传输军用物资。他尽力征调劳役、畜力、车船，一力统筹，确保了前线所需。不久，朝廷又升迁他为左卫亲府右郎将，品级为正五品上。军旅中，他博览群书，"军行有赋，文实在兹，师之余日，手不释卷"。

武德四年（621）七月，唐军一举消灭王世充、窦建德两大集团后，屡立战功的姚懿遭到了不公正的待遇，被降职为建安府折冲都尉。32岁的姚懿心灰意冷，淡泊名利，谢职不就，带领全族筑室于硖石东北重岗之曲（在今河南陕县张茅中学附近），躬耕垄亩，教读子孙。因此，姚懿又为陕郡姚姓起家之祖。

唐高宗李治登基后，为表示对开国功臣的尊崇，又任命姚懿为忠武将军、晋州高阳府折冲都尉，封长沙县男。姚懿认为"时惟偃武，志本崇文"，上表要求参加明经科举考试，以显文治之才。于是朝廷又改任他为常州长史。姚懿以患病为由，上表抗疏不就。不久，朝廷再次任命他为持节硖州诸军事、硖州刺史。年过六旬的姚懿接受任命，赶赴硖州（今湖北宜昌一带）。姚懿久在民间，深知民情与时弊，到任后，"举六察，按百城，导济江门，茂育云泽"，得到了老百姓的赞誉。又被授予银青光禄大夫。

唐高宗龙朔初年，临近吐蕃的边疆重镇巂州（今四川西昌）邛部蛮族酋长作乱。朝廷决定派年高德劭、文武兼备的姚懿持节任巂州都督，安定西南。

巂州，在京师长安西南3000余里。州内蛮汉杂居，处唐西南之边陲，地理位置优越。71岁的姚懿，受命于边疆危难多事之秋，不以年高为辞，不畏路遥道险，毅然接受符节，千里迢迢走马上任，投入到紧张的平叛之中。他训导官吏公正处理汉族同少数民族间的关系；严格整训军队，以武力为后盾，做好各种应变准备。"结之以诚不以言，震之以威不以暴。"由于处理得当，他兵不血刃很快便平息了骚乱。

由于长途奔波和军务劳累，73岁的姚懿一病不起。龙朔二年（662）十二月一日逝世于巂州都督府。龙朔三年（663）七月，归葬于硖石安阳公，其父姚祥的墓侧（在今河南陕县菜园乡南杨村东，2005年其后裔又为其重树碑石）。

姚懿不仅治国有功，而且治家有方。他初娶张氏夫人、李氏夫人，二夫人亡故后，续娶刘氏夫人。共有十一个儿子。其中，刘氏夫人生二子，长子姚元崇（后改名姚崇），次子姚元景。由于姚懿言传身教，耳濡目染，后来都成为国家栋梁。最有成就的当数第十子姚崇。姚崇先后任武则天、唐睿宗、唐玄宗三朝宰相兼兵部尚书，对"开元盛世"的形成作出了卓越贡献。宋代司马光在《资治通鉴》中称他为唐朝四大贤相之一。伟人毛泽东则赞誉他为"大政治家、唯物论者"。姚懿后裔知名度较高的还有：唐玄宗时任礼部侍郎、尚书左丞的姚弈；同张巡一起抗击安禄山叛军而殉国的姚訚；同贾岛齐名的唐代诗人秘书监姚合，元和进士，其诗派称"武功体"；还有受唐后期著名宰相李德裕推崇的姚勖，长庆进士，累迁谏议大夫，更湖、常二州刺史。陕郡姚氏，终唐一代，冠缨不绝。

刘祥道

刘祥道（595~666），字同寿，观城（今山东莘县观城）人。永徽至显庆年间曾任吏部侍郎、知吏部选事。

刘祥道的父亲刘林甫，武德初为内史舍人，时兵机繁速，庶事草创，唐高祖委林甫专典其事，以才干见称。寻诏与中书

唐 彩绘文官俑

令萧瑀等撰定律令，林甫因著《律议》万余言。久之，擢拜中书侍郎，赐爵乐平男。贞观初，再迁吏部侍郎。初，隋代赴选者，以十一月为始，至春即停，选限既促，选司多不究悉。时选人渐众，林甫奏请四时听选，随到注拟，当时甚以为便。时天下初定，州府及诏使多有赤牒授官，至是停省，尽来赴集，将万余人。林甫随才铨擢，咸得其宜。时人以林甫典选，比隋之高构。武德三年（620），刘林甫病卒，临终上表荐贤，太宗甚嘉悼之，赐绢250匹。祥道少袭父爵。永徽初，历中书舍人、御史中丞、吏部侍郎。显庆二年（657），迁黄门侍郎，仍知吏部选事。祥道以铨综之术犹有所阙，乃上疏陈其得失：

第一，现在朝廷选拔的官吏十有八九都是平庸之辈，每年选拔做官的超过1400人，而其中平庸之辈又居多，那些沽名钓誉之辈被任命为朝廷官吏后又没有及时被淘汰掉，这样一来，平庸之才跻身朝堂的越来越多，朝廷肯定会走向腐败的。自建国以来，已经40年有余，可是至今还没有施行过刑罚，臣实在担忧啊！希望朝廷能够在任免官员上作出一定举措，从而使良才进入朝堂，蠢材贬谪为民。

第二，历史上选拔官吏，从来没有考虑过选拔人数和官职数量的配比，现在官职有限而选拔之人过多，这样无疑会增加百姓的负担，所以臣希望朝廷能够考虑到官员选拔的数量配比，这样既可管理好国家的事务，又不会使百姓的负担太大，国家才能长治久安，百姓亦是其乐融融啊。

第三，儒学是教化的根本，文化的起源。儒教不兴，风俗将会更替，臣担心民风有变呢！望朝廷能够继续推崇儒学。

第四，我朝为天府之国，富裕之名四海皆知，可是到现在为止，竟然还没有一个秀才，难道是今人不如古人了？我朝有不少有才之士，但是他们却埋没在民间。希望朝廷能够继续实施荐才的举措，如果继续任他们流落在凡间，诚然是朝廷的遗憾。

第五，唐尧、虞舜时期的选拔制度要考察被选之人三年的政绩，然后黜退昏愚的官员，晋升贤明的官员，两汉时期官员一般久居其职，所以有的人一旦为官就是终身之事，也正是如此才有了仓、庾这些以官职命名的姓氏。魏晋以来，所有的事情都无章可循，而我朝以来，为官后四年之内倘若没有什么过错的话就会得到升迁，那些官员知道升迁之际即将到来便会考虑自己离开后由谁来继续担当自己的职务，百姓知道官员要升迁时自然也会有一些人走后门，这样一来，行贿买官便无法杜绝，时间一长，那些贪官肯定会越来越多，甚至会移风易俗，臣希望朝廷能够改革升迁制度，由四年改成八年，任期达到八年之后再听候安排，这样虽然不能保证民风淳朴，但必定会起到一点作用。

第六，尚书省二十四司和门下中书都事、主书、主事等，这些职位上的官员随着升迁贬谪而不停更替，但是补缺之人多是与前任官吏有关系的刀笔之辈（古代专门写诉状的人），即使任命了一些士林之人，他们也往往会遭到排挤。尚书省的人历来传承着对士林之人的鄙夷情结，以致后来这都成了故事传颂。而且尚书省考察官员时往往都由他们的秘书来全权办理，这样恐怕会有失权权衡，臣希望朝廷能够更改修订这些制度，并且对尚书省的官员进行一次排查，该罢官的罢官，该升迁的升迁，这样才能治标治本。

显庆三年（658），中书令杜正伦也对皇上启奏说现在选入朝廷的人越来越多，日积月累终将成为朝廷的累赘。唐高宗于是派遣刘祥道与杜正伦详细商议这件事。当时公卿空虚，执行官员都有所顾忌，所以他们提出的简政措施最终没有得以实施。刘祥道有极高的修养和才能，后来被提升为阳城县侯。高宗显庆四年（659），又升为吏部尚书。他每次去查监的时候总是叹息不已，处决犯人的当天他甚至不肯吃饭。龙朔元年（661），被升为检校蒲州刺史，龙朔三年（663），又兼职了检校雍州长史，不久便升为右相。刘祥道生活作风严肃，当上了宰相后，忧国忧民，还多次向皇帝说自己已经年迈且多疾，希望能够辞官养老。后来他又做了司隶太常伯，从此不问政事。麟德二年（665），皇帝到泰山祭天。司仪依照前朝旧制，以太常卿为亚献，光禄卿为终献，刘祥道反驳说："在夏商周时期，皆以六卿为重，所以才有了佐祠。汉魏以来，权力便转到了台省，九卿都是常伯官吏。现在登封大礼，不按照八座办事，却用了九卿的规矩，莫不是只知其虚名而忘了起源了？"高宗接受了他的建议，最终以司徒徐王元为亚献，刘祥道为终献。祭祀结束后，刘祥道被晋爵为广平郡公。乾封元年（666），他又上奏朝廷请求辞官养老，皇帝又给他加爵为金紫光禄大夫，然后才让他退休了。也就在那一年，他去世了，享年71岁，朝廷追封他为幽州都督，谥号为"宣"，他的儿子刘齐贤世袭了他的爵位。

褚遂良

褚遂良（596~659），字登善，祖籍河南阳翟（今河南禹州），晋末南迁为杭州钱塘（今浙江杭州西）人。唐初名臣，高宗时封河南郡公，故人称"褚河南"，唐高宗永徽年间曾任吏部尚书。

父褚亮，秦王李世民文学馆十八学士之一，官至通直散骑常侍。

遂良博通文史，贞观十年（636），由秘书郎迁起居郎。精于书法，以善书由魏征推荐给太宗，受到赏识。十五年（641），他劝谏太宗暂停封禅。同年由起居郎迁谏议大夫。贞观中，太宗宠爱第四子魏王泰，遂良提出太子、诸王的待遇应有一定规格。十七年（643），太子承乾以谋害魏王泰罪

褚遂良像

被废,遂良与长孙无忌说服太宗立第九子晋王李治为太子(即唐高宗李治)。次年遂良被任为黄门侍郎,参与朝政。太宗策划东征高句丽时,他持不同意见,尤其反对太宗亲征。二十二年(648)为中书令,二十三年(649),太宗临终时他与无忌同被召为顾命大臣。高宗永徽元年(650),遂良以抑价强买中书省译语人的土地被劾,出为同州刺史。三年(652),召还,任吏部尚书、同中书门下三品,复为宰相。四年(653),为尚书右仆射。六年(655),高宗欲废王皇后,立武昭仪为皇后。他认为王皇后出自名家,并无过错,竭力反对废立,由此被贬为潭州都督,转桂州(今广西桂林)都督,又贬爱州(今越南清化)刺史。显庆三年(658)死于任所。

他的书法,初学虞世南,晚年取法钟繇、王羲之,融会汉隶,丰艳流畅,变化多姿,自成一家。与欧阳询、虞世南、薛稷并称初唐四大书家。相传虞世南死后,唐太宗叹息无人可以论书。魏征称赞说:"褚遂良下笔遒劲,甚得王逸少体。"魏征认为,他对文字理解深刻,有辨认文字真伪的能力。

《唐人书评》说他的字是:"字里金生,行间玉润,法则温雅,美丽多方。"他所写的《雁塔圣教序》最有自家之法。在此碑中,他把虞、欧法融为一体,皆波势自然。从气韵上看直追王逸少,但用笔、结字圆润瘦劲之处却是褚法。

他不仅书法写得"古雅绝俗,瘦硬有余",而且还有一双精妙神奇的书法鉴赏慧眼。有一次,唐太宗征得一卷古人墨宝,便请褚遂良看看这是否是出自王羲之的手笔。褚遂良看了一会儿,便说:"这是赝品。"唐太宗听了颇为惊奇,忙问褚遂良是怎么看出来的。褚遂良便要唐太宗把这卷书法拿起来,透过阳光看。褚遂良用手指着"小"字和"波"字,对唐太宗说:"这个小字的点和波字的捺中,有一层比外层更黑的墨痕。王羲之的书法笔走龙蛇,超妙入神,不应该有这样的败笔。"唐太宗听了,打心眼里佩服褚遂良的眼力。

此后,唐太宗征集到王羲之的墨迹,每逢真假难辨之时,总要请褚遂良帮他鉴定。后来,还奉命将这些珍贵的书法编定目录,珍藏于宫廷内府。唐贞观十二年(638),因著名书法家虞世南不幸病逝,太宗便召见褚遂良,并任命他为侍书。

他的传世书迹有楷书《孟法师碑》《雁塔圣教序》《伊阙佛龛》。

《孟法师碑》,全称《京师至德观主孟法师碑》,书体融合欧、虞为一体,遒丽似虞,端庄似欧。既有虞世南书法典雅宽舒的结体,又有欧阳询书法刚健险劲的运笔。字形更为方正端丽,行笔富于顿挫起伏变化。

有些字又具有隶书笔意，古雅凝重，是褚氏中年书法的代表作。《慈恩寺圣教序》，也称《雁塔圣教序》，楷书，是褚遂良的代表作，褚遂良书后六年即去世，也可说是晚年留下的杰作，字体瘦劲，极富丰神。唐高宗永徽四年（653）立两块石刻于陕西西安慈恩寺大雁塔下。前石刻《圣教序》，后石刻《圣教记》。

唐临

唐临（600~659），字本德，京兆长安人唐太宗时期，曾任万泉县丞、侍御史、大理卿、御史大夫等职；唐高宗时，做过刑部、兵部、度支、吏部等部的尚书，功勋卓著，政绩显赫。他"在官简肃"，"甚为时所称"。

唐临任万泉县丞时，万泉县里有几十名罪行较轻的罪犯已经在押很长时间了。到了春天农忙季节，唐临向县令建议：先把这些人放出来，让他们回去种地。县令不同意，唐临坚持说："如果出现什么问题，由我承担全部责任。"后来，县令因病请假，唐临便把这些囚犯放归家园，并和他们约定，待县令回来之前他们必须再回到监狱。囚犯们感其恩德，如期而还，唐临"因是知名"。

唐临执法不避权贵。他任侍御史时，大夫韦挺在朝堂上违反规定与太宗耳语，唐临对太宗说："您已经扰乱了朝廷的秩序。"太宗不高兴地说："与大夫说说话不至于吧？"唐临严正地回答说："大夫也扰乱了朝廷的秩序。"韦挺吓得脸色都变了，大臣们都很惊恐，马上安静了下来。

唐高宗继位后，唐临被任命为大理寺卿。有一次，唐高宗询问监狱在押的犯人数量等事宜，唐临一一无误地回答。唐高宗高兴地说："治理国家重要的在于刑罚，用法

彩绘文官俑（唐）

太猛了，会草菅人命；用法太宽，则会放纵犯罪。你能够持平折中，十分符合我的心意啊！"后来，唐高宗亲自到监狱察看时，其他官员审理的罪犯都大声喊冤，唯独唐临审理的罪犯没有一个人喊冤。唐高宗甚感惊奇，查问什么原因。罪犯们回答："唐大人审判公正，我们没有话说。"

永徽元年（650），唐临升任御史大夫。第二年，华州刺史萧龄之受贿的事情被告

中国古代吏部名人
隋唐五代

发,皇帝令大臣讨论治罪。大多数人认为应该判处萧龄之死刑,唐临却上奏说:"罪疑惟轻,功疑惟重。"他认为,国家太平时应该用中典,国家动乱时应该用重典。于是,萧龄之得以免死。

唐临俭薄寡欲,不治宅地,服用简素,宽以待人。有一天,唐临想去给友人吊丧,他叫家童回家去取丧服。家童听错了,拿回来的不是丧服,因此不敢进屋去见唐临。唐临知道后,把家童叫进来说:"今天天气不宜哀泣,我叫你取丧服的事,改天再说吧。"还有一次,唐临叫侍者煮汤药,结果,侍者出了差错,没有把药煮好。唐临假装不知,对侍者说:"今天天气阴暗,不宜服药,把药倒掉吧。"由此,可见其宽厚。

名言:"形如死灰,心若铁石。"唐临此言出自《旧唐书》卷八十五《唐临传》,是唐临执法的座右铭。意思是说:形貌如同死灰,心肠如同铁石。这反映了唐临作为执法者,执法如山,决不掺杂个人情感的坚定信念。

马 周

马周(601~648),字宾王,博州茌平(今属山东)人,唐太宗时期吏部尚书,著名政治家,曾任监察御史、中书令、太子右庶子、银青光禄大夫。

马周本出身于一个贫穷百姓之家,从小就失去了父母。他虽很勤奋好学,精于《诗经》《春秋》,但由于天性旷达,不为小节所拘,所以为乡人所轻,一度出任本州的小吏,但很快因不被刺史赏识而辞官。为了寻求更广阔的施展抱负的天地,他毅然徒步两千里,来到当时全国的政治、文化中心——长安。

到长安后,马周客居在当时的中郎将常何家中。贞观五年(631)太宗下诏让百官评论政策得失,常何本是一介武夫,不通文墨,更很少关心政事,马周便替他写了表章。表中所陈述的20多条意见,都能切中时弊,唐太宗看后,十分欣赏。但他不相信是常何所作,常何便坦白说出是其家客马周所为,并向太宗推荐马周。太宗听后,即日召见,与马周一见如故,很快拜他为监察御史。马周从此开始了他的官宦生涯。

唐太宗时,曾实行过一种宗室勋贵世袭州

马周碑(唐)

刺史的制度。令皇帝弟、皇子21人任州刺史,子孙世袭。又令功臣长孙无忌等14人为世袭州刺史。马周任职后不久,便上书太宗反对这种制度。他认为尧舜这样的父亲,尚生出朱、均这样无能不孝的儿子,现在实行世袭制,受封子孙一旦有"不孝子"袭封嗣职,则不但殃及国家、百姓,受封贵族本身也要因此祸及子孙。建议太宗吸取汉晋以来由分封而乱天下的教训,不要施行这种制度。在马周和其他大臣的坚持反对下,太宗不久即下诏取消了这种世袭制。

马周还曾直言上谏,劝太宗吸取隋亡的教训,以节俭为本,少兴徭赋。指出:"今百姓承丧乱之后,比于隋时才十分一,而徭役相望,兄去弟还,往来远者五六千里,春秋冬夏,略无休息。"而"今京师及益州诸处,营造供奉器物,并诸王妃主服饰,皆过靡丽",认为统治者只有减少对人民的剥削,才能缓和阶级矛盾,稳固唐王朝的统治。

马周的奏疏,切中时弊,且言辞"机辩明锐",时人称曰:"马君论事,会文切理,无一言可损益,听之俪俪,令人忘倦。"太宗对此十分赞赏,马周本人也得到太宗的信赖和重用,屡次升迁。贞观十八年(644),迁为中书令,兼太子右庶子。太宗东征高丽时,命马周留辅太子于定州。东征回朝后,命马周摄吏部尚书,进银青光禄大夫。

贞观二十二年(648),马周在48岁的壮年便去世了,死后太宗赠幽州都督,陪葬昭陵。

马周是唐太宗所倚重的大臣之一。正是因为有了魏征、马周这样的忠义之臣,敢于直言上谏,太宗能及时调整统治政策,才有了唐初"贞观之治"的局面。

长孙无忌

长孙无忌(约597~659),字辅机,河南洛阳人,唐太宗和唐高宗时宰相,曾担吏部尚书、尚书右仆射、司空、宰相等职。

贞观朝功臣济济,仅唐太宗绘图于凌烟阁有特殊贡献的就有24位之多,长孙无忌被列在首功之位。不过,就才能而论,他在谋臣猛将、良宰贤相中绝对算不上突出,但从与唐太宗的关系看,却是太宗的心腹。由于受到唐太宗特殊信赖,长孙无忌不但在贞观朝发挥了特殊作用,且受托辅佐高宗,成为唐初政治史上的特殊人物。

长孙无忌的先祖出自北魏皇族拓跋氏,因有殊功,改姓长孙氏。长孙氏是北魏以来的世族高门,属于军事贵族。但长孙无忌本人,虽在军事方面有一定谋略,但并不善于统兵打仗,用唐太宗的话说:"聪明鉴悟,雅有武略,总兵打仗,非其所长。"这种情况与他早年经历有关。长孙无忌的父亲去世较早,他与妹妹一同在舅父高士廉家中长大。高士廉本人"少有器局,颇涉文史",很有才华和名望。在这样一个文化素养高的家庭中,长孙氏兄妹受到很好的文化教育。无忌"好学,该博文史",他的妹妹也是"少好读书,造次必循礼则"。高士廉识

中国古代吏部名人
隋唐五代

长孙无忌像

人很有慧眼,早在李渊父子太原起兵之前,就发现李世民是个非常之人,把长孙无忌的妹妹聘予李世民,后来李世民做皇帝,册封长孙氏为皇后。长孙无忌的年龄与李世民相仿,二人从小交往友善,妹妹嫁给李世民后,两人关系更加亲密。

从李渊父子晋阳起兵叛隋到建立唐朝,再到统一天下,长孙无忌一直追随李世民东征西讨,但却没有什么显赫之功。他在政治舞台上显露头角还要追溯到玄武门事变。唐朝建立后,李渊集团发生分裂,最突出的矛盾是太子李建成和秦王李世民之间争夺皇位继承权。李世民的才能、威望和接踵而至的显赫军功,不仅使其本人产生了觊觎皇位的野心,也引起太子李建成的忌妒和不安。开始是李建成想对李世民下毒手,但没成功。李世民问秦王府的僚属们:"阽危之兆,其迹已见,将若之何?"房玄龄对长孙无忌说:"今嫌隙已成,一旦祸机窃发,岂惟府朝涂地,乃实社稷之忧,莫若劝王行周公之事,以安国家。存亡之机,间不容发,正在今日。"长孙无忌说:"吾怀此久已,不敢发口,今吾子所言,正合吾心,谨当白之。"于是,房玄龄、杜如晦、长孙无忌同劝李世民先发制人,认为只有如此才能转危为安。

此时太子李建成与齐王李元吉也在加紧活动,用重金收买李世民部将尉迟敬德,遭拒绝后,又对李世民行刺,仍未得逞。李建成对李元吉说:"秦府智略之士,可惮者独房玄龄、杜如晦耳。"于是,向李渊谗毁二人,将之逐出秦王府。这样李世民最为心腹之人只有长孙无忌仍在府中。长孙无忌坚决支持房玄龄政变的建议,与舅父高士廉和秦王部将侯君集、尉迟敬德等人日夜劝李世民诛杀太子与齐王。李世民仍犹豫不决,与灵州都督李靖商议,征求行军总管李勣的意见,二人都表示不愿意。正在此时,突厥南下侵犯,按惯例应由李世民督军抵御,但此次在李建成的推荐下,由李元吉代李世民督军北征,并调秦王府将领尉迟敬德等同行。他们的目的很明显,想借机抽空秦王府的精兵猛将,并计划在为李元吉饯行时杀掉李世民。李世民得知,立即与长孙无忌等商量,又派长孙无忌秘密召回房玄龄、杜如晦,共同谋划了玄武门兵变。六月四日,李世民亲率长孙无忌等十人,在玄武门成功地伏杀了李建成、李元吉。

在李世民夺取皇位继承权的兵变中,长孙无忌称得上是首功之人。在酝酿政变时,他态度坚决,竭诚劝谏;在准备政变时,他日夜奔波,内外联络;在政变之时,他不惧危难,亲至玄武门内。所以唐太宗至死不忘长孙无忌的佐命之功,临死前仍对大臣们说:"我有天下,多是此人之力。"

李世民成了皇太子后，长孙无忌被任命为太子左庶子。不久李渊把帝位让给了李世民，长孙无忌升为左武候大将军，后任吏部尚书，晋封齐国公，食实封一千三百户。唐太宗几次要任命长孙无忌为宰相，但长孙皇后一再说："妾备位椒房，家之贵宠极矣，诚不愿兄弟复执国政。"她提醒太宗要吸取汉朝吕氏、霍氏等专权的教训，长孙无忌自己也要求逊职，但太宗不听，拜长孙无忌为宰相，任命他为尚书右仆射。为唐太宗夺取皇位，长孙无忌确实立有殊功，但担任宰相，他的才能似乎还不够。不能说长孙无忌不喜欢权势，但他为人谨慎小心，注意避嫌，不像历史上许多外戚，依恃女儿或姐妹"椒房之宠"，肆无忌惮地攫取权力。他以盈满为戒，恳请太宗批准他辞去宰相要职，长孙皇后也为之请求，太宗不得已，让他辞去了尚书右仆射，而拜开府仪同三司。这一年，唐太宗在文武大臣的陪护下，亲至长安西郊祭祀，起驾返回时，特令长孙无忌与司空裴寂二人升用金辂以示宠幸。贞观五年（631），长孙无忌与房玄龄、杜如晦、尉迟敬德四人，以元勋封每人一子为郡公。贞观七年（633），太宗册书，任命长孙无忌为司空，无忌坚决推辞不受，太宗不准，还特意写了一篇《威凤赋》赐给长孙无忌，追思创帝业之艰难和长孙无忌的佐命之功。

唐太宗认为把朝廷要职授予长孙无忌，不是因为他是皇后的哥哥，而是鉴于他的才行。长孙无忌在玄武门兵变中表现出不凡的才能与胆识，太宗即帝位后，在一些重大事务上也发挥了重要的作用。如贞观元年（627）时，突厥因天灾人祸，内部矛盾激化，多部反叛，实力大衰，朝廷中许多大臣请求乘机出兵攻打突厥，但唐与突厥不久前刚订立盟约，太宗有些犹豫。长孙无忌说：

"虏（突厥）不犯塞而弃信劳民，非王者之师也。"认为"今国家务在戢兵，待其寇边，方可讨击。彼既已弱，必不能来。若深入虏廷，臣未见其可。且按甲存信，臣以为宜"。唐太宗采纳了他的意见，放弃了马上出兵的打算。又如，唐太宗十分仰慕周代的分封制，不顾许多大臣（如魏征、李百药、颜师古等）的反对；贞观十一年（637），诏令以荆州都督荆王元景为首的21名亲王为世袭刺史，以赵州刺史长孙无忌为首的14名功臣为世袭刺史。唐太宗正式下诏，一般大臣不敢再谏，但侍御史马周和太子左庶子于志宁仍冒死谏诤，唐太宗根本不听。最后，以长孙无忌为首的被封功臣呈递了抗封的表文，长孙无忌又通过自己的儿媳长乐公主再三向唐太宗请求，说："臣披荆棘事陛下，今海内宁一，奈何弃之外州，与迁徙何异！"唐太宗才不得不"诏停世袭刺史"。

由此可见，长孙无忌是有一定胆识和才能的。但他在贞观朝权重无比、恩宠无匹的特殊地位，是否与他是唐太宗的妻兄有关，对此历史学家纷说不一，可以肯定的有两点：一是在唐太宗内心深处，长孙无忌最可信赖，在这一点上，不但原仇敌手下的魏征不能与之相比，就是秦府旧人、名相房玄龄也稍有逊色；二是长孙无忌身兼外戚和元勋的双重身份，比较注意避嫌，与历史上某些骄横外戚绝不相同。贞观十二年（638），唐太宗亲幸长孙无忌府第，十六年（642），拜长孙无忌为司徒，十七年（643），唐太宗将24位有特殊功勋的大臣图形于凌烟阁，以彰其功，长孙无忌排在第一位。综观以上，长孙无忌是唐太宗推心置腹的忠臣良佐，是对贞观朝有特殊贡献的人物，这是他的主要方面。但是，他在对待君主、处理与唐太宗的关系上，也有明显的局限。

贞观后期，唐太宗心骄志满，魏征多次提出批评劝告，唐太宗口头接受，行动难改，许多大臣都阿谀奉承，歌功颂德，这些人中也包括长孙无忌。贞观十八年（644）四月，唐太宗幸临太平宫对侍从的大臣们说："人臣顺旨者多，犯颜者少，今朕欲自闻其失，诸公其直言无隐。"这应该是劝谏唐太宗的良机，但长孙无忌等人却违心地说："陛下无失。"当时，只有刘洎和马周谈了太宗的过失。同年八月，太宗对长孙无忌说："人苦不自知其过，卿可为朕明言之。"又一次令长孙无忌谈自己的过失。长孙无忌说："陛下武功文德，臣等将顺之不暇，又何过之可言。"唐太宗当即就指出这是"曲相谀悦"。唐太宗晚年不好直言，难得征求大臣们意见，长孙无忌却以阿谀代替忠谏，这是他作为名臣良佐的缺陷。

晚年，唐太宗最烦心的是太子问题。贞观十七年（643）四月，李承乾被废，之后，最有资格被立为太子的是长孙皇后的另外两个儿子：魏王李泰和晋王李治。两人相比，李泰的条件更为优越，首先他是长孙皇后的次子，比李治年长九岁，唐太宗对他恩宠逾制，令其在王府中置文学馆，听任其招揽贤人学士，赏赐甚至超过太子，还不时在言谈中暗示要立李泰为太子，待承乾被废之后，又"阴许立泰"。李治是长孙皇后的三子，唐太宗的九子，不论从年龄还是父子感情看，均处于劣势，但舅父长孙无忌却大力支持，"固请立晋王治"。李泰、李治都是长孙无忌的外甥，长孙无忌为什么弃太宗所宠，而要立李治呢？这并非私人感情，而是有重要政治背景的。

唐太宗统治后期，长孙无忌在朝臣中权重无比，为了在太宗之后仍维持这种局面，长孙无忌希望未来的皇帝，即今日的太子，应该由一个仁孝听话的外甥充当，这样，自己会得到尊重，权势会得到保障。因晋王李治生性懦弱，成为他极力支持的对象。而魏王李泰则不同，从小聪明绝伦，稍长善作诗文，成人后喜好经籍、舆地之学，从贞观十一年（637）开始置文学馆收纳士人，文武官员也纷投门下，形成一股政治势力。李泰恃才不恭，上品官员不放在眼里不说，关键是不去争取舅父对自己的支持。长孙无忌知道，如果李泰做皇帝，依靠重用的必定是他自己的党羽，绝不是他这个舅父，所以不愿李泰立为太子。

两子争立，一边是才华出众的李泰，一边是懦弱无能的李治，按理说，立李泰是自然的，但唐太宗不能。李泰集团的主要成员是功臣子弟，他们靠祖上资荫，身处高官，奢侈放纵，希望通过李泰当皇帝，达到驱逐元老，自己掌权的目的。李治的支持者则是以长孙无忌为首的元老重臣长孙无忌既是唐朝的开国元勋，又是唐太宗的佐命大臣，是贞观政治的忠实执行者。唐太宗希望自己死后，贞观政治依然坚持下去，只能靠长孙无忌等元老重臣的辅佐，而绝不是李泰手下的那帮纨绔子弟。为此，他不得不舍爱立李治为太子。由于李治仁弱，不像自己，唐太宗在立了李治后，思想仍在动摇反复，一度又向长孙无忌提出想改立"有英武才""英果"似己的三子吴王李恪，被长孙无忌挡了回去，说："晋王仁厚，守文之良王，且举棋不定则败，况储君乎？"唐太宗只好作罢，临终前，将辅佐李治的重任托与长孙无忌和褚遂良。

长孙无忌以回天之力促成李治继位，是为唐高宗。高宗继位后，立即拜长孙无忌为太尉，兼检校中书令，知尚书、门下二省事，长孙无忌辞去了知尚书省事，但仍任太

尉同中书门下三品。唐高宗继位初年，实际执政的是长孙无忌。长孙无忌忠实执行唐太宗的遗训，继续推行贞观政治，社会经济进一步繁荣发展；贯彻以诗赋取士，增加进士科人选，扩大统治基础；亲自组织编写《唐律疏义》，并将之颁行全国，进一步完善了贞观法制；又平定了西突厥的叛乱，有力地维护了大唐王朝的统一；特别是恢复执行唐太宗晚年曾一度中断了的休养生息政策，终结了长期对高丽的战争，顺民情，得民心。高宗统治初年，即永徽年间，唐朝在政治、经济、文化、法律、军事各方面都比贞观时期有所发展，被封建史家誉为"永徽之治"，常与"贞观之治"相提并论。这一成果的取得有赖于长孙无忌的忠心辅佐，有赖于股肱大臣们的齐心协力，特别是受顾命之托的长孙无忌和褚遂良二人"悉心奉国，以天下安危自任"。唐高宗对二人也是格外尊重信赖，"恭己以听之"，尤其是长孙无忌，"以元舅辅政，凡有所言，上无不嘉纳"。

高宗朝最大的政治事件，当属废立皇后之争，这不是单纯的妻妾之斗、后宫争宠，而是有着深刻政治背景的。长孙无忌是这一事件的主要参与者，这场斗争的结果使他及其家族的命运发生了彻底的转变。

永徽元年（650），唐高宗立妃王氏为皇后，但王皇后无子无宠，萧淑妃不但生有一子，而且天资聪慧，深得高宗喜爱，为此，王皇后十分憎恨萧淑妃。高宗为太子时，太宗卧病，太子入侍，结识了太宗的才人武氏（武则天），很喜欢她。太宗去世后，武才人随众宫女到感业寺做了尼姑，太宗祭日，高宗去感业寺行香，遇到了武氏，二人相对而泣。王皇后闻知此事，暗中让武氏蓄发，劝高宗将其纳入后宫，想用武氏离间萧淑

妃之宠。不久，武氏便备受宠幸，被封为昭仪，又为高宗生下一子，王皇后与萧淑妃同时失宠。高宗废王立武，在朝中引起轩然大波；以长孙无忌、褚遂良为代表的元老重臣们极力反对，以许敬宗、李义府为代表的一批臣僚则全力拥护，在元老重臣中只有李勣一人称病而不表态，经高宗再次询问，则以"此陛下家事，何必更问外人"的回答，给了实际上的支持。但长孙无忌是高宗的舅父，太宗顾托掌权之臣，所以，他的意见特别重要，开始，武则天幻想争取长孙无忌的同意和支持，但使尽种种伎俩拉拢，均遭严词拒绝，这才丢掉争取元老重臣支持的想法，下决心与这些"老朽"进行一场生死的搏斗。

武则天的父亲去世很早，所以，她同许多后妃不同，在外朝没有根基，要对付长孙无忌是不易的。于是，她就拉拢一些政治上失意、对长孙无忌等不满的人，让他们为自己说话、造舆论。许敬宗、李义府、崔义玄、袁公瑜等人就成了武则天的心腹。这些人都是卑劣无耻之徒，但武则天急需有人为他办事说话，充当耳目，监视长孙无忌等人，特别是表请高宗立她为后，也就无法顾忌了。

永徽六年（655），唐高宗终于不顾大臣们的冒死极谏，诏废王皇后和萧淑妃，册立武则天为皇后。褚遂良等人被远贬蛮荒，武则天最忌恨长孙无忌，但他不同于褚遂良等，不但是佐命元勋，更是高宗的元舅，要将之搞垮，需要时机。显庆四年（659），在武则天的授意下，由许敬宗费尽心机，把长孙无忌编织进一桩朋党案，进行恶毒陷害。许敬宗借处理太子洗马韦季方和监察御史李巢朋党案之机，诬奏韦季方与长孙无忌构陷忠臣近戚，要使权归无忌，伺机谋反。唐高宗先是吃惊不信，继而伤心怀疑，命许

敬宗再查，然后面对许敬宗足未出户编造的关于韦季方与长孙无忌谋反的供词，哭泣道："舅若果尔，朕决不忍杀之，天下将谓朕何，后世将谓朕何！"许敬宗举汉文帝杀舅父薄昭，天下以为明主之例宽慰高宗，又引"当断不断，反受其乱"的古训，催促其下决心。唐高宗懦弱昏庸，竟然不与长孙无忌对质（或者他不需要进行对质），就下诏削去了长孙无忌的太尉官职和封邑，流徙黔州，但准许按一品官供给饮食，算是对元舅的照顾，对当年为其争得帝位的报答。长孙无忌的儿子及宗族全被株连，或流或杀。三个月后，高宗又令许敬宗等人复合此案，许敬宗派大理正袁公瑜前往黔州，逼迫长孙无忌自杀。

唐高宗仁弱听话，是长孙无忌执意要立他为太子的主要原因，有讽刺意味的也正是这昏庸懦弱，最终置长孙无忌于死地。长孙无忌的结局冤屈而悲惨，但似乎又难以避免。他死保王皇后，反对立武则天，主要原因就是一个：王皇后出身名门（是西魏大将王思政的孙女），而武则天出身低微。不论王皇后，还是长孙无忌，都是一个多世纪以来掌握国家大权的关陇门阀世族的代表，他们关注的是关陇门阀的私利。长孙无忌在辅佐唐高宗时提拔了六名宰相，全部是周、隋大臣之后，关陇门阀成员。这种自魏晋以来门阀政治的残余状态与大唐帝国的繁荣发展是相舛的。到唐高宗上元元年（674），追复长孙无忌官爵，令其孙长孙元翼袭封，唐文宗开成三年（838）诏其裔孙钧为猗氏令，靠"浩荡皇恩"才得以为令，这与长孙无忌于唐初的显赫，怎可同日而语。故长孙氏虽然得到平反，但终究是衰落了。长孙家族的兴衰是与中国中古时期社会历史的发展大势相合的。

裴行俭

裴行俭（619～682），字守约，唐绛州闻喜（今属山西闻喜东北）人，历任礼部侍郎、吏部侍郎、礼部尚书、定襄道行军部管、金牙道大总管等职。

裴行俭出身于世宦之家，幼年时以门荫弘文生；贞观中，他在大将军苏定方麾下任左屯卫仓曹参军。苏定方见裴行俭努力钻研军事，对他非常器重，把自己多年用兵的经验传授给他。

显庆二年（657），裴行俭任长安令。当时唐高宗正准备废黜王皇后立武则天为后，裴行俭与太尉长孙无忌、尚书左仆射褚遂良在私下议论此事时，被大理袁公瑜向武则天的母亲杨氏告了密，为此裴行俭遭到诬陷被调出京师，左迁到西州都督府任长史。

麟德二年（665）拜安西大都护。在西域时，诸部多慕义归附。与李敬玄、马载共同负责选举十余年，名盛一时，创立一些法规，使选任官职有条可循，为后来所承用。时称裴李、裴马。行俭少时从大将军苏定方学习兵法，后来领兵出征东、西突厥，善于料敌决胜。他诚恳待人，获得士兵爱戴，故

山西闻喜县裴柏村——中华宰相村

战多取胜。

咸亨初，裴行俭任吏部侍郎，与李敬玄共事。在此期间，他始设长名姓历榜、引铨注等法，又定州县升降、官资高下，在选任官员上做了一些较大的改革，初获声名，加银青光禄大夫。调露元年（679）西突厥侵逼安西（今新疆库车），当时行俭受命册送波斯王子泥涅师归国，途经西州时，募得万骑，便假为畋猎，以计俘西突厥都支，将吏于碎叶城为他立碑纪功。由于他文武兼资，高宗特授礼部尚书，兼检校右卫大将军。同年，东突厥阿史德温傅、阿史那伏念反叛，行俭以定襄道行军大总管统兵30万出击。开耀年间，以反间计逼伏念执温傅来降，余众悉平。

永淳元年（682），十姓突厥的车薄反叛。唐高宗又任命他为金牙道大总管，率十将军以讨之。裴行俭以国家利益为重，准备再次出征。但是，还未出发，就在这年四月病卒，年64岁。

裴行俭因其功勋卓著而被封为闻喜县公，他不仅是一位抵御外族入侵有功、善于用兵的著名将领，还是一位很有成就的书法家。

裴行俭著有文集20卷和《选谱》。又撰《草字杂体》及营阵、部伍、料胜负、别器能等46诀，今佚。唐高宗曾令他用百卷素绢，书《昭明文选》一部，反复披览，十分欣赏。

张柬之

张柬之（625~706），字孟将，汉族，襄州襄阳（今湖北襄樊襄阳）人。唐代著名宰相，以主谋迫使武则天退位而知名。唐中宗时期曾任天官尚书（吏部尚书）。

张中进士后任清源丞。689年以贤良征试，擢为监察御史。后出任合州、蜀州刺史及荆州长史等职。狄仁杰向武则天推举之，武则天将其提升为洛州司马。不数日，狄仁杰再荐之，称其"可为宰相，非司马也"。遂得以升为秋官侍郎，过了一个时期，又得

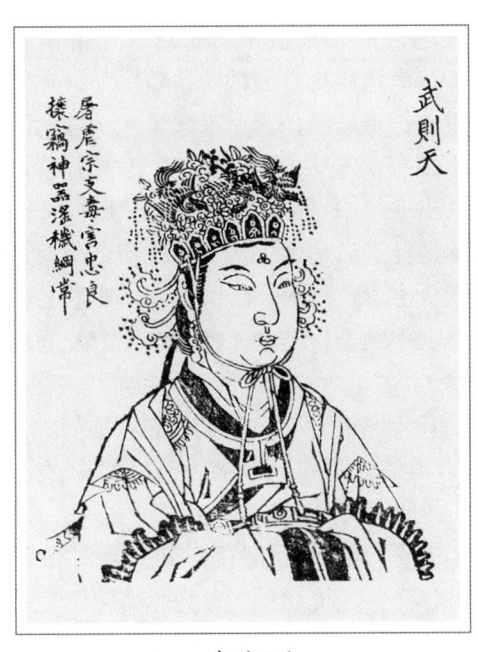

武则天像

姚宗推荐,于是升位宰相。

神龙元年(705年)正月,张柬之与桓彦范、敬晖等乘武则天有病发动政变,图谋恢复唐朝皇室政权。此前,张柬之已引杨元琰为右羽林将军,随后又任命敬晖、桓彦范、李湛为左右羽林将军;并说动右羽林卫大将军李多祚参加密谋,掌握守卫皇宫的北门禁军。政变初始,张柬之等率羽林兵五百余人,迎太子李显由玄武门入宫,复辟唐朝国号,是为唐中宗。因功擢天官尚书,封汉阳郡公,后升汉阳王。

不久,张遭武三思排挤,武三思以张等五大臣诬陷韦后为由,通过唐中宗颁布诏令,将五大臣流放边疆。张柬之被流放陇州,气愤致死。

宋璟

宋璟(663～738),字广平,邢州南和(河北邢台市南和县阎里乡宋台)人。唐朝名臣,曾经历任吏部侍郎、吏部尚书。

宋璟的先祖于北魏、北齐时皆为名宦。宋璟少年博学多才,擅长文学。弱冠中进士,官历上党尉、凤阁舍人、御史台中丞、吏部侍郎、吏部尚书、刑部尚书等职。唐开元十七年(729)拜尚书右丞相。授府仪同三司,晋爵广平郡开国公,经武后、中宗、睿宗、殇帝、玄宗五帝,在任52年。一生为振兴大唐励精图治,与姚崇同心协力,把一个充满内忧外患的唐朝,改变为政治、经济、文化、军事处于世界领先地位的大唐帝国,史称"开元盛世"。

宋璟性情刚直,刑赏无私,敢于犯颜直谏,曾勇斗内宠张易之、张昌宗,力挽狂澜,拯救身遭诬陷的长史魏元忠。中宗时冒死弹劾佞臣武三思。睿宗时直谏太平公主迁居东都,以免后宫干预朝政。因此,被贬检贝州刺史。洪水暴发,武三思逼租甚急,宋璟抗捐赈灾,再次被贬。宦海学沉浮,屡遭磨难,终不改治国救民之志。

宋璟风节清高,从不附势趋炎。朝野赞誉宋璟为"有脚阳春"。意言宋璟如一缕春风,趋到哪里哪里似春风煦物,倍感温暖。他力主限制皇亲婚丧奢办;不为自己争名谋利;严于律己,宽以待人,均体现了宋璟爱民物的高尚品德。开元初他铲除时弊,推

宋璟像

行改革，废黜京城千名斜封官（用钱买的官），淘汰居功自傲的"铁骑军"，查禁、回收流行市场的伪币，采取量才录官的用人制度，使大唐从混乱衰败中又一次走向繁荣，出现了中兴的局面，史称"唐世贤相，前称房杜，后称姚宋"，其政绩卓著为"唐朝四大名相"之一。此外，宋璟还工于翰墨，著作颇丰，其中《梅花赋》为发迹传世名作。

开元十年（722），退居东都洛阳。公元737年寿终，墓葬于邢台沙河，享年75岁。玄宗追封他为太尉，谥"文贞"。

宋璟一生独爱梅花，其少年时在四川读书，乃作《梅花赋》，为咏梅佳作，名传天下："……相彼百花，孰敢争先！莺语方蛰，蜂房未喧，独步早春，自全其天，贵不移于本性，方有俪于君子之节……"

卢从愿

卢从愿（668~737），字子袭，相州临漳（今属河北）人，官至殿中侍御史、中书舍人、吏部侍郎、尚书左丞、金紫光禄大夫、刑部尚书等。

卢从愿祖籍河北范阳，是范阳卢姓名门望族的裔孙。他的祖上有卢绾、卢植、卢毓、卢珽、卢志、卢谌、卢纶、卢度世、卢昶等自汉至唐的历代名人。卢从愿是卢昶的六世孙，家自河北范阳过徙到河南临漳。

卢从愿在唐代历任右拾遗、监察御史、山南黜陟巡抚使、殿中侍御史、中书舍人、吏部侍郎、豫州刺史、工部侍郎、尚书左丞、中书侍郎、金紫光禄大夫、刑部尚书。唐中宗时，朝中选拔官员的纲纪失常，混乱不堪，有冒名伪选的，有虚报事功的，有贿赂买官的，不一而足。卢从愿时任吏部侍郎，对此大刀阔斧地加以整顿，荡平弊端。

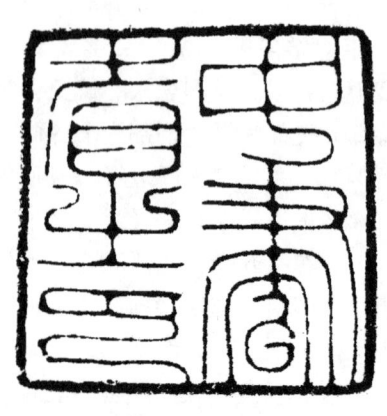

中书省之印（唐）

中国古代吏部名人
隋唐五代

他主持选官事宜六年，可谓成绩斐然。在其他各职位卢从愿亦功勋卓著，因此有不少人向中宗皇帝推荐，说卢从愿是宰相的理想之选。据《新唐书》介绍，唐玄宗遴选宰相时，把候选人卢从愿和崔琳用八分书法写在御札上，以金瓯罩住。刚好太子李亨入室，李隆基叫李亨猜猜看，金瓯里所写宰相人选是谁，李隆基说："如果猜中，就赐御酒给你。"太子李亨答道："难道不是卢从愿和崔琳吗？"玄宗皇帝举起金瓯，十分高兴地说："算你猜中了，赐御酒给你！"后来，卢从愿因故没有当上宰相。人们都说他有宰相之才，而无入相机遇，但至少是罩选金瓯的入围者。后世诗文或戏剧常以"金瓯罩"或"罩金瓯"来喻指中选高官的幸运儿或入围者。

开元末，卢从愿以吏部尚书致仕。玄宗开元二十五年（737），卒，年70岁赠益州大都督，谥曰"文"。

裴光庭

裴光庭（678～733），字连城，绛州闻喜人，裴行俭之子，开元晚期宰相。

裴氏家族自古为三晋望族，也是中国历史上声势显赫的名门巨族。"自秦汉以来，历六朝而盛，至隋唐而盛极，五代以后，余芳犹存，在上下二千年间，豪杰俊迈，名卿贤相，摩肩接踵，辉耀前史，茂郁如林，代有伟人，彪炳史册。"其家族人物之盛，德业文章之隆，在中外历史上堪称绝无仅有。

裴氏家族公侯一门，冠裳不绝。正史立传与载列者，600余人；名垂后世者，不下千余人；七品以上官员，多达3000余人。在上下两千余年间，先后出过宰相59人，大将军59人，中书侍郎14人，尚书55人，侍郎44人，常侍11人，御史11人，刺史211人，太守77人，郡守以下不计其数。还多次与皇室联姻，出过皇后3人，太子妃4人，王妃2人，驸马21人。

自汉魏，历南北朝，至隋唐五代，在中华大地两千多年的历史进程中，裴氏家族在政治、经济、军事、外交等诸方面，均作出了突出的贡献。仅隋唐二代活跃于政治舞台上的名臣就不下数十人。其中著名的政治家有裴秀、裴楷、裴蕴、裴矩、裴他、裴让

裴光庭像

之、裴政、裴寂、裴胄、裴度、裴枢等；军事家有裴行俭、裴茂、裴潜、裴叔业、裴邃、裴骏、裴衍、裴宽、裴果、裴文举、裴镜民、裴济等；法学家有裴政；外交家有裴矩、裴世清等。

裴光庭幼年丧父，其母库狄氏被武则天召进皇宫为御正（女官名），极受宠信。因此裴光庭被累次提拔，官至太常丞。后来因为是武三思女婿，曾一度受牵累贬官郢州司马，开元初年，升任兵部郎中。

裴光庭为人沉默寡言，不善交游，初被提拔时，一般人往往认为他不能够胜任。但是，他很快地就由于勤于职守，成绩显著，受到大家的推崇。

开元十三年（725），唐玄宗准备去泰山举行封禅大典。中书令张说认为天子东巡，京师空虚，担心西北境外各族趁机入侵，要求加强边防军备，于是召来裴光庭商议布置。裴光庭认为，这样做名与封禅实相悖，大为不妥。张说听罢，十分赞同，于是向唐玄宗奏明，采纳了裴光庭的意见。泰山封禅归来，裴光庭被提升为兵部侍郎。

开元十七年（729），裴光庭升任中书侍郎。同中书门下平章事，不久，又兼任御史大夫。开元十八年（730），裴光庭又升侍中，兼吏部尚书，弘文馆学士，依旧同中书门下平章事。这个时期，他曾撰写了《瑶山往则》和《维城前轨》各一卷献给唐玄宗。内容虽不详，但从史载"上手制褒美，赐绢五百匹"，并且"令皇太子已下于光顺门与光庭相见，以重其讽诫之意"来看，不外按照封建伦理标准总结历史经验以供统治者借鉴。同时，他还曾引荐李融、张琪、司马利宾等人入值弘文馆，组织这些人编写《续春秋经传》，自战国迄隋朝。并且奏请唐玄宗撰经，"光庭等依左氏之体为之作传"，也得到唐玄宗的赞同和褒奖。不过此书写了好久，后来终于未能完成。

对唐朝政治影响较大的是他以吏部尚书身份奏请"用循资格"的办法来铨选官员，即"无问能否，选满即注，限年蹑级，毋得逾越，非负谴者，皆有升无降"。所谓"选满"，是在其父裴行俭的"长名姓历榜"基础之上，又规定了各类人员经选的限数，"官高者选少，卑者选多"，达到了所定选次尚未任官者，即是"选满"。这种论资排辈的铨选之法一经出笼，"其庸愚沉滞者皆喜，谓之'圣书'，而才俊之士无不怨叹"。史载，裴光庭这种主张，是针对先前"选司注官，惟视其人之能否，或不次超迁，或老于下位，有出身二十余年不得禄者"。还有一条记载："时有门下主事阎麟之，为光庭腹心，专知吏部选官，麟之裁定，光庭随而下笔。时人语曰'麟之口，光庭手'。""循资格"办法虽说在两年之后因裴光庭去世而被人奏请废止，但由此可知，裴光庭的为官之道，距乃父披肝胆，历艰险，建功立业的风范已经相去较远；虽说忠恳勤勉，却又循规蹈矩，四平八稳，一个典型的封建官僚形象已经铸成。

不过，裴光庭处在开元时期唐玄宗尚能有所作为的条件下，不断升迁，其政治见识也确有过人之处。如前述东巡封禅之议为一例，这里尚有一例：开元十九年（731），唐朝应金城公主的请求，书写了《毛诗》《礼记》《左传》《文选》各一部，准备赠送吐蕃。秘书正字于休烈却上表反对，他认为这些经典都是"国之利器，不可以示人"，即便万不得已，《左传》也坚决要留下来，因为其中有"以臣召君之事，取威定霸之谋"，如果流传出去将是"国之患也"。对于这种愚顽的文化封锁主张，唐玄宗一时也

无法定夺,只好诏命中书门下裁议。裴光庭主持了这次会议。对于休烈的主张,裴光庭严词批驳说:"休烈虽见情伪变诈于是乎生,而不知忠信节义于是乎在",正因为"西戎不识礼经",所以才"心昧德义,频负明约,孤背国恩"。他因此坚决主张,吐蕃"所请诗书",应该"随时给予",只有这样,才能使其"渐陶声教,混一车书,文轨大同"。由于裴光庭之议,唐朝终于决定向吐蕃输出诗书典籍,促进了汉、藏两个兄弟民族间的文化交流。这个事实,不仅证明裴光庭的政治眼光高于他的同侪一筹,甚至可以看作是这位开元宰相对中华民族历史发展的一点贡献。

裴光庭卒年五十八岁。唐玄宗曾为他"优制赠太师",并且"辍朝三日"以志哀悼。

苗晋卿

苗晋卿(684～765),字元辅,唐潞州壶关(今属山西壶关县)人,唐玄宗时期吏部侍郎,曾任吏部员外郎、工部尚书、东京留守、宪部尚书、左宰相、中书侍郎、侍中、太子太傅等职。

苗晋卿出生于女皇武则天光宅元年(684),祖上以儒学著称于世,父亲当过县丞小吏。幼年时苗晋卿勤奋好学,文章尤佳,因而在科举取士的时候,得以高中进士,步入了他漫长的仕途生涯。他先后活跃于唐玄宗、唐肃宗、唐代宗三朝的政治舞台上。

起初,他久滞县尉一职,后调入朝廷,任过侍御史和度支、兵部、吏部员外郎等职。唐玄宗开元二十三年(735)以后连连高升,至开元二十九年(741)成为正四品大员吏部侍郎,掌管了科举取士的大权。因政绩显著他被封为高平县男,后又再度调入朝廷,历任工部尚书、东京留守、宪部尚书等职。唐肃宗至德二载(757),苗晋卿被委以左宰相的重任,筹划军国大事,其年十二月因功封爵为韩国公,食邑五百户,以后又转任过中书侍郎、侍中、太子太傅,

《明皇幸蜀图》(唐)

唐代宗时为太子太保。

在苗晋卿长期的政治生涯中,虽然没有什么辉煌的建树,但也有许多令人赞美的事迹。

其一是他避寇拒叛,大节可贵。天宝十四载(755)"安史之乱"发生后,唐王朝很快丢失京城。苗晋卿身为唐宪部尚书,因威望甚高而受到专断国政的杨国忠的嫉妒和排挤。叛乱一开始,杨国忠奏请唐玄宗,让苗晋卿去担任陕州刺史、陕虢两州防御使,企图把他挤出朝廷,到前线领兵打仗,与安史叛军对抗。他以年事已高、重病在身为由坚决辞去所授之职,这引起了唐玄宗的不满,虽答应了他,但又解除了他宪部尚书的职务。但他仍然翻山越岭,历尽艰辛,到金州避难,后又辗转回到唐肃宗的身边。

唐代宗广德元年(763),吐蕃军队又占领长安京城,一些叛臣勾结吐蕃另立朝廷。那时,苗晋卿被唐代宗由侍中降职为太子太保,因病老卧床家中不能行走。伪朝廷想借他的威望装扮门庭,派人抬着轿子,威逼利诱他参加伪朝廷。但苗晋卿一言不发,不予理睬。苗晋卿不计个人恩怨,始终维护唐王朝的统治,不顾个人安危,忠于唐廷,保全大节,的确难能可贵!

其二是他治郡有方,深得民心,苗晋卿在做地方官期间,宽厚待人,为官清廉,又善于抓大政方略,所到之处均有政绩,尤其是在魏郡做太守三年期间,政治清明,很得民心。当他调任之后,魏郡百姓因敬重和怀念他,在他生前就为他建立祠庙,树碑立表,歌功颂德。

其三是他捐资办学,造福桑梓。苗晋卿做魏郡太守期间,曾回乡省亲,在回乡途中,走到能望见壶关县城的地方,他就下了车马,步行前进,以示对乡邦的恭敬。手下小吏劝阻说:"太守德高望重,不应当这样自轻自贱。"他却说:"过公门都要下马,况且是父母之邦呢。对父母之邦的一切都应该尊敬,你什么也别说了。"硬是步行到城里。到乡里之后,父老乡亲有向他献酒的,他都走下台阶接到手中恭敬地饮尽,当时人们都赞美他这种谦敬的美德,他还拿出自己俸禄捐为乡学经费,发展教育,造福桑梓。

苗晋卿位居宰辅时,办事缜密练达,对大政方针也能尽职尽责地提出自己的主张,他曾谏阻了唐肃宗重用奸宦李辅国为常侍;也曾坚决辞去唐肃宗、唐代宗委他在国丧期代理朝政的摄冢宰之职,劝谏二君以国事为重,而不应辍朝治丧,以在纷乱异常的局势下解急,有利于政局的稳定。不过,苗晋卿虽然位至宰辅,却无恢宏大举,显得平庸无为。这一方面是由于他本人过分谦柔,在是非面前往往不敢以理相争,甚至有些明哲保身意味,故此,史学家讥讽他是"巧官"。另一方面,当时藩镇强横,社会动荡,他作为一名儒臣,又年老多病,在那倚重武将的现实情况下,确也是心有余而力不足。

永泰元年(765)苗晋卿病老去世,终年八十一岁。唐代宗因此辍朝三日,为他举丧,谥号"懿献",后又改为"文贞"。大历七年(772)他作为重臣列入唐肃宗祭庙享受祭祀。

王 维

王维（699～761），字摩诘，唐朝河东蒲州（今山西运城）人，祖籍山西祁县，官终尚书右丞，世称"王右丞"，唐代诗人、画家，天宝年间曾任吏部郎中。

王维才华早显，与其小一岁的弟弟缙聪明过人。十五岁时去京城应试，由于他能写一手好诗，工于书画，而且还有音乐天赋。所以少年王维一至京城便成为京城王公贵族的宠儿。开元九年（721）中进士第，为大乐丞。因故谪济州司仓参军。后归至长安。开元二十二年（734）张九龄为中书令。王维被擢为右拾遗。开元二十四年（736）张九龄罢相。李林甫任中书令，这是玄宗时期政治由较为清明而日趋黑暗的转折点。王维对张九龄被贬，感到非常沮丧，在《寄荆州张丞相》中说："方将与农圃，艺植老丘园。"表示了他的归隐之意。但他并未就此退出官场。开元二十五年（737），王维曾奉使赴河西节度副大使崔希逸幕，后又以殿中侍御史知南选。天宝中，王维的官职逐渐升迁。天宝十一载（752），李林甫死去，杨国忠做了宰相。五十二岁的王维被晋升为吏部郎中。同年，改吏部为文部。后来官至给事中，他一方面对当时的官场感到厌倦和担心，但另一方面却又恋栈怀禄，不能决然离去。于是随俗浮沉，长期过着半官半隐的生活。他原信奉佛教，此时随着思想日趋消极，其佛教信仰也日益发展。他青年时曾居住山林，中年以后一度家于终南山，后又得宋之问蓝田辋川别业，遂与好友裴迪优游其中，赋诗相酬为乐。天宝十五载（756）安史乱军陷长安，玄宗入蜀，王维为叛军所获，署以伪

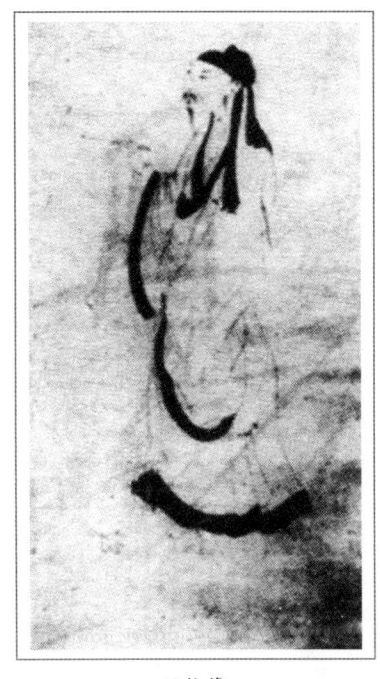

王维像

官。两京收复后，受伪职者分等定罪，他因所作怀念唐室的《凝碧池》诗为肃宗嘉许，且其弟王缙官位已高，请削官为兄赎罪，故仅降职为太子中允，后复累迁至给事中，终尚书右丞。

王维诗现存不满四百首。其中最能代表其创作特色的是描绘山水田园等自然风景及歌咏隐居生活的诗篇。山水之作如《终南山》《华岳》描写雄伟的山岭；《汉江临泛》描绘浩瀚的江流；《山居秋暝》表现秋山雨后的清新气氛；《青溪》《过香积寺》《蓝田山石门精舍》等写深山之中溪涧或寺院的幽邃景象，这些都是脍炙人口之作。

此外以军旅和边塞生活为题材的《从军行》《陇西行》《观猎》《使至塞上》

《出塞作》等，都是壮阔飞动之作。《陇头吟》《老将行》则抒发了将军有功不赏的悲哀，反映了封建统治阶级内部矛盾的一个侧面。《夷门歌》歌咏历史人物的侠义精神。《少年行》四首表现侠少的勇敢豪放，形象鲜明，笔墨酣畅。这些作品一般认为是王维早期所作。还有一些诗歌，如贬官济州时所作《济上四贤咏》以及《寓言》《不遇咏》和后期所作《偶然作》六首之五《赵女弹筝篌》，对于豪门贵族把持仕途、才士坎坷不遇的不合理现象表示愤慨，反映了开元、天宝时期封建政治的某些阴暗面。《洛阳女儿行》《西施咏》则以比兴手法，寄托了因贵贱不平而产生的感慨和对权贵的讽刺。还有抒写妇女痛苦的《息夫人》《班婕妤》等，悲惋深沉，也具有一定的社会意义。一些赠送亲友和描写日常生活的抒情小诗，如《送别》《山中相送罢》《临高台送黎拾遗》《送元二使安西》《送沈子福归江东》《九月九日忆山东兄弟》《相思》《杂诗》《君自故乡来》等，千百年来传诵人口；《送元二使安西》《相思》等在当时即播为乐曲，广为传唱。这些小诗都是五言或七言绝句，感情真挚，语言明朗自然，不用雕饰，具有淳朴深厚之美，可与李白、王昌龄的绝句媲美，代表了盛唐绝句的最高成就。

颜真卿

颜真卿（709~785），字清臣，京兆府万年县（今陕西省西安）人，祖籍琅邪孝悌里（今山东费县诸满村）。唐代杰出书法家，伟大的爱国者，代宗时官至吏部尚书。

开元二十二年（734）中进士，登甲科，曾四次被任命为监察御史，迁殿中侍御史。因受到当时的权臣杨国忠排斥，被贬黜到平原（今属山东）任太守，人称"颜平原"。肃宗时至凤翔授宪部尚书，迁御史大夫。代宗时官至吏部尚书、太子太师，封鲁郡公，人称"颜鲁公"。

天宝十四载（755），平卢、范阳、河东三镇节度使安禄山发动叛乱，他联络从兄颜杲卿起兵抵抗，附近十七郡响应，被推为盟主，合兵二十万，使安禄山不敢急攻潼关。德宗兴元元年（784），淮西节度使李希烈叛

颜真卿像

乱，奸相卢杞趁机借李希烈之手杀害他，派其前往劝谕，被李希烈缢死。闻听颜真卿遇害，三军将士纷纷痛哭失声。

半年后，叛将李希烈被自己手下人所杀，叛乱平定。颜真卿的灵柩才得以护送回京，厚葬于京兆万年颜氏祖茔。德宗皇帝痛诏废朝八日，举国悼念。他亲颁诏文，追念颜真卿的一生是"才优匡国，忠至灭身，器质天资，公忠杰出，出入四朝，坚贞一志，拘胁累岁，死而不挠，稽其盛节，实谓犹生"。颜真卿秉性正直，笃实纯厚，有正义感，从不阿于权贵，屈意媚上，以义烈名于时。

颜真卿其曾祖、祖父、父亲都工篆隶，母亲殷氏亦长于书法。家学渊博，六世祖颜之推是北齐著名学者，著有《颜氏家训》。颜真卿少时家贫缺纸笔，用笔蘸黄土水在墙上练字。初学褚遂良，后师从张旭得笔法，又汲取初唐四家特点，兼收篆隶和北魏笔意，完成了雄健、宽博的颜体楷书的创作，树立了唐代的楷书典范。

他的楷书一反初唐书风，行以篆籀之笔，化瘦硬为丰腴雄浑，结体宽博而气势恢宏，骨力遒劲而气概凛然，这种风格也体现了大唐帝国繁盛的风度，并与他高尚的人格契合，是书法美与人格美完美结合的典例。他创立的"颜体"楷书与赵孟頫、柳公权、欧阳询并称"楷书四大家"。和柳公权并称"颜柳"，有"颜筋柳骨""颜肥柳瘦"之誉。

欧阳修曾说："颜公书如忠臣烈士，道德君子，其端严尊重，人初见而畏之，然愈久而愈可爱也。其见宝于世者有必多，然虽多而不厌也。"朱长文赞其书："点如坠石，画如夏云，钩如屈金，戈如发弩，纵横有象，低昂有志，自羲、献以来，未有如公者也。"颜体书对后世书法艺术的发展产生了深远影响，唐以后很多名家，都从颜真卿变法成功中汲取经验。尤其是行草，唐以后一些名家在学习"二王"的基础之上再学习颜真卿而建树起自己的风格。苏轼曾云："诗至于杜子美，文至于韩退之，画至于吴道子，书至于颜鲁公，而古今之变，天下之能事尽矣。"

颜真卿一生书写碑石极多，流传至今的有：《多宝塔碑》，结构端庄整密，秀媚多姿；《东方朔画赞碑》，风格清远雄浑；《谒金天王神祠题记》，端庄遒劲；《臧怀恪碑》，雄伟健劲；《郭家庙碑》，雍容朗畅；《麻姑仙坛记》，浑厚庄严，结构精悍，而饶有韵味；《大唐中兴颂》，是摩崖刻石，为颜真卿最大的楷书，书法方正平稳，不露筋骨；《宋璟碑》，又名《宋广平碑》，书法开阔雄浑；《八关斋会报德记》，气象森严；《元结碑》，雄健深厚；《干禄字书》，持重舒和；《李玄静碑》，书法遒劲，但笔画细瘦和其他碑刻不大一样。

《颜家庙碑》，书法筋力丰厚，也是他晚年的得意作品。传世墨迹有《争座位帖》《祭侄文稿》《刘中使帖》《自书告身帖》等。

金 忠

金忠（712~786），字廷诚，亦作廷臣，唐蔡州（今河南汝南）人。曾为礼部郎、吏部考功员外郎、吏部尚书、银青光禄大夫。

金忠于唐玄宗开元二年（714），出生于一个贫苦农民的家庭，热爱读书。从六岁始，就刻苦攻读"五经"，冬夏手不释卷。他天资聪明，十岁时写的文章就受到蔡州刺史卢从愿的赞赏，称其为"神童"。及长，仰慕东汉名儒徐稚的"非力不食"的言论，立志苦读，品学兼优，名扬于乡里。开元二十一年（733），年方弱冠就考中癸酉科进士。宰相宋璟喜其年轻有文才，选为秘书正字。裴耀卿为京兆尹兼转运使时，提拔他为司仓参军。他明典知律，经门下平章事吴竞、宋璟等共同引荐，提升为监察御史。在任期间，事无巨细，都不厌其烦地查个水落石出，审理定案无冤无枉。后升任礼部郎，他搜求礼仪典章，协助封禅礼仪使方揀办理封禅事，举止得体，玄宗赞其知礼，拜吏部考功员外郎。考核州县官吏的时候赏罚分明，绝不会因公徇私。晋升为吏部尚书、银青光禄大夫。

天宝十三载（754）加授金紫光禄大夫，门下右侍中衔，以此身份被特授为按廉使，率使团持节渡海出使日本。次年返回，所乘船只，行至对马海峡时，遇到强台风袭击，船失向，漂泊到新罗国庆尚北道盈德郡丑山面丑山里东南海面的礁滩丛中，被当地渔民救助上岸。当渔民们从水手处得知是大唐使节后，立即上报州郡，逐级呈报朝廷，新罗国景德王下令将金忠一行护送到京都汉城，

《步辇图卷》局部（唐）

亲自接见招待，安排他们住在礼部驿馆，给予很高礼遇。

此时朝鲜半岛统一不久，景德王朝正处在百业待兴的创建时期，他们仰慕中国科学技术先进，文化发达，礼仪文明，典章制度完备、规范、可行，过去由于地处偏远，国家弱小，与中国交往较百济、高丽少，这种情况已不适应统一后的治理和发展。金忠饱学经史，博通今古，在大唐朝廷中任职多年，熟悉当时的礼仪典章制度，又有文学、交际才能，因而深受景德王的赏识，于是派使臣将金忠一行海上遇险被救的情况书报唐朝。此时唐朝刚刚经历"安史之乱"，玄宗李隆基已经禅位给其子李亨，即肃宗。新老皇帝惊魂未定，诏允金忠留居新罗。金忠因国内乱事未定，也不愿再回中土，便留在新罗任职。因金忠是汝南人，景德王就赐金忠改姓为"南"，更名为"敏"。

金忠在新罗任职后,协助景德王参照中国的典章制度,革新了新罗的内外机构。在文化教育方面,除继续派遣王族、勋臣子弟到中国留学外,在国内兴办国学,要求学生研读中国的五经三史、诸子百家著作。效中国,建立科举考试制度。为使中国的文化更好地在新罗传播,金忠还创立了用中国字音记录新罗语言的方法,为后来人创造"吏读"打下了基础。对其他诸如天文、历法、医药、农业、水利等自然科学技术知识的传播,金忠都起到很大的作用。

金忠"尽职尽责,忠诚国家,奉仕社会"的精神和对新罗国治理发展的贡献,在新罗产生了很大影响,其受到新罗朝野的赞赏和景仰,景德王封他为"英毅公",领地庆尚道英阳郡。

柳公绰

柳公绰(763~832),字宽,唐时京兆华原(即今铜川市耀州区稠桑乡柳家塬)人。官至吏部郎中、御史丞、河东节度使、户部尚书、兵部尚书。

柳公绰性格庄重严谨,喜交朋友豪杰,待人彬彬有礼。他聪敏好学,政治、军事、文学,样样精通,尤其喜爱兵法。先授校书郎,继封渭南尉,而后累任州刺史、侍御史、吏部郎中、御史丞。宪宗时为鄂岳观察使,因讨吴元济有功,拜京兆尹。后晋升为河东节度使、户部尚书、检校左仆射等。

柳公绰任渭南尉时,正值灾荒,就下令官府节支,少征税赋。自己以身作则,节衣缩食。部下劝他吃好点,他说:"四方百姓都在忍饥挨饿之中,身为父母官,岂能一人独饱,置百姓于不顾?"因此渭南民众,饿死较少。

公元814年,公绰任岳鄂观察使,闻知唐宪宗调兵征讨淮西节度使吴元济,便直接上疏,谈自己的作战计划,据理请战。宪宗命他为岳鄂指挥官,归安州刺使李听统帅。

山西夏县柳公绰家训碑(南宋)

他统兵到了安州,放老弱病残回家,选精兵六千,约法严明,军纪肃正,士气大振,李听信服,将士拼死作战。军队每次出战,他就派人慰问将士家属,解决生活看病等实际困难。并教育家属遵法纪,讲道德,使丈夫安心前线作战。将士都感慨地说:"中丞为我家事操心,我们怎能不为国家拼死作战!"他又身先士卒,勇敢作战,故鄂岳军与吴军的战斗中，常常获胜。宰相裴度取消了讨吴军队的宦官监军，李愬、公绰获作战主动权，他们密切配合，主动出击，终于在公元817年冬天，大风雪夜中攻破蔡州城，活捉吴元济，平叛了淮西之乱。

唐文宗继位后，柳公绰在处理沙陀等少数民族的问题上，讲究政治策略，平等对待，深得边民拥护，维护了北部边疆的安定。由于他功劳卓著，晋封兵部尚书。

公元832年，柳公绰去世。朝廷追赠他为太子太保，谥号曰"元"。葬今耀州区阿子乡让义村。墓前有清乾隆陕西巡抚毕沅立碑，上书"唐兵部尚书柳公绰墓"。墓为陕西省重点文物保护单位。

柳公绰善书法，端肃浑厚，古朴自然，成都《蜀丞相诸葛武侯祠碑》即为公绰任成都少尹时书，因系宰相裴度撰文，名匠鲁建刻，故有"三绝碑"之誉。

韩愈

韩愈（768~824），字退之，河阳（今河南孟州）人，唐代文学家、哲学家，官至监察御史、国子祭酒、兵部侍郎、吏部侍郎、京兆尹等。

韩愈祖籍河北昌黎，世称韩昌黎。晚年任吏部侍郎，又称韩吏部。谥号"文"，又称韩文公。他是唐代古文运动的倡导者，主张学习先秦两汉的散文语言，破骈为散，扩大文言文的表达功能。宋代苏轼称他"文起八代之衰"，明人推他为唐宋八大家之首，与柳宗元并称"韩柳"，有"文章巨公"和"百代文宗"之名。作品收在《昌黎先生集》里。韩愈还是一个语言巨匠。他善于使用前人词语，又注重当代口语的提炼，得以创造出许多新的语句，其中有不少已成为成语流传至今，如"落井下石""动辄得咎""杂乱无章"等。他在思想上是中国"道统"观念的确立者，是尊儒反佛的里程碑式人物。

韩愈3岁而孤，受兄嫂抚育，早年流离困顿，有读书经世之志，虽孤贫却刻苦好学。

韩愈像

20岁赴长安考进士，三试不第。25岁后，他先中进士，三试博学鸿词科不成，赴汴州董晋、徐州张建封两节度使幕府任职。后回京任四门博士。36岁后，任监察御史，因上书论天旱人饥状,请减免赋税,贬阳山令。宪宗时北归,为国子博士,累官至太子右庶子,但不得志。50岁后,先从裴度征吴元济,后迁刑部侍郎。因谏迎佛骨,贬潮州刺史。移袁州。不久回朝,历国子祭酒、兵部侍郎、吏部侍郎、京兆尹等职,57岁终卒于长安。

他与柳宗元、苏轼、苏辙、苏洵、曾巩、欧阳修、王安石合称为唐宋八大家。

文学创作理论上,他认为道(即仁义)是目的和内容,文是手段和形式,强调文以载道,文道合一,以道为主。提倡学习先秦两汉古文,并博取兼资庄周、屈原、司马迁、司马相如、扬雄诸家作品。主张学古要在继承的基础上创新,坚持"词必己出""陈言务去"。重视作家的道德修养,提出养气论,"气盛则言之短长与声之高下者皆宜"。提出"不平则鸣"的论点,认为作者对现实的不平情绪是深化作品思想的原因。在作品风格方面,他强调"奇",以奇诡为善。

韩愈墓位于河南省孟州市城西6公里韩庄村北半岭坡上,始建于唐敬宗宝历元年(825)。墓地处丘陵地带,墓冢高十余米,冢前建有祠堂,计有飨堂3间,门房3间。祠内共有石碑13通,记载有韩愈生平事迹等。墓前院内有古柏两株,相传为唐代栽植,有清乾隆年间孟县知县仇汝瑚碑记:"唐柏双奇"。左株高5丈,围1.2丈;右株高4丈,围1.1丈。1986年11月,公布为河南省文物保护单位。

钱徽

钱徽(?~829),字蔚章,浙江吴兴(今湖州)人,唐朝太和年间官至吏部尚书。

钱徽出身书香门第,父亲钱起是天宝十载(751)的进士,著名诗人,当时的十才子之一,官至尚书郎。钱徽贞元初年考中进士,元和初年入朝,后升任翰林学士。他一生谨慎厚道,重义,非常清廉。

唐朝德宗时期,钱徽进士及第,被派遣到湖北谷城县当谋士。县令王郅豪爽好客,挥金如土,喜欢结交三教九流,经常用公钱请客送礼,案发被革职查办。观察使樊泽负责处理此案,发现涉案的人很多,只有钱徽一文不取,清清白白,于是把他带在自己身边,任樊泽幕僚,掌书记。

元和九年(814),吴元济在蔡州起兵反

《骑马人物图》(唐)

唐,朝廷告急,立即调兵遣将,分路合围。钱徽以干练的谋才被上司看重,很快升官入朝，深得唐宪宗的欣赏。他办事有条有理，举措得当，因而被纳入高层决策圈内，参与机密事务的协商和处理。

宪宗曾经单独召见钱徽，钱徽从容地说："其他翰林学士也都是精选出来的有识之士，应该都参与机密事务，广泛讨论决断。"皇帝称赞他真是谨慎厚道，懂得谦恭礼让的长者。再拜中书舍人。

宪宗时，钱徽改任级别较低的太子侍从官。当时宣武地区最高军事长官韩公武想结交朝廷官员，以方便自己日后提拔升迁，拿出大批银钱送给各衙门的显要大臣们，也给钱徽二十万，被钱徽拒绝。有人劝他："你又不是手握大权者，没有必要谢绝。"钱徽却正色道："接受别人馈赠，关键在于是否合乎道德规范，而不在官职大小。"

过了十多年，钱徽升任礼部侍郎，专门负责科举考试。前刑部侍郎杨凭喜欢书画古董，家里收藏颇丰。儿子杨浑之正准备考进士，为保考试成功，杨凭四处托人找门路说情，不得不忍痛，将一批极珍贵的字画送给同样酷爱古玩的宰相段文昌。段文昌对送来的字画爱不释手，多次写信推荐杨浑之，还亲自跑到钱徽家中说情，可钱徽不为所动，照样公事公办。翰林学士李绅也去找钱徽求情，希望能够让周汉宾考中进士。结果钱徽正直公道，不徇私情，对两人的请求都未予采纳。等到放榜，杨浑之和周汉宾都没有中选，为此宰相段文昌极为愤怒，上奏说钱徽选取的进士都是学识浅薄的官宦子弟，钱徽因此被贬为江州刺史。

当时，周围的人都让他将段文昌和李绅写给他的书信呈给皇上看，皇上看后自然会明白的，这样他就可以洗清冤屈了。但钱徽却说："不能这样。我只求无愧于心，得和失是一样的。做人要修身养性谨慎行事，怎么可以拿私人书信去为自己作证呢？"随即命令子弟们将书信都烧了。人们都称赞他德高望重。

钱徽曾与薛正伦、魏弘简的关系很好，二人去世后，钱徽便抚养他们的遗孤直到长大成人、谈婚论嫁。在江州，钱徽清廉正直的志向仍没变。地方上盛行请客送礼，地方官往往将这些费用转嫁到农民头上，或者动用公款冲抵。江州府有牛田钱一百万，是前任刺史准备用来请客送礼的，钱徽将这笔钱放回府库，替代百姓交纳赋税。

钱徽洁身自好，嫉恶如仇，贪官污吏惧怕他，连皇帝也对他有所顾忌。早年他做太子属官时，朝廷表面上多次颁布诏令，严禁地方官吏进献财物，暗地里皇帝带头广纳各方进贡。投机钻营之徒纷纷投其所好，拼命搜刮钱财，源源不断地往京城送钱送物，蔚然成风。钱徽位卑不忘忧国，从维护建国家统治出发，屡次毅然上疏，指出进献之风泛滥的严重后果，请朝廷停止纳贡，刹住这股歪风。皇上哪里听得进这些逆耳忠言，告诉下属，以后送来钱物不要进右银台门，以免被钱徽发觉。

钱徽立身清廉，为官不贪，平常竭尽全力为社会、为百姓做好事、办实事，所到之处，政绩卓越，深得百姓的爱戴。

太和三年（829），这位正直清廉的吏部尚书悄然去世。

裴漼

裴漼（？～736），绛州闻喜（今属山西）人，出仕后历唐中宗、睿宗、玄宗三朝，官至吏部尚书、太子宾客，史称其"名德兼著"。

裴漼早年的情形，两《唐书》本传均通过记述其父裴琰之的事迹，侧面予以反映。这虽然是旧史撰述中惯用的一种笔法，但毕竟为我们提供了一些线索。兹引《新唐书》如下："父琰之，永徽中为同州司户参军，年甚少，不主曹事，刺史李崇义内轻之，镌谕曰：'同，三辅，吏事繁，子盍求便官？毋留此！'琰之唯唯。吏白积案数百，崇义让使趣断，琰之曰：'何至逼人？'乃命吏连纸进笔为省决，一日毕，既与夺当理，而笔词劲妙。崇义惊曰：'了何自晦，成吾过耶？'由是名动一州，号'霹雳手'。后为永年令，有惠政，吏刻石颂美。以仓部郎中病废。"

《旧唐书》又说："漼色养勤劳，十数年不求仕进。父卒后，应大礼举，拜陈留主簿，累迁监察御史。"

查《登科记考》卷一一九，裴漼大礼举及第在武则天天册万岁二年（696），若以《旧唐书》本传所说裴漼"卒年七十余"推算，则裴漼出任时已过而立之年。裴漼在父亲身边长期侍疾，故此两《唐书》均大书其侍父疾"十数年不求仕进"，旨在无非强调他的孝行。裴漼在"孝"字上有如此功底，正是他登上官场后博取"名德兼著"的资本。

裴漼在监察御史任内执法不阿，严守节操，赢得了好名声。唐中宗景龙三年

山西闻喜县裴柏村裴晋公祠

（709），中枢铨衡由中书侍郎兼吏部侍郎、同平章事崔湜和吏部侍郎同平章事郑愔执掌。中枢铨衡决定人才的进退，关系治道的兴衰，而这二人却是"倾附势要，赃贿狼藉，数外留人，授拟不足，逆用三年缺"。有个人走崔湜父亲崔挹的后门，贿赂了许多金钱，崔湜却不知情，结果此人落选。这人就跑去当面责问崔湜："公所亲受某赂，奈何不与官？"崔湜怒曰："所亲为谁，当擒取杖杀之！"其人曰："公勿杖杀，将使公遭忧。"当时礼制父亡将丁忧去职，"湜大渐"，无法下台。事情传扬开来，"侍御史荆恒与监察御史李商隐对仗弹之，上下湜等狱，命监察御史裴漼按之"。崔湜、郑

憎等人为非作歹,有恃无恐,原本仰仗安乐公主、上官昭容等人做后台,如今犯事,这些人出来干预营救。安乐公主"讽漼宽其狱",裴漼"复对杖弹之",在朝廷上公开揭发,终于依法将郑愔流放吉州(今江西吉县),崔湜贬官江州(今江西九江)司马。安乐公主是当时炙手可热的人物,"宰相以下多出其门",气焰熏天,裴漼却不为所动,因此"甚为当时所称"。

裴漼后来经三次升迁,官中书舍人。太极元年(712),唐睿宗为两位公主营造金仙观和玉真观,"遥夺民居甚多,用功数百万",加之时值春旱,役作不止,百姓苦不堪言。裴漼上疏进谏。他认为,正当农时而误耕作,恐所妨尤多,所益尤少,耕夫蚕妇,饥寒之源。并希望皇帝能"发德音,顺天时,副人望,两京公私营造及诸和市木石等并请且停,则苍生幸甚"。虽然忠殷恳切,但奏疏上去,却久无答应。

裴漼后来历兵部侍郎、吏部侍郎、御史大夫等官。在兵部侍郎任内,"以铨叙平允,特授一子为太子通事舍人"。在吏部侍郎任内,"典选数年,多所特拔",政绩比较突出。

宰相张说平素与裴漼相友善。曾多次向唐玄宗推荐裴漼,而裴漼颇善应对,言辞明敏,唐玄宗对他也比较器重,因此又擢拜吏部尚书。任吏部尚书不久,即转太子宾客。

裴家世代节俭朴素,当裴漼晚年,却"颇饰妓妾,后庭有绮罗之赏,由是为时论所讥"。裴漼卒年七十余,赠礼部尚书,谥曰"懿"。

赵宗儒

赵宗儒(746~832),字秉文,唐代邓州唐贞元年间吏部郎中,元和年间吏部尚书。唐邓州穰县(今河南邓州市)人。

赵宗儒的八代祖父赵彤曾经是魏朝的征南将军,父亲赵骅是秘书少监。赵宗儒考上了进士后便被授为弘文馆校书郎,等到了做官的年龄后,又被升为陆浑主簿。几个月后便被授为右拾遗,挂衔翰林学士。当时他的父亲赵骅是秘书少监,他便与父亲一道为朝廷效力。建中四年(783)赵宗儒被升为屯田员外郎,而朝内的职务依然由他担任。后来父亲过世,他守丧期满后便被授为司门、司勋员外郎。

贞元六年(790),赵宗儒受命考察官吏的政绩,他奖罚分明,不畏权势,不受贿赂,工作一丝不苟。右司郎中独孤良器、殿中侍御史杜伦都是因为工作上出了差错而被他罢免的尚书,左丞裴钰、御史中丞卢绍都考了中上,而赵宗儒却贬低他们为中中。所有官吏中被他评为中上的加起来不超过50人,大多数都被评为中中。德宗听闻后十分欣赏他,并提拔他为考功郎中。后来他的母亲去世了,服丧完毕,又升为吏部郎中。贞元十二年(796),与谏议大夫崔损一起升为中书门下平章事,都被赐予紫金鱼袋。德宗十四年(798),赵宗儒辞官罢相,挂衔右庶子。

赵宗儒生活作风严谨,恪守政道,勤于

政事,深受德宗的爱戴。德宗贞元二十年(804),升为吏部侍郎,皇帝召见他说:"朕听说爱卿闭关六年来思考治理国家的策略,所以现在封你为吏部侍郎,回想以前你与其他大臣一起为朝廷效力,朕真是怀念啊!"听到皇上对自己往昔的追忆,赵宗儒忍不住在朝堂上感极而泣。后来德宗驾崩,顺宗继位,命赵宗儒为德宗写册文,辞藻特别凄恸感人。

河南邓州花洲书院

元和初年,赵宗儒升任检校礼部尚书郎,后又任职于东都尚书省,兼御史大夫,充东都留守、汝都防御使。后又在朝内做了礼部、户部尚书,不久又做了检校吏部尚书,守江陵尹,兼御史大夫、荆南节度营田观察使。元和六年(811),他又升为刑部尚书,元和八年(813),转为检校吏部尚书、兴元尹兼御史大夫,充山南西道节度观察使。元和九年(814),朝廷下诏将他封为御史大夫,不久又升为检校右仆射、河中尹兼御史大夫、晋慈隰节度观察使。他到任后,擅自用军费八千贯而被罚没了一个月的俸禄。元和十一年(816)七月,升为兵部尚书,九月,改为太子少傅,监管吏部尚书。元和十四年(819)九月,升为吏部尚书。

穆宗继位后命令尚书省官试顺宗时的举人,赵宗儒因献良计而被提为太常卿。

长庆元年(821)二月,穆宗提拔他为检校右仆射,兼太常卿,太常有《师子乐》,备五方之色。年幼的皇帝荒诞不理朝政,致使伶官的权势愈来愈大,大臣们上书的奏章往往都被压下来到不了皇帝的手中。赵宗儒能力有限,便将这些事情一并告诉了宰相,宰相认为这件事应该由吏部来管,后来以赵宗儒懦弱怕事而将他改为太子少师。

宝历元年(825),赵宗儒又升为太子少保,皇帝驾崩,他做了大明宫留守,大和四年(830),升为检校司空兼太子太傅。继位的唐文宗召见他与之谈论理道,赵宗儒说:"尧舜时期民风淳朴,希望陛下守住这种淳朴民风。"文宗嘉奖他并接受了他的建议。大和五年(831),宋申锡被诬陷,皇帝诏令群臣商讨如何给宋申锡量刑,考虑到赵宗儒年事已高便没有召见他。不久,赵宗儒上书辞官养老,大和六年(832),朝廷下诏任他为司空,致仕,当年九月赵宗儒便离开了人世,享年八十七岁,皇帝罢朝以示哀悼,并册封他为司徒。赵宗儒,作为四朝元老,为唐王朝立下了汗马功劳。

魏谟

魏谟（794~859），字申之，巨鹿（今属于河北）人。唐宣宗时期官至吏部尚书。

魏谟是大和七年（833）的进士，受到同州刺史杨汝士的举荐而被任命为右拾遗。他是魏征的五代子嗣，继承了先祖的遗风，特别善于力谏，皇帝由此也很欣赏他。经略使董昌龄诬陷他处死了一名录事参军，要求朝廷治罪于他，但由于唐文宗爱才宽恕了他的罪责，并任他为硖州刺史。魏谟据理力谏，文宗只好改任董昌龄为洪州别驾。御史中丞李孝本是皇族，后来因为策划谋杀宦官的秘密泄露而被诛杀。李孝本的两个女儿被收入官中做了嫔妃。魏谟进谏文宗不要沉湎于音乐和美女，何况李孝本的女儿和皇帝有血缘关系，更不能乱伦，于是文宗便将李孝本的女儿放出官外，并将魏谟提为右补阙、起居舍人、谏议大夫、弘文馆事。文宗要看《起居注》，魏谟劝阻他说："陛下做得好，不用担心我没写；做得不好，即使我不写，全国百姓也会记下来的！"唐文宗听了一笑了之，便没有再去看《起居注》。

武宗登基后，魏谟因和李珏、杨嗣复同党受牵连，被放逐任汾州（今山西汾阳）刺史。

宣宗登帝位后，魏谟历任给事中、御史中丞兼户部侍郎。不久，进同中书门下平章事兼集贤大学士。魏谟辅政，议事帝前，言事直切，无所畏避。他揭发驸马都尉杜中立（唐文宗之女真源公主之婿）奸诈贪贿的罪恶，权贵皇戚由此收敛了嚣张气焰。累迁门下侍郎兼户部尚书。

大中十年（856）以平章事领剑南节度使。魏谟上书恳请派他人代替自己。宣宗召见魏谟任他为吏部尚书。因长期生病魏谟去世，赠司徒。著有《唐文宗实录》七十卷、《魏氏手略》二十卷、《文集》十卷等。

《游骑图卷》（唐）

杜 牧

杜牧（803~约852），字牧之，号樊川居士，京兆万年（今陕西西安）人，唐代诗人，宣宗大中年间曾任吏部员外郎。

杜牧生于世代官宦并很有文化传统的家庭。他的远祖杜预是西晋著名的政治家和学者。曾祖父杜希望为玄宗时边塞名将，爱好文学。祖父杜佑，是中唐著名的政治家、史学家，先后任德宗、顺宗、宪宗三朝宰相，一生好学，博古通今，著有《通典》二百卷。父亲杜从郁官至驾部员外郎，早逝。杜牧对自己的家世很自豪，他说："旧第开朱门，长安城中央。第中无一物，万卷书满堂。家集二百编，上下驰皇王。"

杜牧的童年生活富裕而快乐。杜佑的樊川别墅在长安城南，其地有林亭之美，卉木幽邃，杜枚常在园中嬉戏。祖、父相继去世后，他家日益贫困，"食野蒿藿，寒无夜烛"。穆宗长庆二年（822），杜牧二十岁时，已经博通经史，尤专注于治乱与军事。二十三岁写《阿房宫赋》。文宗大和二年（828），二十六岁的杜牧进士及第。同年又中贤良方正直言极谏科。授弘文馆校书郎，试左武卫兵曹参军。冬季，入江西观察使沈传师幕，后随其赴宣歙观察使任，为幕僚。大和七年（833），为淮南节度使牛僧孺辟为推官，转掌书记，居扬州，颇好宴游。大和九年（835），为监察御史，分司东都。开成二年（837），入宣徽观察使崔郸幕，为团练判官。旋官左补阙、史馆修撰、膳部比部员外郎。武宗会昌二年（842），出为黄州刺史。后任池州、睦州刺史。为政能兴利除弊，关心人民。宣宗大中二年（848），得宰

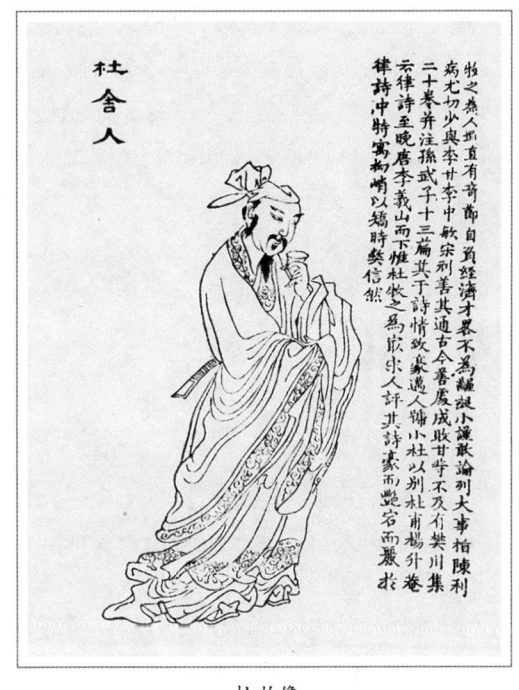

杜牧像

相周墀之力，入为司勋员外郎、史馆修撰，转吏部员外郎。大中四年（850），出为湖州刺史。次年，被召入京为考功郎中、知制诰。第三年，迁中书舍人。岁暮卒于长安，终年五十岁。著有《樊川文集》。

杜牧生当唐王朝似欲中兴实则无望的时代，面对内忧外患，他忧心如焚，渴望力挽狂澜，济世安民。他在《郡斋独酌》里说自己："岂为妻子计，未在山林藏。平生五色线，愿补舜衣裳。弦歌教燕赵，兰芷浴河湟。腥膻一扫洒，凶狠皆披攘。生人但眠食，寿域富农商。"他主张削平藩镇，收复边疆。他在《燕将录》里褒扬谭忠，是因为谭忠能劝说河北诸镇不反抗朝廷。为了实现这些抱负，他主张读书应留心"治乱兴亡之

迹,财赋甲兵之事;地形之险易远近,古人之长短得失"。他强调知兵与否关系着国家的兴亡:"主兵者,圣贤材能多闻博识之士,则必树立其国也;壮健击刺不学之徒,则必败亡其国也。然后信知为国家者兵最为大,非贤卿大夫不可堪任其事,苟有败灭,真卿大夫之辱,信不虚也。"为此,他写了《原十六卫》《罪言》《战论》《守论》和《孙子注》。由于怀才不遇,他的愿望不能实现,所以往往在生活上旷达不羁。这些都影响到他的创作。

据《唐才子传》载,"后人评牧诗,如铜丸走坂,骏马注坡,谓圆快奋争也"。刘熙载在《艺概》中也称其诗"雄姿英发"。细读杜牧,人如其诗,个性张扬,如鹤舞长空,俊朗飘逸。

陈拙

陈拙,字用拙,连州高良乡(今连州镇龙口村一带)人。五代十国时期曾经任职南汉吏部郎中知制诰。

天祐元年(904)进士及第。先授著作郎,后南归,静海军节度使刘隐重其才,聘用掌书记。刘䶮为南汉王,陈拙为南汉吏部郎中知制诰。

陈拙所处的时代正是五代十国割据之时。陈拙中进士后,并没有在朝廷为官,而是持节南归,回到了家乡。当时岭南掌权的是静海军节度使刘隐,刘隐好贤,倾慕陈拙的才华,得知陈拙南归,就聘请他任掌书记官。

陈拙非常有政治远见,在他为刘隐掌书记官时做了几件大事,奠定了南汉几十年基业的基础。一是劝刘隐不要急于称王,仍然尊奉唐朝年号,静观天下之变。当时北方多处诸侯不尊唐号,自立为王。为稳定岭南,唐朝廷果然顺势封刘隐为南平王。二是在刘隐重病期间,陈拙写表推荐刘隐的弟弟刘䶮为静海军节度副使,为南汉王朝在刘隐死后仍然有个稳定的局面做好了准备。三是成功

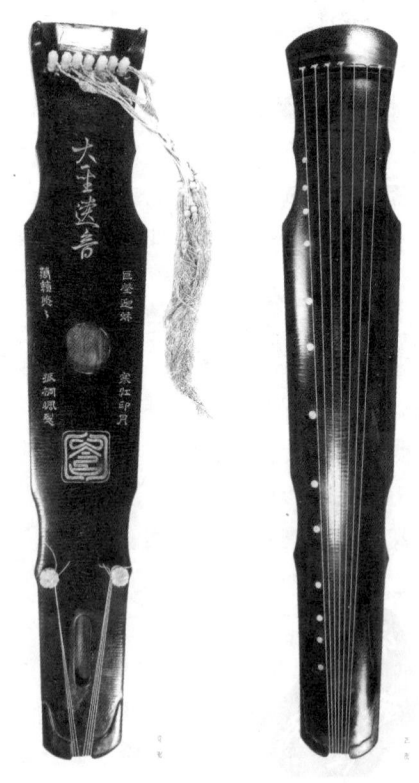

大圣遗音琴(唐)

地出使吴越，为南汉王朝的稳定结好了联盟。

陈拙的诗名在五代也是名噪一时。他在《登临湟川楼》诗中的"浮世自无闲日月，高楼长有好山川"和《送长沙使君》诗中的"人说洞庭波浪险，使君自有济川舟"等诗句在当时都是广为传诵的佳句。

不仅如此，他还是个杰出的音乐家、古琴艺术家。陈拙自幼便对音乐有独到的天分，在古典乐谱和古琴的演奏技巧方面更是孜孜以求。他苦学古琴曲《广陵散》一事就充分地体现出来了。

《广陵散》原是东汉末年流行于广陵地区（即今安徽寿县境内）的民间乐曲。据说是取材于"聂政刺韩王"的故事，表现了悲、哀、激愤、悠缓、激昂的情感。

陈拙经过不懈的努力和潜心的研究，终于成了当时闻名于世的古琴演奏家和音律家。他将自己演奏古琴的技巧、心得以及收集到的曲目撰写成书，共计有《大唐正声琴籍》十卷、《琴谱》九卷、《琴法数勾剔谱》等。

陈拙对中华民族的音乐特别是古琴的发展作出了不可磨灭的贡献。令人叹为惋惜的是陈拙的原著已经失传，只在典籍中存下了书目和部分章节。但令人欣慰的是，中国古琴艺术已被联合国教科文组织正式列为第二批人类口述和非物质遗产代表作。古琴艺术家陈拙之名也载入其中。

冯道

冯道（882~954），字可道，号长乐老，瀛州景城（今河北交河东北）人，曾经侍奉五朝、八姓、十三帝，"累朝不离将相、三公、三师之位"。历任检校尚书祠部郎中兼侍御史、检校吏部郎中兼御史中丞、中书侍郎、门下侍郎、刑部尚书、吏部尚书、右仆射、司空等职，为官四十多年，是中国官场史的一个不倒翁。

冯道生在历史上一个极为混乱的时代——五代。当时中国北方的政权不断地更迭，南方则分裂成几个小国。冯道原本在李存勖手下，后来李存勖起兵灭后梁，建立后唐（923），即任命冯道为户部侍郎，充翰林学士。李存勖死后，李嗣源继位，是为后唐明宗。拜冯道为端明殿学士，后又升迁为中书侍郎、刑部尚书平章事，也就是相当于宰相的职位。

唐明宗过世之后，儿子李从厚继位，四个月后，李嗣源的义子李从珂起兵篡位。虽然说在纷乱的五代中，起兵造反早已不是什么奇怪的事情，但冯道却在这次的事件中扮演了一个违反中国忠君思想的角色。当他知道李从珂造反、皇帝逃往石敬瑭的军中，他第一的反应不是去找皇帝护驾，而是带着文武百官迎接新的皇帝。于是李从珂登基，是为末帝。

不如预期的是李从珂并没有重用冯道，免去了他的宰相之位，让他到同州去当节度使，后来召他回朝，给他当了一个没有实权的司空。不久后，石敬瑭借助契丹的力量，起兵造反，夺取了帝位，建立后晋，于是冯道在后晋又恢复了宰相的官职，并且出使契丹表达两国之友好。

在中国纷乱的时代，北方契丹相对而言兵强马壮。后晋政权的取得，绝大部分也是得到契丹的帮助才得以实现。后晋必须依附契丹才得以存活，因此冯道出使契丹是关键。他从契丹回来之后，石敬瑭把枢密使废掉，并入中书省。于是，冯道集政、军权于一身。

后晋的命运，就像五代中的任何一朝一样，是短暂的。公元946年，契丹耶律德光率大军南下，灭了后晋。而冯道凭着他圆滑的处事态度，和耶律德光见面之后，又当上了辽的太傅。

辽的统治并没有太久，中原地区的反抗，使得辽不久退撤兵北退。而昔日石敬瑭的部下刘知远则趁机称帝，于公元947年建立了后汉，为了拉拢前朝遗老，刘知远封冯道为太师。就像五代常见的模式一样，刘知远的手下郭威起兵篡位于公元951年建立了后周，同样，封冯道为太师中书令。晚年的冯道写了一篇《长乐老自叙》，将他历代当过的官职一一列举，引以为荣。最后冯道以七十三岁的高龄过世。

冯道不是中国大规模官刻儒家经籍的创始人。

后唐长兴三年（932），冯道为印行经籍标准文本，经皇帝批准由尚书屯田员外郎田敏等人任详勘官，李鹗、朱延熙等书写，

冯道像

依唐刻《开成石经》，并和经注合刊，开雕"九经"：《易》《书》《诗》《春秋左氏传》《春秋公羊传》《春秋穀梁传》《周礼》《仪礼》和《礼记》，以端楷书写，能匠刊刻。

到了后周广顺三年（953）五月雕印完成，历时二十二年。同时刻成的有唐代张参撰《五经文字》、玄度撰《九经字样》等书。因刻书事业由国子监主持，故史称"五代监本九经"，创官刻书籍之始。当时流传甚广，影响深远。被元王祯评为"因是天下书籍遂广"。印本后来失传。

宋金元
SongJinYuan

毕士安

　　毕士安（938～1005），字仁叟，祖籍代州，后移居郑地（今河南新郑），北宋景德年间吏部侍郎，曾任大理寺丞、台州知州、左赞善大夫、饶州知州、殿中丞、监察御史、汝州稻田务、考功员外郎、主客郎中、右谏议大夫、开封知府、工部侍郎、兵部侍郎、参知政事副平章事。

　　毕士安的曾祖父毕宗昱，曾任云中县令。祖父毕球，为代州别驾。父亲毕乂林，任观城县令。士安少时勤奋好学，侍奉继母祝氏以孝顺闻名。祝氏说："学习一定要寻求良师益友。"他就到宋地，又到郑地，和杨朴、韩丕、刘锡是朋友，因此他便成为新郑人。

　　乾德四年（966），毕士安成为进士，被邠州统帅杨廷璋征召为幕府。开宝四年（971），任济州团练推官，后又改任兖州观察推官。太平兴国元年（978），为大理寺丞。

　　太平兴国三年（978），吴越钱俶迫于形势，向北宋献出十三州土田军民，毕士安遂被选任为台州知州。他上奏说："钱氏献上图籍，有关部门都增加赋税。如今湖海百姓刚有了天子任命的官吏，应该有安全感，希望仍用旧例。"皇上下诏同意。第二年，毕士安晋升为左赞善大夫，又转任饶州知州，改职殿中丞。后被召回朝廷，任监察御史。不久他又出任乾州知州，直到因为母亲年老他才申请降职回家赡养，后改任汝州稻田务。

　　雍熙二年（985），诸王选择僚属。虞部郎中王龟从兼任陈王府记室参军，水部员外郎王素兼任韩王府记室参军，秘书丞张茂直兼任益王府记室参军，士安晋升左拾遗兼任冀王府记室参军。太宗召见说："诸子生长官廷，不熟悉外边的事情，渐渐长大成人，需要依靠良才辅佐引导，让他们每天听到忠孝道理，希望诸位爱卿勉励他们。"并御赐朝服、银带、鞍马。

　　端拱三年（992），士安与苏易简同知贡举，加官主客郎中。因为疾病请求到外地做官，改任右谏议大夫，出任颖州知州。寿王出任开封府尹，召士安为判官；寿王成为皇太子后，任士安兼任右庶子，晋升给事中；寿王登上皇帝位时，下旨士安暂代开封知府，授职工部侍郎，又为翰林学士，诏命选官校勘《三国志》《晋书》《唐书》。有人上书说两晋很多事情庸俗、丑陋，不可以流行。真宗告诉了士安，士安说："恶行可以告诫世人，善行可以奉劝后代。善恶两类事情，《春秋》都有记载。"真宗接受了毕士安的建议，就下旨刊刻。后来因为眼疾毕士安请求解职，后改职兵部侍郎，出任潞州知州，后又被朝廷诏回任翰林侍读学士。

　　景德元年（1004）毕士安兼任秘书监。当时契丹谋划入侵中土，士安首先上书，陈述选拔良将、运送军粮、管理财务等策略，真宗一一采纳。

　　李沆去世，士安晋升吏部侍郎，参知政事。

　　景德元年（1004）九月，契丹统帅挞览领兵抢掠威虏、顺安、北平、保州，进攻定武，多次被各军击退。又东驻阳城淀攻打高阳，不能得逞，转而窥视贝、冀、天雄，号称二十万大军。真宗坐在偏殿，向士安讨

《驭者引马图》（辽）

计策。士安与寇准分列防御状，又合议真宗驾临澶渊，士安说应在冬天第二个月，寇准说立即前往，最后真宗采用士安所议。

还是在咸平六年（1003）时，云州观察使王继忠因力战抗击契丹最终被俘。到这时候，王继忠却为契丹与宋奏请议和，当时朝中大臣们都不敢发言，只有士安认为可信，极力赞许和议。真宗说敌人如此强悍，恐怕不会有什么保证。士安说："老臣曾经见到契丹投降的人，说他们虽然深入中原，但是却屡次受挫，不能达到目的，暗中准备退兵又没有理由，况且，他们难道不怕别人乘虚而入捣毁他们的巢穴吗？"真宗手诏继忠，允许请和要求。

当时已下诏巡视，而大臣们议论纷纷，两三个大臣认为应该进驻金陵而谋求成都。士安急忙和寇准面见真宗，极力陈述不能那样做，必须坚持原来的计划。就在真宗即将秘密出兵时，白天却出现了太白星，流星横贯北斗。有人说不应该出兵北方，否则大臣便会应天象死亡。当时士安正有病卧床，他便给寇准写信说："我屡次请求带病跟随，皇上都不允许。既然现在大计已定，为了国事我希望以自身抵挡星变。"毕士安很快就

追到澶渊拜见真宗。当时宋真宗已经聚集兵力数十万，契丹人大为震惊，为了报复抢掠德清，到了澶渊北部边境，契丹大军被埋伏的弓箭手射中，契丹将领挞览中箭而死，契丹兵溃散。契丹使者姚东前来议和，要求宋朝每年赠送契丹银两三十万，丝绸三十万。对于议和条件，朝中大臣议论纷纷，都认为给的太多了。

毕士安坚决反对最终宋朝没有妥协议和，而是撤兵回京，选择良将守卫边防。朝廷命令李允则镇守雄州，马知节镇守定州，孙全照镇守镇州，杨延昭镇守保州，其他州也都有适当人选镇守。朝廷下令边塞关押的境外牧民的牛马全部归还，互通交易，放开铁禁，招纳流亡，广泛储蓄。不久，夏州赵德明也打开关门友好往来。西、北边境安稳平静，朝廷内外安定。宋王朝适时制定法律，依次施行，同时积极招揽人才。

景德二年（1005），因为疾病毕士安数次向朝廷请求免职，真宗下诏安慰，不允许他退休，然后又派使者敦促，毕士安不得已只能继续在朝中办事。十月早朝，他来到崇政殿中时疾病突然发作，真宗出来探视时他已不能说话。真宗便下诏内侍窦神宝用轿将毕士安送回府第。

不久，毕士安去世，享年六十八岁。皇上亲临哭祭，停止朝会五天，赠太傅、中书令，谥"文简"，钦命皇城使卫绍负责治丧。毕士安死后，朝廷录用他的儿子毕世长为太子中舍，毕庆长为大理寺丞。

《宋史·毕士安传》对毕士安有很高的评价，说："士安端方沉雅，有清识，晓籍，美风采，善谈吐，所至以严正称。年耆目眊，读书不辍，手自雠校或亲缮写，又精意词翰，有文集三十卷。"

张齐贤

张齐贤（942～1014），字师亮，曹州冤句（今山东菏泽）人，徙居洛阳（今属河南）北宋著名政治家，官至仆射、枢密使及六部尚书、宰相。

张齐贤出身农民家庭，父亲早死，家贫如洗，三岁时为避战乱全家迁到洛阳。在清贫中长大的张齐贤胸怀大志，苦心向学，青年时代便成为一个志向远大的饱学之士。北宋建立不久，宋太祖赵匡胤西巡洛阳，张齐贤在洛阳街头拦住太祖的坐骑要求奉献治国之策。赵匡胤把他召到行宫，张齐贤指天画地，条陈十事，皆是关系到国家统一和富国强兵的大计。宋太祖认为有四条很好，张齐贤坚持说十条都很重要，说着说着就与赵匡胤争吵起来。赵匡胤只好让人把他拉出去，但心里很佩服这个人。赵匡胤回到开封后告诉其弟赵光义说："我西巡时在洛阳遇到一个奇士，叫张齐贤。现在不给他官做，将来可辅佐你。"

太宗太平兴国元年（976），张齐贤中进士，授为衡州通判。张齐贤入仕后在地方为官七年，先后任过忻州知州、江南西路转运使。张齐贤在地方关心人民生活，常常深入民间了解政治得失、地方利弊。任衡州通判时，他复审一件盗案，发现了其中五人系无辜受株连，马上改判，从刀口下救出了五人性命。衡州地处交通要冲，驿站很多、役夫达数千名。这些铺夫劳役繁重、生活困苦。张齐贤详细核算了实需人数，一次将铺夫数量减掉一半。在江南转运使任上，他查实了江西地区铸钱用铜实数，堵塞了奸吏贪污的漏洞。宋初江南狱囚都解送京师复审，

文臣立像（北宋）

由于路途遥远、解差虐待，囚犯在路上常常死掉一半以上。张齐贤发现，江南犯人送京特多，原因是地方官问案不负责任，依赖京审定案，致使许多无辜平民牵连入狱，死于转解途中。他向朝廷报告了这一情况，建议朝廷派最强干的官员复审囚犯，如果发现株连无辜，原问官反坐。这样一来，江南官吏问案认真了，上送的狱囚大大减少。北宋统一前，江南属于几个小国管辖，税目繁多，税额奇重。张齐贤奏请朝廷严加削减。太平兴国八年（983），张齐贤拜枢密使，主管国家军政。雍熙三年（987），北宋大举北伐失败，杨业战死。张齐贤自请出任代州知州，收拾潘美逃跑造成的危局。他用计大败辽兵于土磴寨。挫败了辽兵进犯。后两年，

辽兵再次入侵，张齐贤率军于繁峙、崞县消灭了入侵辽兵，保卫了北部边境。凭着才干和皇帝的知遇，他步步高升，直至"四践两府"（枢密院、中书院）、"九居八座"（仆射、枢密使及六部尚书）。淳化二年（991），张齐贤升任参知政事（副相），数月后升为同中书门下平章事（宰相）。

张齐贤自公元991年拜相，到真宗大中祥符五年（1012）致仕，其间共二十一年，除两次短期罢相、出任地方官外，皆在朝中掌握军国大政。他慨然以天下为己任，以致君于尧舜为目标，作出了很大贡献。咸平四年（1001），西夏李继迁攻陷北宋西北重镇清远。张齐贤分析了当时形势指出：李继迁志不在小，而北宋"加讨则不足，防遏则有余"。上策是联络结好李继迁周围的少数民族部落，封其官爵，使之与西夏抗衡，牵扯李继迁的兵力。这样，李继迁自顾不暇，便不可能东出，北宋亦不必劳军远征。可是，当朝文武大臣与真宗都主张立即消灭李继迁，贸然出兵，结果连连战败，灵武等重镇相继失陷。张齐贤在这种情况下，派出得力大臣出使西北，经略瓜州、沙州，联络西北少数民族，攻扰西夏后方，阻止了西夏继续东进，使北宋与西夏之间出现了短暂的和平局面。

真宗笃信道教，以王钦若为首的一班大臣伪造"天书"，自欺欺人。真宗大搞祭天活动，几年间，东封泰山、西祀汾阴、南祭老子，花费达千余万贯。同时，在京师及各地大修道观，塑造老子像，劳民伤财。张齐贤多次苦谏，真宗不听。在这种情况下，张齐贤对朝政感到灰心，多次要求归养。大中祥符五年（1012），真宗批准他归养。两年后卒，终年七十二岁。朝廷赠官司徒，谥"文定"。

张齐贤不反在政治上有所作为、军事上足智多谋、屡有战功，而且在文学上，也颇有建树，所著《洛阳缙绅旧闻》《孝和中兴权斗》均为世人称道。

吕蒙正

吕蒙正（944或946~1011），字圣功，洛阳（今属河南）人，宋太宗淳化年间吏部尚书，官至左补阙、参知政事、宰相。

宋太宗太平兴国二年（977），吕蒙正考取丁丑科状元。中状元后，吕蒙正授将作监丞，通判升州。太宗征讨太原，吕蒙正被授著作郎，入直史馆。太平兴国五年（980），拜左补阙，知制诰。八年（983），任参知政事。端拱元年（988），罢李昉，拜吕蒙正为宰相。吕蒙正为人质厚宽简，素有重望，以正道自持，遇事敢言。每论时政，有不允者，必不强力推行。与开国元老赵普同在相位，关系极为融洽。淳化二年（991），谏官宋沆上疏，忤怒太宗，蒙正受牵连，被罢贬为吏部尚书。淳化四年（993），真相大白，复以本官入相。吕蒙正为官清廉，曾有人献古镜，言能照二百里，蒙正笑而却之道："我脸不过盆子大，安用照二百里！"闻者叹服。至道元年（995），太宗再度罢贬吕蒙正，蒙正以右仆射出判河南府，其间，政尚宽静，事多委任属僚，其总裁定夺而已。真宗即位（998），吕蒙正被任命为左仆射，为感先帝之恩，蒙正献家财三百万助之朝廷。咸平四年（1001），第三次登上相位。六年（1003），封莱国公，授太子太师。不久，因病辞官，回归故里。真宗朝拜永熙陵，封禅泰山，过洛阳两次看望吕蒙正，曾问其子中谁可为官。蒙正道："诸子皆不足用，有侄吕夷简，真乃宰相器也！"吕蒙正病逝于大中祥符四年（1011），享年六十七岁，谥"文穆"，赠中书令。

相传吕蒙正的墓在尉氏县朱曲乡北二里小寨村内，冢高约二十米，直径六十六米，现保存完好。墓周有小寨，墙高三丈（小寨村名由此而来），每逢春秋，乡人谒陵，登高远眺，空旷无际，爽气宜人，故有"吕祠爽秋"之誉，列入洧州八景之一。在吕蒙正墓南约一里许的地方，立有"吕蒙正养晦处"石碑一通，明万历四十二年（1614）立，1930年重立。另据记载，洛阳金石乡

吕蒙正像

奉先里也有吕蒙正墓并有富弼所撰神道碑。旧志郑北四十里有吕蒙正墓。洧川在新郑北，是否指此墓，有待今后进一步考证查实。

王 旦

王旦（957~1017），字子明，大名莘县（今属山东）人。北宋名相。淳化年间曾任虞部员外郎，同判吏部流内铨。

王旦自幼好学，太平兴国五年（980）进士。淳化二年（991），任右正言、知制诰。淳化三年（992），王旦三十五岁。任知贡举，加虞部员外郎，同判吏部流内铨，知考课院。当时其岳父赵昌言正任要职，王旦为避嫌，力辞知制诰之职，改任礼部郎中，后又调任兵部郎中。至道三年（997），真宗即位，四年之中连续晋升，初为中书舍人，后为参知政事。景德二年（1005），加封为尚书左丞。次年，升为工部尚书、同中书门下平章事，成为宰相。

王旦为相十余年，凡事不固执己见，受人毁谤不与计较，军国大事都参与决策，他知人善任，任人唯贤，朝中大部分官员都是他推荐提拔的，但从未推荐自己的亲属做官。

当王旦任宰相时，寇准屡次在皇上面前说王旦的短处，然而王旦却极力称赞寇准的长处。有一天真宗笑着对王旦说："卿虽然常称赞寇准的长处，但是准却专说卿的短处呢！"王旦回答说："臣居相位参与国政年久，必然难免有许多缺失，准侍奉陛下无所隐瞒，由此更见准的忠直。"真宗由此更赏识王旦。当寇准任枢密院直学士时，王旦在中书有事送枢密院，偶尔不合诏令格式，准便上奏皇帝，王旦因而受到责问，但是王旦并不介意，只是再拜谢过而已。不到一个月，枢密院有事送中书，也不合诏令格式，堂吏发现很高兴地呈给王旦，认为这下逮到机会了，可是王旦却命送回枢密院更正，并不上奏。寇准大为惭愧，见王旦说："同年怎么有这样大度量呢？"王旦不答。

当寇准被免去枢密职位后，曾私下求王旦提拔他为相，王旦惊异地回答说："国家将相重任，怎么用求来的呢？"准心中很不愉快。其后皇上果然授予寇准节度使同平章事。准入朝拜谢说："臣若不是承蒙陛下知遇提拔，哪有今日？"皇上便将王旦一再推荐之事告知，寇准非常惭愧感叹，自觉德量远不及王旦。后来寇准终于不负王旦，成为宋朝贤相。

当时有位卢某，深夜送黄金百两来求王旦提拔为江淮盐运使，王旦正色推辞说："你的才能，不可担当这个职务，我哪敢私受贿赂而废弃公道呢？"卢某惭愧而退，便整天焚香咒诅王旦快死，有一天晚上，卢某

王旦像

梦见神明呵斥他说："王公尽心于国家，你竟然心存恶念，要他快死，上天将要惩罚你了。"卢某惊醒，汗流全身，过几天就去世了。

薛奎初任江淮运使，将赴任前，来向王旦辞行，王旦不谈其他，只说："东南地方，民生非常困苦啊。"奎退出后说："听宰相的话，可见他时刻都在关怀百姓啊！"

景德三年（1006），除工部尚书、同中书门下平章事、集贤殿大学士。

王旦居家，未曾发过脾气，家人要试验他，在他食用的肉羹内，投入尘灰，王旦只吃饭而已，家人问他何以不吃肉羹，旦说："偶尔不想吃肉。"其后连饭也将它弄脏，王旦也不责问，只说："今天不想吃饭，可以另外弄些稀饭来。"家中不购置田宅，说："子孙应当自立，何必田宅，田宅会让子孙因争财而作出不义之事呢！"

天禧元年（1017）九月，王旦病重。临

终时召集子弟到跟前咐嘱说："我们家世清白,不要遗忘往日槐庭阴德,今后大家应当守持勤俭朴素的美德,共同保持我王家的门楣。我死后,可为我削发,披穿缁衣,依照僧道例殓葬即可。"说完便瞑目而逝。真宗临丧哀恸。追赠为太师、尚书令、魏国公,赐谥号"文正"。

仁宗继位后,为其立碑,并亲笔御书"全德元老之碑"。其后,欧阳修奉旨为其撰写碑文,苏轼为王氏宗祠撰写了《三槐堂铭》。有文集二十卷,已佚。《宋史》卷二百八十二有传。

寇 准

寇准(962~1023),字平仲,汉族华州下邽(今陕西渭南)人,曾任左谏议大夫、枢密直学士、判吏部东铨、工部侍郎、开封知府、兵部侍郎、集贤殿大学士、刑部尚书、兵部尚书、太子太傅等职。

寇准是北宋政治家、诗人。19岁时,宋太宗太平兴国中,赴汴梁会试,中进士及第,授大理评事,知归州巴东、大名府成安县,先后又做了殿中丞、通判郓州,后被授右正言、直史馆,为三司度支推官,转盐铁判官。由于他刚直不阿,敢于向皇帝犯颜直谏,所以深得宋太宗的喜欢,太宗曾说:"朕得寇准,犹文皇之得魏徵也。"

太宗淳化五年(994),寇准任知政事。至道元年(995),加封给事中,后又升为尚书工部侍郎。真宗咸平六年(1003),寇准做了三司使。景德元年(1004),任同中书门下平章事、集贤殿大学士,即任宰相之职。当时辽军大举进攻,他反对王钦若等南迁的主张,力排众议,主张抗敌,促使真宗往澶州督战,与辽订立"澶渊之盟"。第二年被王钦若排挤罢相,任刑部尚书、知陕州。

寇准像

天禧元年(1017),寇准改任山南东道节度使,再起为相,后又晋升为尚书右仆射、集贤殿大学士。公元1020年寇准又被丁谓排挤去位,罢为太子太傅,封莱国公。又降为太常卿、知相州,徙安州,贬道州司马。后被贬逐任雷州司户参军。公元1023年闰九月初七日，他被任命为衡州司马。尚未赴任，便死于雷州，终年六十二岁，归葬西京。无子，以从子随为嗣。殁后十一年，复太子太傅，赠中书令、莱国公，后又赐谥曰"忠愍"。皇祐元年（1049），诏翰林学士孙抃撰神道碑，帝为篆其首曰"旌忠"。

寇准从小就非常聪明，七岁时随父登华山就留下了"只有天在上，更无山与齐。举头红日近，俯首白云低"的诗句。寇准与宋初山林诗人潘阆、魏野、"九僧"等为友，诗风近似，也被列入"晚唐派"。其五律如《冬夜旅思》之类，情思凄婉，很有贾岛诗的风味。他的七言绝句意新语工，最有韵味，如"萧萧远树疏林外，一半秋山带夕阳""日暮长廊闻燕语，轻寒微雨麦秋时"等，情景交融，清丽深婉，都是值得玩味的佳作。他不是词家，但偶有所作，也颇可读。《全宋词》共辑其词四首。存世《寇莱公集》七卷，有《两宋名贤小集》本；《寇忠愍公诗集》三卷，宋知河阳军范雍初刻，有序，清朝有圣香楼刊本及辨义堂刊本。

现列举寇准词两阕：

其一，《江南春》

波渺渺，柳依依。孤村芳草远，斜日杏花飞。江南春尽离肠断，苹满汀洲人未归。

其二，《踏莎行·春暮》

春色将阑，莺声渐老，红英落尽青梅小。画堂人静雨蒙蒙，屏山半掩余香袅。密约沉沉，离情杳杳，菱花尘满慵将照。倚楼无语欲销魂，长空暗淡连芳草。

寇准去世后，经他夫人宋氏请求，将灵柩运到洛阳安葬，途经公安等县时，当地父老插竹路祭，据说后来竹都成活为林，后人称为"相公竹"。人们又在竹林旁建了"寇公祠"。明代大文人戴嘉猷路过公安时，曾题写"万古忠魂依海角，当年枯竹到雷阳"的诗句。

范仲淹

范仲淹（989~1052），字希文，谥"文正"。北宋政治家、文学家、军事家、教育家。生于苏州吴县，祖籍彬州。官至参知政事。景祐年间曾任吏部员外郎，权知开封府事。

范仲淹的曾祖父范梦龄，曾任吴越国中吴节度判官，祖父范赞时，曾任吴越国秘书监。父亲范墉，任职于吴越王幕府，后随吴越王一同投宋，端拱初年赴徐州任武宁军节度掌书记。端拱二年（989）八月二日，范仲淹生于徐州，次年父亲病逝，范仲淹之母谢氏贫而无依，只好改嫁山东淄州长山县一户姓朱的人家。从此，范仲淹改姓名叫朱说，在朱家长大成人。

范仲淹二十一岁时去南京求学，入学后，昼夜不停地苦读，五年未解衣就枕，疲乏到了极点，就用凉水浇脸，来驱除倦意，他的食物很不充裕，甚至不得不靠喝粥度日，一天只能喝上一顿，这样的生活，一般人已难以忍受，但范仲淹却从不叫苦。工夫不负有心人，五年寒窗苦读，范仲淹终于成为一个精通儒家经典、博学多才、擅长诗文的人。他通过科举考试，在公元1015年考中进士，被任命为广德军的司理参军。这时，他把母亲接来，赡养侍奉。公元1017年，他调任集庆军节度推官，直到那时他才恢复了原来的范姓，改名仲淹，字希文。

范仲淹入仕后，最初十余年，一直担任地方上的小官员。他每到一地总是踏踏实实地做一些有利于国计民生的事，并且干得很有成绩。宋真宗天禧五年（1021），范仲淹到泰州任西溪镇盐仓监官，掌管盐税。因唐时所建捍海堤年久失修，早已颓坏，每年秋季海潮泛滥，往往阡陌洗荡，庐舍漂流，人畜丧亡，盐灶也多被冲毁，灾情十分严重。他积极向上反映，建议修复捍海堤。宋仁宗天圣二年（1024）朝廷任命范仲淹主持整个修堤。经过将近四年的努力，天圣六年（1028）春，长达一百五十里的捍海堤终于修好，解除了这一带的潮水灾害。当地人民为了纪念范仲淹的功绩，为他修建了祠堂，并将捍海堤取名为范公堤，灾区中心兴化县的人民往往以范为姓。

由于范仲淹有此政绩，便调到朝廷担任秘阁校理。到了朝廷，范仲淹更关心朝政得失和民间利病，犯颜直谏。他看到刘太后独揽大权，把宋仁宗当成傀儡，便批评这种不合理现象，奏请太后还政，范仲淹由此触怒太后，被贬往河中府。

刘太后死后，范仲淹才被召回朝廷，任右司谏。有了言官的身份，他上书言事更无所畏惧了。明道二年（1033），京东和江淮一带大旱，又闹蝗灾，为了安定民心，范仲淹奏请仁宗马上派人前去救灾，仁宗不予理会，在宫中仍然过着奢华的生活，范仲淹对此十分气愤，他冒着触犯龙威的危险质问

范仲淹像

道："如果宫中半天不吃会怎么样？现在许多地方老百姓没有饭吃，岂能置之不理？"说得仁宗无话可答，只得派他去江淮一带安抚灾民，范仲淹每到一地就开仓赈济，并且免除了灾区的部分赋税。为了劝诫挥霍人民血汗的皇室，他还把饥民吃的野草带回来献给仁宗，并请他转给嫔妃贵戚们看看，让他们知道老百姓过的是什么日子，不要过分奢侈。范仲淹经常大胆上谏，皇帝不快，又将他贬出朝廷。

范仲淹贬到地方后，职任经常被调动，但每到一地，他都兴利除弊，注重发展教育。景祐元年（1034），范仲淹调到故乡，担任苏州知州。他看到苏州暴雨成灾，便提出了疏浚五河、导太湖之水的计划。他又亲临现场，督修这项工程。范仲淹又在苏州建郡学，亲自聘请学识渊博的人任教，使学堂越办越好，名冠东南。由于范仲淹政绩斐

然，又被召回京师，授天章阁待制，任吏部员外郎，权知开封府事。

他在京城大力整顿官僚机构，剔除弊政，把工作安排得井井有条。范仲淹看到宰相吕夷简等大官僚互相勾结，朋比为奸，将自己的亲信、党羽安插在要职上，使官僚机构中充满了陈腐污浊之气。他和朝中一批正直的士大夫对这种行径非常痛恨，经常向皇帝进言，触怒了一些权势，于是再次被贬降职至饶州知州。

范仲淹虽然三次被贬，名望却越来越高。第一次外贬时，亲朋们一直把他送到都门外，称赞他说："此行极光。"第三次被贬时仍有人不顾吕夷简的威胁恫吓去送别，并安慰他说："此行尤光（尤其光荣）。"几起几落的范仲淹听罢大笑道："仲淹前后已是三光了。"他正道直行，百折不挠，以满腔热忱报效国家。

宋仁宗宝元元年（1038）冬天，北宋西北边境局势突然紧张起来，原本臣属大宋居住在甘州和凉州的党项族首领元昊自称皇帝，建国号大夏，并且把国内十五岁以上的男子都征发为兵，沿宋朝边境部署了十万人马。面对西夏的突然挑衅，宋朝措手不及，朝廷内有的主攻，有的主守，吵成一团，宋仁宗也举棋不定，莫衷一是。边境上就更狼狈了，由于三十多年无战事，宋朝边防不修，士卒未经战阵，平常又缺乏训练。步兵携带武器和口粮，走几十里地就气喘吁吁，骑兵中有的不会披甲上马，射出的箭在马前一二十步就落了地。带兵的将帅也多是皇帝的亲戚故旧，根本不懂军事，再加上将领更换频繁，军纪松弛，宋军以如此弱的战斗力如何对付咄咄逼人的西夏军队？

在这样严峻的局势面前，宋仁宗想到了范仲淹，将他召入朝，恢复了天章阁待制之职，让他出任陕西路永兴军的知军州事。后来，宋仁宗任命夏竦为陕西经略安抚招讨使，全面统筹边防，任命范仲淹和韩琦并为陕西经略安抚招讨副使，这时的范仲淹已经五十二岁了，仕途上的艰辛蹉跎使他早已霜染鬓发，但是忠心报国的热忱却不减当年。范仲淹风尘仆仆来到处境最险恶的延州时，呈现在眼前的是战争给宋朝和边民带来的沉重灾难，到处是断壁残垣，茅庐草舍被焚烧成了废墟，百姓死的死，逃的逃，少数留下的也是无衣无食，无家可归，有家难回，范仲淹的心情十分沉重，当即写下一首《渔家傲》："塞下秋来风景异，衡阳雁去无留意。四面边声连角起，千嶂里，长烟落日孤城闭。浊酒一杯家万里，燕然未勒归无计。羌管悠悠霜满地，人不寐，将军白发征夫泪。"

他发誓要像当年东汉的窦宪击破匈奴登燕然山，勒石纪功而还那样保卫边疆，让百姓安居乐业。一连数日，范仲淹马不停蹄地视察当地地形和边防守备，听取守边将士的意见，视察归来，便废寝忘食地谋虑对付西夏的战略方针，向朝廷提出了一整套以防守为主的御夏方针。这是一个符合客观情况的战略决策，但不被当朝认可。庆历元年（1041）正月，陕西主帅夏竦又派尹洙去延州说服范仲淹出兵，范仲淹仍然执意不肯。韩琦得知劝不动范仲淹，便贸然决定泾原一路自行出讨，结果连连遭败。终于朝廷放弃了进攻方针，改而采取范仲淹的守策。于是范仲淹推行修固边城、精练士卒、招抚属羌等相应的措施。经过一系列的改革，迅速使宋军的经济和军事实力增强起来。夏军私相告诫说："别想打延州的主意了，现在的小范老子（指范仲淹）胸中有数万甲兵，不像大范老子（指范雍）好欺负。"范仲淹的主张又推行到陕西沿边各路，没过几年，宋在延州与庆州间修筑了大顺城，在环州和镇戎军间修筑了细腰城和葫芦泉诸寨，打通了各州之间的道路，摆脱了孤立无援的境地，一方有警，各方应援，宋军的防守能力大大地加强了。而此时西夏境内由于长期用兵，物资奇缺，物价飞涨，百姓怨声载道，无力战争。这样，双方从庆历三年（1043）开始议和，到庆历四年（1044）正式达成和议。宋夏重新恢复了和平，西北局势得以转危为安。

庆历三年（1043）四月，宋夏局势刚刚和缓，宋仁宗便将范仲淹调回东京，升任为参知政事与枢密副使富弼、韩琦等人一道主持朝政。针对当时的时局，范仲淹认真总结从政二十八年来酝酿已久的改革思想，很快呈上了著名的新政纲领《答手诏条陈十事》，提出了十项改革主张，它的主要内容是：第一明黜陟，即严明官吏升降制度。第二抑侥幸，即限制侥幸做官和升官的途径。第三精贡举，即严密贡举制度。第四择官长。奖励能员，罢免不才。第五均公田。第六厚农桑。第七修武备，即整治军备。第八推恩信，即广泛落实朝廷的惠政和信义。第九重命令，即要严肃对待和慎重发布朝廷号令。第十减徭役。《条陈十事》写成后，立即呈送给宋仁宗。宋仁宗和朝廷其他官员商量，表示赞同，便逐渐以诏令形式颁发全国。于是，北宋历史上轰动一时的庆历新政就在范仲淹的领导下开始了，范仲淹的改革思想得以付诸实施。

庆历三年（1043）底，范仲淹选派了一批精明干练的按察使去各路检查官吏善恶。他坐镇中央，每当得到按察使的报告，就翻开各路官员的花名册把不称职者的名字勾掉。在范仲淹的严格考核下，一大批尸位素餐的寄生虫被除了名，一批干才能员被提拔到重要岗位，官府办事效率提高了，财政、漕运等有所改善，暮气沉沉的北宋政权开始有了起色。但是，这场改革直接触犯了封建腐朽势力，限制了大官僚的特权，在这部分人的强烈反对下，庆历五年（1045）初宋仁宗下诏废弃一切改革措施，解除了范仲淹参知政事的职务，贬至邓州，富弼、欧阳修等革新派人士都相继被逐出朝廷。坚持了一年零四个月的庆历新政最终宣告失败。

庆历新政失败后，范仲淹被贬到邓州，之后又辗转于杭州、青州。皇祐四年（1052），他被调往颍州，走到出生地徐州，不幸病逝，终年六十四岁。遗著有《文集》二十卷，《别集》五卷（今本四卷），《奏议》十五卷，《政府论事》三卷（今本为《奏议》二卷），《尺牍》五卷（今本三卷），另有《文集补编》一卷。

当年范仲淹贬到邓州后，身体很不好，这时，他接到昔日好友宗谅从岳州的来信，要他为重新修竣的岳阳楼作一篇记。范仲淹为了激励遭到贬黜的朋友们，便一口答应了宗谅的请求，就在邓州的花洲书院里挥毫撰写了著名的《岳阳楼记》。范仲淹用洗练优美的文字描述了洞庭湖波澜壮阔的景色，并且借景抒情，劝勉失意志士不要因自己的不幸遭遇而忧伤，要"不以物喜，不以己悲"，摆脱个人得失，做到"先天下之忧而忧，后天下之乐而乐"。

"先天下之忧而忧，后天下之乐而乐。"概括了范仲淹一生所追求的为人准则，是他忧国忧民思想的高度概括。他为官数十载，在朝廷犯颜直谏，不怕因此获罪。他开启了庆历新政这一政治改革，触及北宋政治、经济、军事制度的各个方面，虽然由于守旧势力的反对，改革失败，但范仲淹主持的这次新政却开创了北宋士大夫议政的风气，传播了改革思想，成为王安石熙宁变法的前奏。他在地方上每到一地，兴修水利，培养人才，保土安民，政绩斐然，真正做到了为官一任，造福一方。而在生活上，他治家严谨，十分俭朴，平时居家不吃两样荤菜，妻子儿女的衣食只求温饱，一直到晚年，都没建造一座像样的宅第，在死后入殓时，连件新衣服都没有。然而他喜欢将自己的钱财送给别人，待人亲热敦厚，乐于替人家办好事，当时的贤士，很多是在他的指导和荐拔下成长起来的。即使是乡野和街巷的平民百姓，也都能叫出他的名字。在他离任时，百姓常常拦住传旨使臣的路，要求朝廷让范仲淹继续留任。

范仲淹的行动和思想，赢得生前身后几代人的敬仰。他病折的噩耗传到各地，人们深为叹息，凡是他从政过的地方，老百姓纷纷为他建祠画像，人们来到祠堂，痛哭哀悼，斋戒三天才散去。历代仁人志士也纷纷以范仲淹这位北宋名臣为楷模，学习和效法。而今天，范仲淹的精神仍闪耀着奋发向上的思想光辉，有着启发和教育意义。

曾公亮

曾公亮（999~1078），字明仲，号乐正，北宋泉州晋江（今福建泉州市）人，著名政治家、军事家、火器专家，曾为越州会稽知县、国子监直讲、翰林学士、吏部侍郎、同中书门下平章事、集贤殿大学士等官。

公亮生于咸平二年（999），为宋端拱二年（989）榜眼，曾会之次子。少时很有抱负，且气度不凡。为人"方厚庄重，沈深周密"。宋仁宗天圣二年（1024）中进士，授越州会稽知县。天圣六年（1028），他治理镜湖，立斗门，泄水入曹娥江，使湖边民田免受水涝之苦。数年后，晋升入京，任国子监直讲，后改做诸王府侍讲。后升任集贤殿校理、天章阁侍讲、知制诰兼史馆修撰。庆历八年（1048）仁宗下召求言。曾公亮上疏条陈六事，都是针对当时积弊所发的改革建议。他关心国计民生，为官清廉，是个有作为的官吏。由于政绩卓著，因而得到了宋仁宗的器重。皇祐三年（1051）升翰林学士；嘉祐元年（1056）任吏部侍郎，同中书门下平章事，集贤殿大学士，与宰相韩琦共同主持朝中政事。

曾公亮不但善于政事，而且十分重视边防和军事建设。因此，宋仁宗命他修撰《武经总要》。他历时四年（1040~1044）主编的《武经总要》成为他一生中最大的建树。《武经总要》是把前人关于研制火药、火器的经验，总结、整理而写出来的，全书共四十卷，分前后两集。在卷十一和卷十二中，记录了引火球、蒺藜火药、毒药烟球三种火药配方。从这种火药配方中的组配比率看，已同近代黑色火药相接近，具有爆破、燃烧、烟幕等作用。这是世界上最早的火药

《武经总要》

制造配方，它被军事家们制成了火器应用于古代战争，为我国第一批军用火器的发明和制造提供了条件。《武经总要》还记载了我国制成的第一批军用火器。当时制造的火器，主要是火球类和火箭类。火球类包括火火球、引火球、蒺藜火球、霹雳火球、烟球、毒药烟球等八种；火箭类火器有普通火箭和火药鞭箭两种。虽然《武经总要》所记载的火药、火器还是初级的，但却是中华祖先首先成功地发明并使用的，因而最早解决了人将火药应用于军事的重大理论和实践问题。《武经总要》为中国和世界的火器发展史和军事技术发展史，写下了光辉的第一页，成为世界上许多兵器史学家的珍贵资料。正如英国科学家李约瑟在《中国古代科学技术史》一书中，对《武经总要》所作的高度评价："《武经总要》提及的火药配方，较所有其他文明国家的记录为早。欧洲第一次提及火药时间是在1327年，或是1285至1295年之间，总之，是在1044年很久以后的一段时间内。"日本兵器史家马成甫先行在他所著的《火炮的起源及其流传》一书中，在经过对世界各国有关资料方面的对比鉴定后，也认为《武经总要》的记录充分证明了中国是世界最早发明火药和首先使用火药的国家。《武经总要》记录的火药配方，证实我国发明火药起码早于欧洲300年。

元丰元年（1078），公亮逝世，葬于河南新郑。墓址在今河南新郑市八千乡辛庄村南一华里处，其墓冢与"重修曾坟寺碑"尚存。

公亮平生著作很多，除参加编撰《新唐书》外，见于记载的还有《英宗实录》《元日唱和诗》《勋德集》《演皇帝所传风后握奇阵图》和《武经总要》。《武经总要》是公亮和端明殿学士丁度承旨主编的一部兵书，被誉为中国古代一部军事科学的百科全书。

文彦博

文彦博（1006~1097），字宽夫，汾州（今属山西）介休人，北宋时期政治家，至和年间曾任吏部尚书。

文彦博少年时期与张升、高若纳从颍昌史学习经术，天圣五年（1027）进士及第，先后任翼城知县、绛州通判、监察御史、殿中侍御史。

文彦博遇事沉着、冷静，处理事情也非常果断，且多为国家社稷着想。当时西部边境有军事行动，常有将官临阵先退、望敌不进的情况发生。文彦博上奏朝廷云："此事于太平年间尚属无妨,若遇战乱年代,何所济之?平时将权不专、兵法不峻耳。"宋仁宗采用了他的意见。文彦博曾与枢密使庞籍讨论淘汰冗兵减省冗费事,朝中大臣多认为此法不容易行得通,因为朝廷过去害怕在灾荒年间发生灾民暴动,便在灾区大规模征兵,以减其势。倘若减省冗兵,恐怕所减之人聚为盗贼,危害社会安定。仁宗也迟疑不决,文彦博决然地说:"分公私困竭,冗兵是其原因之一,若汰兵有事发生,臣请为国而死!"朝廷采纳了文彦博的意见,如其言,没有任何事情发生。

文彦博以直使馆任河东转运副使,河东路所管辖的麟州,与西夏相邻,运饷道路迂回绕远且难走,在银城河外有唐朝时所修故道,废弃已久无人治理。文彦博上任后便亲自带人修复故道,使运饷路途近而好走。他还在麟州城里积聚很多粮草,西夏元昊率军来进攻,看到有准备后便撤去。

庆历七年(1047),文彦博任枢密副使。十一月,贝州王则起义,八年(1048)春正月,朝廷任命文彦博宣抚河北,去平息王则起义。文彦博至贝州城下,一面命官军猛攻北城,另一方面在南城挖地道,直通城里。闰正月,官军攻入城中,王则被捕,起义被平息。文彦博以功升同中书门下平章事、集贤院大学士。

皇祐元年(1049)八月,文彦博为昭文馆大学士,三年(1051),因御史唐介揭发文彦博曾送蜀锦给张贵妃,十月,被罢官。至和二年(1055)六月,文彦博再任以吏部尚书同中书门下平章事、昭文馆大学士,之后,他又去河南府、大名府、太原府等地做地方官。英宗时,文彦博任枢密使。神宗继位,王安石开始变法,文彦博与王安石持论

文彦博像

有异,对其中市易、青苗诸法伤民弊端多所论及,因反对变法,文彦博被改任地方官,后以太师致仕。哲宗元祐元年(1086)四月,经司马光推荐,文彦博出任平章军国重事,五年(1090),以太师充护国军、山南西道节度等使,复致仕,闲居洛阳。绍圣四年(1097),章淳秉政,文彦博与司马光曾反对王安石变法,被降为太子太保,也就在这一年,文彦博去世,享年九十二岁。宋徽宗崇宁间,蔡京为右相,将文彦博、吕公著、司马光等人称为"元祐党人",刻元祐党人碑,禁止元祐学术。至北宋末南宋初,文彦博才又被追复太师,谥"忠烈"。

文彦博历仁、英、神、哲四朝,任将相五十年,执政于国家承平之时,史称:"公忠直亮,临事果断,皆有大臣之风,至和以来,共定大计,功成退居,朝野倚重。"文彦博辅助朝政,平雪冤狱,处处为百姓着想,但为维护封建统治也参与了镇压农民起

义的行动。总体说来,文彦博对北宋王朝中期社会的稳定与发展起到了一定的积极作用。

文彦博著有《大飨明堂纪要》2卷、《药准》1卷,已佚,今存《文潞公集》40卷,收入《山右丛书》中。文彦博也爱写诗、词,但所留甚少,且多与政治有关,如《双泉》:"长剑并弹霜气豪,白虹半折秋云高。濯缨洗耳更何处,世人回看轻鸿毛。"又如《题榆次县鼓楼》:"置向谯楼一任挝,挝多挝少不知他。如今幸有黄绸被,努出头来放早衙。"文彦博工书法,宋周必大《益公题跋》云:"公年过七十,笔力犹清壮如此,非独见所养深厚,亦足占寿考之祥矣。"又云:"公字虽不甚置意,亦时有唐人风致,非无师法者。"宋黄庭坚《山谷集》云:"潞公书笔势清劲,真不愧古人。"宋楼钥《攻愧集》云:"潞公翰墨飞动,使人望而畏之。"宋朱长文《墨池编》云:"文潞公书,风格英爽。"

苏 颂

苏颂(1020~1101),字子容,福建泉州南安(今属厦门市)人,出生于厦门同安芦山堂(同安城关人)。曾任开封府知府、吏部侍郎、礼部侍郎、刑部尚书、吏部尚书等职。

苏颂十岁随父入都,少时学习勤奋。宋庆历二年(1042)中进士。初任汉阳军判官。后历任宿州观察推官、江宁县知县、南京留守、国史馆集贤院校理、颍州知州、淮南转运使、知制法、知审刑院、委州知州、亳州知州、开封府知府、滁州知州、河阳知州、沧州知州、吏部侍郎、礼部侍郎、刑部尚书、吏部尚书、实录院修撰、尚书左丞等职务。还任过史官,宋仁宗、英宗两用正史,又曾两次出使辽国。元祐七年(1092),任尚书右仆射兼中书侍郎,时已七十三岁。第二年即辞职,出任扬州知州。绍圣四年(1097)获准告老休养。

徽宗建中靖国元年(1101)苏颂病逝

苏颂像

家中,享年八十二岁。次年葬于丹徒县王洲山,赠司空,后追封魏国公。南宋理宗时赐谥"正"简。苏颂有《苏魏公文集》七十二卷及《进仪象状》《逐英要览》《谭训》等著作传世。

苏颂为官五十多年，政绩颇著。任江苏江宁知县时，清查富户漏税行为，核实丁产，编成户籍，按册课税，既增加了国库收入，又减轻了穷人的负担。任颍州知州时，正值朝廷为宋仁宗修筑皇陵，许多州县官趁机从工程中，中饱私囊。苏颂却从州库拨款置办朝廷摊派的物资，不侵扰颍州百姓。担任南京留守，深得长官欧阳修的器重，赞许他"处事精密"。

苏颂为官耿介，忠于职守。他担任知制法的第二年，王安石要越级提拔李定，宋神宗让苏颂起草诏令，苏颂却以"成福之柄，人主得以自专。官守有责，臣下得以固执"的断然态度予以拒绝，结果被罢免了知制法的职务。

苏颂还有丰富的外交经验，使辽后写成的《华戎鲁卫信录》二百五十卷，记录了来辽八十余年间的外交秘史，给后人留下了丰富宝贵的资料。

苏颂博学多才，他在科学技术方面的成就远远超过他的政绩。他在国史馆任职九年，利用接触宫廷秘笈的机会，每天坚持背诵两千字，回家后写出保留。他与掌禹锡、林亿等编辑补注了《惠祐补注神农本草》，校正刊印了《急备千金方》等书。又独立编著了《图经本草》二十一卷。这部书引用文献二百多种，集药物学和中国药物普查之大成，记载了三百多种药用植物和七十多种药用动物及其副产品，以及大量重要的化学物质，记述了食盐、钢铁、水银、白银、汞化合物、铝化合物等多种物质的制备。对历史地理、自然地理、经济地理等方面也有记述。该书对动物化石、潮汐理论的阐述，植物标本的绘制，都在相应学科中占据领先地位。明代著名医学大师李时珍对《图经本草》的价值予以很高评价，其医著《本草纲目》引用《图经本草》的内容多达七十四处。

苏颂一生最大的贡献还在于复制水运仪象台。宋代之前，东汉张衡创制的浑天仪和唐代僧一行等人的复制品都已失传。元祐元年（1086）十一月，苏颂组织一批科学家，并运用自己丰富的天文、数学、机械学知识开始着手复制，元祐三年（1088）十二月获得成功。元祐七年（1092）又复制成铜质台。仪象台以水力运转，集天象观察、演示和报时三种功能于一体，是世界上最早的天文钟，苏颂即为近代钟表关键部件"天关"（擒拿器）的创始人。在这个领域里，他的发明创造比欧洲的罗伯特·胡克早六个世纪。绍圣二年至四年（1094~1097），苏颂写出《新仪象台法要》三卷，详细介绍了水运仪象台的设计及使用方法，绘制了我国现存最早最完备的机械设计图，附星图六十三种，记录恒星一千四百三十四颗，比三百年后西欧星图纪录的星数还多四百四十二颗。英国科学家李约瑟把《新仪象法要》译成英文在国外发行，并称赞"苏颂是中国古代和中世纪最伟大的博物学家和科学家之一"。

苏辙

苏辙（1039~1112），字子由，晚年自号颍滨遗老，眉州眉山（今属四川）人，北宋散文家，与父洵、兄轼同以文学知名，是苏轼之弟，"三苏"之一，人称"小苏"，其父兄三人均在"唐宋八大家"之列。哲宗时期曾任吏部尚书。

仁宗嘉祐二年（1057）与苏轼一起中进士。不久因母丧，返里服孝。嘉祐六年（1061），又与苏轼同中制举科。当时因"奏乞养亲"，未任官职，此后曾任大名府推官。熙宁三年（1070）上书神宗，力陈法不可变，又致书王安石，激烈指责新法。熙宁五年（1072），出任河南推官。元丰二年（1079），其兄苏轼以作诗"谤讪朝廷"罪被捕入狱。他上书请求以自己的官职为兄赎罪，不准，牵连被贬，监筠州盐酒税。元丰八年（1085），旧党当政，他被召回，任秘书省校书郎、右司谏，进为起居郎，迁中书舍人、户部侍郎。

哲宗元祐四年（1089）权吏部尚书，出使契丹。还朝后任御史中丞。六年（1091）拜尚书右丞，进门下侍郎，执掌朝政。八年（1093），哲宗亲政，新法派重新得势。

绍圣元年（1094），他上书反对时政，被贬官，出知汝州、袁州，责授化州别驾、雷州安置，后又贬循州等地。崇宁三年（1104），苏辙在颍川定居，过田园隐逸生活，筑室曰"遗老斋"，自号"颍滨遗老"，以读书著述、默坐参禅为事。死后追复端明殿学士，谥"文定"。

苏辙生平学问深受其父兄影响，以儒学为主，最倾慕孟子而又遍观百家。他擅长

苏辙像

政论和史论，在政论中纵谈天下大事，如《新论》说："当今天下之事，治而不至于安，乱而不至于危，纪纲粗立而不举，无急变而有缓病。"分析当时政局，颇能一针见血。《上皇帝书》说"今世之患，莫急于无财"，亦切中肯綮。史论同父兄一样，针对时弊，古为今用。《六国论》评论齐、楚、燕、赵四国不能支援前方的韩、魏，团结抗秦，暗喻北宋王朝前方受敌而后方安乐腐败的现实。《三国论》将刘备与刘邦相比，评论刘备"智短而勇不足"，又"不知因其所不足以求胜"，也有以古鉴今的寓意。

苏辙在古文写作上也有自己的主张。在《上枢密韩太尉书》中说："文者，气之所形。然文不可以学而能，气可以养而致。"

认为"养气"既在于内心的修养,但更重要的是依靠广阔的生活阅历。因此赞扬司马迁"行天下,周览四海名山大川,与燕赵间豪俊交游,故其文疏荡,颇有奇气"。他的文章风格汪洋淡泊,也有秀杰深醇之气。例如《黄州快哉亭记》,融写景、叙事、抒情、议论于一炉,于汪洋淡泊之中贯注着不平之气,鲜明地体现了作者散文的这种风格。

苏辙的赋也写得相当出色。例如《墨竹赋》赞美画家文同的墨竹,把竹子的情态写得细致逼真,富于诗意。

苏辙写诗力图追步苏轼,今存诗作为数也不少,但较之苏轼,不论思想和才力都要显得逊色。早年诗大都写生活琐事,咏物写景,与苏轼唱和之作尤多。风格淳朴无华,文采稍逊。晚年退居颍川后,对农民生活了解较多,写出了如《秋稼》等反映现实生活较为深刻的诗。抒写个人生活感受之作,艺术成就也超过早期,如《南斋竹》:"幽居一室少尘缘,妻子相看意自闲。行到南窗修竹下,恍然如见旧溪山。"意境闲淡,情趣悠远。苏辙于诗也自有主张。他的《诗病五事》以思想内容为衡量标准,对李白、白居易、韩愈、孟郊等都有讥评。如说李白"华而不实",说"唐人工于为诗而陋于闻道",这看法在宋代有一定代表性。

苏辙著有《栾城集》,包括《后集》《三集》,共八十四卷,有《四部丛刊》影明活字本。又《栾城应诏集》十二卷,有《四部丛刊》影宋钞本。

著有文章有:《新论》《六国论》《上枢密韩太尉书》《黄州快哉亭记》《老子解》等。

诗作:以《墨竹赋》《南斋竹》《秋稼》较为著名。

彭汝砺

彭汝砺(1042~1095),字器资,饶州鄱阳(今江西鄱阳)人,历任中书舍人、集贤殿修撰、兵刑二部侍郎、吏部尚书等职。

英宗治平二年(1065)进士,授保信军推官,武安军掌书记。神宗熙宁初,召为监察御史里行。元丰初,出为江西转运判官,徙提点京西刑狱。哲宗元祐二年(1087),为起居舍人,逾年迁中书舍人。以言事落职知徐州,旋加集贤殿修撰,入权兵、刑二部侍郎,进吏部尚书。因刘贽事出知江州,绍圣二年(1095)正月,召为枢密都承旨,未及赴而卒,年54。著有《易义》、《诗义》及诗文50卷(《宋史·艺文志》著录40卷),已佚。后人收辑遗诗为《鄱阳集》12卷,编次多舛误重复。《宋史》卷三百四十六有传。

彭汝砺诗,以影印文渊阁《四库全书·鄱阳集》为底本,校以清嘉庆周彦、高泽履刻《鄱阳诗集》(简称嘉庆本),傅增湘校清钞《鄱阳先生文集》(简称傅校)。参校宋陈思辑《两宋名贤小集》(简称名贤)、清曹庭栋辑《宋百家诗存》(简称诗存）等。

他一生为官，几经升谪，曾任最高官职吏部尚书。他开始任职时是监察御史，主管对官员的监督检查任务。就职以后，他秉着年轻刚烈的气质，以难得的胆识，向朝廷上呈奏书，陈述十件关于政治、经济、人事、农事等大事，慷慨陈词，多为大臣们所不敢谈及的。其后因揭发当时主管新政集市贸易的大臣吕嘉向借机贪污受贿、买官鬻爵的事，得罪了权贵，两次被夺去官职。又因前宰相蔡确被诬陷事，他秉公执言，为其辨析，又获罪遭贬。而蔡确却是此前令他贬谪的主要推动人。他不计私嫌，坚持义理的态度，深为朝野人士所敬慕。尽管在官途中，他多次受到挫折，但毫不气馁，而是"明知山有虎，偏向虎山行"。他对当时朝廷内外，官场上下的侈靡腐败现象，痛心疾首，觉得非彻底揭发不可，结果他竟冒着生命危险，向皇帝上奏《正身回俗疏》。众所周知，在封建社会，如果得罪了皇帝，那是十分危险的。其结果，轻则丢官降职，重则有杀头之罪，弄不好还要株连家族。但他全然不顾，毅然决然上疏。他写道："臣自京师观之，淫丽之文胜，纯厚之朴衰，漫诞之风长，正信之俗微，非所以示远方也。自官邸观之，公侯放于骄淫而不禁，妇妾习于侈靡而不严，非所以示国人也。自官府观之，相尚以取誉，相引以趋势，相倾以就利；为上者残其下，为贰者持其长，非所以法万民也。"这对封建社会奢靡腐败风气的揭露，

江西鄱阳彭氏宗祠

真是一针见血！他从"京师""官邸""官府"等方面论述，当时朝廷内外、官府上下存在的问题是没有"纯朴""正信"之风，有的是"漫诞""骄淫""侈靡"的歪风和"相尚""相引""相倾""上残下""下持上"的邪气。这简直是历代封建王朝的写照。他在这些现象之后，又找出了产生这些现象的根源，毫不客气地指出："陛下欲为汉唐，则固轶于汉唐矣！欲至三代而于此未正焉，臣以为未也。"就是说根本原因是皇帝说好话不做实事，嘴里满口"汉唐""三代"（夏、商、周），而实际行动却根本没有。不仅如此，在指出"根本原因"之后，他干脆借"古人"之名，以"修身以正天下""笃信无思犯礼"为准则发出质问"以古准今，何其寥寥哉？"然后回答："其弊亦必有在矣！""弊"在哪里？他竟几乎是指着皇帝鼻子说："陛下试反思之：其躬行击笃欤？其昔者奢侈之弊，因循而未革欤？亦教之未至而制之不严欤？所求于士者，止以语言而不以德欤？所取于臣，急于利欤？

中国古代吏部名人
宋金元

不然,何风俗之难回也?"真是"事从根上起,莲从藕上生",原来千头万绪,其根源都出自皇帝,是因为只说不做,因循故我,既不教又不管,说漂亮话不做好事,以及急功近利等所造成的。能够这样淋漓尽致、毫无顾忌而且义正词严地质问皇帝,这种胆识,不仅在封建社会罕见,就是在当今世界,这样做的人恐怕也不可多得。如果没有"舍得一身剐,敢把皇帝拉下马"的胆识,那是不可能,也不敢做到的。

彭汝砺,虽然只活五十四岁,但他的影响在当世和后代都是比较深远的。他的好友、古文八大家之一的曾巩为他写的祭文说他:"居今行古,蹈义依仁,众人所趋,而视若无有,举世皆背,而任肩以身,陷阱当前而不避,曾何得丧之足云?此固圣贤之自任岂止度越于时人?"这样的评述是正确公允的。曾巩给他总的评价是"内外全德,始终一贯,实激流之砥柱,宜大厦之梗干。"这个结论也是恰如其分的。

黄庭坚

黄庭坚(1045~1105),字鲁直,自号山谷道人,晚号涪翁,又称黄豫章,洪州分宁(今江西修水)人。北宋诗人、词人、书法家,为盛极一时的江西诗派开山之祖。宋英宗时期曾任吏部员外郎。

黄庭坚系英宗治平四年(1067)进士。历官叶县尉、北京国子监教授、校书郎、著作佐郎、秘书丞、涪州别驾、黔州安置、吏部员外郎等职。哲宗立,召为校书郎、《神宗实录》检讨官,后擢起居舍人。绍圣初,新党谓其修史"多诬",贬涪州(今重庆涪陵)别驾,旋迁戎州(今四川宜宾),安置黔州等地。徽宗初,屡遭贬,死于宜州(今属广西)贬所。

黄庭坚擅文章、诗词,尤工书法。他早年受知于苏轼,与张耒、晁补之、秦观并称"苏门四学士"。诗与苏轼并称"苏黄",诗风奇崛瘦硬,力摈轻俗之习,开一代风气,为江西诗派的开山鼻祖,有《豫章黄先生文集》。词与秦观齐名,艺术成就不如秦观。晚年近苏轼,词风疏宕,深于感慨,豪放秀逸,时有高妙。有《山谷琴趣外篇》,又名《山谷词》,龙榆生点校《豫章黄先生词》。晁补之云:"鲁直间作小词固高妙,然不是当行家语,自是著腔子唱好诗。"另有不少俚词,不免亵诨。

黄庭坚书法初以宋代周越为师,后来受到颜真卿、怀素、杨凝式等人的影响,又受到焦山《瘗鹤铭》书体的启发,行草书形成自己的风格。黄庭坚大字行书凝练有力,结构奇特,几乎每一字都有一些夸张的长画,并尽力送出,形成中宫紧收、四缘发散的崭新结字方法,对后世产生很大影响。在结构上明显受到怀素的影响,但行笔曲折顿挫,则与怀素节奏完全不同。在他以前,圆转、流畅是草书的基调,而黄庭坚的草书单字结构奇险,章法富有创造性,经常运用移位的方法打破单字之间的界限,使线条形成新的组合,节奏变化强烈,因此具有特殊的魅力，成为北宋书坛杰出的代表，与苏轼成为一代书风的开拓者。后人所谓宋代书法尚意，就是针对他们在运笔、结构等方面更变古法，意境、情趣而言的。黄庭坚与苏轼、米芾、蔡襄等被称为"宋四家"。

黄庭坚对书法艺术发表了一些重要的见解，大都散见于《山谷集》中。他反对食古不化，强调从精神上对优秀传统的继承，强调个性创造；注重心灵、气质对书法创作的影响；在风格上，反对工巧，强调生拙。这些思想，都可以与他的创作相印证。

黄庭坚的书法流传，小字行书以《婴香方》《王长者墓志稿》《泸南诗老史翊正墓志稿》等为代表，书法圆转流畅，沉静典雅。大字行书有《苏轼黄州寒食诗卷跋》、《伏波神祠字卷》、《松风阁诗帖》等，都是笔画遒劲郁拔，神闲意秾，表现出黄书的特色。草书有《李白忆旧游诗卷》《诸上座帖》等，结字雄放瑰奇，笔势飘动俊逸，在继承怀素一派草书中，表现出黄书的独特面貌。此外黄庭坚的书法作品还有《伯夷叔齐墓碑》《狄梁公碑》《游青原山诗》《龙王庙记》《题中兴颂后》《华严疏》《苦笋赋》等。

黄庭坚用笔如冯班《钝吟杂录》所讲："笔从画中起，回笔至左顿腕，实画至右住处，却又跳转，正如阵云之遇风，往而却回也。"他的起笔处欲右先左，由画中藏锋逆入至左顿笔，然后平出，无平不陂，下笔着意变化，收笔处回锋藏颖，以"画竹法作书"给人以沉着痛快的感觉。其结体从颜鲁公《八关斋会报德记》来，中宫收紧，由中心向外作辐射状，纵伸横逸，如荡桨、如撑舟，气魄宏大，气宇轩昂，其个性特点十分

黄庭坚像

显著。

黄庭坚的书论有《论近进书》《论书》《清河书画舫》《式古堂书画汇考》著录。

《经伏波神祠诗》，行书墨迹，纸本，四十六行，每行字数不一，共四百七十七字。原迹现在日本。此诗帖，洋洋数十行，挥洒自如，笔笔精到，气势开张，结体舒展，范成大评"山谷晚年书法大成，如此帖毫发无遗恨矣，心手调合，笔墨又如人意"。此帖正是一种心平气和的境况下的经意之作，具有黄庭坚书法艺术的特点，是黄庭坚晚年的得意之作。

北宋元符元年（1098），黄庭坚居戎州时，仿王羲之《兰亭集序》中"曲水流觞"意境，于今宜宾市郊北凿石饮水为池，曰"流杯池"。

黄龟年

黄龟年(1083~1145),字德邵,永福县(今福州永泰)人。宋靖康年间曾任吏部员外郎。

黄龟年系宋崇宁五年(1106)进士,初任洺州司理参军,转河北西路提举,荐为太常博士。靖康元年(1126),任吏部员外郎,升监察御史。后改任中书门下检正诸房公事,充修政局检讨官。反对朝廷割让河北三镇(太原、中山、河间)与金国议和,受到舆论赞扬。绍兴二年(1132)七月,任殿中侍御史,与刘棐共谋驱逐秦桧。龟年向高宗上书,弹劾秦桧及其党羽王晌、王守道等。八月,高宗罢免秦桧宰相职,改授观文殿大学士,提举江州太平观。龟年又两上奏章,列举事实,揭发秦桧徇私欺君、尤所顾忌、矫言伪行、朋比为奸等罪行。由于龟年先后四次弹劾,高宗下诏免去秦桧一切官职,并张榜于朝堂,表示不再起用,以戒奸臣。高宗随即任命龟年为太常少卿,升起居舍人、中书舍人兼给事中。此时,抗金战事接连告捷,高宗怕徽、钦二帝生还,自己皇位不保。乃于绍兴五年(1135),起用秦桧为资政殿学士,绍兴八年(1138)任为尚书右仆射同中书平章

福建永泰县黄龟年故居

事,兼枢密使,罢斥主战派人物。翌年正月,宋金议和,宋对金称臣纳贡,龟年也被罢免中书舍人等职。绍兴十四年(1144)秦桧指使詹大方再劾龟年。高宗遂罢免龟年官职,逐回原籍,翌年病卒。

李若水

李若水(1093~1127),原名若冰,系钦宗所改,字清卿,广平曲周(今属河北)人,官至太学博士、尚书吏部侍郎、兼权开封府尹。

由上舍登第。徽宗宣和四年(1122)为元城尉,调平阳府司录、济南府教授,除

太学博士。钦宗靖康元年（1126），为太常博士。既而使金，迁著作佐郎。使还，擢尚书吏部侍郎，兼权开封府尹。李若水早年在太学读书，进士及第后，历任元城（今大名）尉，平阳府（今山西临汾）司录，济南教授等职。当时徽宗昏庸无能，朝政由蔡京、童贯、高俅等奸臣把持，对北方日渐强大的金国采取妥协投降战略，主和派占据上风，李若水对此极为愤慨，多次上书皇帝，深中时病，条陈兴国治邦良策。靖康元年（1126），钦宗继位，加封李若水为礼部尚书，李若水十分谦逊，不受，改封吏部侍郎。

靖康二年（1127），金兵大举南侵，徽、钦二帝被俘，备受羞辱，李若水仗义执言，怒斥金国大太子粘罕不讲信义，粘罕见李若水忠勇可嘉，想收买留用，便许以高官厚禄，对李若水说："今日顺从，明日富贵矣！"李若水严词拒绝，粘罕又命仆从劝慰李若水，说："公父母春秋高，若少屈，冀得一归觐！"李若水斥之说："忠臣事君，不复顾家矣！"李若水大义凛然，骂不绝口，粘罕无奈，命人割下李若水舌头，李若水不能用口骂，便怒目而视，以手相指，又被挖目断

骑马武士（金）

手，最后壮烈殉难，死年三十五岁。

南宋高宗继位后，下诏："若水忠义之节，无比伦，达于朕闻，为之涕泣。"赠观文殿学士，谥曰"忠愍"。有《忠愍集》，《直斋书录解题》著录二十卷，《宋史·艺文志》作十卷，已佚。清四库馆臣据《永乐大典》辑为三卷，其中诗二卷。《宋史》卷四百四十六有传。历史小说《说岳全传》对他壮烈殉国事迹的描绘使之闻名遐迩，家喻户晓。故李若水有"南朝一人"的美称。

汪应辰

汪应辰（1118~1176），初名洋，字圣锡，信州玉山（今江西玉山）人，南宋官吏、诗人、散文家，曾任吏部郎官、秘书少监、吏部尚书、端明殿学士等职。

汪应辰生于宋徽宗政和元年（1118），幼为神童，五岁知书，属对应声语惊人，多识奇字。家贫无灯油，拾柴点火读书。从人借书，有过目不忘之能。十岁能诗。宋高宗见他的对词，以为老成之士，直至见才知其刚少年，赐以御诗，并更名为应辰。他好贤

乐善，尤笃友爱。少从喻樗、张九成、吕本中、胡安图等人游，又与吕祖谦、张栻为友。为朱熹从表叔，常与往来研究学问。

他为人刚正方直，敢言不讳，又多革弊事，所以遭到多人侧目，为人所陷。但他接物温逊，遇事特立不回，坚定不移。绍兴五年（1135），年方十八岁的汪应辰中状元。授镇东军签判，召为秘书省正字。当时秦桧主和议，汪应辰上疏主张抗金，力言因循无备、上下相蒙、不明敌势的危险性，因而违反秦桧意，出通判建州（今福建建瓯）、静江府、广州等。秦桧死后，召为吏部郎官，迁右司，因母老，出知婺州（今浙江金华）。母去世服毕后，除秘书少监，迁权吏部尚书。宋孝宗即位后又因事被迫请求调外，于是知福州。不久，升任文阁侍制，举朱熹自代。出为四川制置使，知成都府。再除吏部尚书，寻兼翰林学士并侍读。又因事不合，以端明殿学士知平江府（今江苏苏州）。韩玉被旨拣马，路过平江府，因汪应辰没有特别招待他而回京报复，密告宋孝宗，说所到之州县，没有像平江府那样乱的地方，于是连遭贬秩，气病卧家不起，卒于孝宗淳熙三年（1176），年五十九岁，谥"文定"。

《宋史·文艺志》载汪应辰著有文集五十卷，今传《文定集》二十四卷。《四库全书》据《永乐大典》及明代弘治年间程敏

浙江永嘉县汪应辰故里北屿村

政摘抄本辑出，收于集部别集类。他学问渊博，作品中有不少巨制鸿篇，不少诗作都体现了其"好贤乐善，尤笃友爱"的思想品格和个性。如《挽宣扶吴郡王》："节义家传久，艰难始见忠。一心惟殉国，百战竟平戎。环列周庐肃，管仪道路同。细看麟阁上，谁得似初终？"这一方面歌颂了吴郡王忠精殉国的品格和战功，另一方面是对那些不能特立不回、坚定不移、始终如一的人的辛辣嘲讽，可见诗人品格的一贯性。另一首《分韵送胡丈归健康》也表现了诗人与朋友的至诚至深之情："先生高卧武夷巅，一旦趋朝岂偶然。报国自期如嗷日，归田曾不待来年。怀铅共笑扬雄老，鞭马今输祖逖先。册府风流久寥落，送行始复有诗篇。"这并非一般迎来送往的应酬之作，而是主客思想共鸣的产物，所以读来给人以真挚诚恳之感。这类作品在诗人创作中占有一定的比例。

洪遵

洪遵（1120~1174），字景严，南宋鄱阳（今属江西）人。进士出身，擢秘书省正字，累官至起居舍人、吏部尚书、翰林学士承旨、同之枢密院事、端明殿学士、提举太平兴国宫，位同宰相。卒谥"文安"。

洪遵的父亲洪皓，曾任徽猷阁直学士、提举万寿观兼权直学士院，封魏国忠宣公。洪遵与其兄洪适、其弟洪迈先后中博学鸿词科，有"三洪"之称。

洪遵是著名的钱币学家，对医学也有研究。宋代特别是南宋出现非常严重的"钱荒"，即金属货币短缺。洪遵于绍兴十九年（1149）撰成《泉志》后，对铸钱事非常留心。《宋史》载，洪遵曾有"因面对，论铸钱利害，帝嘉纳之"。据《建炎以来系年要录》卷一百八十，洪遵论铸钱利害事，发生于绍兴二十八年（1158）。《建炎以来朝野杂记》甲集卷十六《铸钱诸监》条云："七月庚辰，洪景严为起居舍人，为上言铜器之害。上言出御府铜器一千五百事付泉司，遂大敛民间铜器以铸钱，许告赏。其后得铜二百万斤。"永平、永丰二监一直为北宋的主要铸（铜）钱监。南宋初年，经兵火之灾，二监废置。绍兴二年（1132），宋廷将池州永丰监并于饶州永平监，岁铸额与并入虔州的广宁监合在一起才八万贯，远远低于北宋时期的年铸币额。是后，由于铸币额逐年下降，绍兴六年（1136）饶州钱监被废置。绍兴二十七年（1157），为扭转"钱荒"加剧的局面，宋廷诏令复置"饶、赣、韶三州铸钱监"。招李心传《建炎以来系年要录》卷一百八十二记载，绍兴二十九

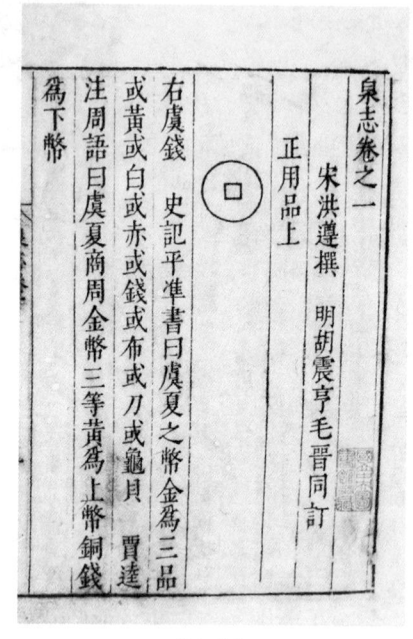

《泉志》

年（1159），有人提出复永平、永丰钱监鼓铸并于鄱阳置司负责铸钱事。适值主张铸钱事归于版漕的沈该遭罢，故左司何溥以"制官以正其名，然后责有所归，治事必有其所"为由，要求于永平、永丰复置铸钱司。于是，宋廷诏令中书舍人洪遵等人讨论是事。洪遵等议曰："唐有鼓铸使，国朝初或以漕臣兼领，或分道置使，或厘为二司。自中兴以来，置都大提点官，事权太重，官属太多，动为州县之害。但当随时之宜，为救弊之计，间者亟行废置，事出仓卒，既罢之后，又无一定之论……遵等窃以为复置便。今欲参照祖宗旧制，及今日利害，以江淮、荆浙、福建、广南路提点坑冶铸钱公事系衔，与转运判官序官依旧，于饶、赣二州置司，输年守任，专以措置坑冶，督则鼓铸

为职。如州县于坑冶不知，许从本司按劾。饶、赣州置属官各一员，邵、建州置检踏二员，别置称铜催纲官各一员，专差武臣。诏依给舍议，置提领官。"

洪遵著有《泉志》《订正〈史记〉真本凡例》《翰苑群书》《翰苑遗事》《谱双》《洪氏集验方》《金生指迷方》《洪文安公遗集》等。中国的钱币学源远流长，但古代钱币学专著多已亡逸，幸赖洪遵《泉志》保留下不少上自南朝、下到北宋人的钱学论说和见闻记录。《泉志》成书于绍兴十九年（1149），是年洪遵三十岁。《泉志》是一部考疑征信、学术价值很高的著作，堪称中国钱币学的经典著作。该书体例严谨，文字精练，考订审慎，引文均注明详细出处，论说均经深思熟虑。其对先秦货币之断代等问题有独到见解，于后世钱币学之研究影响甚大。此书收录钱币三百四十八品。除洪遵本人所得百余品实物外，其余则从他人钱谱和史书中抄录而来。洪遵将这些钱分为正用品、伪品、不知年代品、天品、刀布品、外国品、奇品、神品、压胜品九类。如果把九类按顺序加以调整，严格区分，不外乎曾经流通过的正用品、非正用品和外国品三类。元、明、清和民国初年编撰的钱币谱录，基本上承袭了《泉志》的分类法，或只是略作损益而成。《泉志》引据的前人著作多达九十余种，其中原书不少已经失传。即就钱币专著而言，借助洪氏之书，保留下古逸《刘氏钱谱》内容二则、顾烜《钱谱》三十四则、封演《续钱谱》四则、张台《钱谱》二十八则、陶岳《货泉录》三则、全光袭《钱录》四则、李孝美《历代钱谱》五十余则、董《钱谱》十三则、著者无可考的《旧谱》六十则。

洪遵为官一生，宽人荐贤，尽忠职守。孝宗继位后，他相继任翰林学士承旨兼侍读、知隆兴元年贡举、同知枢密院事，曾向宋廷推荐李焘、郑伯熊、林光朝等人。李焘著有《续资治通鉴长编》等书，是宋代著名的史学家。郑伯熊为绍兴年间进士，精于古人经制治法，与其兄弟等人以振起伊洛之学为己任，是南宋永嘉学派的主要代表人物。林光朝为隆兴年间进士，是倡行伊洛之学于东南的先行者。这些人虽未被起用，但可见洪遵的眼光。绍兴三十一年（1161），完颜亮命尚书苏保衡由海道窥南宋两浙，浙西副总管李宝驻兵平江府御之，洪遵受命知平江府，为李宝筹措资粮、器械、舟楫等，为其战胜金军提供了可靠的物资保证。但洪遵并不以此而邀功争赏。在知太平州任上，五十多岁的洪遵还组织民众修筑损坏的圩田。"方冬盛寒，遵躬履其间，载酒食亲饷馌，恩意倾尽，人忘其劳，闻者以为盛德。"

洪迈

洪迈（1123~1202），南宋饶州鄱阳（今江西省上饶市鄱阳县）人，字景卢，号容斋，又号野处。南宋著名文学家，官居起居舍人、吏部员外郎、翰林学士、龙图阁学士、端明殿学士。卒年八十，赠光禄大夫，谥"文敏"。

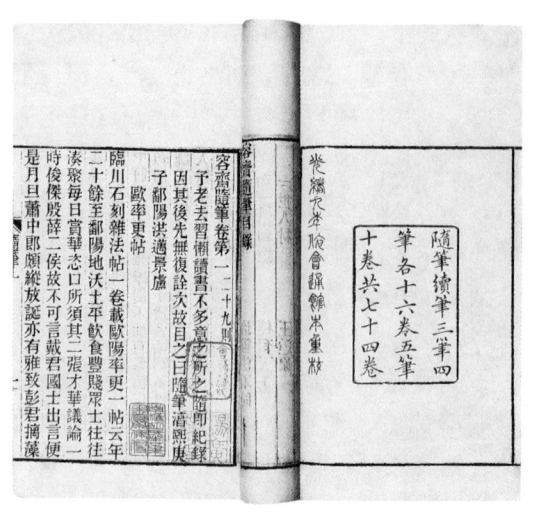

《容斋随笔》

洪迈出生于一个士大夫家庭。他的父亲洪皓、哥哥洪适都是著名的学者、官员，洪适官至宰相。

洪迈的父亲洪皓使金，遭金人扣留，洪迈时年仅七岁，随兄适、遵攻读。他天资聪颖，"博极载籍，虽稗官虞初，释老傍行，靡不涉猎"。十岁时，随兄适避乱，尝往返于秀（今浙江嘉兴）、饶二州之间。在衢州（今浙江衢州）白渡，见败壁间题有一咏"油污衣"云："一点清油污白衣，斑斑驳驳使人疑。纵使洗遍千江水，争似当初不污时。"洪迈读后，爱而识之。可见其自少年时，便性格高洁，不同凡俗。

绍兴十五年（1145），洪迈中进士，授两浙转运司干办公事。因受秦桧排挤，出为福州教授。其时洪皓已自金返国，正出知饶州。洪迈便不赴神州任而至饶州侍奉父母，至绍兴十九年（1149）才赴任。二十八年（1159）归葬父后，召为起居舍人、秘书省校书郎兼国史馆编修官、吏部员外郎。三十一年（1161），授枢密院检详诸房文字。三十二年（1162）春，金世宗完颜雍遣使议和，洪迈为接伴使，力主"土疆实利不可与"。朝廷欲遣使赴金报聘，迈慨然请行。于是以翰林学名义充贺金国主登位使。至金国燕京，金人要迈行陪臣礼。迈初执不可，既而金锁使馆，自旦及暮，不给饮食，三日乃得见。金大都督怀中提议将迈扣留，因左丞相张浩认为不可，乃遣还。

迈回朝后，殿中御史张震弹劾迈"使金辱命"，论罢之。乾道二年（1166），知吉州（今江西吉安），后改知赣州（今属江西）。洪迈到任，重视教育，建学馆，造浮桥，便利人民。后又徙知建宁府（今福建建瓯）。淳熙十一年（1184）知婺州（今浙江金华）。在婺州大兴水利，共修公私塘堰及湖泊八百三十七处。后孝宗召对，洪迈建议于淮东抗金边备要地修城池，严屯兵，立游桩，益戍卒，并应补充水军，加强守备，得到孝宗嘉许，提举佑神观兼侍讲，同修国史。洪迈入史馆后预修《四朝帝纪》，又进敷文阁直学士，直学士院，深得孝宗信任。淳熙十三年（1186）拜翰林学士。光宗绍熙元年（1190）焕章阁学士，知绍兴府。二年（1191）上章告老，进龙图阁学士。嘉泰二年（1202）以端明殿学士致仕。卒赠光禄大夫，谥"文敏"。

洪迈学识渊博，著书极多，文集《野处类稿》、志怪笔记小说《夷坚志》、笔记《容斋随笔》，编纂的《万首唐人绝句》等都是流传至今的名作。

作为一个勤奋博学的士大夫，洪迈一生涉猎了大量的书籍，并养成了作笔记的习惯。读书之际，每有心得，便随手记下来，集四十余年的成果，形成了《容斋随笔》五集，凡七十四卷。

《容斋随笔》是全书的总名，分为《随笔》《续笔》《三笔》《四笔》《五笔》。

《随笔》先后用了十八年的精力,《续笔》用了十三年,《三笔》五年,《四笔》不到一年;洪迈没有说《五笔》写了多少年,因为还没有按原计划写完十六卷,只写到十卷便去世了。他为《四笔》写序时,是宋宁宗庆元三年(1197)九月,那么,自此以后至其嘉泰二年(1202)去世的五年左右时间,应当就是他写作《五笔》的时间。

积四十多年的时间写出一部巨著,应该说是不多见的。之所以历时长久,主要是笔记体这一性质所决定的。显然,必须费时读千百部书,才能集腋成裘。

杨万里

杨万里(1127~1206),字廷秀,自号诚斋野客,宋吉州吉水(今江西吉水黄桥乡)人。南宋著名爱国诗人、文学家。高宗绍兴二十四年(1154)进士。历国子博士、太常博士、广东地点刑狱、尚书左司郎中兼太子侍读、秘书监,吏部员外郎等职。

他在朝刚正不阿,举荐忠贤,正直之声斐然朝野。反对缺钱行于江南诸郡攻知赣州、不赴辞官归家、闲后家里。

杨万里是一位清醒的政治家。他一生力主抗战,始终反对屈膝议和。他为人清直,个性刚愎,立朝刚正,遇事敢言。杨万里在朝中做了几十年的官,官至尚书。做了高官,仍保持俭朴的家风。年过七十,便告老还乡。回家后,他长鬓赤脚耕耘田野,住的房屋也是破烂不堪,三世不加增饰。就连他的夫人除操劳家务外,还开垦田园、种植桑麻、纺线织布、裁缝衣服,直到八十多岁,还年年如此。杨万里一生真正是"清得门如水,贫唯带有金"。他虽这般清贫,但他一生的诗稿存文却很多,称得上是个大富翁。现存的《诚斋集》中有《江湖集》《荆溪集》《西归集》《南海集》《朝天集》《江西道院集》《朝天续集》《江东集》和《退

杨万里像

休集》等共四千余首诗。他的诗,语言自然活泼,想象丰富,新颖且富于幽默诙谐。因别具一格,后人把杨万里的诗称为"诚斋体"。它的特点是新、奇、活、风趣,层次曲折、变化无穷。杨万里热爱人民,写了很多塑造人民可爱形象的小诗。他写诗时还十分注意吸收民歌优点,借以反映人民生活。他的诗文《诚斋集》是对我国文学宝库的贡

献。杨万里的绝大部分爱国忧时诗篇，不像陆游那样奔放、直露，而是压抑胸中的万丈狂澜，凝蕴地底的千层熔浆，大多写得深沉愤郁，含蓄不露。

杨万里一生热爱农村，体恤农民，写了不少反映农民生活的诗篇。如《悯农》《农家叹》《秋雨叹》《悯旱》《过白沙竹枝歌》等写出农民生活的艰难和疾苦，《歌舞四时词》《插秧歌》等写出农民艰辛和欢乐，《望雨》《至后入城道中杂兴》等写出对风调雨顺，安居乐业的喜悦和盼望，都具有比较高的思想性和艺术性。

韩彦直

韩彦直（1131~1194），字子温，原籍延安府肤施县，宋乾道年间吏部侍郎，曾任光禄寺丞、工部侍郎、户部郎官、司农少卿、京西南路安抚使、左中奉大夫、工部尚书、临安知府、户部尚书等职。

韩彦直的曾祖父韩广是太师秦国公，祖父韩庆是太师陈国公，父亲韩世忠，也是太师，宋代著名抗金将领。母亲梁红玉，被朝廷赐为杨国夫人。韩彦直一岁的时候，他的父亲韩世忠升为右承奉郎，不久又当了秘阁。韩彦直六岁时，和父亲韩世忠一起去面圣，皇上让他写字，韩彦直立即领命写下了"皇帝万岁"四个大字。皇上非常高兴，拍着他的肩膀说，"这小孩将来必成大器呀！"还亲自为他绑了两个角辫（古代儿童要束两个上翘的角辫），并赐予金器、笔研、监书、鞍马，等韩彦直十二岁的时候皇上便赐予他三品服。

绍兴十七年（1147），韩彦直通过了两浙转运司的考试，第二年又考中了进士及第，遂任职于太社令。绍兴二十一年（1151），父亲韩世忠离世，守丧期满后，其父因为和秦桧素有过节，所以韩彦直便被降职做了浙东安抚司。秦桧死后，他便被任命为光禄寺丞。绍兴二十九年（1159），又升为屯田员外郎兼右曹郎官、工部侍郎。

乾道二年（1166），韩彦直升为户部郎官、主管左曹，总领淮东军马钱粮。正好赶上军仓分配军粮，他便直接乘小船前往督察分粮的事宜，负责分粮的官吏欲中饱私囊，所以分配的数量不足，韩彦直便直接将他羁押追究分粮的事情，后来因为在军饷上有所贡献，为皇上所赏识，并擢升为司农少卿，进任龙图阁、江西转运，兼职江州知州。当时朝廷返还了曾经抄没的岳飞家产，而这些家产多在九江一带，由于时间比较长，所以那些家产便数次易主，被贪官污吏据为己有，韩彦直便将那些财产重新还给了岳家后代。后来他又做了司农少卿，总领湖北、京西军马，后来又兼职发运副使。

乾道七年（1171），朝廷授鄂州驻扎御前驻军都统，后来他上奏军中的事务，包括储存兵器、增加战马、摒弃没有战功的悬赏、加增立有重大军功的项目、选取勇猛的士兵提拔等，朝廷批准了他的大部分请求。最初，军中的大部分骑兵都不善于步兵作战，韩彦直便命令骑兵披上盔甲徒步行走以练习步兵作战，每天都要步行六十里，果然，连军官都以身作则，人人都在勤奋练习步兵作战，进步很大。这件事传到了皇上的耳边，随后，韩彦直便被擢升为三衙，江上的各路军队都纷纷仿效韩彦直的操兵方法。

乾道八年（1172），他弃武从文，朝廷授他为左中奉大夫、敷文阁待制、台州知州。后来他请求修建祠堂以供奉先人，又被提拔为祐神观，并给予闲散大官的待遇。他进谏说，"自岳飞元帅统兵鄂州渚州，便将军马分为鄂州、渚州两个军区，臣希望能够恢复旧制。"后来他又要求将京西、湖北并为一处，分管襄阳，皇上都应允了他的请求，并将他擢升为刑部侍郎。

乾道九年（1173），韩彦直兼任工部侍郎，同工部官僚商议说："关于死刑的三审制度应该当众就刑。"韩彦直执意反对，并告诉丞相梁克家："如果那样的话，一旦好人被诬陷，肯定会产生许多冤案的，而且笞杖的刑罚都要经过慎重考虑，何况这种人命关天的大事呢？"宰相便接纳了韩彦直的建议。后来因为议夺吴名世改正过名不合适，被降职两个级别。正赶上派遣使者去金国，朝廷群臣都自顾利益不肯前往，于是皇上亲自找来了韩彦直，彦直接命慷慨赴金。刚入金国国境，浦和（今沈阳城东北一带）边防人员检查他的身份证明，嘲笑韩彦直说："韩尚书真是为国君鞠躬尽瘁死而后已啊！"到了金国，被数次刁难，韩彦直守节不屈，最后金国只能将他遣送回宋国，他回国以后受到朝廷的嘉奖。后来韩彦直升为吏部侍郎，不久又做了工部尚书、中大夫，后转为工部尚书兼临安知府。

后来他又做了濕州知州，一上任便逮捕了老奸巨猾的王永年，将他脊杖惩罚并驱到别州。当时海寇出没于海洋上，经常掠劫财富，气焰嚣张，韩彦直率领将领和当地的豪

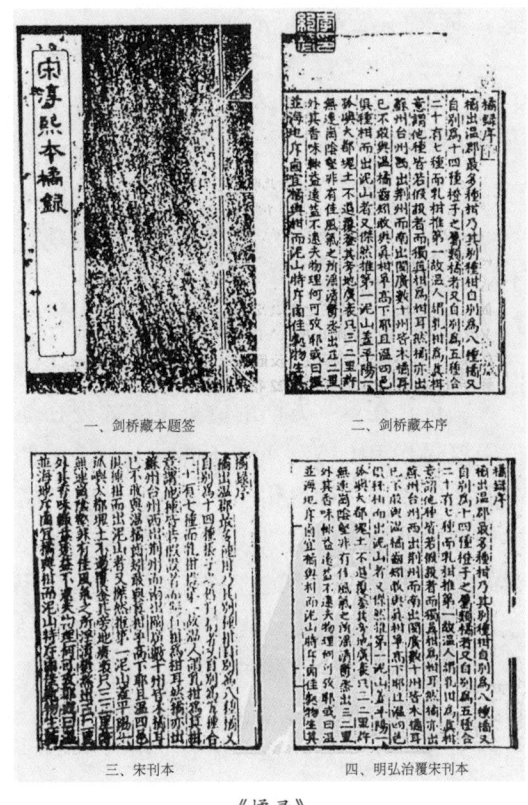

《橘录》

杰们制定策略，不出半月便将匪首生擒，海贼也随之平息。

朝廷下诏要擢升韩彦直为敷文阁大学士，他考虑到弟弟韩彦质是两浙转运判官，为了避嫌便请求转到泉州府。后来他申请回家赡养父母，皇上便将他封为祐神观，依然享受朝廷官员的待遇，还给他配了鱼符以显示他与众不同的尊贵身份。

他向朝廷奏疏，希望能够搜集靖康以来的忠孝之士，然后拿他们做榜样来教导忠义之风，并荐举那些已经通过考核而且没有贪赃徇私之士，从而使那些孤寒者有从政的机会，同时，让州郡守臣在任满之日开具本州所有的财赋数目，然后转交给台省核查，这样可以有效地防止地方官徇私贪污。他的一系列治国方略都受到了皇上的赏识，这也体

现了韩彦直在政治方面的智慧。

他经常摘抄宋朝的重大事件,并分门别类,书名《水心镜》,全书共一百六十七卷。吏部尚书尤褒从事国史的写作,他向朝廷推荐了这本书,光宗看了以后连连称好。韩彦直便又被提拔为龙图阁学士、万寿观,不久又转为光禄大夫致仕。他死后,朝廷追封他为开府仪同三司,赐予白银九百两,赐爵蕲春郡公。

韩彦直在科学方面的贡献主要体现在他写于淳熙五年(1178)的《橘录》。这是他在著名的柑橘产地温州任知州时写的。柑橘类果树原产我国,有悠久的栽培历史。从先秦的《禹贡》到以后的许多文献都陆续有记载。到了宋代,人们不但培育出许多柑橘品种,而且积累了丰富的种植经验,栽培技术日趋完善,急需人们加以总结,以便提高。另一方面,宋代的科学技术空前发达,园艺学和古典植物学一样,涌现了许多引人注目的植物谱录,除韩彦直的《橘录》外,著名的还有蔡襄《荔枝谱》、陈翥《桐谱》、欧阳修《洛阳牡丹记》、陈仁玉《菌谱》等。

《橘录》是一本具有较高园艺学价值的著作。它详明地记述了一套柑橘果树的栽培管理和果实收藏方法,可称为历代有这方面经验的总结。全书三卷,记载了二十七个柑橘类果树的品种。分为柑、橘、橙三类,其中柑八种、橘十四种,橙子、朱栾等五种。在形态描述方面,作者重点突出对果实的描述,包括大小、形状;果皮的色泽、香气、厚薄;果瓣的数目、味道和种子的多寡等。他也是依据果实的这些差异来区分柑橘的不同种类的,是一种比较科学的方法。从作者对柑橘等果树的描述可以看出,韩彦直注意到柑橘类果实的品质与生长环境有密切关系。还认为人工嫁接是造成这类果树种类繁多的原因。

《橘录》是世界上最早的一部柑橘专著,后来被译成各种文字传到国外。美国植物学家里德在其《植物学简史》一书中,认为韩彦直记述的果树整枝、虫害和真菌寄生的控制以及果实的收获、贮藏技术是非常先进的。

郑侨

郑侨(1132~1202),字惠叔,号回溪,福建兴化(即今福建仙游)人。宋光宗时期曾任吏部尚书。乾道五年(1169)殿试状元,官至参知政事,知枢密院,赠太师,封郇国公,谥"忠惠"。

郑侨幼而聪慧,勤奋好学,乾道五年(1169)举进士居第一,授签书镇南军节度判官。光宗、宁宗两代国师,到任后,适逢当地闹饥荒,即协助上司制定十多条救荒的措施,不但解决许多亟待解决的问题,而且成为后人效法的榜样。

乾道八年(1172),迁校书郎,奏除江右税外所取米百万斛。旋转著作郎兼国史院实录院属官,并奉命以《左氏春秋》侍讲东宫。在为太子讲解"春秋大义"时,特别阐发如何处理父子、君臣、君子与小人之间的关系,受到好评。不久,郑侨要求外放,出任提举江南西路茶盐。淳熙八年(1181),

福建莆田郑侨墓

淮浙一带又遇灾荒，孝宗特命正在为母守孝的郑侨接充。郑侨卸下孝服后，先到临安，请求孝宗拨米四万石，充实当地粮仓；到任后，宣传朝廷爱民、恤民之意，使百姓知有所恃而不再逃荒，迅即安定了局势。淮盐的赋税收入原本富甲天下，由于年年积弊，当时已出现负累亏损的局面。郑侨上任后，大力清除弊蠹，仅一年时间就扭亏为盈，盐税收入增至三百九十万缗。同时还浚治漕渠五百余里。

不久，郑侨调任礼部郎中兼太子侍讲。淳熙十四年（1187），高宗去世，孝宗在德寿宫欲行"终丧"之礼，缟素守孝三年。群臣上表，请还内听政，郑侨也上疏言："丧不离次，礼也。"恳请孝宗还内听政，得到孝宗的采纳。当时，皇太子奉诏参决庶务，启拟官僚，孝宗称："郑侨自好。"遂以郑侨为起居舍人兼左庶子。其时，凡祭吊高宗的一切礼仪都依从郑侨建议，孝宗还让郑侨兼权给事中。郑侨办事秉公执法，不合法度的一律拒办。当时，文臣出官须经铨试，武臣出官须经呈试，而婉容陈氏的父亲恃宠，不经铨试，只凭皇帝手诏便要求迁官，郑侨认为不合体制，即将原诏封还。又有进义副尉何大亨，以荫补出官，自称是初投效用，乞免呈试，并已得特旨批准。郑侨知道后，也立即反对，孝宗只得收回成命，同意依旧法施行。不久，郑侨迁官中书舍人，朝廷许多文书都出自其手笔，为皇帝写的"训词"也很得体，曾广为传诵。淳熙十五年（1188）九月，郑侨奉命出使金国，向金主祝贺金国新年。当时，金主已重病卧床，出面接待的金国官员有意羞辱郑侨，要求宋使从东阁门进去呈递国书。郑侨不肯，抗议道：东阁门是金国臣子上奏章的地方，奉大宋皇帝之命来送国书使者，怎能也从此门进去投递？于是持书屹立，自晨至午，"声色益厉"。金人知其不可屈，只好移牒将郑侨遣回。郑侨在金国的表现，受到国人一致赞扬。在归国途中，刚受禅继位的光宗即任命郑侨为给事中。回京师复命后，光宗又命其兼侍讲，撰修实录，并权吏部尚书。从此，郑侨常以"畏天进德""孝敬问学""亲君子，远小人""广开言路，谨惜名器""修政重令，爱民节用"等向光宗进言，光宗也还能接受，疏多留中。

绍熙三年（1192），在郑侨一再要求下，光宗准其再次外任，以显谟阁学士出知建宁府，后又移知福州府和建康府。所至之处，郑侨均针对当地情况，或认真救荒，或疏请蠲赋、招商，为各地做了好事。

绍熙五年（1194）七月，宁宗即位后，郑侨被召为吏部尚书；十二月，拜同知枢密院事。庆元元年（1195）又拜参知政事；庆元二年（1196）正月，进知枢密院事。当时，朝廷厉禁程朱理学，斥之为"伪学"，并将朱熹等人或降官，或送往州、道编管。

郑侨曾上疏请留朱熹，但不报。因此，进知枢密院事才三个月，便上章求退。宁宗曾亲笔慰留，谓："卿忠诚重厚，朕所倚毗，累乞退闲，殊弗眷意。"但郑侨仍要求辞位。

庆元三年（1197）正月，遂以资政殿大学士再知福州。陛辞时，谓宁宗道："平国论而无偏听，严边防而无轻信。"语甚恳切，宁宗嘉纳之。后来，宁宗要郑侨移知建康府，郑侨坚辞不赴，遂以原官提举洞霄宫。后又连续三次上疏告老，终以观文殿学士致仕。嘉定八年（1215），郑侨病逝，宁宗闻讯，追赠太师、国公，赐谥"忠惠"。

张栻

张栻（1133~1180），字敬夫、钦夫、乐斋，号南轩，世称南轩先生，汉州绵竹（今四川）人，徙居衡阳，宋代理学家、教育家、文学家，与朱熹、吕祖谦齐名，为南宋道学大师，时称"东南三贤"，湖湘学派的重要代表人物，曾任吏部员外郎兼权起居郎侍立官、左司员外郎、荆湖北路安抚使等职。

淳熙元年（1174）他做了静江知府，广南西路安抚经略使。淳熙五年（1178），他被任命为荆湖北路转运副使，后改任江陵知府、荆湖北路安抚使。淳熙七年（1180）卒，年仅四十八岁，谥"宣"。有《论语解》《孟子说》《诸葛忠武侯传》《南轩集》等传世。其诗淳厚典雅，合于事理，佳作有《田舍》《游灵岩》《城南即事》等诗，《游南岳唱酬序》《仰止堂记》《汉楚

岳麓书院

争战》等文。

张栻诗，以明嘉靖元年（1522）刘氏慎思斋刻《南轩先生文集》（四十四卷，其

中诗七卷)为底本。校以明嘉靖缪辅之刻本(简称缪刻本)、清康熙锡山笔氏刻本(简称康熙本)、影印文渊阁《四车全书》本(简称四库本)等。

张栻政治上誓不与秦桧为伍,力主抗金;学术上于碧泉书院从胡宏受业,为湖湘学派主要传人。朱熹称其"学之所就,足以名于一世",并述他受其深刻影响说:"余窃自悼其不敏,若穷人之无归。闻张钦夫(即张栻)得衡山胡(胡宏)氏学,则往而从问焉。钦夫告予以闻,余亦未之省也,退而沉思,殆忘寝食。"

在张栻的影响下,湖湘弟子把重视"经济之学"作为"践履"的重要标准。他在岳麓书院培养了一大批弟子,成为湖湘学派的中坚力量。李肖聃《湘学略》说:"南轩进学于岳麓,传道于二江(静江和江陵),湘蜀门徒之盛,一时无两。"《宋元学案》中介绍南轩门人及再传弟子,成器者达数十人。其中有"开禧北伐"功臣吴猎、赵方,官至吏部侍郎的"忠鲠之臣"彭龟年,组织抗金、"锐志当世"的游九言、游九功兄弟,善于理财,整顿"交子"(纸币)卓有成效的陈琦,"光于世学"的理学家张忠恕等。他们都是张主教岳麓时的学生,被称之为"岳麓巨子",他们真正践履了张栻的

"传道济民"的理想,其学术和政治活动使湖湘学派更加流光溢彩。

张栻的哲学思想,既不同于朱子的理本论,也不同于陆子的心本论。他在继承前人的基础上,建构了独具特色且极为缜密的太极本体论。张栻把太极作为宇宙和万物存在的终极根据,把理、性、心等范畴统御于太极之下,层层相递地论述了太极一元本体论。张栻围绕"敬"和"善"展开其工夫论和人性论的论述,以"无所为而为"和"有所为而为"进行义和利的判定,其知行互发的学说为其经世致用思想及其活动提供了理论依据。

张栻的思想非常丰富,其"足以名于一世"的学问对同时代的学者,尤其是朱熹产生了重要的影响。朱熹成为理学大家与张栻的学术交往是分不开的。可以说,没有张栻,朱子便不成朱子。在张栻的倡领下,湖湘学派成为当时最大、最繁荣的学术团体。

黄宗羲曾评价张栻的思想是"见识高,践履又实。"正是这种思想,对后世学风产生了巨大影响,从明清到近代,长沙及整个湖南地区在湖湘学派教育背景下,产生了一代又一代叱咤风云的历史人物,这是一个令人惊叹而又深思的历史现象。以至于其后甚至今天,我们仍能够感受到湖湘学派的学风与精神。

赵汝愚

赵汝愚(1140~1196),字子直,南宋人,原籍饶州余干(今属江西)。宋建炎间,迁居崇德县洲钱(今桐乡市洲泉镇)。宋淳熙至绍熙年间曾任吏部侍郎、吏部尚书。

赵汝愚系宋王朝的皇室宗亲,恭宪王赵元佐的七世孙,汝愚出生于洲钱。少年勤学有大志,曾说:"大丈夫留得汗青一幅纸,始不负此生!"孝宗乾道二年(1166),

福建鼓山赵汝愚摩崖石刻

考中进士第一（状元），授秘书省正字，迁著作郎，知信州（今江西上饶）、台州（今浙江临海），改任江西转运判官，后入朝为吏部郎兼太子侍讲，迁秘书少监兼代给事中。淳熙八年（1181），代理吏部侍郎兼太子右庶子。翌年，以集英殿修撰出任福建军帅。后进直学士，出任四川制置使兼成都知府。时羌族四处骚扰，汝愚以计分散其势力，始相安多年。孝宗赞扬他有文武全才。光宗接位，进为敷文阁学士，知福州。绍熙二年（1191），召为吏部尚书。绍熙四年（1193），升知枢密院事。

绍熙五年（1194），南宋朝政发生了一次变故。太上皇孝宗病逝，其子光宗一向与父不和，称病不执丧礼。于是两宫隔绝，大臣屡奏不复，迁延多日，朝野忧虑，左丞相留正称病他去，官僚几欲解散，人心浮动。朝廷大臣和百姓认为宫廷内部如此不睦，在北方强大的军事胁迫下，南宋的崩毁一触即发。当此关键时刻，汝愚以国事为重，临危不惧，屡进两宫疏通，又与工部尚书赵彦逾密议，派知阁门事韩侂胄请宪圣太后垂帘，主持丧事；并迫使光宗退位，拥其子嘉王赵扩即皇帝位。嘉王恐负不孝之名坚辞。汝愚劝道："天子当以安社稷、定国家为孝，今中外忧乱，万一生变，将置太上皇于何地？"于是，赵扩以次年（1195）即位，是为宁宗，改元庆元。

宁宗继位后，命汝愚兼代参知政事，特进右丞相枢密使。汝愚为相后，努力改革弊政，命朱熹待制经筵；起用和团结了一批有主张、有节操的士大夫，以安定朝政。留正还朝，汝愚自请免兼职，改任为光禄大夫、右丞相。力辞再三，宁宗不允，遂与留正同心辅政。这时，外戚韩侂胄以拥戴定策有功，出入皇宫，渐见亲幸，居中用事，乘间争权。待制朱熹、吏部侍郎彭龟年，以韩侂胄窃弄威福，不去必为后患，提出弹劾，未果。朱熹主张以厚赏酬劳，勿使干预朝政，而汝愚为人疏坦，不以为虑。侂胄遍植党羽，垄断言路，排斥贤良，汝愚势孤，天子更无所倚信。侂胄以"同姓居相位，将不利于社稷"的名义罢其相，汝愚以观文殿学士出知福州。国子祭酒李详、博士杨简、太府丞吕祖俭等，以汝愚勋劳卓著，精忠贯于天地，先后上疏挽留，太学生多人伏阙上书，皆遭贬斥。汝愚任相到罢相，只有几个月时间。后来，以汝愚"倡引伪徒，图为不轨"，诏谪宁远军节度副使，贬放永州（今湖南零陵）。汝愚怡然就道，对送行者说："看侂胄用意，必欲杀我。我死，君等方可无事。"宁宗庆元二年（1196）正月，汝愚在往永州途中，路经衡州（今湖南衡阳）得病，受到守臣钱鏊窘迫，暴卒衡州。

韩侂胄的作为，引起了汝愚支持者朱熹和一批有声望的士大夫不满，政治上形成了两股对抗的势力。韩侂胄为清除异己，制造了历史上著名的"庆元党禁"，受株连的包括赵汝愚、朱熹、周必大、叶适等五十九人。宁宗开禧三年（1207）侂胄被诛，党禁渐解，尽复汝愚原官，赐谥"忠定"，赠太师，追封沂国公。理宗诏配享宁宗庙廷，追封福王，又进封周王。有子九人。《宋史》卷三百九十二有传。

汝愚学务实用，常以司马光、范仲淹等自期。著有《忠定集》十五卷、《太祖实录举要》若干卷，辑《宋朝诸臣奏议》三百卷等。

汝愚人品高尚，宽以待人，和族人聚居一处，所得廪食常分予族人。自奉甚薄，虽贵为丞相，仍布衣蔬食。在他死后，家乡人民盛赞其清正贤能，将他出生的故巷命名为"生贤里"，巷东的小桥称为"生贤桥"，这两个地名相沿至今。汝愚长期任职于临安（今浙江杭州），每年夏季定要回洲钱家中度假。与"生贤里"隔河相望有梁代古刹祇园寺，汝愚常到寺内避暑，所以后来洲钱百姓在寺内观音殿西园中建了一座赵忠定公祠以示纪念。后毁于火。明万历三十九年（1611）重建，钱梦得为之撰《重建赵忠定公祠记》。清光绪间，因年久将倾，又经重修，著名篆刻家胡菊邻为之撰刻《重修赵忠定公祠记》，惜碑刻已毁。

袁说友

袁说友（1140~1204），字起岩，号东塘居士，福建建安（今福建建瓯）人，累任大府少卿户部侍郎、文安阁学士、吏部尚书。

袁说友有才识，忠于国事，为官三十年，奏疏多切时弊，发扬正气。宋隆兴元年（1163）考取进士。淳熙四年（1177）任秘书丞兼权左司郎官，后调任池州和临安府知府。淳熙五年（1178）他上疏说：自绍兴末迄今已十五年，宿将多死亡，幸存的也都衰老，新进后生想献身而无门路。所以请朝廷推荐举法，凡武艺高超，谋略深远，熟悉兵法有志报国者，令内外将帅推举，经考察后予以试用。所举不实，推举人要重加黜责。所举得人，便给予优赏。淳熙六年（1179）孝宗召他面谈，他又上三策：一要久任统帅，二要选任正副将官，三要修治兵器。光宗久不上朝，他连上八次奏疏力谏。宁宗继位，韩侂胄专权，群小阿附，一时执政大臣多投书献颂，台谏给舍的奏章多被搁置不行。朱熹、彭龟年等都因攻劾韩侂胄而获罪，遭谴责者达数十人。婺州布衣吕祖泰上书请杀侂胄，被判处杖打流配钦州。袁说友不畏强横，上疏阐说养正气励风俗要自朝廷开始，指明朝廷所以设台谏给舍之官，就是要凭公议纠官邪，杜绝奸佞，使天下人怕公议，公议申则气节立，气节立则惰者勤、私者公、贪者廉、怯者勇。不久，宁宗御批罢去朱熹。说友又上疏说明朱熹的论奏都是爱君忧国之言，一旦被罢，何以服众。并申明"臣等区区所论，实以国体所关，非止为一朱熹而已。"请求宁宗收回御批，俯从台谏给舍之请。嘉泰三年（1203）派袁说友以资政殿学士任镇江府知府，说友辞而未任，接着提举临安府洞霄宫加大学士，在职内退休。嘉泰四年（1204）卒于湖州德清寓舍，终年六十五岁。

有《东塘集》，已佚。清四库馆臣据《永乐大典》辑为二十卷。袁说友诗，以影印文渊阁《四库全书》本（其中诗七卷）为底本。酌校《永乐大典》残本。馆臣漏辑诗十二首，附于卷末。

湖北武汉东湖摩崖石刻袁说友《游武昌东湖》

郑性之

郑性之（1172~1255），字信之，初名自诚，号毅斋，因避宋理宗做藩王时贵诚名讳，遂改名，长乐福湖（今长乐市古槐镇北湖村）人，宋朝时做过吏部侍郎，曾任承事郎、秘书省正字、秘书郎、尚书右郎官、左侍郎官、端明殿学士等职。

宋乾道八年（1172），郑性之出生，少年时家里贫穷，他勤奋读书，初受学于朱熹。嘉定元年（1208）进士第一。授承事郎，奉国军节度判官。嘉定六年（1213）三月召对，以崇圣学教太子为先；次论立国根本在于人才，人才所以能立国，在于气节；三论钱法、边防、军政等事，受到宁宗的重视，任秘书省正字。嘉定八年（1215）正月迁秘书郎。他上奏说：现在的大患不在于垂亡的金朝，而在于新兴的蒙古，应选择二三员大帅，委以边防重任。翌年兼任尚书右郎官。乞补外官，知袁州。嘉定十二年（1219）召为左侍郎官，上言从严处置贪官。嘉定十三年（1220）兼国史院编修官，又除将作监。时太子未立，建议立长子，宁宗准其所请。嘉定十六年（1223）任右文殿修撰，知赣州。翌年，宁宗死，权相史弥远废太子，拥立皇侄沂王昀，是为理宗。性之任集英殿修撰，知隆兴府。宝庆三年（1227）迁宝章阁侍制，升端平元年（1234）拜吏部侍郎。他向理宗建议：广开言路，巩固边防，收拾人心，徐图恢复。理宗表示赞成，升他为左谏议大夫兼侍读。他又向理宗建议，要先宽法令，与民生息，培养国力，然后再出师收复中原。不久升任端明殿学士。

端平三年（1236）拜参知政事（副相）。后因明堂礼成，雷雨大作，性之引咎辞职。理宗御笔勉留，命兼同知枢密院事，性之力辞不允。时淮东总领吴渊入朝，为御史唐璘所论。理宗欲留渊，性之密奏不可，唐璘反疑性之庇之，遂劾性之"宽而无制，懦而多私"。唐璘系性之学生，且受性之保举为御史，因此他的奏疏引起轰动。性之并不争辩，而且认为唐璘所言切中自己的弱点。后唐璘也对自己的鲁莽表示后悔。嘉熙元年（1237）性之辞相职，改任资政殿大学士，知绍兴府兼浙东安抚使，性之固辞，改提举临安洞霄宫，后加观文殿学士，退休回乡。

宝祐三年（1255）卒，年八十四岁。后赠少傅，谥"文定"。

郑性之像

任江西安抚使。性之因病请求奉祠休养，乃提举玉隆万寿官。绍定六年（1233），史弥远死，理宗亲政，任性之为敷文阁侍制，知建宁府。

吴 潜

吴潜（1196~1262），字毅夫，一作毅甫，号履斋居士，南宋词人。宣州宁国（今属安徽）人。官至吏部员外郎、右丞相兼枢密使、左丞相。

先世自宣城迁溧水，潜则生于德清，宋宁宗嘉定十年为（1217）丁丑科状元。吴潜中状元后，授承事郎、签书镇东军节度判官。绍定四年（1231），吴潜上疏，纵论治国方略，被授任浙东常平提举，辞而不就。朝廷改任其为吏部员外郎，迁为太府少卿。总领淮西时，吴潜又建议朝廷在边事上应"以和为形，以守为实，以战为应"。不轻起战事，后被事实证明正确。任建康知府时，吴潜又上疏论保蜀之方、护襄之策、防江之算、备海之宜。端平元年（1234），因上陈九事，忤怒宰相，被罢贬为秘阁修撰。不久朝廷欲任命吴潜为太平知州，吴潜连续五次辞却，朝廷不许。当时内忧外患，

福建南安吴潜墓

国家日危，面对襄、汉溃决，兴、沔破亡，两淮俶扰，三川陷没，吴潜上疏朝廷，认为朝中大臣要"勿以术数相高，应以事功而勉；勿以阴谋相讦，应以识见相先。协谋并智，戮力一心，则危者尚可安，而衰证尚可起矣"。又请分路取士，以收淮襄之人物。吴潜任吏部尚书、临安知府时，上疏论艰困之时，非反身修德，无以求亨通之理，宋理宗深以为然。淳祐十一年（1251），吴潜为参知政事，右丞相兼枢密使。宝祐四年（1256），为沿海制置使。任庆元（今属浙江）知府时，采取措施，使地方财政大幅增加，对贫苦百姓，吴潜为之输纳赋税，减轻了人民的疾苦。不久，吴潜进封崇国公，被召入京，再次陈述"畏天命，结民心，进贤才，通下情"之必要，被理宗采纳。拜特进、左丞相，进封庆国公。元兵攻鄂州，吴潜忧心如焚，言："臣年将七十，捐躯致命，所不敢辞……"极论丁大全误国，被弹劾贬谪建昌军，徙潮州，责授化州团练使，任循州安置。景定三年（1262），吴潜病逝。德祐元年（1275），追复原官，特赠少师。吴潜一生两次为相，任职繁多，忠正睿智，政绩卓然。吴潜长于诗文，著有《履斋遗稿》四卷，续集一卷，别集二卷。《履斋先生诗余》一卷传世。《宋史》《南宋书》有传。《履斋先进遗集》四稿，辑诗一卷，词一卷，杂文二卷。《履斋先生诗余》一卷，续集一卷，别集二卷，收词二百五十余首。

程元凤

程元凤（1200~1269），字瑞甫，一字申甫，号讷斋，南宋徽州歙县人（今属安徽）。曾任吏部侍郎、签书枢密院事、参知政事等职。

绍定二年（1229）考中进士，金榜题名，调江陵府（湖北江陵）教授。历任国子录、太学博士、宗学博士，在荣王府讲授《诗》《礼》。淳祐七年（1247），迁著作郎，兼权右司郎官。论对咨问，激切指陈时病，权臣震动。出知饶州（江西波阳），当时正值当地遭受水灾，元凤访问民众疾苦，修理

安徽歙县唐槐

城堞，设置义田，行政宽惠。迁任右曹郎官，上疏论实学、实证、国本、人才、吏治、财计、民生、兵威等八事，多有创见。后为监察御史兼崇政殿说书，上疏指斥丞相郑清之久专朝政、老不任事的罪过，升殿中侍御史。宝祐三年（1255），迁权工部尚书，特授端明殿学士，历任侍读、吏部侍郎、签书枢密院事、参知政事等职。次年，进位右丞相兼枢密使，上表奏正心、待臣、进贤、爱民、备边守法、谨微、审令八事，后又举荐方岳为吏部尚书左郎官。因丁大全谋取相位，程元凤主动辞去丞相职位。宋度宗继位，进位少保。咸淳三年（1267），再为右丞相兼枢密使，进封吉国公。在朝用人公正无私。次年，以少保、观文殿大学士退休回家。后来病死，特赠少师。著有《讷斋文集》。

叶梦鼎

叶梦鼎（1200~1279），字镇之，号西涧，宁海东仓上宅人，南宋景定年间吏部尚书，曾任信州军事推官、兵部尚书、右丞相、枢密使等职。

叶梦鼎本姓陈，六岁出继母族，改姓叶。少从学于郑霖。及长，复从学鄞县赵逢龙，天资颖悟，读书过目成诵；南宋绍定五年（1232）入太学。嘉熙元年（1237）以太学上舍试入优等，初授信州军事推官。后曾在袁州、吉州、隆兴等处任地方官。景定三年（1262）升兵部尚书，兼任国史编修及实录检讨。次年，调任吏部尚书。咸淳三年（1267），拜右丞相兼枢密使。

当时南宋朝廷国力日衰，外患内忧交织。梦鼎初有力挽狂澜之志，不仅在管辖范围内平冤狱、免和籴，革除弊政予民生息，且多次上书朝廷，提出了许多修明政治、振兴邦国的主张。尤其是佞臣贾似道权势日重、祸心袒露之后，叶梦鼎与其展开了针锋相对的斗争。早在公元1246年，贾似道以其姐为理宗贵妃而获殊遇，起任京湖制置使

浙江三门县叶梦鼎墓前石刻

兼知江陵府，并兼夔州路策应使时，梦鼎借转对之机提醒朝廷："外有窥边之大敌，内

有伺隙之巨奸。"景定四年（1263），贾似道进封为少师、卫国公，愈加肆意弄权，竟在两浙及江东江西推行《公田法》，侵吞民田。梦鼎极力反对，遂使《公田法》行至浙西而止。次年，贾似道又推行《经界推排法》，并以"关子"货币更易前两界的"会子"货币，于是，物价飞涨，税赋倍增，百姓叫苦不迭。梦鼎又起而反对，使"会子"票未得全废。理宗死，度宗继位，朝廷议请太后垂帘听政。梦鼎以"母后垂帘岂是美事"诤谏。以此，史称梦鼎"以孤忠抗大奸，支持危局"。但度宗仍然重用贾似道，又赠封太师、魏国公，权势益重。梦鼎感憾国事，求辞职，朝廷不许，乃称病归里，屡召屡拒。皇上无奈，授资政殿学士衔，在当地庆元任知府。

咸淳三年（1267）三月，上再召梦鼎为参知政事，虽六辞而不许。同年秋，强授相印，与贾似道分任。时贾似道授平章军国重事，专横益甚。梦鼎素恶贾似道为人，秉政后仍不屈于权势。不久，为利州转运使王价平反等事，与贾似道产生抵牾，似道恃权牵制，梦鼎不挠其志。及贾母责备似道，太学诸生亦上书言似道专权，贾似道方让步。自此，叶梦鼎决意辞职，数乞而未允。至咸淳五年（1269），梦鼎引北宋杜衍致任单车宵遁事例，多次恳辞，朝廷才易马鸢为右丞相兼枢密使，但仍以观文殿学士、信国公等职挽留梦鼎于京中，梦鼎辞不受官。咸淳八年（1272）十二月，朝廷再诏梦鼎为少傅右丞相兼枢密使。梦鼎引疾固辞不赴，并在上疏后乘扁舟径归宁海故里。或以祸福相谕，梦鼎说："廉耻事大，死生事小，万无可回之理。"景炎元年（1276），南宋大势已去。益王即位于福建，翌年以太师太乙之衔召梦鼎往。此时，局势危如累卵，亡宋即在旦夕，叶梦鼎以七十八高龄，仍受命南行，舟至永嘉（温州），以道阻不能进，恸哭而归。后两年病逝于家，享年八十。著有《西涧集》。

王应麟

王应麟（1223~1296），字伯厚，号深宁，南宋末年著名的经吏学者、教育家、政治家，官至吏部尚书。

祖籍河南开封，后迁居庆元府鄞县（今属浙江），历事南宋理宗、度宗、恭帝三朝，位至吏部尚书。王应麟博学多才，对经史子集、天文地理都有研究，是南宋末年的著名政治人物和经史学者。南宋灭亡以后，他隐居乡里，闭门谢客，著书立说。明代著名诗人、王应麟的同乡黄润玉在《先贤赞》中称颂王应麟："春秋绝笔，瑞应在麟。宋诈讫录，瑞应在人，尼父泣麟，先生自泣。出匪其时，呼嗟何及。"

王应麟的父亲王㧑是吕祖谦学生楼昉的学生，曾任温州知州，应麟从小受其培养教育，十九岁就中进士，二十一岁在衢州任主簿，他在成为进士后受到程朱学派的王野和真德秀等人影响，任官同时勤于读经史，三十四岁时因其文章的优异和学问的广博，考上博学宏词科（在宋代是很少人能考上的

困难科目），后，官至礼部尚书。当时宋代外有蒙古入侵，内有权臣丁大全、贾似道等主政，他曾上书论边防和批判当时政治。宋亡后（1279年）他在家乡隐居讲述经史二十年。

王应麟隐居二十年中，所有著作，只写甲子不写年号，以示不向元朝称臣。他一生著作甚丰，有《困学纪闻》《玉海》《诗考》《诗地理考》《汉艺文志考证》《玉堂类稿》《深宁集》等六百多卷。但是知名度最高的反而是这部流传千古的《三字经》，这可能是他做梦也想不到的事。王应麟晚年为教育本族子弟读书，编写了一本融汇中国文化精粹的"三字歌诀"。他是通古博今的大儒，以举重若轻的大家手笔写出这部"三字歌诀"，当然是非同凡响。

王应麟像

杨云翼

杨云翼（1170～1228），字之美，祖籍赞皇檀山村（今河北赞皇），曾任礼部郎中、吏部郎中、礼部尚书、吏部尚书、御史中丞等职。

自先杨忠起迁居乐平（今昔阳县）川口村，历六世。金章宗明昌五年（1194）中进士，殿试一甲第一名，又中词赋乙科，授承务郎，应奉翰林文字。后任陕西东路兵马都总管判官，太学博士。泰和元年（1201），上言不可与宋长期交战，亏损国力；应内修政事，休养民生，警惕蒙古的吞并野心。转任太常寺丞兼翰林修撰。七年（1207），签上京、东京等路按察司事、上京临潢路按察司事兼本路转运副使、提点司天台，兼翰林

山西昔阳县衙门口状元台

修撰、礼部郎中、吏部郎中等职。因以状元登身仕途，长期兼任翰林院官职，参与国家机密大事，深得器重。自金宣宗年间渐贵，贞祐初年为礼部侍郎仍兼提点司天台。贞祐

三年（1215），以熟悉礼仪、举止端方，任国信副使出访南宋。兴定元年（1217）改官翰林侍讲学士仍兼礼部侍郎、司天台等职。依金朝官制律令，三品以上官员一般不再兼任内廷机要职务，须外任部寺长官。宣宗为此特颁诏旨，称：卿遇事敢言，议论中肯，故特留之，以便咨询。尚书右丞相高琪执政，乱改规章制度，以搜刮财赋为急务，指使官员奏请增加赋税，并将食用油列入征税范围。宣宗召集群臣会商，户部尚书以下百余官员皆惧怕高琪，唯唯诺诺，不敢反对。唯云翼倡议，赵秉文等正直官员附议，向金宣宗陈诉利害，认为这样把天下流行、民众日用之货物纳入征赋范围，把民间常用物品变成禁品，将会对百姓产生极大的不便和危害。金宣宗醒悟，令停议加赋事。高琪的图谋破产，怒恨交加，经常借事斥责和排斥云翼。云翼毫无畏惧，坚持有事即进言，"直声"传于全国。兴定二年（1218）升任礼部尚书兼知集贤院事。三年（1219），朝廷征调大批士兵和民夫在京都修建子城，云翼负责提调医药，亲自组织治疗患者。兴定四年（1220）改吏部尚书，又改任御史中丞。弹劾宗室重臣尚书省参知政事承立拥兵不战，失地辱国，赞扬合达以弱抗强，守战有功；要求皇帝惩承立，奖合达。承立被罢免，合达接掌兵权，稳定了陕西的混乱局面。一次河朔有十一人被敌方游骑追迫，泅渡黄河，进入南宋境地，按律当定死罪。云翼上疏劝谏："法所重私渡者，防奸伪也。今贫民为兵所逼于河，为逭死之计耳。今使不死于敌而死于法，后唯从敌而已。"其恳切而灵活的言辞使金宣宗醒悟，十一人得以生还。

金宣宗时期，朝廷谋两路起兵偷袭南宋。满朝官员依违两可，听从皇帝意旨行事。独云翼上书谏阻，剖析利害，对宣宗说："朝臣率皆谀辞"，"今但言治而不言乱，言强而不言弱，言胜而不言负"，认为以偏见兴师南伐是没有把握的。事后金果然在南犯中得不偿失。宣宗羞悔莫及，对大臣们说："当使我有何面目见杨云翼！"年余告病求退。

金哀宗继位，以先朝老臣召授要职，礼遇隆重，摄太常卿。正大元年（1224）为翰林学士，复改任礼部尚书兼侍读。哀宗选重臣六人设益政院，参与国事活动，以备顾问垂询之需，云翼为首选之人。召见时哀宗为云翼单独赐坐，经常询问诗书疑义及军国大事，称为"学士"，而不直呼其名。文人、官员也尊称为"杨内相"。不仅政声卓著，且文名大盛，多次参与和主持礼部考试活动，与文人名士交往甚广，推荐贤才，鼓励后进，著名学者元好问即其门生之一。正大四年（1227），以礼部尚书主持会试，尽心尽力。平生著作颇丰，传世的有校编《大金礼仪》《五星聚井辨》《悬索赋》《勾股机要》《象数杂说》等学术书籍，及《周礼辨》《左氏》《庄》《列赋》各一篇，时称之为"南朱（朱熹，字晦庵）北杨"。积勋积官至上护军、资善大夫、封弘农郡侯，死后谥"文献"。

元好问

元好问（1190~1257），字裕之，号遗山。鲜卑族，金代大诗人。曾经任职吏部员外郎。

1190年，元好问出生于山西太原府忻州秀容县（今山西忻州）系舟山下的一个书香门第、官宦之家。其先祖出自北魏时期鲜卑族拓跋氏，孝文帝时改汉姓元。其父德明精通诗文。他从小过继给叔父为子，叔父元格曾先后出任山东掖县、山西陵川的县令。元好问自幼聪颖好学，四岁学诗，七岁可做诗，被人誉为"神童"。少年时代随叔父游历山东、河北、山西等地，通晓各地风土人情。14岁时，跟从山西陵川名儒郝晋卿学习，攻读经史，贯通百家，六年学成，对汉族历史文化有很深入的研究。

元好问的青年时代，社会动荡不安，兵荒马乱。叔父过世后，他陪伴母亲流离到河南登封，过着清贫的日子。28岁时，他带着所作《箕山》《元鲁县》《琴台》等诗，求教于文坛名人赵秉文，赵秉文对他的诗很是欣赏，自此，元好问声名鹊起，誉满京都。

1221年，32岁的元好问考中进士，37岁才踏入仕途，任镇平县令。1231年，被召入京，任国史院编修、吏部员外郎。次年，入翰林、知制诰。

1233年，金朝灭亡，元好问无意仕进，便周游天下，搜寻前朝史迹，写诗做文，过着清贫的移民生活。

元好问是一位才华横溢、多才多艺的文学家。除金院本之类的戏曲作品未见流传至今的实证或记载之外，当时所有的文学形式其均有著作，如：诗、词、歌、曲、赋、小

元好问像

说，传统的论、记、表、疏、碑、铭、赞、志、碣、序、引、颂、书、说、跋、状、青词，以及官府公文诏、制、诰、露布等，其均掌握熟练、运用自如。

元好问的作品，最主要的特点就是内容实在，感情真挚，语言优美而不尚浮华。他的同时代人和后世都对他的诗文有极高的评价。他的朋友徐世隆说他："作为诗文，皆有法度可观，文体粹然为之一变。大较遗山诗祖李、杜，律切精深，而有豪放迈往之气；文宗韩、欧阳，正大明达，而无奇纤晦涩之语；乐府则清新顿挫，闲宛浏亮，体制最备。又能用俗为雅，变故作新，得前辈不传之妙，东坡、稼轩而下不论也。"他的另一位朋友李冶更誉其为"二李（李白、李

邕）后身"。《四库全书总目》评元好问称："好问才雄学赡，金元之际屹然为文章大宗，所撰《中州集》，意在以诗存史，去取尚不尽精。至所自作，则兴象深邃，风格遒上，无宋南渡宋江湖诸人之习，亦无江西派生拗粗犷之失，至古文，绳尺严密，众体悉备，而碑版志铭诸作尤为具有法度。"

元好问又是一位高明的文艺理论家，他的《论诗三首》《论诗三十首》《与张仲杰郎中论文》《校笠泽丛书后记》等，都很精辟地评论了古代诗人诗派的得失。他也主张做诗为文要"诚"、要写"情性"，还提出许多写作的技巧原则，反对生硬晦涩、乱排典故，提出做学问要"真积力久"等，这些都是他几十年亲身实践的结晶，有着切实可行的指导意义。

元好问当中央和地方官，都尽心竭诚，兢兢业业，关心国家兴亡、民生疾苦，所以政治声誉非常高。当他罢职镇平县令，正逢元宵佳节，百姓老老少少对他恋恋不舍，敬酒惜别。在内乡县令任上时，他"劳抚流亡，边境宁谧"，所以当他因母亲去世，按照传统礼制为其母亲罢官守孝三年"丁内艰"时，"吏民怀之"赞许他："元好问劳抚流亡，循史也，不当徒以诗人自之。"他任南阳县令时，为当地人民争得减三年赋税，发展生产，使人民有休养复苏之望。所以河南志书称他"知南阳县，善政尤著"。《南阳县志》记载："南阳大县，兵民十余万，（元好问）帅府令镇抚，甚存威惠。"

元好问亲历金朝的衰亡和蒙古灭金的全过程，又从政多年，强烈的忧国忧民的社会责任感，使他时刻关注着金国的命运和金国史迹的保存。当金朝败亡前夕，他就向当政者建议用女真文小字写一部金史，但未能如愿，他就私下编撰了一部《壬辰杂编》。

金灭亡后，他抱着"国亡史兴，己所当任"的爱国信念，决心以自己一人之力修一部金史，并为此付出了艰苦的努力和沉重的代价。他拒不应聘做蒙古国的官，以表明自己的遗民身份和对故国的衷忱。

但为了写金史，又不得不与出仕蒙古国的中上层官员周旋，以便取得他们的协助和必要的资料；也正是此，而引起许多人对他的不理解，"百谤百骂，嬉笑姗侮，上累祖祢，下辱子孙"。为了完成自己修金史的宏愿，元好问忍辱负重二十多年，直到去世，并为修金史，在自己家的院子里建了一座"野史亭"，作为存放有关资料和编辑写作的地方。

多年的奔波使他积累了金朝君臣遗言往行的资料上百万字，后称《金源君臣言行录》。他又抱着"以诗存史"的目的，编辑成了《中州集》。这是一部金代诗歌总集，里面不仅收录了他所知道的金期历代已故或未仕于蒙古国的诗人词客，包括金朝两位皇帝及诸大臣以至于布衣百姓的诗词2116首（其中诗2001首，词115首），而且为每位作者共250余人写了小传，为中国文学史填补了空白。《金史·文艺列传》就是以它为蓝本写成的，后来的《全金诗》自然也是在它的基础上增补而成的。

同时，《中州集》也为金代历史提供了丰富的资料。可惜，正当他满怀信心地说只需破费三数月工夫，查阅抄录了《金实录》上的有关内容，即可着手金史的著述时，他的一个朋友却从中作梗，未能在蒙古万户、汉军首领张柔处见到《金实录》，以致功亏一篑，使他抱恨以殁。元好问生前虽然未能实现自己修成金史的愿望，但他所收集的这些资料，却为元代修宋、辽、金史，以至于明朝修元史，提供了大量的第一手资料，特别是为修金史奠定了基础。元好问尊重史实,不阿时俗,秉笔直书,所以后代学者一致认为,《金史》与元好问关系密切,《四库全书总目》称"多本其所著"。元好问这种国亡修史的做法,也为后人所仿效。如明朝遗老万斯同拒绝应清王朝的博学宏词科的征召,坚决不要清朝给的七品俸的纂修官官衔,却以"布衣"参与修《明史》。民国三年(1914)创清史馆,也有不少清朝遗老为报故主来参与《清史稿》的编撰。

元好问十分重视和努力保护人才,喜欢奖掖后进。金哀宗天兴二年(1233)四月,蒙古兵攻破汴京初,元好问即向当时任蒙古国中书令的耶律楚材推荐了54个中原秀士王若虚、王鹗、杨奂、张德辉、高鸣、李冶、刘祁、杜仁杰、张仲经、商挺等,请来耶律楚材予以保护和任用。而经他教育或指授出来的文坛名手有郝经、王恽、许楫、王思廉、孟琪、徐琰、郝继先、阎复等多人。尤其是他保护和教育白朴的故事一直传为文坛佳话。白朴之所以后来能成为元曲四大家之一,为白朴的《天籁集》作序的王博文认为,这与元好问的教导分不开:"遗山之后,乐府名家者何人?残膏剩馥,化为神奇,亦于太素(白朴字)集中见之矣。然则继遗山者,不属太素而奚属哉!"

元好问对蒙古国的态度有一个矛盾变化的过程。他痛心于金国被蒙古灭亡,对金哀宗天兴二年(1233年)金汴京西面元帅崔立投降蒙古和出卖金朝后妃大臣极为痛恨,但对崔立开门投降,客观上使汴京百万生灵免遭一朝全部涂炭死亡之祸又并不完全否定。因此,他被胁迫参与了为崔立撰写功德碑的重要政治事件,这也是他后来一直耿耿于心,别人对他指摘嘲讽的重要口实。在金元交替之际,元好问的思想十分痛苦和矛盾。

他一方面痛心金朝的腐败和混乱,希望有一个除旧布新局面的出现,当他看到金朝被蒙古灭亡已成定局后,就把金朝那54位"天民之秀"推荐给蒙古国这个"维新之朝"。对于那些归降蒙古国的金朝旧臣如耶律楚材、张柔、严实、赵天锡等,只要他们曾为减轻金国人民少遭屠戮之苦做过一些好事,他都能够予以谅解。他在蒙古国生活了二十四五年,通过这么多年的观察,他对蒙古国的看法逐渐发生变化。他对中原那些出仕蒙古国的汉族世侯如上述张柔、严实等能够兴文教、安定百姓生活的举措表示赞赏。

尤其对蒙古贤王忽必烈重视儒学、大兴学校,实行利于发展经济文化的政策十分感激;对忽必烈击灭云南地方势力,取消它的半独立状态,恢复汉唐旧疆的赫赫功业特别钦佩,为其歌功颂德。从而他逐渐把蒙古国政府看作像汉唐那样值得自己骄傲的正统,如他的《刘时举节制云南》七律诗中,直接称蒙古国为"汉家":"云南山高去天尺,汉家弦声雷破壁。九州之外更九州,海色澄清映南极。"渐渐的,元好问也把自己看作是蒙古国的一个臣民,对立的情绪逐渐消失。正是在这样的前提下,元宪宗二年(1252)春夏之间,元好问虽已63岁高龄,却还是与他的好友张德辉一起北去觐见忽必烈,请忽必烈为儒教大宗师,忽必烈非常高兴地接受了。他俩又提出蠲免儒户的兵赋,忽必烈也答应了。

元好问多才多艺,除了长于诗文、从政之外,还深于历算、医药、书画鉴赏、书法、佛道哲理等学问,他的朋友遍及当时的三教九流,既有名公巨卿、藩王权臣,也有一般的画师、隐士、医师、僧道、士人、农民等。据有人考证,其有文字可据者达500余人，例如李杲（东垣）、张从正（子和），被尊为金元四大医学家中的两位（另两人为金代刘完素，元代朱震亨），所以他也可以被看作是一位活跃的社会活动家。

元好问学问深邃，著述宏富，援引后进，为官清正，尤其在金元文坛上居首屈一指的地位，即使至明清，堪与他伯仲者也难得一二，被他的学生、师友及后人尊称为"一代宗工""一代宗匠"。其迄今流传下来据说是他的作品有：诗1380余首，词380余首，散曲6首，散文250余篇，小说《续夷坚志》4卷202篇，《中州集》10卷，《唐诗鼓吹》10卷。另有已经散佚的著作多种：《锦机》《东坡诗雅》《杜诗学》《诗文自警》《壬辰杂编》《金朝君臣言行录》《南冠录》《集验方》《故物谱》等。

陈思济

陈思济（1232～1301），字济民，柘城（今属河南）人，元代吏部尚书。

白地黑花人物花卉纹罐（元）

他自幼读书，通晓大义，以才气闻名于同辈人中。元世祖在潜邸时听闻陈思济的名声后便邀他过来做顾问。后元世祖即位，开始着手建立省部，作为敷奏的他尽心辅佐。元世祖考虑到京兆是国家的要地重镇，便派遣廉希宪行中书省，陈思济与诸位贤良大臣共赴陕西治理。中统三年（1262），天子下诏要诛杀王文统，陈思济便归朝掌管敷奏。在他任职期间，无论大事小事，都按照规矩办理，姚枢、许衡等人都非常器重他。后来阿合马入中书省，因为职位低于廉希宪而深感耻辱，每次要肆意妄为时都被希宪严词阻止。陈思济和魏初等人弹劾阿合马，皇帝便让近臣前去纠正阿合马的过失。属下小吏都不敢触怒阿合马，只有陈思济厉声喝道："御史言官竟然不辨正邪！"于是拂袖而去。后来皇帝授予他为奉训大夫、泌州知州，其在位期间为官清廉，政治清明，为百姓称颂。

后升为中顺大夫、同知绍兴路总管府事，他廉政公明，为一些蒙冤入狱之人伸张正义。一生为官，两袖清风，可谓一代清官。后来在陕西汉中做按察副使时，由于母亲去世便辞官还乡。至元二十三年（1286），升为少中大夫、同知浙东道宣慰司事。当时浙西大水泛滥，饿殍遍野，浙东粮仓殷实，于是他便调拨浙东的粮食去赈济浙西百姓。后来浙东遭遇大旱，他便到名山祈祷，遂降大雨。

当时两淮的盐政不佳，皇帝便授予他嘉议大夫、两淮都转运使，陈思济所到之处，政绩显赫，奸人均遭到了严惩，商业也渐渐兴盛起来，百姓生活好了，纳税自然也多。

大德五年冬（1301），陈思济病逝，享年七十岁。朝廷赠予正议大夫、吏部尚书、上轻车都尉，追封颍川郡侯，谥号"文肃"。

李衎

李衎（1245～1320），字仲宾，号息斋道人，晚年号醉车先生，蓟丘（今北京）人，元初画家，官至吏部尚书、光禄大夫。

李衎少孤贫，二十余岁在太常寺做小吏。皇庆元年（1312）为吏部尚书，拜集贤殿大学士。累官至荣禄大夫、光禄大夫，位至从一品，达到了生平最辉煌的时刻。

他尤善画枯木竹石，双钩竹最负盛名。他最初跟着金代王庭筠学习竹子的画法，后来学习北宋文同的风格，而双钩设色竹是从五代南唐李颇那里习得的。他曾遍游东南山川林薮，还出使交趾（今属越南），深入竹乡观察各种竹子的生长状况，是一位既具有深厚传统功力，又注意师法自然的画家。

他的画当时备受欢迎，人们争相抢购，每天在府前买画之人络绎不绝。画竹的历史已经有二百年之余，而用意精神者莫过于李衎。至大元年（1308）作《四清图》，又作《竹石大轴》《沐雨图轴》，现均藏故宫博物院绘画馆。

卒年（1320）七十五，追封蓟国公，谥"文简"。

李衎著有《竹谱》一书（《知不足斋丛书》收入七卷本），分画竹、墨竹、竹态、竹品四谱，约成书于元至元二十三年（1286）前后。该书记录他生平画竹之经验，并对不同地区各类竹的形色情状记述详细，对各类竹的各种画法也有详尽论述，是学习画竹者的津梁。他敬竹子为"全德君子"，并将尊竹之情融入画中，赋予生命。一枝一叶全在法度之中，日久胸有成竹，达

李衎《新篁图轴》（元）

到随心所欲境界，主张画竹"要辨老嫩荣枯，风雨明晦，一一样态"（《竹谱详录》卷二）。

其传世作品有《竹石图》《续弘简录》《滋溪集》《松雪斋集》《礼部集》《文湖州竹派》《珊瑚网》《四清图卷》《梧竹兰石四清图》《双钩竹石图轴》《修篁树石图轴》《纡竹图》《沐雨图轴》《墨竹图》等。其中《四清图卷》后半卷藏于故宫博物院，前半卷藏于美国纳尔逊博物馆；《双钩竹石图轴》《沐雨图轴》《墨竹图卷》皆藏于故宫博物院；《修篁树石图轴》藏于南京博物院。

许师敬

许师敬（约1255~1340），字敬臣，谥"文穆"，元代河内李封村（今河南焦作李封村）人。

许师敬是元初大学者许衡的第四子。他一生仕元，自元世祖至元顺帝，历任河南府路府判、监察御史、治书侍御史、吏部尚书、中书参知政事、国子祭酒、太子詹事、中书左丞、中书右丞、荣禄大夫、翰林学士承旨、知经筵事、西台中丞、光禄大夫。三居元仁宗、泰定两代皇帝的宰相，主张以德为本，制定并推选科举制度，重视保护土地林木，减轻徭役；编著《皇图大训》，教授皇帝及皇太子；勤俭治国，使天灾频生的泰定时期呈现治平盛世，卓有政绩。据《元史》《蒙兀儿史记》《许文正公遗书》《许文正公世家谱》《许衡墓志》《圭斋集》等史料记载，公元1312年以前的元世祖及成宗、武宗时期，许师敬初任御史台监察御史、河南府路府判因他恪尽职守，为元朝廷体察民情，惩恶扬善而"践扬中外"，元朝廷诏其连升三级而任御史台正三品治书侍御史，后转任掌全国官吏选拔任用的吏部尚书，成为元朝行政权力核心的政要。

许师敬所书许衡墓志

元仁宗皇庆元年（1312）八月，许师敬由吏部尚书升任中书省参知政事，始居相位，参与国家大政方针的决策实施。皇庆二年（1313）六月又纲领国子学，兼任国子祭酒，在国子监修建崇文阁，并请元仁宗诏命以宋儒周敦颐等九人和元儒许衡从祀孔子庙廷。是年十月，许师敬与程钜夫、李孟等制定科举法，主张"取士以德行为本，试艺以经术为先"，重经实学，举贤任能，一洗隋唐以来为文浮华侈靡之弊，开创了崭新的科举取士新风。同年十一月，元仁宗诏行科举法，并于次年二月会试进士，三月廷试进士，赐护都沓儿、张起岩等五十六人及第。

延祐元年（1314）五月，奏请仁宗批准在京兆（今陕西西安）为许衡修建鲁斋书院，仁宗亲笔题写了院名。元仁宗延祐二年（1315）至泰定帝泰定二年（1325），许师敬一直纲领国子学从事教育，并担任储政院太子詹事，教授和辅佐皇太子，后出任山东廉访使。

泰定二年（1325）二月，许师敬首次提出要珍惜保护土地，改革丧葬，颁行族葬制，禁用阴阳相地及肆意占用耕地埋葬的不良社会风俗，得到泰定帝的采纳实施。是年三月任中书左丞，二居相位处理国家大政。七月与纽泽编著成《帝训》一书，并在经筵上讲诵，泰定帝认为该书有益于治国理政，诏命许师敬与阿怜帖木儿翻译成蒙古文，并更名《皇图大训》，用于教授皇太子，并作为考试科目供在国子监的后备官员学习。许师敬尊崇文臣元老，是年大学者吴澄告老还乡，许师敬设宴款待，并奏请泰定帝封以官爵银两予以褒奖。当年许师敬兼任御前经筵主讲官，为泰定帝讲解经史诗文，诸子百科。

泰定三年（1326），泰定帝巡察上都（旧名开平，元世祖即帝位处，故址在今内蒙古正蓝旗东闪电河北岸），由许师敬与中书省诸官员留守大都北京，代皇帝处理国家政事并负责国都的安全。同年年十月至泰定帝致和元年（1328），许师敬由中书左丞转任中书右丞，品阶荣禄大夫，三居相位，官至一品。在此期间，许师敬与中书省诸官员悉心理政，施行以德为本、勤俭治国的方略精兵简政，惩治腐败，节约用度。这时许师敬再次提出，为了黎民百姓，子孙后代，应当珍惜保护土地林木，减轻徭役，爱怜农民，制止大兴土木、开山毁林、滥建寺庙，以免"损兵伤农""缴福利以逞私欲"，得到泰定帝的肯定并得以实施。由于治国安邦有方，使天灾频生，"国用不继"的泰定时期，呈现了"天下无事，号称治平"的盛世。

从元明宗天历二年至元惠宗元统二年（1329~1334），许师敬虽年事已高，仍两次被诏命为翰林兼国史院从一品翰林学士承旨，西台中丞和御前主讲官知经筵事。元统二年（1334）四月，元顺帝为表彰许衡，尤其是许师敬治国安邦之功，特别录取任用许师敬的小儿子许从宗为章佩监异珍库提点，后任至工部侍郎、集贤学士、河南按察使、礼部尚书等。次年，许师敬又由西台中丞转任御史中丞，品阶光禄大夫。同年，元顺帝命翰林直学士欧阳玄，为许师敬之父许衡撰写神道碑并命许师敬刻碑立石，欧阳玄在文中谈到许师敬时，说他熟知经文，注重实践，学识渊博，气节高尚，"肖父风"。

元惠宗至之六年（1340）前后，许师敬病逝于官，为表彰他，元顺帝谥封他为文穆公。后世史书《元史》《蒙兀儿史记》等记述有许师敬的事迹和列传。许师敬一生为官数十年，历任自元世祖末年至元顺帝初年的历代元政府行政权力核心的中书省及所属吏部、御史台、储政院、殿前经筵、国子监、翰林兼国史院等要职二三十年，历任一品官员十几年，三居相位，封公加爵，为稳定元朝统治起到了巨大作用，可称为是一代名臣。

曹元用

曹元用（1268~1330），元代重臣，字子贞，号超然居士。阳谷（今属山东）人，后徙汶上。著名政治家、文学家、学者，曾任礼部主事、礼部尚书、吏部尚书等职。

曹元用出身于小官僚家庭，其父曾做过德清县主簿。他质禀俊爽，幼年时便表现出不同寻常的毅力。曹元用十分喜欢读书，记忆力极好，一目十行，过目不忘，常常读书到深夜。他的父亲怕他累坏了，每天赶着他熄灯睡觉。为了避开父亲耳目，他每晚用衣服把窗户挡起来，继续苦读。由于勤奋与聪颖，青年时代的曹元用便成为一个学富五车、博学多才的学者。

后来，曹元用游学到元朝首都。当时朝中文坛领袖是翰林承旨阎复，作为名满天下的著名学者，阎复从不轻易称赞后学。曹元用拜见他时，他拿出自己的文章给曹元用看，曹元用并不因为阎复是大学者而惧怕，他如实地谈了自己对文章的看法，指出了文中的缺失。阎复大为惊异，十分佩服这个有胆、有才、有识的青年，马上推荐他担任了翰林国史院编修。

接着他做了御史台掾史，后转中书省右司掾，与清河元明善、济南张养浩号为"三俊"，再转应翰文字，迁礼部主事。英宗继位，授翰林侍制，升直学士。泰定二年（1325）他任职礼部尚书兼经筵官，后来调任吏部尚书，再后来又晋为中奉大夫翰林侍讲学士兼经筵官，参与修仁宗、英宗《实录》。当时朝廷大制诰皆出元用之手。文宗将大用之，以疾卒。赠正奉大夫、江浙行中书省参知政事、东平郡公。谥"文献"。有

山东嘉祥县曹元用墓志铭

诗文集四十卷，名《超然集》。

曹元用为官一生，基本上未离朝堂，他对元朝礼乐典章制度建设贡献很大。针对翰林院不少人无才无守、混禄保位的情况，他提出翰林考选的建议，择优录用，不合格者要降调。他的建议被朝廷采用，翰林院所有人员都参加了严格的考试。通过考试，选拔了真才，裁汰了庸劣之员，翰林院才真正成了人才荟萃之地。元朝初期，皇后去世后没有谥号，臣下皆可直呼其名。曹元用建议仿照汉制给皇后加徽号，此后，元朝才有了

皇后谥号典礼制。元朝的宗庙建制、礼祀仪注、卤簿舆服也大多数是曹元用亲手制定的。这些制度的创立使元朝改变了游牧民族的质野面貌。

元朝时期，蒙古人排斥汉人，大小官职皆是蒙古人、色目人优先选授。延祐二年（1315）开科取士，主要也是录取蒙古、色目人，汉族名额很少。但是，这一点微小改革也遭到蒙古贵族的反对。泰定时期，一班蒙古王公提出废除科举。曹元用向皇帝指出：方今天下已定，文治昌明，应当鼓励有知识、有才能的人效忠国家，万万不可阻塞他们的报国之途，否则，必将造成严重的社会问题。在他的坚持下，科举未罢。曹元用和其他汉族官僚还对科举制度进行了修订，注意约束蒙古、色目贵族科场舞弊，使元朝科举逐渐走上正规化。

曹元用为人刚正，识大体、有主见，至治三年（1323），赤斤铁木儿叛乱，乘元帝不在京师之机攻进京城，掳走两院大学士北逃。许多人跟着走了，曹元用坚决不走。他说："此为乱贼之叛，我宁死也不离京师！"不几天，官军平定了叛乱，朝野上下无不佩服曹元用的胆识。泰定三年（1326），发生日食、地震。曹元用上疏指出：天变向我们示警，消除灾变不能只用空言，而应该修明政治，办些实事。现在天下凋敝，当务之急是节约尚俭，选择廉洁贤明的地方官，抚恤贫民，减少佛教祭典，停止大规模土木工程建设。整顿吏治、严格法制。曹元用的奏章句句切中时弊，传诵一时。

文宗继位，曹元用代他去曲阜祭祀孔子，回朝后染病，于天历三年（1329）去世。追封东平郡公，谥为"文献"。

明代
MingDai

高巍

高巍（1354～1402），字不危，明代辽州（今山西左权）人。曾经做过吏部侍郎。

高巍以布衣入仕，是明初一位有胆有识、有气节的官员。他自幼勤奋好学，学宗孔孟，推崇程朱理学。在洪武十五年（1382）入太学，因"旌孝行"由太学生试前军都督府左断事。在这个时期，他曾建议垦荒田、抑末技、慎选举、惜名器等诸事，受到朱元璋的嘉纳。但不久因事被贬，直到公元1398年朱元璋去世才被赦。同年被辽州知州推荐到吏部任侍郎。在吏部因为害怕诸藩坐大，许多官吏主张削藩，独高巍和御史韩郁先后请推恩诸王，但惠帝采取了削藩的办法，致使皇室内部斗争激烈，发生了"靖难之役"。在长达四年的战争中，高巍站在惠帝一边，忠心耿耿不遗余力，直至尽忠而死。

高巍从政"重民生"，坚决主张维护中央集权。由于他生逢乱世，长期处于社会下层，亲眼看到了民不聊生的悲惨景象，因此对百姓极为同情。做官以后，他十分重视民间生活的艰难，并以"农桑为念"。他针对明初战乱之后民生凋敝、土地荒芜的严重现象，向皇帝上疏，请求扶植农业生产，制定相应的政策。提出鼓励移民屯田、不夺民时、免税三年等措施。但同时又指出渔盐之利和冶炼金属的重要性，反对儒家传统的重仁义轻财富的思想。而且他重视中央集权，围绕中央和地方权限的问题，他针对当时藩王权力过大、中央权力相对较小的事实，提出应取法汉武帝的推恩令。但由于力寡，没

骑马军人俑（明）

法排除众议,从而直接造成"靖难之役"的爆发。他还针对明初用人制度的混乱,提出慎用人才、珍惜人才,这是对当时朱元璋用人不正常的一种提醒,是切中时弊的。而这些思想无一不反映了他思想中求实、务实的一面,具有十分重要的现实意义。

"靖难之役"爆发,高巍来到济南,发誓保卫济南城,曾多次组织军民击退朱棣燕军的进攻。后闻听燕王朱棣攻入南京,他在驿舍里愤然自杀。

高巍一生,以孝起用,又以忠死节,忠孝两全。他的识见,在当时可以说切中时弊,有胆有识,他因而成为明初一位具有特色的历史人物。

夏原吉

夏原吉(1366~1430),字维喆,明湖广湘阴(今属湖南)人,原籍德兴(今属江西)。明朝大臣,永乐朝户部尚书,洪熙、宣德朝内阁大臣之一。

夏原吉幼时,父亲去世,孤儿寡母,生活非常艰难。他发奋学习,获得良好的社会声望,洪武中被举荐到太学学习。朱元璋选太学生充实朝廷,夏原吉被选中,分工抄写朝廷有关的文件。同去的太学生不以为然,嬉笑喧闹,而夏原吉则一丝不苟,正襟危坐,其举动受到朱元璋的赏识,被提升为户部主事。夏原吉到户部任职后,兢兢业业,把复杂的事务处理得井井有条,受到尚书郁新的关注,在户部站稳了脚跟。建文帝时期,他顺利地升迁为户部右侍郎。

燕王朱棣即位后,夏原吉又被提升为户部左侍郎。有人向朱棣挑拨离间,说夏原吉在建文朝中用事,不可信用。朱棣置之不理,派他赴江南浙西治水,委以重任。夏原吉到浙西后,疏浚吴淞江下流,上接太湖,并因地建闸,用来蓄水或泄水。治水期间,夏原吉布衣徒步、日夜操劳,即使是在盛暑烈日之下,也不令仆人张盖遮阳,真正做到

夏原吉像

了与民同甘共苦。永乐三年(1405),户部尚书郁新死后,朱棣将夏原吉召回朝廷主管户部,主掌国家的财政大权。

夏原吉从全国的财政状况出发,提出"裁冗食,平赋役,严盐法、钱钞之禁,清仓场,广屯种,以给边苏民,且便商贾"的

建议，朱棣欣然采纳。夏原吉尽职尽责，努力熟悉财政业务，将户口、府库、田赋等数字都写成小条，揣在怀中，随时检阅。据说有一次朱棣向他问起天下钱谷数字，他的回答既迅速又准确具体，朱棣感到非常吃惊。

永乐十九年（1421）秋天明朝迁都北京，朱棣决定组织第三次亲征，向夏原吉询问边储情况。夏原吉据实相告："此年出师无功，军马储蓄，十丧八九，灾眚叠作，内外俱废。况圣躬少安，尚须调护，乞遣将往征，勿劳车驾。"朱棣一意孤行，将夏原吉逮捕下狱，幸亏杨荣等人出面劝说才幸免于难。直至仁宗朱高炽继位，才复官职。

夏原吉被逮下狱后，家被抄没，家中除皇帝的赐钞外，只有几件布衣、瓦器，由此可见，夏元吉为官之清廉。

夏原吉对明初经济的恢复和发展作出了突出的贡献，本人却廉洁自守，生活非常俭朴。他的弟弟到北京看望他，临走时，夏原吉只送给弟弟二石米。朱棣见到东西太少，觉得奇怪，夏原吉回答说："臣所遗俸已寄之，无以为赠。"朱棣过意不去，又赏赐了几匹好布。宣宗朱瞻基率军北巡，夏原吉随行，朱瞻基拿出夏原吉的干粮品尝，结果发现难以下咽，朱瞻基过意不去，赏赐给他一些为高官们特制的食品。

夏原吉还是一个难得的识大体顾大局的人物。朱棣在位期间，他经常被秘密召见，讨论国家大事，但对于讨论的实际情况他绝不外传。一次他和几个同事雪夜饮酒后回家，路过禁门，有人主张直接通过，夏原吉认为不可，即使没人监督也要依礼而行。朱棣迁都北京，赞成与反对者形成对立的阵营，闹得不可开交。夏原吉深感不安，为保证迁都之初的政治稳定，他主动承担责任，使矛盾缓和下来。朱瞻基继位之初，汉王朱高煦发动叛乱，夏原吉和杨荣等人力主皇帝御驾亲征，结果叛乱很快被平定。夏原吉为人非常大度，有雅量，"同列有善，即采纳之。或有小过，必为之掩覆"。平江伯陈瑄非常讨厌他，他却极力赞赏其才能。礼部尚书吕震曾在背后诬陷他，但当吕震为自己的儿子讨官时，夏原吉却为之力争。他的仆人不小心污损了皇帝所赐的金织衣服，他告诉仆人，脏了可洗不必害怕，有时仆人不小心污损了朝廷的文件，请求赐死，夏原吉却主动承担责任向皇帝请罪。山东唐赛儿领导的起义被镇压后，三千多人被俘，夏原吉却请求朱棣宽恕他们，使其免于杀害。史称其"有古大臣风烈"。

宣德五年（1430），夏原吉去世，朱瞻基封他为太师，谥号"忠靖"。此后，人们为了纪念他，还建祠立祭。其著作有《万乘肇基集》《东归稿》《夏忠靖集》等。

魏骥

魏骥（1373~1471），字仲房，号南斋，萧山城厢镇人，明朝清官。后历任太常博士、吏部考功员外郎、南京太常寺少卿、吏部左侍郎、礼部左侍郎、南京吏部侍郎、南京吏部尚书等职。其间，曾两度典试江西。

魏骥像

明永乐二年（1405）中举，次年进京会试，以进士副榜授官松江府儒学训导。任内，弟子有成就者众多。不久应召参加编修《永乐大典》。"土木堡之变"时，为对瓦剌用兵献计献策，屡被朝廷采纳施行。魏骥居官清正，不徇私情，有罪犯王纲，恶逆当杀，官员为其保释、请托，魏骥依法定刑。英宗复位后，其屡受命巡视京郊蝗灾，问民疾苦。

景泰元年（1450），魏骥告老还乡。居乡二十余年，布衣粗食，自奉甚俭。为解乡民水患之苦，先后倡议修筑螺山、石岩、毕公等堤塘涵闸十二处。为禁止富豪占湖为田，魏骥呼吁官府，发动乡民，清查私田，疏浚湖身，修筑涵闸，增高湖塘，使湘湖的蓄水量和农田受益面积增加。成化七年（1471），明宪宗因魏骥还乡后筑堤浚湖，有功乡里，特遣使问，赐羊酒，并命地方官每月供米三石，然使未至而病卒。钦赐祭葬，谥"文靖"。

魏骥在文学上的造诣颇深，文章淳朴典雅；诗则不求雕饰。著有《南斋前后集》《松江志》《萧山水利事述》《理学正义》《南斋摘稿》等。

顾 佐

顾佐（1376~1446），字礼卿，明代太康人，曾经任职吏部主事。

他出身于官宦世家。祖父顾泉，元代官至太常礼仪院佥院；父名澄，字景清，元时任山西阳城知县，终辽州知州，明洪武初授两浙盐运司库官。

顾佐自幼聪明，严遵父训，苦读诗书。于建文二年（1400）以明经科登进士第。任陕西庄浪知县。后被升任吏部主事。永乐初年，升监察御史，不久，奉命去广西庆远（今广西宜山）一带招抚少数民族，事毕还朝，又受命往四川督办采集木材，因处置有方，军民称便，甚合明成祖心意，于是就命他随驾北征，巡抚边关，很快升任江西按察副使。在任二年，又授应天府尹。他为官清廉，吏民敬服，人们把他比为"包孝肃"。永乐十九年（1421），为顺天府尹。当时北京的权贵们嫌他办事认真，不徇私情，

顾佐像

多感不便。不久就以"贵州新入版图，必得公勤廉干之人，以司风纪，振肃抚绥"为借口，让他出任贵州按察使。他奉母前往，不料母于途中病故，便扶柩归里安葬。三年后，于洪熙元年（1425），又奉诏任通政使。

顾佐性刚毅、重德操，持法严谨，为官三十多年，历五朝，所任皆有政声。宣德三年（1428），都御史刘观因贪赃被贬黜，大学士杨士奇、杨荣力荐顾佐继任，说他公正无私，素有威望，历任皆政绩卓著；特别是做京兆尹时，政治清明，弊端革除，等等。宣帝立即任他为都察院右都御史（正二品），并赐敕书，命他考核诸御史，不称职者罢免，缺员由顾佐荐举，报吏部补选。顾佐上任后，竭诚尽心，坚守节操，决心澄清风纪。经严格考核，奏请罢黜严皑、杨居正等二十人，贬谪为辽东各卫所小吏。另又降职八人，免职三人，接着举荐进士邓荣、国子生程富等四十余人任御史，经皇帝许可，试任三个月后再正式任职。这是顾佐对都察院吏制所作的第一次重大改革，但这次改革并非一帆风顺，他受到各种邪恶势力打击。后来杨居正等六人不服，又提出辩诉，皇帝很生气，把所有降职为吏的御史全部遣戍边境。不久，严皑从戍所偷偷回京，结帮行贿，妄图诬陷，被顾佐发觉，奏闻皇帝，皇帝处死严皑。纲纪为之一肃。

宣德八年（1433）秋，顾佐忽然中风，一年多病才稍愈，即扶杖就职。英宗继位不久，顾佐又对诸御史进行一次考核，对十五个不称职的人分别降职或免职。其中邵宗任御史已九年，也被降职。邵宗不满，向朝廷申辩，吏部尚书郭琎也说邵宗不该降职。英宗昏庸，听信郭琎，责备顾佐。这时御史张鹏等弹劾邵宗过失，英宗却认为张鹏等与顾佐串通同谋，有意欺压邵宗，于是再次痛责顾佐，顾佐看英宗昏聩无能，又值奸臣当道，宦官专权，不久便含愤辞归。临行时，公卿士大夫送别车马列满都门之外。

英宗正统十一年（1446）九月二十七日，顾佐病故于太康老家，次年五月十二日葬于祖茔西南一里许之善德村旁（即今县城西南七华里的顾坟）。万历三年（1575），朝廷追赠顾佐为少保，谥号"端肃"。

王翱

王翱（1384–1467）明代大臣，字九皋，祖籍滦州，明洪武出生于盐山（今河北省沧州市盐山县王帽圈村）。明朝政治人物，官至吏部尚书。

永乐十三年（1415），明成祖朱棣欲迁都北京，起用北方读书人，王翱经过两次考试，皆为上第。朱棣特赐食，封其为庶吉士，授大理寺左寺正。宣宗宣德元年（1426），经礼部侍郎杨士奇推荐，升为御史。后巡按四川，卓有建树。明英宗即位，任命他为左佥都御史，镇守江西，吏民畏爱。后又镇守陕西，提督辽东军务，屡立战功。代宗景泰元年（1453），主持枢密院事务，随即又任两广总督。次年被召回任吏部尚书。宪宗成化元年（1465）进太子太保，三年后病故，终年八十四岁，谥号"忠肃"。

明史文载

王翱，字九皋，盐山人。永乐十三年（1415），初会试贡士于行在。帝时欲定都北京，思得北士用之。翱两试皆上第，大喜，特召赐食。改庶吉士，授大理寺左寺正，左迁行人。

宣德元年（1426），以杨士奇荐，擢御史，时官吏有罪，不问重轻，许运砖还职。翱请犯赃吏但许赎罪，不得复官，以惩贪黩。帝从之。宣德五年（1430）巡按四川。松潘（即后文所言松藩）蛮窃发，都督陈怀驻成都，相去八百余里，不能制。翱上便宜五事：请移怀松藩；而松茂军粮于农隙齐力起运，护以官军，毋专累百姓，致被劫掠；吏不给由为民蠹，令自首毋隐；州县土司遍

王翱

设社学；会川银场年运米八千余石给军，往返劳费，请令有罪者纳粟自赎。诏所司议详运粮事，而迁蠹吏北京，余悉允行。

英宗即位，廷议遣文武大臣出镇守。擢翱右佥都御史，偕都督武兴镇江西，惩贪抑奸，吏民畏爱。正统二年（1437）召还院。四年，处州贼流劫广信，命翱往捕，尽俘以还。是年冬，松潘都指挥赵谅诱执国师商巴，掠其财，与同官赵得诬以叛。其弟小商巴怒，聚众剽掠。命翱及都督李安军二万征之。而巡按御史白其枉，诏审机进止。翱至，出商巴于狱，遣人招其弟，抚定余党，而劾诛谅，戍得，复商巴国师。松潘遂平。六年（1441）代陈镒镇陕西，军民之借粮不能偿者，核免之。

七年（1442）冬，提督辽东军务。翱以军令久驰，寇至，将士不力战，因诸将庭谒，责以失律罪，命左右曳出斩之。皆惶恐叩头，愿效死赎。翱乃躬行边，起山海关抵开原，缮城垣，浚沟堑。五里为堡，十里为屯，使烽燧相接。练将士，室鳏寡。军民大悦。又以边塞孤远，军饷匮，缘俗立法，令有罪得收赎。十余年间，得谷及牛羊数十万，边用以饶。

八年以九载满，进右副都御史。指挥孙璟鞭杀戍卒，其妻女哭之亦死。他卒诉璟杀一家三人。翱曰："卒死法，妻死夫，女死父，非杀也。"命璟偿其家葬薶费，璟感激。后参将辽东，追敌三百里，事李秉为名将。十二年与总兵曹义等出塞，击兀良哈，擒斩百余人，获畜产四千六百，进右都御史。十四年，诸将破敌广平山，进左。脱脱不花大举犯广宁，翱方阅兵，寇猝至，众溃。翱入城自保。或谓城不可守，翱手剑曰："敢言弃城者斩。"寇退，坐停俸半载。

景泰三年（1452），召还掌院事。易储，加太子太保。浔、梧瑶乱，总兵董兴、武毅推诿不任事，于谦请以翁信、陈旺易之，而特遣一大臣督军务，乃以命翱。两广有总督自翱始。翱至镇，将吏奢服，推诚抚谕，瑶人向化，部内无事。明年召入为吏部尚书。初，何文渊协王直掌铨，多私，为言官攻去。翱代，一循成宪。天顺改元，直致仕，翱始专部事。石亨欲去翱，翱乞休。已得请，李贤力争乃留。及贤为亨所逐，亦以翱言留，两人相得欢甚。帝每用人必咨贤，贤以推翱，以是翱得行其志。

帝眷翱厚，时召对便殿，称"先生"不名。而翱年几八十，多忘，尝令郎谈伦随入。帝问故，翱顿首曰："臣老矣，所聆圣谕，恐遗误，令此郎代识之，其人诚谨可信也。"帝喜，吏部主事曹恂已迁江西参议，遇疾还。翱以闻，命以主事回籍。恂怒，伺翱入朝，捽翱胸，掴其面，大声诟骂。事闻，下诏狱。翱具言恂实病，得斥归，时服其量。

五年加太子少保。成化元年进太子太保，雨雪免朝参。屡疏乞归，辄慰留，数遣医视疾。三年，疾甚，乃许致仕。未出都卒，年八十有四。赠太保，谥"忠肃"。

逸事十则

王翱请客

古人云："守身如玉当慎初"。身为朝廷命官，王翱始终不忘这句古训。

王翱从小家贫，年幼时受到过许多父老乡亲的帮助。做官不忘故乡情，王翱想请请众乡亲。乡亲们像过年一样，换上干净衣服来到王翱家做客。都说"王翱小子有良心，当官不忘穷乡亲。今儿个总算借王翱的光，开开眼界，开开胃口了"。终于开席了，先上了一桌子北京西山的"一兜蜜"大红柿子。这穷乡僻壤很少吃到柿子，大家都忘了礼让，只听见排山倒海、虎啸龙吟的吃柿子的声音。其中有个叫王二噶古的，却只吃了一个柿子——他等着吃下面的山珍海味呢。可是柿子吃完了，天都快黑了，却连一个冒着热气的菜也没等来，更别说什么山珍海味、珍贵名酒了。大家私下里议论开了："做了大官还那么小气，真扫兴！"王二噶古只吃了一个柿子，心里更是不甘："甭看对大伙这样，他自己还不知吃什么山珍海味、燕窝鱼翅呢。我倒要你家看到底吃什么饭"。第二天早饭时候，二噶古装着串门到王翱家，一进门，"哧"的一声，衣裳挂在了破损的门板上，扯了一大块；接着进屋，"梆"的一声，额头又碰在了上低矮的门框上，疼出一身汗。再一看王翱吃的，高粱窝头玉米粥，大葱抹酱腌咸菜，这不还是庄稼饭嘛。再看王翱吃得满脑袋是汗，还不住的尽让。二嘎古觉得胡猜疑对不住王翱，有些不自在，一动弹，"叭叽"一声，摔了个腚呱子。原来椅子有两根腿是叫木橛子顶住的。二嘎古一出王翱家的门，人们就都知道了：王翱是个清官，和咱老百姓一样穷。

跑马圈地

王翱出身贫苦，他的"草根情结"使他居庙堂之高也有着心系天下苍生的心怀。

黄骅县（古属盐山）羊三木村东有一块方圆不到二三百米的碱疙瘩地，叫"天官地"，这里是近海滩涂的荒碱野洼，常年寸草不生，王翱"跑马圈地"的故事就发生在这里。

王翱文韬武略，为大明江山和黎民百姓立下汗马功劳，被皇上封为"吏部天官"。回到家里，全家老幼欢天喜地；王翱却心事重重，愁容满面。令一家人好生纳闷。原来，皇上不光给王翱封官，还封地。赐给他一匹枣红骏马，让他扬鞭打马，跑到哪里就归他占有。封地会给百姓增加负担；不从，又属抗旨不遵，忤逆犯上。常言道："穷人三件宝，丑妻薄地破棉袄"，土地，那可是百姓的命根子啊！王翱本庄稼汉出身，得了高官厚禄，怎能忘了受穷的百姓？左右为难，紧锁眉头，倒剪双手，在厅内踱来踱去，以至彻夜未眠。

第二天，王翱备百丈长绳，骑着御赐高头大马，到了不见兔子不见獾的盐山大碱洼。盐山本是苦海沿边，遍地盐碱，羊三木一带更是不毛之地，到处白茫茫一片。多少年来，这里流传着一首歌谣："野洼数百里，一望尽荒凉。千里盐碱地，饿死兔和狼。"

王翱在羊三木下了马，命人楔一铁橛，用长绳拴上马缰，照着马屁股啪啪两鞭子，那骏马扬鬃奋蹄，围着铁橛飞跑起来。老百姓见了不知干什么，便问差役，差役说："王天官让跑马拣（碱）地哩。"从此，黎民百姓更加钦佩王翱了。

后来，王翱随皇上巡视到盐山。皇上见遍地盐碱，如同霜雪，到处是黄须菜，小狗棵，很少有庄稼。到了王帽圈村，见王翱的房舍简陋破旧，土房土屋，连砖都没有，房上还没梁。皇上很吃惊，指着房顶子说："老爱卿，你这没有梁（粮）？"王翱听了，灵机一动，赶紧叩头道："谢主隆恩。盐山苦海沿边，不生五谷，谢万岁免征钱粮。"皇帝见王翱机智，此地又确实贫困，就答应从今免征此地钱粮。

寸步不让

《明史》本传说："翱在铨部（吏部），谢绝请谒，公余恒宿直庐，非岁时朔望谒先祠，未尝归私第。"为了谢绝请托、秉公办事，王翱甚至住在了公署，常年不回家。所以在他任职期间，"门无私谒，权势请托不敢行"。

《记王忠肃公翱三事》中记载了这样两件事：

王翱只有一女，许配贾杰为妻。贾杰在京城附近做一小官，王翱夫人十分疼爱女儿，常常打发人去接女儿来家住住。每次去接，贾杰总不让走，还埋怨说："如果调我到京城，你们母女就可以天天在一起。岳父身为吏部之长，手里掌着调派大权，调我易如反掌，连这点小事也不办，你也就别想回家了。"王翱的女儿也无办法，于是给老母亲捎了信去。

中秋佳节，月明星稀，王翱全家老幼在院中纳凉赏月。王夫人殷勤备至，"置酒

跪白公"。王翱竟"大怒,取案上器击伤夫人",而且十多天住在公署没回家。女婿贾杰始终没有调进京城。

王翱的孙子王辉乖巧伶俐,很得爷爷喜欢。一天,王翱正在书房看书,忽然王辉推门进来,高兴地说:"爷爷,我要参加秋试。"说着,拿出官方印的试卷交给王翱。王翱拿着试卷皱起眉头,心想:阿辉没念几天书,仗着自己的声望入了太学,现在考场弊端很多,想到这里严肃地说:"阿辉,你确有真才实学,我怎么能埋没你的才学?可的书底儿我还不知道吗,若遇到糊涂主考官,你考取了,却误了另一个穷秀才的前程。你吃得好穿得暖,何必强所不能呢?还是别考了。"说着将试卷给烧了。望着腾起的火焰,当爷爷的还不忘唠叨几句:"堂堂正正,诚实正直才是七尺男儿的本色,才能让人觉得至尊崇高!"

沙盈代纸

王翱幼时聪敏过人,有过目不忘之才,书读一二遍就能记诵。又知勤奋,学习成绩很好,爸爸王得林对他更是喜爱,常鼓励王翱说:"庄稼辛苦到秋有饭吃,秀才勤读到了有官做。好好念吧,长大考个一官半职,为国出力,也不受这苦日子煎熬。"他对王翱念书很是支持,老两口子省吃俭用,省下钱供王翱上学。王翱见家里的日子这么穷,也越加节俭。他把写了小楷的纸练写大仿,正面写了反面写。尽管这样,还要经常买纸。这天王翱的练字纸用完了,又向爸妈要钱买纸。爸爸用手扶着脑袋不住地叹气,妈妈在炕上缝补着爸爸的破裤子,不断地打唉声。青黄不接,锯底朝天,哪还有钱买纸笔?王翱见大人发愁,后悔自己不懂事,于是跑到门前池塘边的大柳树下,蹲在地上,用手指头在地上划着玩。忽然心里一亮,连跳带蹦地跑回家去,进门就大声说:"有纸了,有了写不完的纸。"爸妈都愣了,问:"哪来的纸?""就地当纸。"爸妈听了苦笑了笑,问:"傻孩子,怎么背着地去上学呀?""用个木框框起来。""唉,傻孩子,那怎么装?""怎么不能装?"王翱说着跑出去了,不一会端着半簸箕沙土来了。王翱用手将沙土抹平,用手指写了四个大字:沙盘代纸。王得林锯了比石板大点的一块木板,周围用板条打了小沿,铺上沙土,让王翱用来写字。

梁与粮

相传,和王翱同朝为官的有一个杨天官,山东人氏。一日君臣词话,皇帝问起他们家乡情况,杨天官说:"我们山东沃野千里,斗地石粮。"皇帝摇摇头,微微一笑,说:"斗地岂能打石粮?""我们那里绿树成荫,果树成片,一树收的果子,可抵一石多粮。"皇帝点头称是。又问王翱,王翱说:"我们盐山,苦海沿边。""长些什么?""遍地盘山果(俗名地瓜楳子),长年不落花(俗名小狗楳子)。"皇帝说:"待天气转暖,到盐山观光一番。""万岁,去不得哟,那里苦得很,蚊虫大如麻雀。""寡人从来听说过,到时捉来一瞧。"后来,王翱令人捉来一只啄木鸟,藏在袖子里去见皇上。行过大礼后,王翱说:"万岁,臣捉来一只蚊子。"王翱说着一扬手,啄木鸟落在金銮殿的玉柱上'啃啃'啄凿起来。皇帝见了,说:"哦,这么凶恶的蚊虫,盐山黎民好苦啊。"王翱说:"庄稼收成无几,百姓刮碱土,熬小盐,故名盐山,常年以糠菜充饥。"

后来,王翱随皇上巡视到盐山。皇上见遍地盐碱,如同霜雪,到处是黄须菜,小狗楳,很少有庄稼。到了王帽圈村,见王翱的房舍简陋破旧,土房土屋,连砖鞯都没有,房上还没梁。皇上很吃惊,指着房顶子说:"老爱卿,你这没有梁?"王翱听了,灵机一动,赶紧叩头道:"谢主隆恩。盐山苦海沿边,不生五谷,谢万岁免征钱粮。"皇帝见王翱机智,此地又确实贫困,为维护自己的金口玉言,就答应了。老百姓听说后,无不感激王翱。

皇帝到了山东,见天官杨府雕梁画栋,蹲门狮子张口兽。土地肥沃,百姓富足,令征双粮。当地百姓,早已听到杨天官在皇帝面前吹大话的事;杨家又横行乡里,一增钱粮,百姓怨声载道,大骂杨天官。杨天官认为这是王翱搞的鬼。斗智斗不过王翱,王翱为官清正又无辫子可抓,就组织门客编写了《杨二舍化缘》这出戏,影射王翱,借杨二舍和王美容的口,骂王翱,以发泄自己的私愤。

麓影退赃官

王翱有个远房孙子,叫王福,在交河县财主刘双山家扛活。有一年,河间府剪知府携带亲眷去平原县走亲,家眷仆人四五十个,要在刘双山家住一宿,名目:"贴公馆"。这知府是个贪官,搜刮民财,不择手段。一月前就来了信,老刘说:"过官如下霜。我得倾家荡产,咱土门土户,哪经得糟蹋呀!"王福听后,沉吟片刻说:"东家可知道吏部天官王翱?""那是名臣清官,谁不知道?""我和王天官是本家。盐山有皇上和天官的画影,如果咱借来挂在客厅,曹知府就不敢动咱一根毫毛。""唉,咱能借得来吗?""我试试。""你要请来,我给你十亩白花地。"刘双山像遇见了救星,高兴地说。王福回到家,找到本家族长,说明来意,便把画影请来了。这幅中堂画的是王翱正和皇上对弈,太子提壶一边

伺候。御笔亲书一副对联,上联:"天下文官祖;"下联:"兵部车甲师。"刘双山将画影、对联悬挂好,等着曹知府。这天曹知府到了,刘双山迎到家里,说:"知府大人,大客厅悬有万岁与王尚书画影,请去参拜。""啊!"曹知府心想:"王翱哪个不知,哪个不晓,是吏部天官,顶头上司,像宋朝包文正一样,执法如山。"脑门子上立时渗出了汗珠子。走到院子就跪下了。……曹知府只吃了顿饭,便滚蛋了。

火烧试卷

一天,王翱正在书房看书,忽然孙子王辉推门进来了,高兴地说:"爷爷,今年我要参加秋试。"说着,拿出官方印的试卷交给王翱。王翱拿着试卷皱起眉头,心想:阿辉没念几天书,仗着自己的声望入了太学,现在考场弊端很多,想到这里严肃地说:"阿辉,如果你确有真才实学,我怎么能埋没你的才学?像你这样不识几个字的书底儿,如果遇到糊涂主考官,考取了,误了一个穷秀才的前程。你吃得好穿得暖,何必强所不能呢?别考了。"说着将试卷给烧了,王辉见试卷上了西天,立时呆若木鸡。

闸官升迁

这年春天,王翱按照皇上的旨意,坐船从运河下江南考察地方官员。船桅杆上挂着锦旗,上写"吏部"二字。这天路过山东济宁闸口,这里是水旱码头,等候过闸的船只像成群的蚂蚁。客商私船见了天官的船只,都自动让开,大船很快驶到闸前。这时,只见护闸官员,晃着彩旗,大声喊道:"要按先后顺序过闸!"随从张宝山大喝一声:"我们是吏部的官船!""这是规矩,皇朝贵官也不能破例。"张宝山一听,就回禀了王翱。王翱说:"我们是皇帝命官,更应该遵守地方法规。"结果调转船头,按序

过闸。众随从跟王天官走遍天下，到哪里不是脚面的水平蹬？今儿吃了个窝脖，觉得别扭，不免在王翱面前抱怨起来。王翱听了不语，捻着胡子发笑。

从江南回京后不久，王翱传话叫济宁护闸官赵章进京。这一下众差役可乐了，都说，哼！这回叫你知道是铁打的了。"赵章！"一声高呼，吏部天官王翱端坐在正堂，衙役三班列队两旁。赵章心里像敲鼓，得罪了吏部大人，乌纱难保，就是性命恐怕也保不住。冠冕堂皇的大明律条写得明明白白：徇私舞弊的斩，明知故犯罪加一等。真正做了，就吃不了兜着走。"给天官大人叩头。"赵章叩了头就专等挨板子了，脊梁骨都出了冷汗。"你就是济宁护闸的赵章吗？""小人便是。""请起落座。""小人有罪，不敢。"赵章的头几乎挨到地上。王翱闻听，哈哈大笑，他站起来走到赵章身边，将他扶起来，让他坐下。赵章和众衙役纳闷起来，王翱说："你身为护闸小官，却不畏权贵，照章办事，在当今之世实在了不起。治理江山就要这样。现调你到吏部掌管官员的考绩。"

赵章好像在做梦，像个木头人一样地坐着，不知不觉地流下沮来。

金殿求情

吏部主事曹恂调往江西当参议，不久回京了。王翱禀报皇上，皇上很不高兴，认为曹恂不愿离开京城，责令削职回乡。曹恂大为不满。这天清早，太阳还没出来，王翱坐着轿子去上朝。正走着，吏部主事曹恂怒冲冲地走上来。众衙役认识曹主事。以为有事，没有阻拦，把轿停下了。只见曹恂走过去，抓住王翱的胸口，啪就是一巴掌，并大声骂道："好你老贼，我叫你胡言乱语，陷害好人！"这一下子把王翱打懵了，摸着火辣辣的脸，如同木鸡。打了吏部天官，这还了得！众衙役蜂拥而上，将曹恂抓了起来。王翱却厉声说："休要无理！顺轿！"众衙役心里话：还是吏部天官，管官的官，在大庭广众面前，叫手下的打了，不哼不哈，真太孬了。打了皇家的一品官，这消息很快传进朝里，传遍京都。皇帝龙颜大怒，下旨将曹恂绑赴金殿审问。这时，王翱走上金殿。曹恂心想完了，这老匹夫一定投井下石。便狠狠地瞪了王翱一眼。皇上说："有何本奏？""启禀万岁，曹主事确系因病回京，都怪老臣年迈糊涂，访查不实，请将曹主事赦免。""拦路打我皇家命官，这还了得，岂能饶恕？""曹主事为国操劳，劳苦功高。老臣挨打是对访查不细的教训，还是赦免了吧。""王子犯法，与庶民同罪。曹恂触犯王法德条，决不饶你下殿去吧。""如若非判曹主事之罪不可，老臣我愿担干系。"皇帝和众大臣听了很受感动，那曹主事已掉下了热泪。皇上说："老王宽宏大量，实在难能可贵。看在老王的面上，曹恂下殿去吧，今后不得无理。"

宝归原主

王翱在辽东监督军务的时候，和一个监军太监荣公相好。以后王翱由两广总督升任吏部尚书，回京就任，便寻找过去在辽东同事的监军太监荣公的后代。后来找到了他的两个侄子，王翱便请到府内，对他们说："你们叔父荣公为官清廉，恐怕给你们遗留的财产不多，日子不富裕吧。如果有什么困难可到我府领取。"二人心想：哼，好话好听吧！你这穷官，还有银子帮助我们？不过说句客气话罢了。就随便说了声："好吧。"以后，王翱见了荣公的两个侄子总是问他们，日子难不难，是否需用银两。一连几次。二人好生奇怪，商量说："既然王天官经常问，必定真心实意，咱写一张买房契据，看他怎样？"于是二人写了一张假房契，列价500两银子，便带着去天官府，见面寒暄以后，王翱又问起是否困难，二人见问，双手呈上房契说："买了一所房子，准备开座小店，无钱还债。"

王翱看过房契，微微一笑，取来一件皮袄。两个人心里纳闷，心里说，怎么样？到真事上就完了！二人好生不快。这时就听"哧啦"的一声，王翱将袄撕开，取出一个红包来。二人瞠目结舌。这是什么？只见王翱笑嘻嘻地将红包递给他俩。二人接到手里一看，上写两行蝇头小字，是先人荣公的笔迹。写的是：赠王都察院惠存，荣顿首拜。封固完好。二人纳闷，这是什么呢？王翱示意拆封。拆开一看，嘀，亮晶晶，光闪闪，耀人眼目。两人都惊呆了。原来是两对明晃晃的宝珠。二人心发热，眼发酸，"扑通"一声给王翱跪下了，含着满眼泪水说："王大人，这宝珠是先人给您老人家的，小侄万万不敢收。"王翱闻听哈哈大笑，扶起他们，说："俗话讲，物归原主。在辽东时，我与荣公志同道合，共抗外侮，结成莫逆之交。我调两广，离别时，荣公非赠给我先皇所赐宝珠不可。盛情难却，我便收下了。现在你们困难，就拿去置点产业吧。"二人听罢，感动得热泪涟涟。心里话，王天官真是清官，名不虚传啊！

人物墓葬

王翱墓建于明成化四年（1468），当时规模宏大，占地面积30顷，建筑面积40亩，内砖墙围护，长宽各240米，略呈正方形。墙四周植松柏，正门坐北向南，进门后中央为神道。两侧依次排列着石猴、石羊、石侍俑，然后是两柱高约两丈的望天候华表。华表过后为四石马，两卧两立，东西相向，石马过后即为高大石坊，坊后一字排列蛟龙座碑四幢，正中两碑略高于两侧两碑（正中碑尺寸长3.68米×宽0.94米×厚0.24米；两侧碑尺寸长2.27米×宽0.90米×厚0.24米），西侧一幢是吏部侍郎叶盛的祭文，东侧一幢为成化皇帝朱见深祭文，正中一幢为礼部尚书姚夔撰写的王翱生平行状。另一幢因侧倒多年，文字向内而遭雨水荡击，内容不详。四幢碑均为白色大理石质料，碑文书法清秀，打破宫闱风格，距碑刻约60米之前方，设石供桌，长丈余，宽5尺，下有石鼓支撑，石桌后有一碑亭，亭内嵌有神道碑一幢，再北10余米为王翱墓，墓丘直径约8米，高约6米。王翱陵墓新中国成立后定为河北省级文物古迹保护单位。

经数百年风化，石雕残损，华表碑亭石坊均不知所之。据村民说，新中国成立后尚见一小部分物事，石供桌尚存，损毁一角，今已不见，据云埋入地下，或云被他人车载而去。除石碑石马外，其余石雕全部湮埋于地下。1995年春修辛大公路时挖掘出一部分，但大都已破损不全已成废石。

"文化大革命"中，王翱陵墓曾被挖掘，墓上层为白垩混合土，下层为米浆土，储存空木棺，有碑志一幢，今佚。再下层为

损毁严重的王翱墓

砖砌墓室,覆盖几块青石板,青石板下为幽深水潭,神秘莫测。"造反派"竟投手雷,然而不爆。见此状惊惧无措,惶惶未敢动,纷纷自保作鸟兽散。现墓地绝大部分已成农田。修辛大公路时,国家为之铺通向墓地之神道近200余米。原陵墓南北西乃陵墓围墙,为可行进之车马大道。现在砖墙、松柏均无存。王翱墓如一平常坟丘,寂寂面对残碑败石。

何文渊

何文渊(1385~1457),字巨川,号东园,又号钝庵,明广昌县盱江镇(今江西广昌)人。历任监察御史、温州知府、刑部右侍郎、吏部左侍郎等职。

其先祖何坦为宋淳祐年间广东提刑,精于吏治,处事严格,弹劾贪官,不徇私舞弊,以"廉平之行,为岭南首称"闻名。其父有厚德,好扶贫济困。何文渊自幼受家庭熏陶,勤学苦读,博览群书,有品德。

永乐十六年(1418)举进士,授湖广道监察御史,历按山东、四川。乌蒙(今云南昭通)什伽诬告知府禄昭谋反,何文渊为昭辩白。洪熙元年(1425),奉旨考察吏治,据实劾罢工部侍郎杨和、参议金文斌、副使张铭等贪官酷吏300余人。人称"铁面御史"。

宣德五年(1430),由都御史顾佐荐举,皇帝赐其一道"凡公差官员等人,有违法害民者就提人解案"、奏章可直辖内阁的敕书。何文渊在温州任知府六年,兴利除弊,组织群众疏浚瑞安渠,受益粮田达2000顷。他为政宽严得当,常以传统道德规劝士民,平息争端;对贪官污吏则绳之以法。宣德七年(1432),何文渊奉诏进京述职,永嘉县丞率士民于道中欲赠以黄金,他婉言谢绝。其清正廉洁,使素以难治闻名于朝的温州出现"家给人足,讼简风淳"的好风气,考绩时获"治行为浙东第一"。皇帝赐玺书,增俸二级,升为刑部右侍郎,督两淮盐课。《温州府志》把他列为明代名宦,当地曾立《何公文渊画像碑》于先贤祠以示纪念。

正统三年(1438),麓川(今云南瑞丽)宣慰使思任发反明,朝廷臣僚多主派兵

浙江丽水却金馆村孝子坊

剿灭，何文渊上疏详述出兵利弊，主张采取抚喻之策，未被采纳。正统五年（1440），两畿、山东、河南、浙江、江西大水，江河泛滥成灾。七月，何文渊等奉旨到各地察看灾情，赈救灾民。正统六年（1441）五月，因疏议不当被捕入狱，后以疾告归。

景泰元年（1450），何文渊又被起用，为吏部左侍郎。次年，升吏部尚书。三年（1452）四月，加衔太子太保。四年（1453），对贵州等地苗民起兵一事，意见与其他大臣不合，被给事中林聪弹劾下狱。

未几，被释归故里。景泰八年（1437）正月，英宗复位，削去何文渊加官。又因在景泰中易储诏书里"父有天下传之子"一语系出自何文渊，英宗传命逮捕，何文渊被迫自缢，终年73岁。

何文渊学识渊博，通晓天文地理，奏、疏、策、议写得很有文采，善诗。其著作有《东园集》《义庭训》《四书讲义》《礼记解义》《钝庵奏议》《牧民备用书》《司刑备用书》等。

商 辂

商辂（1414~1486），字宏载，号素庵，明浙江淳安芝山（今里商乡里商村）人，历仕英宗、代宗、宪宗三朝，累官至内阁秩一品事，为一时名臣。官至兵部尚书、户部尚书、吏部尚书。

年幼时，其母解氏授以《孝经》《论语》，习字礼让，13岁时便能做文成理。22岁浙江乡试第一名，中解元，32岁得会元，殿试时英宗亲赐状元及第，"终明之世，三试第一者，辂一人而已"。历任兵部尚书、户部尚书兼文渊阁大学士、吏部尚书、太子少保、谨身殿大学士。

正统十四年（1449），"土木堡之变"明军大败，英宗被俘，瓦剌也先大举入侵，人心惴惴。商辂偕群臣，恳请郕王即帝位，是为代宗。时有侍讲徐珵倡言南迁，商辂与兵部侍郎于谦上疏抗言："京师为天下根本，若一动，宋南渡之事可鉴也。一步得离此！"至敌临城下，商辂与二三大臣统筹经略战守事。景

商辂像

泰元年（1450）八月，英宗朱祁镇被送还北京，代宗表面上热烈欢迎"太上皇"，暗地里串通心腹，废除了英宗儿子朱见深的皇储地位，立自己儿子朱见济为太子。代宗唯恐大臣们不从，各赐金银元宝，一时升迁者甚众，

致有"满朝皆太保,一部两尚书"之谣。唯独商辂拒不接受皇上所封"保傅"之职,表明了他在"易储"问题上的持正立场。天顺元年(1457)正月,被软禁在南宫的英宗在一些旧臣的勾结拥戴下,乘代宗病重发动"夺门之变",一举复辟成功。英宗重新执政后,第一个召见商辂,与商国是。在用人问题上,英宗提出,"像陈循这样的人不能用",而商辂却向皇上进言,"陈循历事累朝,老成练达",更何况"陛下初复大位,宜新天下耳,不宜有此议"。英宗听取了商辂的意见,任用如故。时有石亨、张𫐄、杨善等窃弄权威,势焰可畏,商辂从容不迫,与他们辩论不已。因此,石亨之辈忌恨商辂,屡加弹劾,大肆诬陷,商洛终因于谦事牵连下狱,最后被削职除名,贬斥为民,时年仅44岁。在罢官居家的10年中,多在深洞岭下"仙居书屋"赋诗自娱,并悉心募工,凿山开道,去险就夷,为乡梓做好事。成化二年(1466),宪宗朱见深召辂复出,以故官入内阁参与机务。不久,言官林诚、胡琛等交章诋毁商辂,说皇上用他不当。宪宗不信谗言,即升商辂为兵部尚书,兼职如故。同时,要加罪林诚、胡琛等人,商辂忙向宪宗进言:"臣尝请优容言者,奈何因论臣复责言乎?"宪宗喜曰:"真大臣也!"

商辂为人平粹简重,宽厚有容,至临大事、决大议,毅然莫能夺。他直言持正、刚正不阿。景泰间,"塞上腴田为势豪侵据,商辂请还之";乾清宫门火灾,工部请采木川、湖,商辂极力劝阻稍缓;开封、凤阳诸府饥民流徙济宁、临清,商辂招垦畿内八府,给粮种,使民有所养。成化间,周太后管庄的内吏侵占民间地产,众民与内吏械斗。太后大怒,"欲尽徙苏民之边者,计八十余家"。商辂据理力争:"天子以天下为家,何以庄为?""只有内吏侵占民地,未有平民百姓敢侵占官地者。"众民遂得安宁,而免徙边庭。成化十四年(1478),司礼太监汪直设西厂,横恣无比,权倾朝野。商辂上疏抗言,力罢西厂。先是宪宗览疏不悦,认为"朕用一内臣,焉得系国安危乎?"于是传旨诘责甚厉。商辂力谏:"朝臣无大小,有罪皆请旨取问。汪直辈擅自抄收三品以上京官,擒械南京留守大臣,害得大臣不安于职,商贾不安于市,旅行不安于途,士卒不安于伍,庶民不安于业,如此辈不黜,国家危乎、安乎?"遂立命撤去西厂。不久,汪直心腹韦瑛等亦坐"诬缉妖言"而斩于市,人心大快。事隔不多久,终因得罪宦官,以"疾作休致"而辞归故里。后居家10年而卒,赠太傅,谥"文毅"。著有《商文毅疏稿略》《商文毅公集》《蔗山笔麈》,编纂《宋元通鉴纲目》等书。

王 恕

王恕(1416~1508),字宗贯,号介庵,又号石渠。明三原(今属陕西)人,官至吏部尚书加太子太保。

他是英宗正统十三年(1448)的进士,后被选拔为庶吉士,先后做过大理寺左评事、左寺副,后又历任扬州知府、江西布政使、河南巡抚、南京刑部左侍郎、左副都御史、南京兵部书兼左副都御史、吏部尚书、

陕西三原县宏道书院

太子太保等，为官十九任。

王恕的三原学派本属关学的分支，赞同孟子尽心知性知天的学说，而且注重培养内在气质，但是王恕认为，古代的学者都在言行方面做学问，而在理论上难有建树，他更专注于正言论、辨是非。他将学与行紧密结合为一体，在自然观方面，王恕持有神论、泛神论，谓"鬼神之谓德"能生长万物，福善祸淫，其感无以复加。鬼神视而弗见，听而弗闻，无形无声，但其以物为体，无物不有，如门有门神、灶有灶神，木主为鬼神之所栖。鬼神有感必应，故使人敬畏而致祭祀。但他又指出，所谓对鬼神祭之"如在""言非实有也"，其言前后矛盾。关于心性问题，王恕认为，性乃天之所命，人之所受，性即天理之流行，因而性是善的，顺理而善者为性之本，不顺理而恶者非性之本。他不同意"已然之迹便是性"的说法，认为已然之迹已经有善有恶，故不能称为性。王恕言性，似乎排除了"气质之性"，而将其归结为纯善的天理之性。他认为性之理"甚微"，故当"尽心而穷究之"。"尽心"在"知性"之前，为"知性"的途径，所以他提出朱熹《四书集注》言"知性乃能尽心"为"不无颠倒"。关于"天理""人欲"关系，王恕持对立论，认为天理人欲相为消长，有天理即无人欲，有人欲即无天理。在经济思想方面，王恕批驳了企图恢复井田制的主张，认为井田之法令不可行。王恕于儒家经典及传注，每有新解。认为《论语·子罕》颜渊唱然叹曰"仰之弥高，钻之弥坚，瞻之在前，忽焉在后"，系颜渊"言己不定见，非圣道之有高坚前后也"。谓朱熹《四书集注》以为系颜渊深知孔子之道无穷尽、无方体而叹之为"非是"。认为《春秋》系孔子根据左丘明所作鲁史而撰写，非左丘明据孔子所修《春秋》而作传。王恕著有《石渠意见》，系其年84而著，其后，年86为《拾遗》，年88为《补缺》。有《王端毅公奏议》15卷、《历代名臣谏议录》124卷。

巡查云南时，弹劾"生事边陲，扰害夷方"的镇守太监钱能；任职南京，反对给皇帝贡献珍奇，维护地方利益；执掌吏部，力主限制皇权，健全监察制度和政治制度。晚年回归故里，致力于理学研究，成为"三原学派"的创始人；支持幼子王承裕首创宏道书院，为西北诸省培养了众多人才。

马文升

马文升,字负图,号约斋、三峰居士。钧州(今河南禹州)人,累任左副都御史、兵部右侍郎、右都御史、兵部尚书、吏部尚书等职。

马文升身材魁梧有力,景泰二年(1451)考中进士及第,然后做了御史。他先后做过山西、湖广等省的御史,在位期间,政治清明,明辨是非,为百姓称颂。后来母亲去世,守丧期满后,他升为福建按察使。成化初年,朝廷召他为南京大理卿,后来父亲又离世,便回家守丧。

满四之乱爆发后,陕西巡抚陈价派小吏奔赴马文升的家中请他做右副都御史。他疾驰到军营中,与总督项忠讨论平乱之策。叛乱平息后,他被任命为左副都御史同时兼职巡抚。马文升多次上奏选将练兵事宜,并修建安边营到铁边城的烽火台,消灭叛贼。西固番族中负隅顽抗的全部被他歼灭。后来他执掌茶政,从少数民族地区购买8000多匹马给士兵用。他先后救济巩昌、临洮的饥民,安抚流亡的百姓,在位期间政绩显赫。当时,一些少数民族经常骚扰边境地区,马文升向朝廷请命驻兵于韦州以威慑那些犯边的少数民族,并且设下埋伏和碉堡以待来犯之敌。后来他在黑水口大败敌军,生擒平章事迭烈孙,又于汤羊岭击败他们,并命名汤羊岭为"得胜坡",他在那里刻碑石纪念这次胜利,然后凯旋。马文升因为战功显赫而受到皇上的赏识。

成化十一年(1475)春,马文升统领三边军务,不久便升为兵部右侍郎。次年八月,他整饬辽东军务。巡抚陈钺贪财狡诈,

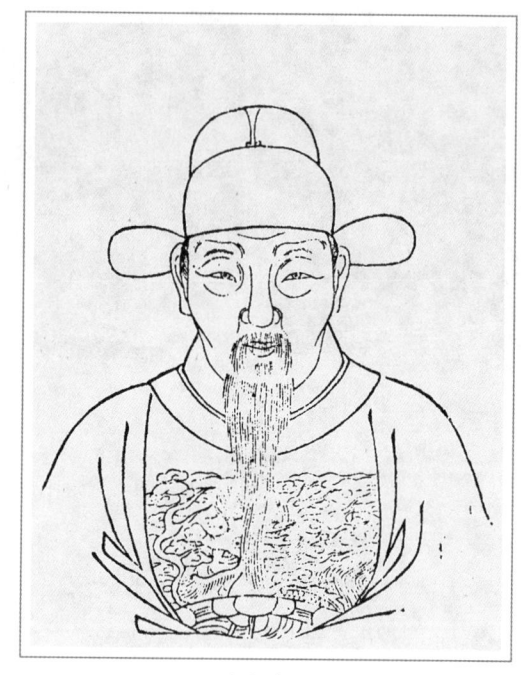

马文升像

将士们只要有一点小过错就会被他罚马,因此马匹的价格一路飙升。马文升上疏朝廷15条关于边防的建议,但是没有得到朝廷的批准,而巡抚陈钺便借此机会诬陷马文升,于是他便又被贬谪为兵部左侍郎。

成化十四年(1478)春,陈钺因假报功劳请求赏赐的事情被揭发而叛变,中官汪直想亲自平定,宪宗命令司礼太监怀恩等七个人召见内阁兵部商讨此事,怀恩想派遣大臣前去安抚,这样一来便与汪直的意见有所冲突,马文升赶紧对宪宗说:"我很支持怀恩的建议!"因为怀恩是皇上身边的太监,所以他便私下里对皇上说,"这件事让马文升前去安抚最佳。"皇上便让马文升前去安抚陈钺。马文升快马加鞭直奔陈钺营地,宣读

了圣旨，在场的士兵都接受了朝廷的安抚。由于安抚有功，马文升得到了世袭官职的权利，汪直心生抢功的想法，便也向皇上申请携带圣旨前去进一步安抚，然而等他到了营地以后马文升却直接将功劳让给了汪直，后者顿时心生惭愧。后来马文升和汪直分庭对抗，汪直很气愤。陈钺也主动跟汪直靠拢站在同一阵营上与马文升对抗。

在朝廷内部的争权夺势斗争中，马文升沉着稳重，与汪直、陈钺二人周旋的事情充分显示了他在官场上的政治才能。

成化十九年（1483），汪直一派垮台，马文升官复原职。次年，朝廷任命他为左副都御史，巡抚辽东。马文升所到之处，军民都欢舞称庆。

成化二十一年（1485），马文升被擢升为右都御史，监督漕运事宜。淮州、徐州饿殍遍野，他调动江南粮食10万石，还有价值5万两的官盐来赈济灾民。当年冬季，他被擢升为兵部尚书。次年，被调往南京。

明孝宗继位后，任命他为左都御史。弘治元年（1488），马文升上奏，希望能罢黜北方一代的恶俗，皇上接纳了他的建议。他又上疏15项关于政治的奏议，皆被朝廷采纳。御史徐珪、贺霖因为接旨失礼而被捕入狱。马文升对孝宗说："皇上刚刚继位，不宜对那些直言进谏的言官治罪，希望皇上能够原谅他们！"孝宗接受了马文升的建议，于是他们二人得以释放。没过多久，他便被起任为十二团营提督。

次年，他代替余子俊出任兵部尚书，同时还兼职十二团营提督。此时国家太平已久，兵事便渐渐被荒废，西北部落经常窥探边塞的防御情况。马文升严格核查众将领，罢黜懦弱者达30余人。这件事触怒了不少贪官污吏，他们晚上带着弓箭在马文升的家门

口埋伏意图谋害他，甚至将诽谤的书信用弓箭射入东长安门内。孝宗听闻此事，便派遣锦衣卫前去缉拿这些人，同时派给马文升12名骑士以保护他的安全。马文升请求辞官，但是没有得到皇上的批准。

当时北方的小王子率数万骑兵直逼大同要塞，来势汹汹，势不可当，马文升当时正好生病在家，孝宗便派遣中官协同御医一起前往探望他。马文升听了前线的简报后说道："对方在其他地方大败的话，便不能继续前进，你们带领守军将士秘密准备，而前线的士兵们则开始佯攻，这样一来他们必定迅速撤退。"后来果然如马文升所言，敌军真的撤退了。后来马文升的母亲去世，但是朝廷不允许他回家守丧。当时西北的边陲小国想与朝廷发展贸易关系，并且每年会向朝廷进贡，巡抚许进、总兵官刘宁便去找马文升商讨此事，马文升说："贸易关系可以建立，但是讲贡就不必了。"

在此不久，吐鲁番袭击了陕、巴一带，并且派牙兰据守哈密，后来又攻陷沙洲，逼近罕东一代。马文升随即与同僚商议此事，他说，这群贼寇如果不遭到重创的话，他们是不会害怕的，我们应该调动罕东3000兵力作为前锋，然后再派遣汉中3000兵力前去支援，对他们进行持续打击！吐鲁番军队遭到重创后撤军，马文升继续向皇上启奏，调用罕东、赤斤和哈密的兵力，任用副总兵彭清为将军，陪同巡抚徐进前往征讨，果然，朝廷军队大败吐鲁番之敌。此一役，充分展现了马文升在用兵作战上的军事才能。

马文升在兵部任职13年，尽心于军务中，在屯田、马政、边防、守御等方面提出了不少建议。在一些国家大事上，尽管不在他的权力范围内，他也知无不言言无不尽。他对皇上说，太子已经4岁了，应该尽早教

育。于是皇上便选了一名老练的书吏来扶持太子。

孝宗驾崩，马文升承遗诏宣763个官员入朝，只留下太仆卿李纶等17个人，其余的全部淘汰。正德元年（1506），御用监中官王瑞想重新起用之前被裁掉的7名官员，马文升反对他的意见。后来给事中安奎刺得瑞纳受贿，马文升上奏弹劾他，瑞很气愤，污蔑马文升抗旨，不过皇上很信任马文升，所以这件事并没有影响到马文升的仕途。后来因为厌倦朝堂内的争权夺势，马文升申请辞官，但是没有得到皇上的允许。

当时，朝政已经移到中官，马文升也已年迈，心怀退隐的念头。正好赶上两广总督一职空缺，马文升推荐兵部侍郎熊绣，但是熊绣不想去做这个总督，于是他的同乡何天衢便弹劾马文升徇私。马文升连续数次上书请求辞官，皇上这才批准了他的请求。赐予他玺书、乘传，每月还有退休金。

正德三年（1508），刘瑾叛乱，马文升被牵连入狱，正德五年（1510）六月，马文升去世，享年85岁。刘瑾叛乱被平息后，朝廷追封他为特进光禄大夫、太傅，谥号"端肃"。

马文升能文善武，而且机智多变，朝廷大事往往都要与之商议。他在边防方面功劳卓著，连一些少数民族的人都很钦佩他。他重气节，素清廉，虽然遭到谗言，在仕途上命运多舛，但是这些挫折都改变不了他的性格。嘉靖初年，马文升被追赠为左柱国、太师。

黎淳

黎淳（1427~1491），字太仆，号朴庵，湖广华客（今华容县胜峰乡龙秀村）人，明成化年间曾任吏部左侍郎。

黎淳本姓杨，从姑父姓黎。他少有大志，曾作《爆竹诗》："自怜结束小身体，一点芳心未肯灰。时节到来寒焰发，万人头上一声雷。"是由名声大震。明景泰七年（1456），乡试中举，翌年中进士，殿试点为状元，授翰林院修撰，参与撰修《大明一统志》。成化元年（1465），宪宗朱见深继位，黎淳担任为皇帝讲解经史的职官，一年后，升任太子官中的左谕德，负责对皇太子的讽谏规劝。成化二年（1466），修成《睿皇帝（英宗朱祁镇）实录》，升左庶子。十三年（1477），修成《续资治通鉴纲目》，升任掌管太子东宫内外事务的少詹事。次年升为吏部左侍郎。弘治元年（1488），调升南京工部尚书，旋又改任礼部尚书。四年（1491），以年老多病，辞官回乡。五年（1492），孝宗朱祐樘下诏进黎淳为一品阶荣禄大夫。不久，病逝，终年64岁。朝廷赐祭葬，谥"文僖"。世称黎文僖。

黎淳任吏部左侍郎时，量才选官，不徇私情，不受请托。虽至爱亲朋，从不假以辞色。对于卖官鬻爵、徇私用人的事件，他深恶痛绝，吏部一时弊绝风清。他在南京任工部尚书时，有华容人任江苏华亭县令，将当地特产云布一裹送给黎淳。黎淳并不开拆包裹，即挥笔在封裹上写道："昔之县令，栽桑种麻；今之县令，锦上添花。"原封退回。华容人谢文献任江苏宜兴县令，犯受贿罪，被拘捕追赃甚急，托黎出面求情。黎义正词严道："县令受贿，正该追赃问罪，我岂可为贪官求免？"决然予以拒绝。他在左庶子任内，曾一度担任顺天（北京）甲午科（1474）主考。考完第一场，他看一份优秀试卷，拟选为第一。后看到这位应考试者的二场、三场试卷，竟与第一场大相径庭，经严格追查，原来是誊卷人舞弊换了他人的试卷。黎淳当即严办当事人，杜绝考场弊端，榜出，原来那份优秀试卷是名士马中锡的，幸得黎淳清明公正，才未被他人侵没。

黎淳治家严谨，做官30余年，从不为子孙谋求地位和产业。儿子民安在外塾读书时，某县吏送一把福建产的珍贵扇子。黎淳查知，竟叫该县吏自来领走扇子。儿子民表、民牧都是进士出身，民表为广西布政使，民牧为江西南康知府，但诸孙布衣蔬食，无所优厚。民表历任户部四川司主事、山西右布政使、广西左布政使等官职30多年，囊无余钱。因耿直刚介，不阿附权要，故放官都在边远地区，最后身死逆旅。其后人被称为"清白吏子孙"。

黎淳博学多才，尤以经史著称，除参与修撰《大明一统志》外，著有《龙峰集》《明试录》《黎文僖集》等传世。

湖南华容县黎淳墓

耿 裕

耿裕（1430~1496），字好问，山西平定人。曾任吏部左侍郎、吏部右侍郎、礼部尚书、吏部尚书、太子太保。

景泰五年（1454）中进士，授为庶吉士，转户科给事中，改工科。天顺初年，改检讨。其父耿九畴因张鹏弹劾石亨一案受到牵连，耿裕也被贬为泗州判官。遭父丧起复后，补定州知州。成化初年被重新起用，任国子司业、祭酒。当时，明王朝一些年幼侯伯都在国子监读书，耿裕将古代诸侯、国戚的嘉言美行可资效法者编纂成书，给他们讲授。皇帝非常赞同。后历升吏部左、右侍郎，并代为尚书。靠勾结宦官与万贵妃而升为大学士的万安，素与耿裕不合，便伙同李孜省在皇帝面前构陷耿裕，结果耿裕被调到南京礼部，后转南京兵部参赞机务。

弘治初年，拜为礼部尚书。当时的上层官僚，无论公私，竞尚奢侈。耿裕多能因势利导，力纠时弊。曾借国家发生灾异的机会，多次上疏，提倡节俭。给事中郑宗仁提出节制光禄（管皇室祭祀及膳食的机构）供应，耿裕等请求皇帝予以采纳。光禄御史田渊以光禄供费不足而拖欠行户物款，要求用国库银两偿还。耿裕等认为这样会侵蚀国库，助长舞弊，请明令禁止，得到皇帝批准。南京守备宦官请求增加奉先殿日祭供品，耿裕等认为没有必要，未加许可。孝宗继位初，曾令少数民族地区的僧人迁本土，但大都利用各种关系在京师潜藏下来。耿裕等力主驱斥，只留182人。撒马儿罕及吐鲁番要进贡狮子，甘肃镇守太监傅德先画了图形呈进，巡按御史陈瑶奏请退还不收。耿裕上疏皇帝听从陈瑶的建议，并对傅德治罪，皇帝没有同意。后来番使来到京师，皇帝经常召见，耿裕再三奏请说："番邦无道，表面借朝贡表示恭顺，实际僭称可汗，且屡屡犯边，陛下如此优待其使者，以为天朝心存畏惧，更加助长其桀骜不驯的气焰。且狮子也是野兽，没什么珍异之处。"孝宗即令其使回国。不久，耿裕任吏部尚书，加太子太保衔。任职数年，考核官吏，选官授职，不以

明　石文官

个人爱憎取人，杜绝私人请托。平时生活，自奉节俭，虽然两世俱为显宦，而家境并不富有。父子并以德行名著于世。

弘治九年（1496），裕病逝，享年67岁，后赠太保，谥"文恪"。著有《耿裕集》。

刘大夏

刘大夏（1436~1516），字时雍，自号东山先生，湖广华容（今属湖南）人，明朝重臣，曾经任职吏部侍郎。

刘大夏20岁时举乡试第一，明天顺八年（1464）中进士，历任翰林院庶吉士、吏部侍郎、总督两广军务兼巡抚、兵部尚书等职，是著名官吏、水利家、军事家。为官四十二年，历仕四朝，清廉笃实，政绩显著，深得朝野称誉。

制止不义之战：成化十七年（1481），安南王黎灏侵略老挝，兵败。明朝廷握有大权的太监汪直欲以边功求宠，要兵部找出以前安南的文牍（军事册籍和航海地图），准备灭了安南国。刘大夏反对这种侵略战争，将其藏匿，不肯交出。他对兵部尚书余子俊说：兵衅一开，西南糜烂，死的人将何止

千万！尚书余子俊省悟，不再过问图册事，从而避免了一场残民以逞的不义战争。成化后期西南没有构成较大的战事，当然是由整个的政治、经济、军事形势所决定的。刘大夏藏文牍这一段小插曲反映出，宣德以来的收缩政策在士大夫的头脑中已扎下根。

耿直不畏权贵：成化十一年（1475），刘大夏升为兵部职方司郎中。因父亲逝世，回华容守孝三年，十六年（1480）复任原职。十九年（1483），太监阿九的胞兄犯罪，刘大夏依法鞭笞，阿九恃宠皇帝诬告。宪宗偏信逸言，将刘大夏逮捕下狱，并令东厂（监视官吏、镇压人民的特务机构）侦查，因无所获，只得判处杖责20，释放复职。自此刘大夏耿直不畏权贵之名在京留为美谈。

明月有心，心存无邪：弘治二年（1489），刘大夏任广东右布政使，主管广东省行政和财政公务。有一件事很值得提起，官库中有某项余钱，向来不记入账簿，为官者公然入己私囊。刘大夏到任，检查库藏，发现前任未尽取者。吏员告以故事，说明可以不入账。他沉思良久，突有所感慨，大声说："刘大夏平日读书做好人，如何遇此一事，沉吟许多时，诚有愧古人，非大丈夫也。"即归国库充公。《明史》记载了大夏的政绩：总督两广军务兼巡抚，兴利除弊，整饬武备，不过数月，军威大震，地方安宁。

经略广西，有勇有智：弘治三年（1490）十月，广西田州泗城地方官岑猛反叛，刘大夏奉命前往平息。刘到职后晓之以理，动之以情，未用一兵一卒，反叛得以平息。

水利建设建奇功：弘治六年（1493），张秋镇黄河决口，诏升刘大夏为都察院右副都御史，前往治河。刘经实地勘察，与山东、河南官民洽商治水方略。先在上游疏通

刘大夏像

孙家渡河30里、四府营河10里以分水势，同时筑长堤挡水。堤起胙城，抵徐州，长达360里，决口既塞，更修筑黄陵冈，黄河得以大治。八年（1495），孝宗朱祐樘派特使到治河工地嘉奖，拜为左副都御史，并召还都察院佐理院事，后改授户部侍郎。

正确的民族政策：孝宗想倚重苗逵，清除边患，遭到大臣们的反对，他问刘大夏，当初远在广东，是否知闻苗太监的边功？刘大夏回答，听说过，"所俘获妇稚十数耳"。孝宗又问，为什么太宗皇帝用兵漠北，屡屡得志？刘大夏回答："陛下神武，故不后太宗，而将领士马不能。"他又说，即使在太宗时，淇国公王福"一小违节制，举十万众悉委之沙漠"。结论："度今上策，唯有守耳。"孝宗于是打消了用兵的念头。

具有进步的经济思想：弘治十年（1497），兼任左佥都御史，往宣府（今河北宣化）

措办边塞粮草。他深入察访，与当地父老商讨，订出新出"收市法"，打破一向由太监、武臣们垄断的粮草市场，受到朝廷嘉许。

刘大夏将自己的经济思想影响孝宗皇帝，孝宗先后下诏制止赋税的额外摊征，禁止克扣军民粮饷，取消粉饰礼仪方面的织造和斋醮耗费，罢光禄省为供应皇室祭品、膳食、招待酒宴等过分浮费，并核减奖励勇士项下的虚报冒领金额。

一生清贫，民声映官声：正德元年（1506），宦官刘瑾以"籍大夏家，可当边费十二三年"，九月，假田州土官岑猛事，将他逮拿下狱，发配肃州醴泉（今甘肃酒泉）。刘瑾等人以为抄没刘家可以得巨资，结果分文未得。家人为了让前来华容押人的锦衣卫千户罗某不为难刘大夏，以家中银酒盏相赠。罗知刘大夏家贫，坚辞不受。

刘大夏离开京师的场面颇为壮观。他着布衣徒步过大明门，叩首而去。然后"雇骡马出都门，观者如堵，所在罢市，父老涕泣，士女携筐进菜食，有焚香密祷，愿大夏生还者"。在戍所，遇有团练，刘大夏以73岁高龄荷戈就伍，并且说："军，固当役也。"直至正德五年（1510）夏，刘大夏才赦归，不久刘瑾伏诛，刘大夏复官再一次入仕。刘大夏在当时颇具声誉，他的传记中就记载了安南（现越南）、朝鲜使者对他的崇敬之情。

弘治十一年（1498）六月，刘大夏积劳成疾，告假回华容，筑草堂于东山下，抱病教子孙读书。所得俸禄，都周济贫困的邻里、族人。世称大夏为"东山先生"。正德五年（1510）华容遭灾，人民流离失所，刘设法周济不少族人，还慨然卖掉当年做朝官用的玉带买谷，救活不少乡邻。

刘大夏居官40余年，从不为子孙营产业，祖传的田产亦任人侵蚀，不与相争。在他的影响熏陶下，子孙皆以清白传家。其子刘祖修科试不第，隐居山林，足迹不及城市；学臣按例授给冠带，他坚持不受。其孙刘如愚任含山知县，后调升颍州知州，清廉亦如其祖。

刘大夏于正德十一年（1516）病逝，享年81岁，子孙遵遗命安葬他于事先卜定的寿藏，即东山草堂（在今胜峰凤形村）西南5里处的箭头山麓。其后六七月，朝命始至，谥"忠宣"，遣官谕祭九坛，以一品官礼造坟。一代名臣的人生帷幕落下，真正融入了生他养他的故土。

李东阳

李东阳（1447~1516），字宾之，号西涯，祖籍湖广茶陵长沙府（今湖南茶陵）人，明代后期，茶陵诗派的核心人物，诗人、书法家、政治家。历任弘治朝礼部尚书、户部尚书、吏部尚书、文渊阁大学士等职。

习文书法，4岁时随父亲在京城时就会写径尺大字，被视为神童。因他的才名，在4岁、6岁、8岁时，先后被代宗召见过三次。8岁时选到顺天府学进学。李东阳16岁时就考取了举人。第二年，考取进士。此后仕途

李东阳像

顺达。18岁时,选为翰林院庶吉士。成化八年(1472),任翰林院编修。成化十六年(1480),34岁的李东阳,任翰林院侍讲,兼应天府乡试考官。弘治六年(1493),任翰林院侍讲学士。弘治七年(1494),李东阳任职内阁,专管诰敕。后历任礼部右侍郎、礼部、户部、吏部尚书及文渊阁、谨身殿、华盖殿大学士,为朝廷重臣。武宗立,太监刘瑾专权,老臣、忠直官员放逐殆尽,屡遭迫害,独李东阳依附周旋,委蛇避祸,颇为当世气节之士所不满和非议,但他未曾助纣为虐,反"潜移默夺,保全善类,天下阴受其庇",遭刘瑾迫害的官员,东阳皆委曲匡持,或明或暗地尽力保护和营救。后刘瑾诛,李东阳上疏责己"因循隐忍,所损亦多,理宜黜罢",帝慰留之。赠太师。死后谥"文正"。

明永乐、成化间,文坛流行"台阁体",内容贫弱冗赘,形式典雅工丽,文运极衰。至弘治中期,前七子起,"文必秦汉,诗必盛唐",复古文学运动取代了"台阁体"。李东阳上承台阁体,下启前后七子,在成化、弘治年间,以朝廷大臣身份主持诗坛,奖励后进,颇具声望及影响,形成了以他为首的"茶陵诗派"。其散文追求典雅流丽,主张师法先秦古文,未脱台阁体风;其诗则力主宗法杜甫,强调法度音调,又写拟古乐府诗百首,已开前后七子创作趋向之先河,对前后七子有明显影响。

李东阳的诗作以拟古乐府较著名,咏怀史实、抒己感慨,或指斥暴君虐政,或同情人民疾苦。如《筑城怨》,极写秦始皇时事:"筑城苦,筑城苦,城上丁夫死城下,长号一声天为怒,长城忽崩复为土。"又如《三字狱》,指斥秦桧以"莫须有"三字害岳飞:"三字狱,天不服。服不服,杀武穆。奸臣败国不畏天,区区物论真无权。崖州一死差快意,遗恨施郎马前刺。"它如《易水行》《淮阴叹》《明妃怨》《五丈原》《马嵬曲》《金字牌》等,笔涉秦始皇、荆轲、韩信、王昭君、诸葛亮、杨贵妃、岳飞等众多古人古事,所论皆较中肯深刻而正气凛然。乐府诗外,多为应酬题赠之作,无可取。其余五七言诗尚有佳作,如《春至》,忧国悯民,深叹"东邻不衣褐,西舍无炊烟。农家望春麦,麦种不在田。流离遍郊野,骨肉不成怜",致使自己"对食不能餐"。又如《寄彭民望》《风雨叹》等,感时伤世,道己深情。他的诗亦长于写景抒情,能于平淡词语中出清新意境。如《北原牧唱》:"北原草青牛正肥,牧儿唱歌牛载归。儿家在原牛在坂,歌声渐低人更远。山苍茫,水清浅。"又如《夜窗听雨》写夜雨静谧与听雨遐想,读来如身临其境。李东阳散文包括赋、序、记、论、传、杂著、题跋、状疏等,其中以记、传、杂著较佳。如《游西山记》《听雨亭记》《记女医》等，或写建筑，历历在目；或写雨景，描绘入微；或写不学无术、骗取钱财之"女医"，剖析至深。其文流畅典雅，说理有力，师先秦古文之意可见。又有《怀麓堂诗话》1卷，论诗多附和严羽，较偏重音调、用字、结构，而较少涉及内容，对剽窃模拟之作，极以为非。

李东阳为官50年，史称其"坐拥图书消暇日"，故著作颇多。曾于孝宗时奉旨任总裁官，撰《明会典》180卷，史料丰富。又著《新旧唐书杂论》1卷，摘唐史事迹，辨其是非，前人评其多为影射或借以自明心迹之处。清康熙时茶陵州学正廖方达集李东阳诗文，成《怀麓堂集》，今存，刊为100卷，计诗30卷、文60卷、杂著10卷。集前有李东阳"自序"，是李拟古乐府所作，廖方达移此为全集序。

杨一清

杨一清（1454~1530），字应宁，号邃庵，别号石淙，明朝镇江丹徒（今镇江）人（祖籍云南安宁）。明朝名臣，曾经做过吏部尚书。

景泰五年（1454），杨一清诞生于州署。杨景致仕后居州城。一清幼聪颖，7岁能文，以奇童蜚声四乡。11岁随父迁居巴陵，14岁乡试中解元，18岁中进士。

一清历侍成化、弘治、正德、嘉靖四朝，官至兵部、户部、吏部尚书，武英殿、谨身殿、华盖殿大学士，左柱国，太子太傅，太子太师，两次入阁预机务，后为首辅，官居一品，位极人臣。杨一清为明朝名臣，多有建树。弘治间督理陕西马政，力矫积弊。禁止不法商人垄断茶马交易，改由官方专管茶马贸易，确保军需民用，称为善政。他巡抚陕西，选卒练兵，加强边防。在陕八年，实地考察山川形势，悉心研究边防。向朝廷奏陈边防方略，建议在延绥、宁夏、甘肃三镇设一指挥机构，总制三镇军务，沿边筑城墙、墩台，设卫所，募守军。朝廷采其议。武宗正德元年（1506）命一清总制三镇军务，建设边防。正德五年（1510），安化王真反叛，一清总制军务，很快平定叛乱。在平乱中，一清劝宦官、监军张永剪除大权奸刘瑾，张永从一清计，乘献俘奏功之机，向武宗揭发刘瑾不法罪

杨一清像

行。刘瑾因此被诛，朝野额手称庆。正德六年（1511），一清任吏部尚书，凡为刘瑾构陷者，均予以平反复职。"朝有所知，夕即登荐。"世宗嘉靖三年（1524年），起用一清为兵部尚书、左都御史，总制陕西三边军务，"故相行边，自一清始"。一清曾三次总制军务，主管三边防务，边境安定。世宗比之唐朝大将郭子仪。嘉靖八年（1530），因与内阁重臣张璁政见分歧，受攻讦排挤，被勒命致仕。

翌年受诬陷，削职，一清病卒。《明史》称杨一清"博学善权变，尤晓畅边事，羽书旁午，一夕占十疏，悉中机宜"，"其才一时无两，或比之姚崇云"。杨一清死后数年，世宗追复其官，赠太保，谥"文襄"。国人纪其功德，将他在镇江南山寺旁欣赏过，并撰文赞颂过的13棵古松，称为太傅松。化州人尊他为文襄公、景邃公，并于州署建景邃台，以志景仰。

廖纪

廖纪（1454~1532），字时陈，又字廷栋，号龙湾。海南万宁礼纪贡举村人。出生于河北大运河畔，因后来官至吏部尚书，民间称作廖天官。

幼随祖父廖有能、父亲廖宣移民河北东光，弘治三年（1490）进士，历任文选郎中，吏部左右侍郎。嘉靖初，任南京吏部尚书、兵部尚书。嘉靖三年（1524）征拜吏部尚书。为六部九卿之首，又称作天官、太宰、冢宰。相当于现代的组织部加人事部部长。官封光禄大夫、少保兼太子太保、柱国，赠太保。

廖纪被赞是国家栋梁，精忠效国。官居一品是著名的政治家、儒学家是海南人的自豪和骄傲。但《明史》中记载，廖纪是东光人，根据最原始最权威的官方档案《弘治三年进士登科录》记载："廖纪，广东琼台陵水人，河北东光民籍。"

从古到今，古代海南人社会政治地位最高的应属丘濬和廖纪。他们两人之间也有密

河北阜城县廖纪墓出土轿夫俑

切关系，廖纪在国子监读书，丘是校长，他们都是在国子监读书成才的。

首辅张璁作《送廖尚书归休》：先生归去易，志士立身艰。心迹清于水，声名重似山。片言侵宰辅，多旨动天颜。圣主尊耆旧，胡为独放还。

贡举人作《颂廖尚书归休》：荣归东光兴儒学，长思琼台根那亮。南是故里北家乡，国史方志齐颂扬。

廖纪为人端亮古朴，一切世味不入。即抵家，日唯杜门，研索古义，著书立说，老而不倦，他的著作有《少业毛诗》、《童训》、《沧州志》、中国第一本活字铜版的方志《东光县志》、《漕运志序》、《献皇实录》、《论语、孟子管窥》（已佚）、《大学管窥》、《中庸管窥》、《奏疏稿》等，大部分入选《明史·艺文志》。《大学管窥》《中庸管窥》《奏疏稿》被纪晓岚编选入《四库全书》，《管窥》两书基于古本《大学》《中庸》，采辑众家，不用朱子章句，不依郑元旧注，详尽注解。特别是《中庸管窥》是继李翱、二程、朱熹、胡广、许谦等大儒之后，对"诚明合一"这一儒家伦理中重要命题作综合论述者，从而将其思想更推向前，也鼎立了他在明代儒学上的重要地位。嘉靖十一年（1532）八月，纪卒于家，享年78岁。讣闻，世宗罢朝一天，赠少傅，谥"僖靖"，赐祭九坛，命工部营葬，恩礼至重，士林荣之。

王琼

王琼（1459~1532），字德华，号晋溪，晚年别号双溪老人。（今太原市刘家堡）人明正德年间曾任吏部侍郎。

王琼出生于官宦之家，其父王永享，举于乡赋，擢升御史，累至工部尚书。其父教子极严，在父亲熏陶下，王琼从小受到良好的传统教育和封建文化之陶冶。史称其"幼承父训，精于理学"。世传，4岁即入塾能书，8岁便通读《尚书》，素有大志，仰慕仕途，胸藏治国之术。21岁时乡试得中庚子科举人，步入仕途。四年后赴京又中成化甲辰科进士，成为"天子门生"。四年之内两登科，一时饮誉乡里，传为美谈。

年轻得志、少壮有为的王琼，高中进士后，先入翰林院，不久就被擢升为户部郎中，时年尚不及26岁。正德元年（1506）武宗继位，在户部干了近20年的王琼擢升为右副都御史，掌管全国漕运。漕运都御史是户部最肥之缺，也属朝廷最信任官员之列。王琼到位不久，便把当时漕运的规则、计划，卸载的地点、码头，以及相关各个关节，弄得一清二楚，管理得井然有序。三年任满，接任者清点、查收、寻问，丝毫不差，对答如流。其尽职之心、精通之道令知者吃惊，敏练达察之名遍及朝中上下。也就是在这年——正德三年（1508），朝中举荐吏部侍郎，前后推出六人，武宗都摇头否决，认为均不称职，迟迟委决不下。直到最后有人举荐王琼，说他所任右副都御史，主管漕运之职，年届任将期满，可否考虑到吏部充任侍郎时，朝议顿肃，武宗首肯，很快予以通过。

正德八年（1513），王琼由吏部侍郎晋升为户部尚书，掌管全国财粮。上任不久，王琼，就把户部各种条例、规定、律令,融会于心,对各地粮仓、收支情况,了如指掌。当戍边诸将请拨粮草军饷时,无需簿账,屈指一算,便可道说出是否缺欠。遇到某些边将得到规定粮饷数额外还要求增添者,他便断然拒绝:"这已经够了,再增便过贪了。"王琼把琐事繁多、最难调理的户部整饬得井井有条。

正德十年(1515),天灾人祸此起彼伏,贪官污吏巧取豪夺,许多州府民生凋敝,无着农民铤而走险,啸聚山林,纷纷起义。武宗坐卧不安,即以王琼代理陆完任为兵部尚书,掌控全国军事,平息农民义起。当时,明军将士大多提出以杀义军多寡,决定升官晋级之高低。对此刚刚被提拔的王琼提出异议,上疏:"边塞要地,以首节论功尚可。域内平叛,以荡平为功,不计首节,以绝妄杀。"武宗准奏,于是,"妄杀平民冒功之事锐减"。正德十四年(1519),明廷上层矛盾百出,宁王朱宸濠反叛,自南昌起兵,连克南康、九江,沿长江东下,攻安庆,兵锋至南京城下。一时朝野惊骇,朝臣慌乱,明武宗亦准备亲率大军征讨。

王琼时为兵部尚书,即刻劝武宗说:"请勿惊慌,我早安排王伯安(王守仁)镇守赣州,正是为防今日之变,朱宸濠不久将兵败被擒。"没过多久,王守仁乘朱宸濠主力征战安庆,南昌空虚之机,取"围魏救赵"之策,突袭叛巢南昌。朱宸濠见南昌不保,遂撤兵,途中战败被擒,献俘阙下,诛于通州。原来,朱宸濠图谋不轨之举,已被王琼探得,因他是皇家贵胄,遂秘不声张,委派自己一手提携的心腹爱将王守仁为南赣巡抚,提督军务,领重兵驻扎赣州,防患未然。果如所料,克敌于初起。

嘉靖之初,与王琼旧交甚厚的朝中权臣钱宁等被诛杀,王琼也被株连,罢免兵部尚书、陕西三边总督之职,罚戍边地。时隔不久,吐蕃大军压境,侵犯陕西三边,西陲吃紧。值此关键时刻,王琼又在张璁、桂萼保举下,复职兵部尚书兼陕西三边总督,抵御

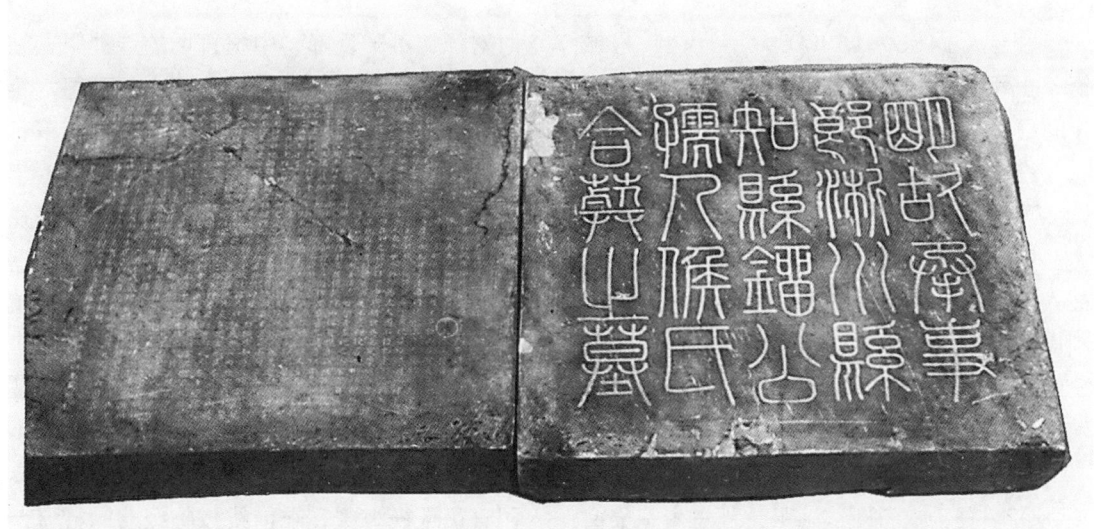

王琼所书刘继墓志铭

吐蕃。

这时的王琼已是70高龄，他受命于危难之际，审时度势，运筹帷幄，采用"剿抚并举""分而治之"之谋，先后收复宁夏花马池，甘肃武威、张掖、酒泉、玉门，直取嘉峪关，飞掠星星峡，攻克哈密。最终使吐蕃东扰之军孤木不成林，降服退兵。经过两年的苦战，边土失地，悉数收复，平息甘南、宁东、河西、岷山"诸番叛乱"，"抚降七十余部"，西北边陲"诸番荡平，西陲益靖，甘陕军民悦服"。班师之时，王琼已是72岁的古稀之年。

据史载，王琼的不足之处在于"善结纳"，似有趋炎附势之嫌。当钱宁、江彬等得势于正德朝时，王琼"厚事钱江"，使己所上奏疏在"钱江"的帮助疏通下能很快得到皇帝的准核。而且王琼似在为人处事上"弄权术"，利用钱、江势力，打击陷害过当时的名将，曾为彭泽、云南、甘肃等省巡抚的范镛、李昆等，使之含冤入狱。以致朝野许多大臣，对他心存戒备，敬而远之。所以，嘉靖登基，钱、江失势，他便成为众矢之的，为一世英名留下了难以掩饰的瑕疵。不过瑕并没有掩瑜，王琼的历史功绩仍备被载于史。

王琼一生还留下不少著作，其中奏议类有《晋溪奏议》14卷，《户部奏议》2卷，纪实类有《北边事迹》、《西番事迹》各1卷，图志类有《漕河图志》2卷，以及《双溪杂记》1卷，可谓丰矣。

汪铉

汪铉（1466～1536），字宣之，号诚斋，祖籍婺源大畈（今属江西）人。明嘉靖年间官至吏部尚书兼兵部尚书。

在中国抗击外国殖民者史上，我们有过太多可歌可泣的故事，而这些故事当中，绝大多数是以失败而告终，却有这样一位英雄被人淡忘了，他是历史上第一位倡导"师夷制夷"的军事家，创造了师夷之长技以驭夷狄的成功战例，取得了中国历史上最早抗击殖民侵略的胜利，他就是汪铉。

汪铉初登仕途并不顺利，弘治十五年（1502）登壬戌科殿试二甲，拜左少宰吴文定为师，吴文定有意提携他，去找太宰马端肃，马见吴文定十分器重汪铉，结果在任职时对汪铉不升反降，中国官场的这种跟人站队之风，以人为亲实在是害死人。正德六年（1511），汪铉迁任广东提刑按察司佥事；正德九年（1514）升本司副使；正德十年（1515）奉敕巡视广东海道，处理过疆戎务；正德十六年（1521），汪铉迁广东提刑按察使，此间亲自参与和指挥我国与西方殖民主义入侵者的首次战争。

话说正德十年（1515）九月二日，汪铉巡视海道和奉命出师，驻扎南头海道署。海道署，又称海南道行署，是广东提刑按察司官员巡视海疆，在前线按临经略的行署，亦即管理广东海疆边防的前线指挥部，在南头附近的屯门是汪铉击溃佛郎机（葡萄牙）

的主战场。16世纪,西欧部分国家已进入资本主义原始积累时期,开始对海外扩张与掠夺,明武宗正德六年(1511),佛郎机(葡萄牙)攻占了满剌加(现马来西亚),随即侵犯我东南海面。

正德十二年(1517),佛郎机驻满剌加总督卧亚派安达拉率军舰四艘前往中国,随行还有特使皮利司,到达屯门后,留下两艘军舰,其余继续向广州进发。佛郎机入侵者的暴行,连葡萄牙人也不得不承认。伊斯特氏所著《葡人在中国之居留地》中载:"西眇(安达拉的弟弟)于1518年驾一大舶及三小艇至屯门港。此人秉性贪暴,所在劫夺财货,掠买子女;并于此建筑堡垒,以示有据此岛之意。"另葡萄牙史学家巴罗斯撰文亦载:"……西沙统帅葡人,起壕障,虐待大门岛(即屯门)土人,故中国人当初对葡人之美意,至是变为恶意……"

佛郎机一边在屯门等地营建据点,干着海盗的勾当,一边大事贿赂宦官江彬、布政使吴廷举和总督陈西轩,得以在南京被引见武宗,"通事"火者亚三为武宗所赏识,被留下来。正德十六年(1521)三月,武宗突然病故。宦官江彬因失去后台而被处死,接着充当汉奸的火者亚三亦被诛。五月皮利司被逐出北京,九月回到广州,被做人质关进监。随后朝廷下命广东按察使汪鋐率军驱逐屯门之佛郎机。汪鋐得令后在南头设立海防前线指挥部,具体部署与佛郎机进行决战。

当时佛郎机势力强悍,船坚炮利。佛郎机船的船体庞大,非常坚固,"其船用夹板,长十丈,宽三丈,两旁驾橹四十余丈,周围置铳三十余管,船底尖而面平,不畏风浪,人立之处,用板捍蔽,不畏矢石,每船二百人撑驾,橹多而人众,虽无风可以疾走。各铳举发,弹落如雨,所向无敌,号曰:'蜈蚣船'。"佛郎机铳,人们也称之为"佛郎机","其铳管用钢铸造,大者一千余斤,中者五百余斤,小者一百五十斤。每铳一管,用提铳四把,大小量铳管以铁为之,铳弹内用铁外用铅,大者八斤,其火药制法与中国异。其铳举放,远可去百余丈,木石犯之皆碎。"当年六月,汪鋐奉旨指挥了驱逐佛郎机的第一次战斗。封锁了屯门澳,晓喻佛郎机离开。佛郎机根本不予理睬,仗其船坚炮利及岸上坚固的军事堡垒,据险抵抗,"汪鋐以兵逐之,不肯去,反用铳击败我兵,由是人望而畏之,不敢近"。第一回合,明军失利。

第一战失利,汪鋐更加坚信必须以先进的武器装备部队,师夷制夷。他秘密派人以卖米酒为由接近佛郎机,见有两位中国人杨三、戴明在船上,便偷偷与之通话,劝谕其回头为国效力,并相约某夜以小船接应,见汪鋐。汪鋐听了杨三、戴明对佛郎机船和铳的具体描述令其如式制造,后经试验,果属利器。是年七八月,汪鋐再次亲临南头,这时仿制的佛郎机铳和小蜈蚣船源源不绝地运到军中,明军的战斗力大大加强。当时佛郎机的十多艘蜈蚣战船泊于屯门澳,另在岸上设有军事营垒,居于明军以北。等到秋天

嘉靖帝赐予汪鋐的"忠"字墨

南风起,汪鋐乘此向佛郎机发动进攻。先命仿造的佛郎机火炮向佛郎机开火,然后用火舟冲击,火借风势,直扑佛郎机蜈蚣战船,敌船大乱,汪鋐一声令下,明军小蜈蚣船纷纷冲入敌阵,陆上明军也同时发动猛攻。水陆夹攻,敌军大部分被歼,岸上营垒尽被摧毁,残存余寇逃往外海,明军大胜。

汪鋐攻伐屯门佛郎机取胜,朝野倾动。为表彰其功绩,朝廷于正德十六年(1521)十二月,特敕加汪鋐一级,使食一品俸。汪鋐仍留驻南头,命令明军舰队巡视珠江口,将佛郎机彻底驱逐。嘉靖元年(1522)九月,佛郎机首领别都卢率其所属千人准备劫掠新会县茜草湾,汪鋐得报,令明军舰队迅速出击,把敌军打得落花流水,生擒别都卢。至此佛郎机可以说是闻"汪鋐"二字而丧胆。此后,汪鋐历任广东布政使司右布政使、浙江布政使司右布政使、浙江布政使司左布政使、都察院右副都御史、钦差提督、刑部右侍郎等职。入京后,汪鋐三次上疏嘉靖帝,希望朝廷推广佛郎机铳及蜈蚣船。为了证实佛郎机铳凶猛,汪鋐令何儒、杨三等带原获佛郎机铳进京试验。嘉靖九年(1530)八月初四,嘉靖帝御览汪鋐的奏稿后很高兴,命户兵工部议处。但当时的兵部尚书李承勋等认为决定战争胜利的关键是人不是物,拖着不办。嘉靖帝一气之下免了李承勋,命汪鋐取而代之。嘉靖十三年(1534),汪鋐一品考满,进勋柱国。世宗特授予敕太子太保、吏部尚书兼兵部尚书,这是汪鋐第十七次任职,也是最后一次任职。自明太祖朱元璋罢中书丞相府,朝廷大政归之六卿,而六卿之中又以吏、兵二部最重要。明代先后任两部尚书者有其人,但同时任两部尚书者只有汪鋐。

南头人们十分拥戴汪鋐,不仅因为他抗葡卫国。他在南头心系民众的故事也广为流传,当时南头时遇大旱,汪鋐为民祷雨,恰值天降甘霖,其德望益高。汪鋐离开南头时,南头乡亲想为其建生祠,汪鋐不允。嘉靖八年(1513),汪鋐进京为官,南头乡亲又开始合议立生祠之事,于是将旧废乡校维修为"都宪汪鋐公遗爱祠"。至万历元年(1573),分东莞立新安县,知县吴大训重修并易名为"汪刘二公祠"。该祠前殿,于抗日战争时期为日寇拆毁,现仅存后殿,1988年由深圳市人民政府公布为市级文物保护单位。

马理

马理(1474~1556),字伯循,号溪田,三原(今陕西三原)人。明朝名臣,曾在吏部任稽勋主事、稽勋员外郎、稽考功郎中光禄卿。

马理年幼聪明好学,举止文雅,14岁时就成为当地很有名的诸生,20岁和王端毅一起步入仕途。后因康僖公保举,以进士身份回到家乡,在弘道书院开始讲学。其间博览群书和儒家经典。他在讲学中注重言行如一,时时处处仿效古代圣贤,常常以曾子的"三省"、颜回的"四勿"规范自身,进退举止极力追随古时的道仪,很有关学宗师张

陕西三原县城隍庙

载的风范,深受名士康僖公的器重。

有一次,杨遂庵到关中监学,见到马理和康德涵、吕仲木惊叹道:"康德涵的文采,马吕的博学,真是旷世少有。"当时,马理虽然未曾离开过家乡,但他的名声却已远传各地,并惊动了京师的学者。随后,他便动身来到京城,和许多很有学问的人一起讲学。其中陈云逵、吕仲木、崔仲凫、何粹夫,罗整庵等人和他的学术观点很接近。自此,他的学说更趋成熟,声名格外响亮,许多人都愿拜倒在他的门下,听他讲学。督学唐渔石还为他建造了十分精美的嵯峨园林,并亲自题记,十分推崇马理的学说,认为他真正继承了关学、洛学的思想精髓,是一位受人敬慕的大儒。由于马理的名声斐然,仰慕者很多,就连朝鲜的使者来京,也要拜访马理和关学另一名大家吕楠,并称赞说:"伯循、仲木属中国第一人才。"马理非常喜欢古代的礼仪,经常私下揣摩、体会。至于婚、丧、嫁、娶的礼仪,他融张载、司马光、朱熹和大明礼集思想为一炉,折中用之。

70岁时,马理归隐商山书院,前来索求诗文的人很多。他经常着山乡贫民的服装,鹤发童颜,看起来如同神仙一般。

1556年,陕西发生大地震,马理卒,时年82岁。

马理为官时,曾多次直面劝谏武宗、世宗,多次遭廷杖处罚,并获罪入狱,但他仍以国家大事为己任,从不顾个人安危。他十分注重培养新人。复官稽勋考功郎中后,敢于据理力争,时人称为"真考功"。

弘治年间,马理就学三原宏道书院,其学识和文章闻名全国,当时学者都将他与宋代著名哲学家、关中学派代表人物张载相提并论。所著《送康太史奉母还关中序》一文,被传抄国外,朝鲜国将此文作范文传诵。

马理在礼仪方面拜师张载,但在学述上更接近程、朱,见解独到。他的著作有《四书注疏》《周易赞义》《尚书疏义》《诗经删义》《周礼注解》《春秋修义》《陕西通志》等。

钟芳

钟芳(1476~1544),字仲实、中实,号筠溪。原籍琼山县。出生于崖州高山所(今海南三亚崖城水南村)。明代著名的学者、政治家,是一位在明代当过文官、武官、法官、学官和财官的著名人物。他"上继文庄(丘浚),下启忠介(海瑞)",具有承先启后的

崖州古城

作用。《广东通志》一书中尊称其为"岭南巨儒"。明正德年间曾历任吏部稽勋司郎中、吏部考功司郎中。

钟芳，幼年丧母，寄居外亲黄家抚养，又名黄芳。自幼聪颖好学，10岁入崖州州学。明弘治十四年（1501）乡试第二名，正德三年（1508）殿试赐二甲进士第三名，选为翰林院庶吉士，授编修。"一时名动京师，盖谓丘文庄后又一南溟奇才"，时人敬称"钟进士""钟崖州"。曾任代理吏部稽勋司郎中、考功司郎中及漳州府同知、知府等职。任宁国府推官时积极清理积案，严惩贪赃枉法者。十六年（1521）任浙江提学副使，致力革除科考弊端，坚持"德才兼优"选用人才，使当时学风焕然一新。嘉靖二年（1523）任广西布政司参政，及时消除虎患，百姓念其功德，

为他雕塑石像。不久调任江西右布政使。九年（1530）升任南京太常寺卿，翌年兼任国子监祭酒。十一年（1532）升任南京兵部右侍郎。第二年改任户部右侍郎，奉旨总督太仓，奏请朝廷赈灾抚民，缓和了灾民因干旱引起的困苦。十三年（1534）年告老退乡，迁居原籍琼山县，以读书为乐。家居十余年，有干以私者，谢曰："吾岂晚而改节哉！"

钟芳著作涉及政治、经济、文化、医学、军事等领域，其哲学著作《春秋集要》《学易疑义》两书，提出"知行本自合一，知以利行，行以践知"的哲学观点，是当时考生的辅导书籍。文学著作《筠溪先生诗文集》，分歌、赋、诗、词等，有"雄、浑、精、深、气随理昌"的美誉；史学著作《皇极经世图》秉笔直书，修正了不少讹漏。《春秋集要》（12卷）和《钟筠溪家藏集》（30卷）被收入《四库全书》。其他著作有《续古今经要》《少学广义》《崖州志略》《养生经要》《读书札记》等20卷行世。被誉为"上接文庄下启忠介"的"岭海巨儒"。卒后追赠都察院右都御史，赐葬于琼山县东山镇钟宅坡。

许天锡

许天锡(? ~1558),字启衷,号洞江,闽县东山乡(今福建福州郊区鼓山镇横屿村东山)人,明弘治年间曾任吏部给事中。

许天锡系宋状元许将的后代,高祖父定安。天锡寄养在母亲娘家,所以改姓王,直到出仕,才恢复许姓。天锡祖居洞江,故号许洞江,但至天锡时,已迁居嵩山(今河南开封鼓楼区仙塔街)。

天锡幼时学《易》于陈豸、史崇蓝。弘治六年(1493)登进士,授庶吉士。弘治十一年(1498)为吏部给事中,极言直谏,同何天衢、倪天明一起称"台省三天",并负时望。他曾上书"整肃图书",刊行经史;又视察兵事,据实上报;还营救徐淮冤狱,反对文森等人以直言交"部议"。弘治十七年(1501),凤阳大雨,死者1000多人,朝廷大惊,说天变有异,广求直言七策。天锡乘机上奏人事考核等策,经采纳,令两京四品以上官员皆自己检查侯令;五品以下六年考核一次。嗣后天锡又深入调查牛马房,上奏14条改革意见,付诸实施,每年节省饲料费50余万两。

正德元年(1506),天锡升工部左给事中,奉命册封安南国王,途中又升都给事中。安南国王厚赠金银,但他分毫不受,纪诗曰:"青茅又喜重苞贡,薏苡何须满载归。"安南国建"却金亭"纪念其高风亮节。正德三年(1508),天锡回国,刘瑾当权,国事大变,敢言者皆受贬斥。天锡愤极,他连夜草疏弹劾刘瑾贪污的几十个情

明 石文官

节,进行"尸谏"。但这一夜妻子和儿子都不在家,唯有一个侍童在侧,天锡把奏疏交给侍童,令他托人交给朝廷,后即自缢身死。侍童怕惹祸烧身,藏了奏疏逃避他方。事过三天,锦衣卫点卯检查,才发现天锡已经身死。死得不明白。嘉靖时,刘瑾被诛后,天锡的儿子许子春才上疏辩冤。朝廷诏赐祭葬,大书墓碣"赐一品祭葬洞江许公之墓"。

天锡著有《黄门草》诗集,其中有18首被选入清郭柏苍的《全闽明诗传》。

徐阶

徐阶（1503~1584），字子升，号少湖，明松江华亭（今上海松江）人，明嘉靖年间曾经历任吏部侍郎、吏部尚书。

嘉靖二年（1523），徐阶考中进士，被任命为翰林院编修，后来先后担任福建延平府推官、江西按察副使、国子监祭酒、礼部侍郎、吏部侍郎、吏部尚书、建极殿大学士，嘉靖三十一年（1552）进入内阁，四十二年（1563）成为首辅。

据《明史》记载，徐阶刚周岁的时候，不慎掉进一口枯井中，当时昏迷过去，家人都以为他活不成了，但是三天后他竟然神奇地苏醒过来；5岁的时候，有一次他从悬崖峭壁上摔了下来，大家认为他肯定没命了，但是他的衣服居然挂住一棵大树而使他保住了性命。这使人们感到十分惊奇，都说他大难不死，必有后福。徐阶个子不高，皮肤白皙。生性聪颖机敏，善于谋略，喜怒不形于色。年轻的时候曾经跟王守仁的门人交朋友，所以他在士大夫中间有很高的知名度。

嘉靖二年（1523），徐阶考中进士，被授以翰林院编修的职务。他在翰林院时，内阁大学士张孚敬大权在握，嘉靖帝听从张孚敬的建议，想去掉孔子的封号，同时想降低祭祀孔子的标准。嘉靖帝让大臣商议这件事情，其他大臣由于惧怕张孚敬而不敢多说什么，只有徐阶坚决反对这样做。张孚敬很生气地训斥他，徐阶据理抗争。张孚敬大怒，说："你想背叛我？"而徐阶从容地说："背叛生于依附。我没有依附你，怎么能说我背叛你？"结果他被贬为延平府推官。在担任延平府推官期间，徐阶审理冤狱，把

徐阶像

300名无辜受害者放出大牢，创乡社学，捣毁淫祠，捕获为害乡间的盗贼120人。后来，升迁为黄州府同知，之后依次担任浙江按察佥事、江西按察副使、国子祭酒、礼部右侍郎、吏部侍郎。在担任吏部侍郎时，他一反过去吏部官员接见庶官不多说话的常规，见到下面来的官吏总是仔细询问边腹要害、吏治民情，所以各级官吏都很愿意和他打交道。他还知人善任，经过他推荐的官员大多是谨厚长者，深得朝臣赞誉，不久他又升为礼部尚书。

当时严嵩专权，徐阶起初不肯依附严嵩。于是严嵩经常在皇帝面前说他的坏话。徐阶的处境一度十分危险，这使他认识到不能以卵击石，于是他改变策略，事事顺着严

嵩，从不与他争执。为了得到他的信任，还把自己的孙女嫁给严嵩的孙子，表面上十分恭顺。严嵩的儿子严世蕃十分霸道，多次对他无礼，他也忍气吞声。同时，徐阶向嘉靖帝靠拢，专门挑皇帝喜欢的话说，终于讨得嘉靖帝的喜欢，不久，加徐阶少保头衔，接着兼任文渊阁大学士，进入内阁，参与机务。后来他密奏咸宁侯仇鸾罪状，使嘉靖帝杀掉仇鸾，得到皇上的信任，加太子太师头衔，地位进一步提高，仅次于严嵩。后来嘉靖帝居住的永寿宫发生火灾，暂时住到了玉熙殿，但是这里地方太小，于是嘉靖想营建新宫殿。他问严嵩，严嵩请求他回到大内住，嘉靖帝很不乐意。然后问徐阶，徐阶猜透了嘉靖的心思，于是建议用被烧毁宫殿的剩余材料，营建新的宫殿，他的建议得到嘉靖帝的赞同。后来由他主持建造成万寿宫，嘉靖搬了进去。徐阶因此加封少师，兼支尚书俸。而严嵩渐渐被皇帝冷落。嘉靖四十一年（1562），邹应龙告发严嵩父子，皇帝下令逮捕严世蕃，勒令严嵩退休，徐阶则取代严嵩为首辅。

严嵩被勒令退休后，徐阶亲自到严嵩家去安慰。他的行为使严嵩十分感动，甚至叩头致谢。严世蕃也乞求徐阶替他们在皇上面前说情，徐阶满口答应。徐阶回到家里后，他的儿子徐番迷惑不解地问："你受了严家父子那么多年的气，现在总算到了出气的时候了，你怎么这样对待他们？"徐佯装生气骂徐番说："没有严家就没有我的今天，现在严家有难，我恩将仇报，会被人耻笑！"严嵩派人探听到这一情况，信以为真，严世蕃也说："徐老对我们没有坏心。"其实，徐阶这样做是因为他看出皇上对严嵩还存有眷恋，而皇上又是个反复无常的人，严嵩的爪牙还在四处活动，时机还不成熟。后来，嘉靖帝果然后悔，想重新召回严嵩，在徐阶的力劝下，才打消了这个念头。

徐阶继任首辅之后，大力革除严嵩弊政，十分注重选拔，他先后举荐高拱、张居正等人进入内阁。他十分爱惜人才，大力营救因上疏指责皇帝过失而被定死罪的户部主事海瑞。他还十分勤政，凡是皇上交给的任务，即使一夜不睡，也要准时完成，因此更得嘉靖的赏识。同时，他还经常劝说皇帝停止动辄捕杀边镇大臣的做法，缇骑因此省减，诏狱渐少。后来因为指挥明军抵挡蒙古骑兵南下有功，升为建极殿大学士。

嘉靖帝朱厚熜死后，徐阶起草遗诏，将大理狱中因反对嘉靖帝而获罪的大臣全部平反，存者招用，死者优恤。诏书颁布的那天，许多大臣感激涕零。徐阶执政期间，还减轻百姓负担，清理盐税。景王死后，他上奏将景王霸占的陂田数万顷还给了百姓，使老百姓欢欣鼓舞，奔走相告。他还废除朝中的许多浪费项目，尤其是皇帝信奉道教的开支。他的做法得到朝中上下的拥护，人们称他为"名相"。

由于继位的穆宗行为荒诞不经，徐阶经常劝阻他，所以穆宗十分讨厌他。徐阶也很失望，于是上疏请求退休。正好给事中张齐因为私人恩怨弹劾他，于是穆宗乘机允许他退休回家。朝中百官纷纷上奏章请求留下徐阶，但是穆宗说什么也不同意。

徐阶退休回家后，纵容自己的子弟横行乡里，大量购置田产，徐家占地多达24万亩，加上他的子弟、家奴为非作歹，致使告他的状纸堆积如山。应天巡抚海瑞、兵宪蔡国熙秉公办案，惩治了他的家人，于是徐阶用3万两黄金贿赂给事戴凤翔，又通过张居正命令给事陈三谟罢免了海瑞和蔡国熙，可谓一手遮天。所以当时人称他："家居之罢相，能逐朝廷之风宪"，有人因此把他称为"权奸"。

万历十年（1583），徐阶已80岁高龄，皇帝专程派人前去慰问，并赐玺书、金币。第二年，徐阶病死。赠太师，谥"文贞"。

徐阶著有《经世堂集》26卷、《少湖文集》10卷。另编有《岳庙集》，并行于世。

毛 恺

毛恺（1506～1570），字达和，号介川，浙江江山石门镇人。明嘉靖年间官至南京礼部尚书、吏部尚书。

明嘉靖十年（1531），毛恺乡试中举人。嘉靖十四年（1535）赴京，廷试中进士。次年，以进士进行人司任职。嘉靖十八年（1539），授广西监察御史。当时，朝中夏言执政，任用私党，排斥异己。毛恺向嘉靖皇帝上《慎考察以隆治道疏》，要求"敕下吏部、都察院，务秉公正之心，痛改积久之弊。考其素履，不惑于浮言。报其实迹，不眩于疑似。……如此，是非不至混淆，贤否不至于倒置"。

嘉靖十九年（1540），毛恺被贬为宁国推官（地方法官）。审理案件，他从不轻信差役、吏属，"不寄耳目于人"，总是深入调查，依事实，凭证据，秉公执法。于是"人服其明"，被称为"毛青天"。邻近地区百姓也上书呼吁"欲得毛青天"。

嘉靖二十一年（1542），任南京工部营缮司主事，分管芜湖关税收。税关设在荆湖下游，"舳舻相接，商税无算"，管税官员往往难守清廉。毛恺委任县佐管理钱财，税银皆存于县库，丝毫不沾。每年超出定额、多收的部分，均全部返还商民，以鼓励经商，繁荣经济。商民称赞"冰蘖其清，毛公一人"。

嘉靖二十八年（1549），任江西瑞州（府治在今高安）知府。瑞州历年多欠田赋。毛恺命令部属，追缴百姓欠粮，务必以理服人，放宽期限。遇到极其贫困户，他就以自己的俸银代缴。"民感激，欢呼若更生（如再生父母）。"毛恺又宣扬礼义，严明法纪，纠正民间恶习。两年后，调任安徽宁国知府。后又改任山东莱州知府。

嘉靖三十三年（1554），任天津兵备副使。当时，天津土地荒芜，连年歉收，平民百姓难以维持生计。毛恺到任后，即筹款救济。"艰苦者为之赈，婚丧者为之给助，众赖安全，而荒不为害。"并"开渠以泄积潦，筑堤以防漫流，水患得以平息"。又严肃军纪，查禁军官虐待士兵的行为。"至于理冤讼，平物价，节财省费，禁盗安民，纷纷善政，不一而足。"毛恺调离之日，天津百姓万人空巷，"遮道涕泣而留之"。去后又为之建报功祠，立去思碑。碑称毛恺"出途中，则问之耕牧；入则，延父老问以饥寒、疾苦之状。故按脉而治，治无不中"。毛恺治天津三年，然后调任山东按察副使、山西布政使右参政。

嘉靖三十九年（1560），升任河南巡按使、河南右布政使。嘉靖四十年（1561），以都察院右佥都御史衔巡抚真定地区，提督紫荆关等要塞。因治军有方,防卫得力,鞑靼不敢来犯。自河南调真定之初,也正值荒年。饥民载道,车不能行。毛恺先捐出俸银,以济灾民所急,后又上疏蠲免灾区税赋。"民欢声如雷,且感且泣。"嘉靖四十四年(1565),调任南京刑部、吏部右侍郎。四十五年(1566),升任南京礼部尚书、吏部尚书。南京当时是留都,虽有整套权力机构,政治中心却在北京。

隆庆二年(1568)任北京刑部尚书。数名太监犯法,受到隆庆皇帝庇护。毛恺斗胆上疏力争:"臣等伏思,法者祖宗之法也,天下之法也,非臣等可得而私也,亦非皇上可得而私也,当与天下共之。"皇帝自知理亏,只得把犯人交刑部处理。太监李芳,检举京官贪污、浪费,谏劝隆庆皇帝勿耽溺游乐。隆庆大怒,廷杖八十,下刑部监禁,等待处决。毛恺一再谏请,坚持秉公处理,奏称"李芳罪状未明,臣等莫知所坐",李芳终于获释。平民智贵,因酒醉误闯皇城,被乾明门副、司礼监长乱棍打死。毛恺上疏:"智贵虽其乘醉擅入皇城,而法不至死。登时毙于杖下,情有可悯。若不依律处治,则此辈视人命于草菅矣。……若使二犯竟得挠法以免,中外传闻将谓:三尺之法,近且不行,奚远之能及!又将谓:自今以往,死者可以无偿,生者可以幸免,恐白昼杀人于市者,将接迹于天下矣!"两位草菅人命者,终于受到法律的制裁。毛恺又上《题禁滥狱疏》,列陈"刑之滥者"种种表现,奏请改革,释放狱中无辜囚犯。并据理力争,京官犯罪,一律交司法部门查处。

同年,迫于当局腐朽、官场斗争激烈及疾病等原因,毛恺九次上疏,恳求辞官。至隆庆四年(1570)方获得批准,并被特赐驰驿还乡(退休官员还乡使用驿站,当时是一种特殊待遇)。当年九月九日重阳节,因"脾泄疾"逝于石门故居,葬于江山城南景星山(今称老虎山),享年65岁。至万历初,追赠太子少保,谥号"端简"。

毛恺生平著有《薛文清读书录抄释》3卷,《介川文集》10卷、奏仪8卷。刊行于世。

天津百姓在他去任后立的《去思碑》上写道:"公自奉俭约,布衣瓦器,饭常蔬菜,衣食必以常禄(正常工资收入),非常禄所出,则勿衣食。"刑部侍郎戴才撰文称:"公生江山,俯川而居,田庐萧然,筑不加营,耕不拓畔,食不兼馐,衣不重采,学静内修,寡嗜欲,绝玩好,淡如也。问之乡人,曰:茹山饮泉,不改其素,六十五年如一日矣!"

《西游记》作者

浙江江山县石门镇清漾村毛氏祖宅

吴承恩在为毛恺写的《道德逢辰颂·序》中说："昔之以清（清廉）著誉者亦有矣。然，清或多于绝物，而公恢之以宽；清或多于近名，而公履之以让；清或多于罔衷，而公饬之以礼；清或多于遗务，而公体之以勤。以礼化理宏敷，原于道德。"

著名政治家、改革家张居正，视毛恺为知己。毛恺一生"为官廿四任，一身正气立朝纲；历宦四十年，两袖清风还乡里"，在当今社会仍是个教育好资源。

王慎中

王慎中（1509～1559），字道思，号南江、遵岩，晋江安海（今属福建）人，后迁居泉州城内。明嘉靖年间曾任吏部考功员外郎、吏部验封司郎中。

王慎中4岁能诵诗。14岁起在理学家易时中门下学习。易时中是理学名师蔡清高徒，在文坛上很有名气。他选授学生要求甚为严格，但对王慎中却非常器重。

嘉靖四年（1525），王慎中17岁即乡试中举。18岁举嘉靖五年（1526）进士，同年他回乡完婚。

嘉靖六年（1527），王慎中假满回京，授户部主事，监兑通州。任内改革陈规陋习，力除积弊，清理仓廪，查办税蠹。同时体察漕运士卒民夫的疾苦，特加优抚周恤，粮食在转运中霉烂，从不责怪运卒，及时处理，分予军士，因而得到人们的拥戴，称赞他办事"廉仁练达"。空闲时间认真读书作文。

嘉靖十年（1531），王慎中出任广东主考官。在主持乡试中，他所作的卷面评语，准确精练，文辞雅丽，人争传诵。他亲自拔取的榜首解元林大钦，第二年会试高中头名状元，由此博得"慧眼识英才"的美誉。

嘉靖十二年（1533），诏简部郎为翰林，众首拟慎中，大学士张孚敬欲一见，王慎中辞而不任说："吾宁失馆职，不敢失身。"于是他就被调到吏部，为考功员外郎，继任验封司郎中。忌者谮之孚敬，因覆议真人张衍庆请封疏，王慎中把原件封还，不肯执行，而被谪常州通判。

在常州通判任上，他勤于职守，整饬吏治。江苏巡抚郭宗臬对王慎中的才学非常赏识，刚好江阴县出缺，就委他署理江阴。王慎中一到任，就察访民情，兴利除弊。江阴地方有不少豪强势族，横行乡里，无恶不作，历任地方官员都不敢招惹他们。王慎中把一些罪恶昭彰的大恶霸拘捕归案，严加惩治，各地豪强闻风震慑，相戒敛迹。

之后他又被调任南京户部主事、南京礼部员外郎。清闲的衙门官，使王慎中更有充裕的时间钻研学问。在南京，他与王龙溪等文人学士研究著名理学家王阳明的学说，从原来"文必秦、汉"的尚古观念中解脱出来，趋向于唐、宋文风，推崇北宋文学家曾巩、欧阳修等。

嘉靖十五年（1536），被提升为山东提学佥事。他致力端正学风，革除陋习，制定新的规章条例。规定生员进谒只行常礼，免去一切繁文缛节。同时，重视人才的发掘、培养与提拔，如驰名文坛的"后七子"李攀龙、后来位居宰辅的殷士儋，都是由他一手提拔出来的，由此，山东士子对王慎中十分尊崇。

后来他被改任江西参议。江西是著名学者王阳明讲学的地方。王慎中追寻王氏旧迹，经常往来于白鹿洞、鹅湖之间，与欧阳南野、邹守益、罗念庵、聂双江等学士交游讲学，阐发经学新义。随后他前往河南，做了河南布政司参政。当时河南大饥，饿殍遍野，侍郎王杲奉命赈荒，以其事委慎中，还朝，荐慎中可重用。

二十年（1541），王慎中33岁，任大计，考核外任官员，吏部反映：慎中考核未及时报吏部。而大学士夏言先是礼部尚书，慎中是他所属官吏，与之相忤，遂内批"不谨"，被革职。

王慎中落职，朝野惊异，而他毫不介意。遂纵游淇水、太行、王屋、苏门、百泉、武当、衡山、武夷九曲等名山大川之间。得大自然之旨趣，文思为之一变，成为明代唐宋派古文运动的倡导者，首先起来反对复古派的文学主张，推崇唐宋散文。

王慎中归家后，专事古文著作，对好学之士都勉励，出入其门，交游、问学者很多，对泉州文风的影响特别大。与俞大猷交谊颇深，互有诗文赠勉。俞的年龄大于王，却尊王为师。

王慎中51岁时去世。其著作有《遵岩集》《玩芳堂摘稿》。

王慎中反对"文必秦汉"的复古主义，推崇唐朝的韩愈、柳宗元和宋朝的欧阳修、曾巩，与唐顺之齐名，有"毗陵唐，晋江王"之誉，世称"唐宋派"。

王慎中有不少诗作，尤其擅长五言诗体，诗风颇受颜延之、谢灵运的影响。但因文的成就，诗相对逊色。《泉州府志》称王慎中的诗"诗格艳丽，虽寡天造，极良人工"。明末学者钱谦益评其诗为"诗体初宗艳丽，工力深厚"。清学者朱彝尊《静志居诗话》认为"评明人诗者不及王道思，然道思五言，文理精密，足以嗣响颜（颜延之）、谢（谢灵运）"。清代另一位评诗权威沈德潜，在《明诗别裁集》中也说："（王慎中）五言古诗亦窥颜、谢堂庑，无一浅语滑语。"

严讷

严讷（1511~1584），字敏卿，号养斋，江苏常熟人。明嘉靖年间吏部尚书，曾任礼部侍郎、吏部侍郎、礼部尚书。

严讷祖籍吴县，曾祖严昌从吴县迁徙到常熟唐市。他天资聪颖，幼时读书于莘泾姑丈东溪家，常浴于河，衣挂树间。东溪见之甚怒，出偶句云："高树为衣架。"对严讷说："尔若能对则免责。"严讷随口即对曰："长河当浴盆。"东溪听后颇为满意，并知其抱负不凡，也就不加责备。严讷年稍长，寄居朗城法华庵攻读，孜孜不倦。他曾写古乐诗《朗城秋夜读书》："夜深人静

严讷像

悄，正一轮明月天心高照，漏声不到乡村里，风走花阴大叫。鸭炉香袅，托绿绮一番新调，弦指外流水高山，鹤梦树头惊觉。曲终顿起闲愁，怪白屋青灯，故淹年少。仰天长啸，那须个金马玉堂，难到文林虎豹，毕竟是养成牙爪，早难道，万卷诗书，让探讨。"此诗写出了他当时夜读情景和心情，流传后世，被文人学士奉为佳话。清代许朝在《朗城庵》写道："小市西斜水一湾，秋花秋月两婵娟，前朝此是栖鸾处，留得诗歌万口传。"这里的"前朝此是栖鸾处"即指严讷夜读于朗城法华庵，"留得诗歌万口传"即指严讷的《朗城秋夜读书》。

严讷的苦读结果是以优异的成绩通过了县、府和院试。嘉靖二十年（1541）考取辛丑科二甲第八名进士，选为翰林院庶吉士。后例授翰林院编修，又迁翰林院侍读。由于严讷饱读诗书，诗文功底扎实，"青词"写得非常好，嘉靖皇帝十分赏识，不断被擢升。曾先后任礼部侍郎、吏部侍郎、礼部尚书。嘉靖四十二年（1563）三月，严讷由礼部尚书转任吏部尚书。由于明世宗嘉靖皇帝朱厚熜是个昏庸之君，一心迷信神仙，爱好长生不老之术，在官内设斋醮，豢养一批专事骗人钱财的道士，经常设坛打醮求仙，妄图永葆青春，因此他在位45年中竟有20多年不理朝政，严嵩父子长期弄权，操纵国事，吞没军饷，战备废弛，政治腐败。北方鞑靼贵族经常南下攻略，东南倭寇不断侵扰，因此时局更加严重，社会动荡不安。鉴于此，严讷上任后便向首辅徐阶提出清除严嵩专权造成的种种弊端，改革朝政，严肃官场歪风邪气，得到徐阶的支持。严讷与朝士共同"约法三章"：有事直接在朝廷上讲，不得谒见私邸，以杜绝任用官吏中的拉帮结派、走后门、任人唯亲。他认真从自己做起，模范带头执行，起了很好的表率作用。

在选拔人才、提拔官员问题上，他坚持任人唯贤，重视品德和才能，并倾听他人意见。例如将一般普通小官的陆光祖提拔为左侍郎，负责考核、选拔人才工作，成绩斐然。又如将举人出身的海瑞，从南平教谕提拔为户部主事，等等。就是这位海瑞，在嘉靖四十五年（1566），上疏嘉靖皇帝，指责皇帝久不视朝、迷信道教、专事斋醮、搜刮民财、修建宫室、杀害忠良……嘉靖皇帝阅毕大怒，将海瑞下狱论死。此时，严讷虽已离开朝廷，但他敬佩海瑞的忠君、耿直、胆识、刚烈、敢讲真话。得知海瑞下狱论死消息，立即与首辅徐阶联系，积极营救。正巧嘉靖皇帝因服丹中毒死去，其子继位，为明穆宗。用徐阶所草遗诏，释建言将罪诸臣，将道士付司法论罪，海瑞因此出狱，免于一死。

严讷在朝为官期间，时三吴地区屡受倭

患,又遇灾荒,百姓流离死亡几半,而地方官吏仍加紧征粮征款。严讷一再上疏陈情,为民请命,极言百姓困苦,"帝得疏感动,报如其请",使三吴地区百姓得以免征。百姓对严讷尊敬而感激,呼为他"严老佛"。

公元1584年,严讷去世,朝廷追赠少保,谥"文靖"。有《严文靖公集》20卷流传于世。

郭 朴

郭朴(1511~1593),字质夫,世称东野先生,乡人呼为"郭阁老",明代安阳(今河南安阳)人,官至吏部尚书兼武英殿大学士。

嘉靖十四年(1535)考中进士。嘉靖四十年(1561)冬,郭朴任吏部尚书。四十二年(1563)三月,离职回籍守父丧。四十四年(1565)四月,世宗召朴回京任职。郭朴因守制未终,不愿赴任。但世宗念其做官廉正,特欲用之,未准其请,他只好离家再次出任吏部尚书。

四十五年(1566)三月,郭朴兼任武英殿大学士,与高拱(河南新郑人)同时入阁。时内阁首辅为徐阶。是年十二月,世宗病死,穆宗继位。徐阶在草拟遗诏的时候,未同高拱、郭朴商议,遂引起高、郭二人不满,隔阂日深。隆庆元年(1567)五月,高拱愤而致仕。九月,郭朴也致仕回籍。告老还乡后,回到故乡安阳隐居于安阳东郊,过着普通老百姓的生活。他曾赋诗咏怀:"茅厦三间蔽日,槿篱四面遮风。""几上一编农谱,壁间几幅耕图。"这就是他晚年的真实写照。根本不像一个曾位居宰相的人。

郭阁老在安阳几乎是家喻户晓。然而,郭阁老在大明王朝究竟是怎样一位举足轻重的历史人物呢?官场之上,宦海沉浮,免不了有人被政治激流断送了性命。只要是忠臣良将,郭朴从不袖手旁观。

明嘉靖四十四年(1565)冬天。年轻气盛的海瑞誓死要给皇上提意见,而且意见提得十分尖刻,尖刻得就是平常人也难以接受。世宗皇帝看过海瑞的奏章,顿时七窍生烟,火冒三丈,将海瑞的奏章狠狠摔在地上,厉声对殿前侍卫喝道:"这

河南安阳郭朴祠

哪里是提意见，分明是对朕的恶意攻击，胆大狂徒，一派胡言，快与朕拿住此人，不要放走了他！"一个名叫黄锦的太监马上告诉皇帝："皇上，听说这个海瑞上疏时，预先就买了一口棺材，并且和妻儿老小诀别，给家里所有的闲杂人等一一发了银两，让他们各自投亲靠友去了，这个海瑞绝不会逃走的。"皇上当下传旨，将海瑞打入死牢大狱。御林军奉命去后，太监黄锦将海瑞的奏本捡起，放在御案之上，气急败坏的世宗皇帝又重读奏本，不知不觉心里有所触动，感到海瑞所说亦有可取之处。世宗皇帝自言自语道："这个海瑞还有点像商王朝那个叫比干的忠良，可朕并不是殷纣王啊。"转眼间，冬去春来，明嘉靖四十五年（1566），世宗皇帝已是花甲之年。便召郭朴觐见，问郭朴对此有什么良策。郭朴见世宗皇帝身体虚弱，劝皇上保重身体，暂时不宜出宫，有些事情暂缓处理为好。世宗又道："郭爱卿，你也知道那个海瑞给朕提的意见是多么尖刻！朕不爱护自己的身体，致使病痛缠身。如果朕像前几年精力充沛地在金殿之上执掌朝政，及时处理国家大事，何至于被那海瑞尖刻地指责呢。这个海瑞真是死有余辜。"提起海瑞，皇上就气不打一处来。郭朴奏道："海瑞这样做，实在愚笨，他做知县时就憨厚刚直，但是，海瑞的内心也是为了陛下好，其心尚可原谅，老臣乞请陛下开恩，饶恕海瑞，他一定会为陛下的江山社稷肝脑涂地。"世宗叹道："朕也不愿多杀这些敢于向朕提意见的谏臣了。"郭朴退出后，太监躬身递上法司的奏折，奏称："海瑞实为对皇上讽刺讥笑，论罪当死。"世宗略略一瞧，便将奏折搁在一边，并不加批复。如果世宗随手加上批复，海瑞性命难保。海瑞不死，多亏了郭朴。

郭朴一贯秉公办事，唯才是举，知人善任。虽然手握重权，却从不滥用，虽然深受皇上宠爱，他从不恃宠专横。所以，《明史》称郭朴"为人长者"（德高望重的人）。明万历二十一年（1593）五月十八日，郭朴卒，享年83。翌年十一月二日葬于韩陵之阳。谥"文简"。

王国光

王国光（1512~1594），字汝观，号疏庵，明泽州阳城（今山西阳城）人。嘉靖二十三年（1544）进士，官至吏部尚书，明代著名的政治家、财政家和文学家，万历年间辅佐张居正实行改革，对万历中兴起到了积极的作用。他撰写的《万历会计录》是大学士张居正推行"一条鞭"法改革税赋制度的理论依据，后成为明清两代田赋的准则。因官居吏部尚书，故有"天官"之称，王国光故居被后人称为"天官王府"。

王国光于嘉靖甲辰（1544）中进士。先后任吴江和仪封（古县名，在今河南兰考一带）二县知县。后依次升为兵部、户部右侍郎总督仓场。后因病辞归。隆庆四年

（1570）起为户部右侍郎，调任南京刑部尚书。未止任，又改为户部右侍郎再督仓场。万历元年（1573）任户部尚书，在职三年辞归。万历五年（1577）起任吏部尚书。以考绩加太子太保，升光禄大夫，任职六年。他任户吏二部尚书正在内阁大学士张居正主持朝政的十年之间。张去世后，他被反对派弹劾而落职，后来皇帝念其功绩，令恢复原官致仕（退休）。

王国光在任职期间，由于宫中争斗激烈，他曾多次遭到弹劾，被迫返乡南阳村。回家后，首先在村民的帮助下修建了家庙，也就是现在的玉皇庙。庙中北大殿房脊上的五凤楼就是他从京城专程运回来的。因为朝中有人一直想置他于死地，也暗中派人跟踪他回到南阳村。到处传播一些王国光在朝中犯错惹大臣等不好的传言，家庭里的一些人也隐隐约约听说了一些关于他在朝中犯了大罪以致被罢官回家的事。一些胆小怕事的族人怕株连九族，于是到处传播恶言，最终把王国光一家赶出了家门，赶出了南阳村。王国光一家迫于无奈，躲进了南阳村附近南沟的一个山洞里，也就是现在的阳城界内上河村的王国光洞。待事情平稳后，他带着全家迁到了阳城县润城镇的上庄村定居。

王国光是一位成功的政治家，但仕途却充满了戏剧性。他在嘉靖二十三年（1544）中进士后，被授为吴江知县，以后又调任仪封，提升为兵部主事，又改吏部，担任文选郎中。屡千户部右侍郎。隆庆四年（1570），任刑部左侍郎，拜为南京刑部尚书，未及上任又改任户部。万历三年（1575）王国光在京官考核中被南京给事、御史所弹劾，上书坚决辞职，到第二年方可。万历五年（1577）冬，吏部尚书张瀚被罢免，王国光被起用代替其职。此后数年，王国光屡遭弹劾，罪名为选才任人唯亲和鬻官黩货、损公肥私等数条罪状，皇上发怒销其职，但之后不久，又恢复官职。他从嘉靖二十三年中进士起开时入仕，从兵部到户部，从刑部到吏部，几乎各个重要的部门都有过他的足迹，随中途有过中断，几起几落，但由于他的突出贡献，仍然不能抹杀他的政绩。他最突出的贡献在于任职户部时，对全国粮食的宏观控制。他在负责粮食的仓储与出纳时，社会发展，人口不断增长，同时边疆战事不断，内地也时有农民起义爆发，因此管好粮仓具有相当重大的意义。他在粮食的发展远远跟不上社会繁荣发展、人口增长速度的情况下，对粮食精打细算、全面控制。他推行"天下抚按官"的办法，对各个粮食渠道统筹安排，将粮食出入大权牢牢地掌握在国家手中，为缓解粮食紧张起到了十分关键的作用。他最有政绩的为政时间是在万历初年。当时神宗刚刚继位，改革呼声最高。王国光也对一系列不合时宜的旧制度、旧秩序进行改革。其时簿牒等公文十分繁杂、冗滥，从州县到部，无论是各部门，还是具体的承办人，都有难言之苦。王便大刀阔斧地进行裁撤合并，去掉了近半数的繁文，使得事情方便易行；户部十三司因公署狭小，官员们便部坐班，导致弊病越来越重，王便雷厉风行，一改前弊，令所有官员均入署办公，各司其职，使工作效率大大提高；边关军饷告匮，而支出及收项无案可查，王令当地的边臣核实各项收支，并且筹划出长远计策上报，使消耗、浪费锐减；他还设"坐粮厅"，专门负责军粮的督办，大大方便了诸军，又将散隶诸司的全国钱谷归并，减少了不必要的浪费。他的这些办法，立竿见影，反映了他敏捷的经济头脑。

隆庆六年（1572）七月（时神宗已继位）任户部尚书，在任时与侍郎李幼滋等编辑《万历会计录》，费时"逾年"，编纂成书。及万历四年（1576）二月己卯（即十五日）国光再疏乞休，神宗许之，命乘传归。二月戊子（即二十四日），国光濒行，进所辑书册，请刊布中外，庚寅（即二十六日）奉旨嘉奖，书册著户部再加订正缮写进览（《神宗实录》卷四七及王国光原奏）。此为会计录的蓝本。

国光善诗工书，游览所至，即题诗挥毫，遗迹甚多。他的诗和字给人以潇洒飘逸、卓然不群之感。万历二十二年（1594），他离开了这个他爱过也恨过的人世，留下了证明他雄才大略的《万历会计录》和《王疏庵率意稿》。

赵邦清

赵邦清（1558~1622），字仲一，号乾所，明真宁县安兴里于家庄（今正宁永和镇于家庄）人。曾做过山东滕县知县、吏部稽勋司郎中。

赵邦清出身于农家，少年时代在其母高氏的督促下，刻苦读书，15岁时进入学堂，后辗转前往陕西旬邑县和湫头兴教寺等处潜心攻读。万历十九年（1591）考中举人，次年考中进士，被授山东滕县知县。

当时滕县的官吏贪赃枉法，敲诈勒索，人民饥寒交迫，苦不堪言。赵邦清上任伊始，整顿吏治，一时间恶吏慑服，豪强生畏。

滕县连年灾荒，境内饿殍载道，流离者超过半数。赵邦清心急如焚，千方百计解民于倒悬。他在县衙办起粥场，舍饭救人，吃粥者超过五六万人。还从邻邑筹借粮食，赈济灾民达3万余人。此外，他用历年的节存购回耕牛千余头，分给贫民使用，帮助农民购买种子，修理农舍，安置流民7000户，赎回县内饥民的妻子儿女。

滕县豪强地主占有大量肥田沃土，却挖空心思隐瞒土地，偷税漏税。贫苦农民往往丁稠地少，却不得不负担繁重的赋税。赵邦清丈量土地，均平赋税，革除弊端。这样一来，一些官僚富豪的利益受到损害，他们或仗势阻挠，或诬陷恐吓，采取种种卑劣手段竭力反对。但赵邦清大义凛然，亲临田野，监督丈量，遇有阻碍者，严惩不贷。结果共查出隐瞒土地数千顷，接着重新分定等级、审查户口、稽核赋税，滕县百姓无不拍手称快。

赵邦清大力鼓励农民开垦荒地，为提高农民开垦荒地的积极性，他用自己的俸银购买草根，结果男女老幼争挖草根，短短几年之内便垦荒3000顷。

赵邦清采取一系列措施治理滕县。他竭力倡导植树造林，号召乡民大量栽植桑木和枣树，在官舍和公共场所广植花木，在通往县邑的大道两旁遍栽杨柳，若有人随意攀折，即罚其赔偿十倍以上方罢。他注重兴修水利和漕运，亲自勘察地形，亲赴水利工地，昼夜指挥，辛劳不止，终于修成长80华里的漕运工程和十多条灌渠。他招募饥民，

中国古代吏部名人
明代

甘肃正宁县赵氏牌坊群

开办矿业,采掘煤井数十眼。还在县邑设立钱庄,兴办商号,建立学校。五年过后,原来凋敝不堪的滕县呈现出一派繁荣兴盛的景象:库中积金3000,余谷6万石,官道杨柳依依,田野遍植桑枣,莲河鱼塘井然有序,商贾往来,学士诵歌。

万历二十六年(1598),安南国使者冯克宽前来中国进贡,路过滕县,到县衙访问,却不见知县,问及衙役,才知县令教民种田去了。冯克宽到达京城后,万历皇帝询问,你到我国访问46县,官吏政绩如何?冯克宽回答说:"自从进入中国,所到州县,还没有那个人像赵邦清那样,清廉如水,一尘不染。"万历皇帝闻言大喜,立即下诏命赵邦清进京。圣旨到达滕县,滕县父老怎么也舍不得赵邦清离开,再三挽留,不得动身,皇帝又下二道圣旨,督其受命违者问罪。滕县百姓几千人携带粮秣、盘费护送赵邦清进京谒见皇帝。进京后赵邦清被封为吏部验封司主事。

万历二十七年(1599),赵邦清升任吏部稽勋司郎中,在吏部任上,赵邦清拒收贿赂,严惩贪官,政绩卓著。

赵邦清入仕十年,誉满齐鲁,清名播天下,结果遭到权奸佞臣的妒忌和陷害。顺天府推官郝道行对赵邦清素怀不满,捏造邦清暗中诋毁权相沈蛟门,沈蛟门利用自己权势在皇帝面前极力中伤。万历三十年(1602)四月,赵邦清被贬官三级。万历四十五年(1617),因南北党事之争,被削职归里。

赵邦清归家后,清囊无余,负债累累。躬耕于野,奉养老母,清贫度日,自号"草帽山人"。此间,京师朝野许多人多方奔走,要求朝廷为他平反冤案。天启二年(1622),赵邦清奉诏出任遵义监军参议。这年七月,贵州水西同知屠崇明反叛,赵邦清率军征讨,途中身染瘴岚之气,病逝于军中,终年64岁。

赵邦清去世后,朝廷追赠"光禄寺卿",其子赵崇贤被授予河南彰德通判。

赵邦清一生著述很多,有《鹤唳草》《瞑眩录》《梦遇仙记》《游艺海纳集》等,大多已散佚,仅存《神柏记》1篇。

高 拱

高拱（1513～1578），字肃卿，号中玄，谥"文襄"，河南新郑人，明代政治家和哲学家，曾做过吏部左侍郎、吏部尚书。

高拱出任内阁首辅兼吏部尚书时，正是明王朝由盛到衰的转折时期，吏治腐败、财政空虚，农民起义和边疆少数民族的反抗时有发生。

高拱针对严峻的社会现实，力图改革弊政，主张处理行政事务要严谨务实、讲究实际效果，不能只图虚名。高拱认为，要实现社会稳定，首先要改革吏治，裁淘冗员，选拔贤能。在改革过程中，他选拔官吏，唯考政绩，不问出身。凡学有专长的人，即使有点毛病他都能予以重用。由此，在朝廷机构中提拔任用了一大批人才。隆庆、万历年间的名臣、名将，绝大部分是高拱所推荐、提拔、培养起来的，就连万历年间的名相张居正也不例外。

高拱尤其重视州县长官的选拔，他明确提出州县长官要年轻化。给吏部规定了一套较为严格的考核官吏、选用人才的制度与方法，并且用这种方法裁淘了一批因循守旧的官员，提拔了一批精明强干的年轻官吏。他制定了明确的赏罚制度，主张凡是受责罚的官员，要告诉其受罚原因，使其本人和众人心服。为制止官场行贿受贿，他要求各级主管监察部门，进行认真查究。为避免本地人在本地任官的"易于生奸"弊病，规定官吏不得在家乡做官，要易地任职。高拱还非常重视高级军事将领的选拔培养，他主张军队中的高级将领与军事指挥机构中的高级官员应该从下级军官中选拔，要把那些智勇兼备

明　石文官

且又通晓军旅者提拔到领导岗位上来。

高拱一生办事认真，赏罚分明，对于各项改革措施都能身体力行，为各级政府官员树立了良好榜样，有力地促进了改革进展。经过几年努力，在巩固边防、整顿吏治、人才选拔、加强行政管理等方面取得了较大成效。后人对他评价颇高："嘉、隆之际，相臣身任天下之重，行谊刚方，事业光显者，无如新郑高公。"在哲学思想上，高拱敢于标新立异，不以先儒的是非为是非，也不被先儒成说所束缚，敢于提出自己的见解。高拱还对朱熹、王守仁等宣扬的"三纲五

常""去人欲，存天理"等封建道德思想提出了有力批判，在他那个时代，可谓鹤立鸡群。

高拱很重视见闻之知，认为感觉、经验是人类认识事物的来源。他还特别强调学习的重要性，认为人们的知识都是通过不断学习而得来的，就连圣人也要学习。人们要认识客观世界，就必须不断学习，反复实践。只有不断学习，反复实践，才能加深认识，取得经验。认为只有亲身"实历"并留心观察，才能认识事物的本质，进而利用其规律，以解决政治上和学术上的实际问题。

作为一个封建时代内阁首辅，高拱能够突破正统儒学思想的束缚，不以先儒是非为是非，对纲常说教进行批判，并且在认知客观事物方面形成自己独到的见解，的确令人钦佩。而他所倡导的吏治改革特别是在用人机制方面的大胆实践，无疑对后世具有积极的借鉴意义。

张守直

张守直，字时举，号笔峰，祖籍遵化县，系元丞相忙古歹的第九世孙，明嘉靖年间曾任吏部考功义选郎中。

张守直是明嘉靖丁酉年（1537）的举人，甲辰年（1544）的进士，荣获两榜出身。

进士及第后，张守直钦命浙江省嘉定县县令。嘉定本是鱼米之乡，物产丰富。然而老百姓的生活却很贫困。其主要原因是管理赋税的官吏巧立名目，增大征收，从中渔利，中饱私囊。张守直到任后，得知实情，决心改变旧制。下达公文，要亲自审视；百姓诉讼，要亲自接待。不给下级胥吏营私舞弊的机会。对百姓痛恨的官吏，限期悔过自新，如不改悔，再行免职。经过一段整饬之后，过去勒索百姓之风迅速改变。接着张守直有计划地兴办教育、鼓励耕织、兴修水利、治理农田、清理盐税、节俭开支、开仓赈贫、储粮防灾、教民习武、强身防盗、表彰节义、禁止游闲。如是三年，政绩大兴，嘉定县昌盛起来，名震四方。消息传入朝

明石文臣

中，盛赞张守直执政有方，升任兵部主事（主管文书官员，类似办公室），不久，又改任吏部考功文选郎中。张守直竭力发挥伯乐之长，注意发掘人才。经他推荐的王锡

爵、郭泰、许邵等人都成为社稷中的栋梁。当时严嵩、严世蕃父子把持朝政，营私舞弊，对张守直职权内的人事工作时时干涉，并且把持人员的升迁。张守直不屑一顾，置若罔闻。严氏父子则施以恫吓，张仍不屈从，没有一件事因邪压正。嘉靖四十一年（1562），严氏父子罪恶暴露，被投入狱中。屈从严氏父子的官员受到追查，而张守直则安然无事，受到朝野的赞扬。张守直升任大理寺少卿，参与受理严世蕃的案件。严世蕃有恃无恐拒不认罪，张守直乃历数其欺君罔上、专横国政、吞没军饷、陷害忠良等罪行，击中要害，使严世蕃瞠目结舌，并依法给以惩处。不久，张守直又转职为光禄寺少卿，主管皇室的膳食。有的宦官在例之外私自支领，张一概不准，一年就节省库银万余两。

张守直因廉洁闻名，升任户部侍郎，不久又任户部右侍郎（主要副职），主持修建明显陵。显陵工程浩大，原主持人计划粗略，需经费72万贯。承担显陵修建经费的吴蜀、豫章，对这巨大的负担，感到吃惊，无力承受。张守直到职后，详细审查核实修订了原计划。尽力做到材料无浪费，劳动无拖工，按期完工。不仅工程质量好，而且开支减少原计划的1/3，仅耗50万贯。隆庆元年（1567），穆宗登基，一度对张守直不信任，连续调迁。但时间不长，终被理解，升任户部尚书，掌管全国的户口财赋。张守直责任重大，根据深入查询和多年仕途的体会，上疏当朝陈述，量入为出，计划开支，裁判冗员，制定条令，按例发饷，如有违抗，依法治罪，一改从前的底数不清、条例不明，要多少给多少、开支无计划的弊病，年节省数十万贯。

张守直一生掌管人、财大权，对人坦率无私，对己谨慎严格，秉公办事，不徇私情，深受多数正直者的欢迎，但也得罪了一些谄媚小人。他们乘张守直与当朝执政者有隙之机，造谣中伤。张守直一气之下辞官还乡，闭门谢客。在挂冠归里时，驭马拉着敞篷大车，车上装载着简单的行李和衣物，没有一件昂贵的东西，而张守直则安然自得。后朝廷屡次降旨起用，张亦托故不出，朝廷只好按制给他办理了"致仕"手续。张守直在故乡赋闲17年病逝，享年74岁，朝廷按制赐葬，并在其居住过的地方立"地方上卿"的牌坊，以旌其功。遵化县原文庙西院的外贤祠中亦有其供位，并按例祭祀。

海 瑞

海瑞（1514～1587），字汝贤、国开，自号刚峰。广东琼山（今属海南）人，明代著名政治家。万历年间曾任南京吏部右侍郎。

海瑞祖上从福建晋江坡边迁居海南琼山海厝。他自幼攻读诗书经传，博学多才。

嘉靖二十八年（1549）中举。初任福建南平教谕，后升浙江淳安和江西兴国知县，推行清丈、平赋税，并屡平冤假错案，打击贪官污吏，深得民心。

嘉靖四十一年（1562），以罢官抗逆显于后世的明代廉吏海瑞任诸暨知县；嘉靖四十五年（1566）任户部云南司主事，上疏

中, 营护海瑞甚力, 直至同年十二月世宗驾崩, 穆宗继位, 才奏请释放海瑞出狱。世宗死后获释。海瑞于隆庆四年（1570）曾前往福建晋江潘湖黄光升尚书府拜谒黄光升, 以表营护之恩。

隆庆三年（1569）调升右佥都御史, 他一如既往, 惩治贪官, 打击豪强, 疏浚河道, 修筑水利工程, 并推行"一条鞭法", 强令贪官污吏退田还民, 遂有"海青天"之誉。后被排挤, 革职闲居16年。

万历十三年（1585）, 重被起用, 先后任南京吏部右侍郎、南京右佥都御史, 力主严惩贪官污吏, 禁止徇私受贿, 海瑞及闻潘湖黄光升卒, 悲伤至极, 带病前来晋江奔丧。后病死于南京。

海瑞没有儿子。去世时, 南京都察院佥都御史王用汲去照顾海瑞, 只见用葛布制成的帏帐和破烂的竹器, 有些是贫寒的文人也不愿使用的, 因而禁不住哭起来, 凑钱为海瑞办理丧事。海瑞的死讯传出, 南京的百姓因此罢市。海瑞的灵柩用船运回家乡时, 穿着白衣戴着白帽的人站满了两岸, 祭奠哭拜的人百里不绝。朝廷追赠海瑞太子太保, 谥号"忠介"。

海瑞像

批评世宗迷信巫术, 生活奢华, 不理朝政等弊端。任户部主事的海瑞买棺材, 别妻子, 散童仆, 以死上疏, 劝说世宗不要相信陶仲文这班方士的骗术, 应振理朝政, 因而激怒世宗, 诏命下狱论死。遭迫害入狱。宰相徐阶力救海瑞, 黄光升则把海瑞上疏比拟儿子骂父, 以减轻罪责, 并乘机把海瑞留在狱

张居正

张居正（1525~1582）, 汉族, 字叔大, 幼名白圭, 号太岳, 明代湖广江陵（今属湖北荆州）人, 又称张江陵。明代中后期政治家、改革家。万历时期的内阁首辅之一, 辅佐万历皇帝开创了"万历清政", 因其巨大的历史功绩而被后世誉为"宰相之杰"明代最伟大的政治家。曾任吏部左侍郎、吏部尚书等职。

张居正5岁入学, 7岁能通六经大义, 12岁考中了秀才, 13岁时就参加了乡试, 写了一篇非常漂亮的文章, 只因湖广巡抚顾璘有意让张居正多磨炼几年, 才未中举。16

张居正像

岁中了举人，23岁中进士，由编修官至侍讲学士，领翰林事。隆庆元年（1567）任吏部左侍郎兼东阁大学士。隆庆时与高拱并为宰辅，为吏部尚书、建极殿大学士。万历初年，与宦官冯保合谋逐高拱，代为首辅。当时明神宗年幼，一切军政大事均由居正主持裁决，前后当国十年，实行了一系列改革措施，收到一定成效。

张居正改革的确能减轻当时的社会积弊，缓和社会矛盾，维持封建统治的短期稳定。但是，张居正是在整个封建政治经济体制框架下的一种微调，不可能从根本上消除封建体制的弊端，这就是张居正改革的历史局限性所在。

第一，整顿吏治，实行考成法。张居正是个作风稳健的实干家。他总揽全局，精心设计了改革的总体方案，并逐步推行。张居正的改革"以尊主权、课吏职、信赏罚、一号令为主"。他认为国家机器能否正常运转的关键在于吏治的好坏。张居正曾经说过："法之不行，人之不力也。"他认为制定规章制度并不难，但能否认真贯彻执行才是最重要的。因此，他就先从整顿吏治入手。在他执政之初，就奏请神宗实行考成法。根据考成法的规定，吏、户、礼、兵、刑、工六部及都察院对于各项章奏，应立即转给各个有关职能部门处理执行。具体做法就是六部在各项事务转发前，将这些待办的事情按照事情的轻重缓急，限定时日，进行登记造册，一式两份：一份交六科备案，事情按时执行的就在册上注销，事情没有按时完成的就要纠举上奏；一份交内阁查考，主要是防止六科没有起到监察责任，徇私舞弊。这样一来，从内阁到六科，从六部到各职能部门，对所要处理的政务都清清楚楚，责任明确，大大提高了政府机构的办事效率。

这里的六科是明朝特有的政治机构。六部负责处理或转发一切行政事务，各部的长官是尚书；同时又有吏、户、礼、兵、刑、工六科，各科的长官是都给事中。尚书是二品，都给事中才七品，但是六科对六部却有纠劾、封驳的权力。因此，六科实际上是六部的监察机关。明代的内阁本来就是皇帝的秘书班子，没有明确的行政责任，更没有监察责任。张居正以六科控制六部是明代的祖制，但是以内阁控制六科却是张居正的创举。张居正扩大了内阁的权限，这对他以后实行改革，减少各方面力量的牵制，有很大的作用。可以说，张居正以考成法统驭全局，使政令畅通，即使在万里以外的地方，朝廷下达的政令也很快就可以执行。这样既树立了朝廷的威信，也打开了张居正进行改革的通道。

第二，推行"一条鞭法"。在中国封建社会，赋役制度是最根本的经济制度。它既是每个百姓的生存之本，也关系到社会的安定和国家的安危。张居正认真考察了嘉靖初年曾经在广州、福建、江西等地实行的"一条鞭法"，认为用"一条鞭法"代替当时实行的两税法是可行的。

万历六年（1578），张居正下令全国清丈各种类型的土地，命三年完成，并规定对破坏清丈土地者，将严惩不贷。通过清丈土地，张居正掌握了全国的田产和人丁情况。在此基础上，万历九年（1581），张居正下令将"一条鞭法"在全国范围内实行。所谓"一条鞭法"，简而言之，就是把各种田赋和徭役归并和简化，一概折银征收；除了一部分力役仍旧按丁摊派折银外，全部田赋和部分力役均按亩征银。

在"一条鞭法"实行以前，赋役的征收是分开的，赋以田亩为征收对象，收夏税、秋粮。役以户丁为征收对象，分为里甲、均徭、杂泛三种。实行"一条鞭法"以后，就是化繁为简，把赋役合并为一，大部分改为以田亩为征收对象，朝廷所需要的役使由朝廷从税款中拿出一部分统一雇人代役。因土地多归地主所有，这样在一定程度上也减轻了农民的税收负担。而且，各项都改为折银征收，简便易行，也是一大进步，是中国自汉以后田赋征收由实物税转为货币税的一个历史转折。

实行"一条鞭法"对当时的社会以及后世都有重大的影响。简化了税收名目，就限制了地方胥吏借繁杂的税目对广大百姓进行苛扰和勒索，这有利于生产力的稳定发展。征收货币税也减少了官府对实物运输储存的花费，节省了大量的人力物力。同时，国家的财政收入也得到了保证。

他清查地主隐瞒的田地，推行"一条鞭法"，改变赋税制度，使明朝的财政状况有所改善；用名将戚继光、李成梁等练兵，加强北部边防，整饬边镇防务；用潘季驯主持浚治黄淮，亦颇有成效。

万历十年（1582）六月二十日张居正谢世，年58，赠上柱国，谥"文忠"。死后不久即被宦官张诚及守旧官僚所攻讦，籍其家；至天启时方恢复名誉。著有《张太岳集》《书经直解》《帝鉴图说》等。

孙丕扬

孙丕扬（1531~1614），字孝叔，号立山，陕西富平流曲镇南街人。明嘉靖三十五年（1556）丙辰进士，历任应天府尹、南京都察院右佥都御史、大理寺卿、户部右侍郎；诏拜刑部尚书、吏部尚书、太子太保等职。

万历初年擢右佥都御史巡抚保定，以严为治，下属官吏皆惴惴按行。任刑部尚书，理案迅捷，囚无淹系。万历二十二年（1595）出任吏部尚书，创"掣签法"，以抽签决定官职，杜绝权贵请谒之弊。万历三十九年（1611）主持辛亥京察。万历四十年（1612）"挂冠出都"，居家二年卒。

冯梦龙《古今谭概》记："昔富平孙冢宰（孙丕扬）在位日，诸进士谒请，齐往受

陕西富平县孙丕扬宅

教。孙曰：'做官无大难事，只莫作怪。'真名臣之言，岂唯做官乎！"史有"无私，廉政""发奸如神"之誉。

据志书记载：明朝万历年间太子太保孙丕扬曾把柿饼及琼锅糖作为贡品进献过神宗皇帝朱翊钧。

万历元年（1573），孙丕扬以右佥都御史身份巡抚保定诸府时，就"以严为治，属吏皆惴惴"，为防北方蒙古入侵，加强边防，"增置敌楼三百所，筑边墙万余丈"，受到皇帝表彰。对权倾朝野的司礼秉笔太监冯保、内阁首辅张居正等的一些越轨行为，他不畏权势，不惧报复，也敢于抵制说"不"；曾有"内竖杀人，逃匿禁中，丕扬奏捕"，使其受到应有的惩罚。

在刑部尚书任上，因"三法司"机构多牵制，致"狱多滞囚"且"冤狱无所诉"，孙丕扬采取措施，以刑部、大理寺各置籍，狱上刑部，要求大理寺次日审结，再次日还刑部，如此，提高了效率。并上奏章，明确各衙门的权限、职责，办案程序及罚则；对于"民瘼""吏治""抚按监司风化"等，

也规定了郡邑、抚按监司、部院各级应负的责任，提出约束，并颁布天下，以"奖廉抑贪，共励官箴"，这些都得到神宗帝的赞许和支持。

万历十五年（1587），渭北一带饥荒，其家乡及邻县蒲城、铜官（铜川），百姓食不果腹，乃至"采石为食"，"丕扬伤之"，遂"进石数升于帝"，上奏曰："今海内困加派，其穷非止啖石之民也。宜宽赋节用，罢额外征派及诸不急务，损上益下，以培苍生大命"，"帝感其言，颇有所减罢"。此事让当地百姓受益不小。多少年来，乡党们每每提及，皆称："孙都堂是替咱百姓说了话。"

明万历二十二年（1594），丕扬诏拜吏部尚书。史评"挺劲不挠，百僚无以敢私干者"。为杜绝在"大计外吏"或是选拔官吏中的"中贵请谒"，而改革铨政，创"掣签法"，遇"大选急选，悉听其人自掣，请寄无所容"，"一时选人盛称无私"。

明代中后期，政治腐败，宦官专权，朋党之争在历史上已演绎到了极致。官场上相互倾轧、钩心斗角混乱不堪。身为六部之首的吏部第一长官时时处在风口浪尖之上。在纷繁的人事争斗中，丕扬无私无畏，以正祛邪、发奸如神，选贤任能，因此也受到了来自各方面的诽谤和攻击，甚至还引起神宗帝的猜疑。丕扬多次上疏求退，然"帝终念丕扬廉直"，多次挽留，直到"七十有八"仍"白首趋朝"，以效忠朝廷。史评"三十八年大计外吏，黜陟咸当"。"丕扬齿虽迈，帝重其老成清德，眷遇

益隆",然自知年事已高,执意辞官还乡。"家居二年卒,年八十三。"一代贤臣终落叶归根。后赠太保,天启初年,追谥"恭介"。

曾著《应时草》《巡按约束》《论学篇》等,他所编撰的《富平县志》为明代陕西八部名志之一,史称"孙志"。

王家屏

王家屏(1535~1603),字忠伯,号对南,山西山阴县古城人,祖籍太原。明万历年间曾累官至吏部左侍郎兼东阁大学士。

王家屏因以吏部左侍郎兼东阁大学士入与机务,以礼部尚书兼东阁大学士致仕归里。所以,在广大雁北地区民间以"王阁老"相称。

王家屏出生于一个家道衰落、只能且耕且读的农民知识分子家庭。他天赋聪颖,才思敏捷,智力过人,13岁为秀才,29岁中举,明穆宗隆庆二年(1568),他33岁时考中进士,被选为庶吉士,授编修。在史官预修《世宗实录》时,权臣高拱的兄长高捷任职右副都御史,贪赃枉法,民愤很大,王家屏不顾一些老朋友的劝阻,不怕得罪权贵,秉笔直书,这在当时来说是难能可贵的。明神宗万历初年,王家屏担任修选,充日讲官,后升为侍讲学士。

明代中叶以后,皇帝的朝讲经筵多流于形式,神宗皇帝对于这种典礼更待以儿戏。但是,每当王家屏开讲,"敷奏剀挚,帝尝敛容受"。万历帝钦佩他的博学多才和端庄气质,在众人面前称他为"端人"。王家屏的为人正直,行止端庄,还表现在他对宰臣张居正的态度上。张居正从万历元年(1573)到十年(1582),一直担任首辅,神宗非常器重,权倾朝野,谁要想得到高官,必先得居正垂青。就是这样一位显赫人物,王家屏也能秉公相待。张居正生病时,朝内大臣都去看望,有的还到寺院祈祷,奉迎至极,唯独王家屏没有前去。万历十年(1582),张居正去世后,群臣对他一反常态,倒张的浪潮甚嚣尘上,神宗也撤销了他生前的太师头衔,籍没其家产。但是,在这墙倒众人推、迎合上心的倒张呼声中,王家屏秉公持法,对张居正给以正确的评价。

万历十二年(1584),王家屏被提升为礼部右侍郎。不久,为吏部左侍郎兼东阁大学士,辅助朝政。王家屏执阁六年,时间虽短,但给当时朝野留下了深刻的印象。他不贪权武断,"推诚秉公,百司事一无所扰";他恪尽职守,秉公执法,"每议事秉政持法,不亢不随";他注意处理同内阁诸臣关系,与同僚们和睦相处。

王家屏辅政之时,皇帝就是出名的昏君明神宗朱翊钧。朱翊钧深居简出,整天沉湎于酒色之中,不理朝政,大臣们一年也见不到几次。当时,官僚腐败至极,财政危机非常严重,军备弛懈,士气积弱,加之战争频繁,天灾不断,明王朝正经历着由强盛转入衰亡的时刻。在此多事之秋,家屏步入仕途,纵有天大本领,也挽救不了明王朝潜在的危机。况且,朱翊钧又是个恣意妄为、刚愎自用的人。万历十七年(1589)十二月,

山西山阴县王家屏墓

大理寺评事于仁（名佳）向他上了"四箴"疏，说他"嗜酒、恋色、贪财、尚气"。论理，这"四箴"疏正切中了朱翊钧的毛病，但他容不得大臣们对他说三道四，震怒不已，非置其于死地不可。当此之时，王家屏挺身而出，要代替于仁"伏罪"。他说："思之于仁庶官也，于皇上之愆违尚能谏之，臣职亲于庶官，任专于辅导乃尚有所不知不谏。夫不知失职也，知之而不谏，失职也。安可独罪于仁哉？"在以王家屏为首的几个人营救下，于仁虽然被罢了官，总还是保住了脑袋。

根据明神宗的脾气特点，王家屏总结了一条"委曲已开导之，尽力以扶持之，至诚以感动之。其有不从，然后可以强谏力争"的进谏之路。他针对当时封建统治者置国尽民贫于不顾，反而想方设法搜刮民财，以满足其穷奢极欲生活的情况，在给皇帝的奏疏中直言不讳地说："纵欲败度其源在上。"他针对神宗皇帝不临朝讲、不做典礼、不发章奏、政事皆废的情况，上了"请御朝讲发章疏"，认为"堂陛之交所恃以存礼貌者惟有朝讲，军国之政所恃以集其谋议者惟有章疏疏"。他针对"武备积弛，士气积衰"的状况，提出了"治之以不治，款之以不款"的方略，主张"置其顺者，剿其逆者，去者不追，来者必拒"的战术。

王家屏作为一个有严重愚忠思想的封建士大夫，一心想重振朝纲，维护其封建统治。但是，他的"犯颜触讳、抗争偾事"，深深触怒了皇帝。为了明哲保身，王家屏以身体有病为理由，要求辞官回乡，万历二十年（1592）三月得到朱翊钧允许，告老回乡。晚年，他花了大量时间，收录整理自己写过的文稿，起名为《复宿山房文集》，一直留传至今。

徐元太

徐元太（1536～1617），《明史》作"元泰"，字汝贤，号华阳、华阳子、华阳山人、华阳主人等，安徽宣城人。明万历年间曾任吏部考功主事。

徐元太在兄弟八人中排行第七，与兄元气（官至南京右通政使）俱有名于明末政坛。他一生受父亲徐衢的影响颇深。徐元太兄弟从小读书耽于游乐，不思进取，成绩很不理想，结果被县学除名。徐衢在浙江做一个典史小官，因为冒犯了巡按御史，遭到责打。徐衢羞愧难当，辞职归里，又见儿子们不求上进，"每流涕，忽忽不乐"。元太兄弟跪问其故，徐衢将遭辱之事叙述了一番后说："你兄弟二人又都失学在家，功名无望，看来我是后继无人了。"兄弟们深受震动，从此发奋读书，终于双双考中了进士。

考中进士后，元太恰好被分到那位曾责打过自己父亲的巡按御史的家乡任地方官，他心想，这下可以为父报仇了。临行前，他在家大摆宴席，可是知子莫若父，父亲装病在床，不愿见客。元太很是纳闷，父亲告诉他："正是因为御史的责辱，我才罢官回家，教育你们有了今天的成就，所以他是我的恩人，而不是仇人。你去了那里，应该向他感恩，如果你要想为我报仇，就不是我的儿子了。"元太只好答应了父亲的要求。

徐元太刚直不阿，宽以待人，这正是元太从父亲那里继承的精神财富，也影响了他的一生。在他后来的行事中，无论是不谄权贵，还是在西南平叛中开脱失职的下属，我们都可以看到他父亲的影子。

因为政绩卓异，不久就升任铨曹主政，转员外郎，继而升吏部考功主事。万历五年（1577），他担任会试的同考官，恰好权相张居正的三个儿子都参加这一科的考试。其他考官慑于张的权势，准备同时录取三人。但徐元太独持异议，结果张懋修、张敬修落榜，张居正大为恼怒，虽然没有立刻发作，后来还是找借口将他贬为山东参政。

有一次，张居正派他的儿子到泰山祈福，巡抚以下的官员都赶去陪伴张公子，只有徐元太没去，他说："这是儿子为父亲祈

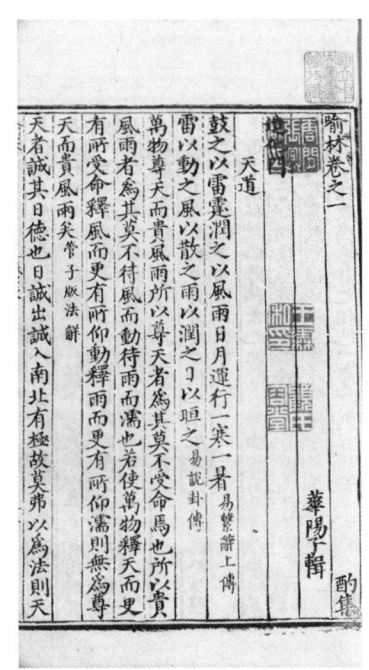

《喻林》书影

福，又不是臣子为皇帝祈祷，我们有这个必要去吗？"而且还写信去阻止他们，他引用《论语》中的典故"曾闻泰山不如林放乎"来讽刺张居正和这帮趋炎附势之徒，弄得他们非常尴尬羞愧。元太之锋芒毕露、刚正耿介可见一斑。

万历十年（1582），张居正病死，旋被抄家。徐元太才得以由浙江按察使再次入朝，任顺天府尹、右副都御史。

万历十三年（1585）夏，四川松潘地区的少数民族发生叛乱，攻陷城池，大肆杀掠，西南大震。朝廷决定派徐元太任四川巡抚，率军平叛。

万历十四年（1586）春至夏五月，徐元太平抚松潘。一到前线，徐元太就聚集各路兵马，给叛军以强大的心理压力，然后采取分散、瓦解的策略，将少数顽劣分子和普通叛军区别开来。他在阵前树立红、白两面旗帜，下令凡是良民被挟持为叛的站在红旗

下，虽然参加了叛乱但是现在有悔改意的站在白旗下，可以免罪，既往不咎。这一招果然有效，既减少了无谓的战争伤亡，又很快将少数叛乱首领孤立出来。其首领国师喇嘛、湾仲等被捕获，初战告捷。官军又乘胜攻破丢骨、人荒、没舌三个实力最强的边寨，其他小寨眼看大势已去，或战或降，战事很快结束。

万历十四年（1586）冬，建昌与越嶲邛部黑骨夷的少数民族又发动了叛乱。元太再次征兵18000人，派大将李应祥、参将朱文达等统领，直捣叛军巢穴，屡战屡胜。元太采取"以夷制夷"的策略，征集了3000剽悍的盐井剌马兵，将前来偷营的建昌首领安守一举擒获。其他叛军首领逃往大孤山，最后全军覆没。

万历十五年（1587）冬，徐元太率兵平抚马湖。由于部将不听节制，深入腻乃部，其首领撒假等乘机纠合一部分早就心怀不轨的部落首领发动叛乱。徐元太第三次征集5万大军，很快又平定了叛乱。

长达三年的平叛战争，是徐元太一生功业的顶峰期，"公部署调度，悉中机宜，尤善用人，厉兵将"，显示了他卓越的军事指挥才能，为维护边疆的稳定和祖国的统一作出了巨大的贡献。能文能武，是元太和一般文人迥然不同之处，这是和他早年"于书无所不读，尤晓畅军事"分不开的。

由于平叛有功，徐元太升任兵部右侍郎、右佥都御史，加二品服。

徐元太回到京城，先后任户部、兵部尚书，后又任南京刑部尚书。但是，三年的平叛战争，他虽然劳苦功高，却也招致了一部分人的嫉妒，吏科都给事中林材等先后弹劾徐元太。元太心灰意冷，万历十七年（1589）二月称病辞官回到了家乡，是年59岁，从此开始了长达二十多年的隐居生活，一直到他82岁去世。

没有了烦琐的公务，摆脱了官场的尔虞我诈，徐元太徜徉在宣城秀美的湖光山色之中，心情倍感轻松。他关心地方建设，先后置义田千亩，赡养家族，他捐资为景德寺修建了藏经阁、观音堂；还捐资修建了长安坝，使农田旱涝保收，"万民咸食其德"。

同时，他更是集中精力，整理、充实自己的学术著作。他博览群书，广泛搜集，先后编著了《喻林》《全史吏鉴》《吟易编》《平羌奏议》等，其中《喻林》被收入《四库全书》。《四库提要》称赞他"用心颇为勤至"。

吕 坤

吕坤（1536~1618），字叔简，一字心吾卑心吾、新吾，自号抱独居士，明代归德府宁陵（今河南商丘宁陵）人。明朝文学家、思想家。万历年间曾经历任吏部主事、吏部郎中。

吕坤天资聪颖，6岁入学启蒙，15岁作《夜气铭》《招良心诗》。25岁中秀才第一，嘉靖十年（1561），26岁中举，万历二年（1574），39岁中进士，初为襄垣知县，因政绩卓著，调大同，征授吏部主事，

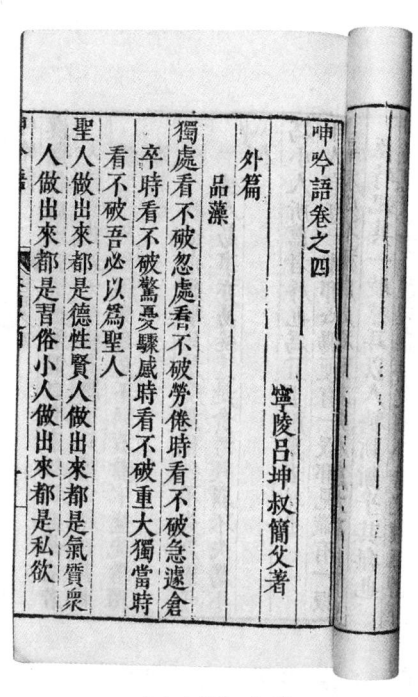

《呻吟语》书影

又晋升为吏部郎中。后来被调任山东参政、山西按察使、陕西右布政使。擢右佥都御史,巡抚山西。居三年,召为左佥都御史。历刑部左、右侍郎。吕坤所至,颇有政绩,深受士民爱戴。历山东参政时,"崇文教,恤孤寡,伸武备,禁邪党,立社学,创冬生院以恤残疾"。有奸人借朝泰山之机,装神弄鬼,诈取人财物,多致殒命。吕坤严惩恶人,杜绝奸人残害黎民。巡抚山西时,著有《实政录》,被仕宦奉为楷模。吕坤爱亡民如子弟,视贪官若仇敌,所刻《风宪约》《民务》各款深受称颂。他与沈鲤、郭正域被誉为明万历年间天下"三大贤"。

吕坤刚正不阿,为政清廉。万历二十五年(1597)五月,上疏陈天下安危,劝神宗励精图治,言词慷慨激昂,忧国爱民之情溢于言表。疏中云:"今天下之苍生贫困可知矣。自万历十(1582)以来,无岁不灾,催科如故。臣久为外吏,见陛下赤子冻骨无兼衣,饥肠不再食,垣舍弗蔽,占藁未完;流移日众,弃地猥多;留者输去者之粮,生者承死者之役。君门万里,孰能仰诉?今国家之财用耗竭可知矣。数年以来,寿宫之费几百万,织造之费几百万,宁夏之变几百万,黄河之溃几百万,今大工、采木费,又各几百万矣。"吕坤在疏中言"采木"一事云:"以采木言之。丈八之围,非百年之物。深山穷苦,蛇虎杂居,毒雾常多,人烟绝少,寒暑饥渴瘴疠死者无论矣。乃一木初卧,千夫难移,倘遇险阻,必成伤殒。蜀民语曰:'入山一千,出山五百',哀可知也。"吕坤在疏中言采矿一事云:"朝廷得一金,郡县费千倍。"疏中还向朝廷发出"奸臣当道,举朝无犯颜逆耳之人,快在一时,忧贻他日"的警告。在边防上,吕坤亦高瞻远瞩,提出:"倘倭夷取而有之,籍众为兵,就地资食,进则断我漕运,退则窥我辽东。不及一年,京城坐困,此国家大忧也。"在疏中还提到"抄没法重,株连数多"的祸国殃民问题:"诬以多赃,则互连亲识。宅一封而鸡豚大半饿死,人一出则亲戚不敢藏留。加以官吏法严,兵番搜苦,少年妇女,亦令解衣。臣曾见之,掩目酸鼻。"吕坤在疏中对万历皇帝严加指责:疏入,不报,又遭给事中戴士衡诬告,于是吕坤愤然称病乞休,结束了他26年的做官生涯。吕坤引退后,杜门谢客,授徒讲明心学,以继往开来为己任,学者称他为"沙随夫子"。"所著述,多出新意。"《呻吟语》成书于万历二十一年(1593),是吕坤积30年心血写就的一部语录体著作。这部著作谈哲理,抨时弊,探求人生,思考宇宙,举凡人之修养、处世原则、人际交往、居家过口等,真知灼见,时时闪现,警句妙语,不一而足。这部著作不失为中国传统思想文化宝库中的一枝奇葩，里面凝聚着吕坤丰富的人生经验和探幽发微的哲思。如"无屋漏工夫，做不得宇宙事业""名心盛者必作伪""处世常过厚无害，惟为公持法则不可"等，时至今日仍有现实意义。

吕坤是一位方正质朴、学识渊博的哲学家。他的诗文，语言通俗而又巧发奇中；文风峻峭而不失浑厚。他曾潜心研究音韵学，所著《交泰韵》不拘泥前人而另辟蹊径，是一部颇有创见的音韵学专著。吕坤一生著作颇丰，除《呻吟语》外，还有《去伪斋文集》等。万历四十六年（1618），吕坤病故，享年93岁，葬于宁陵西北鞋城村。天启初，赠刑部尚书。

胡执礼

胡执礼（1539~1589），字汝立，号雅斋，明代永昌（今甘肃永昌）人，祖籍兰州，从其父开始，隶籍永昌，明嘉靖年间曾任吏部文选郎中。

胡执礼9岁时，聪慧出众，备受时人赞赏，称为奇童；11岁补博士弟子员；17岁中举人；21岁中明嘉靖三十八年（1559）己未科进士。初任四川保宁府推官，主管司法工作。"发奸摘伏"，势法严明，使太守敬畏。才能卓越，传闻于朝廷，被提进京大约十年，前后担任过刑部主事、兵部主事、吏部文选郎中、通政司右通政提督誉黄、太仆寺卿、光禄寺卿、太常寺卿、都察院右副都御史等职。由正六品直升到正三品。当时，神宗年幼，张居正主持朝政，党同伐异，权倾一时。胡执礼依律办事，正直不阿，公开抵制张居正诬陷他人而取悦朝廷的行为，引起张的不满。万历四年（1576），从应天府巡抚都御史出就南巡，六年（1578）建议朝廷以疏通吴淞江长桥和黄浦江为主，全面治理长江下游太湖地区一带的水涝灾害。至八年（1580）疏通了干河支港数百条，大则泄水入海，次则通湖达江，小则引流灌田。同时修复了白茆塘、秀州塘、蒲汇塘、孟渎河、舜河、青港。相继又请疏通支河，朝廷许可后，遂疏吴淞江160里，筑塘90余处，新开河道123条，疏通旧河道139条，并在上海李家洪、老鸦嘴一带

甘肃永昌县明代钟鼓楼

筑堤坝36里，由此获得神宗皇帝的信任。这使张居正更加嫉妒，胡执礼遭到其党羽流言中伤。万历九年（1581），谢病归里，在永昌筹设学租300多石，扶植后学，造福桑梓。万历十年（1582）张居正死后，胡执礼又被起用，仍任户部左侍郎兼南京户部右侍郎。万历十六年（1588），南北各省连荒，民多流离失所，胡执礼上疏赈灾，救活无数饥民。

万历十七年（1589）以劳致疾，卒于邸。死后，以政绩显异，赠户部尚书。胡执礼仕宦30年，清廉正直，勤政望重。当时文坛"后七子"的领袖王世祯在给胡执礼的饯别诗中写道："关西清白古来传，数到胡威更莹然"，"四十三台尔最贤"，对其推崇备至。明清时期，永昌县城曾为他立"志存报国""早岁登瀛""黄甲开先"三坊，以示纪念。现在民间还流传着不少"胡阁老"的轶闻。

温 纯

温纯（1539~1607），字景文，三原人，明朝吏部尚书，历任知县、巡抚、工部尚书等职。他一生为创建地方公益事业不遗余力，虽三朝为官而家无积，是三原古龙桥的倡建者。

他于明嘉靖四十年（1561）考中进士，然后给寿光知县做了给事中。隆庆三年（1569），穆宗为先皇守孝期满后依然不肯接见大臣。温纯奏请按照祖制延访群臣，亲决奏章。他后来做过兵科都给事中。倭寇攻陷广东广海卫，大肆烧杀抢掠后撤离。总兵刘焘因为畏惧战争而被温纯弹劾。于是朝廷便将刘焘召为督京营，不再理会他。黔国公沐朝弼犯事，于是让他的子嗣世袭爵位。温纯说："这件事情还没有调查清楚，世袭爵位的事情暂时还不合适。"中官陈洪请封他的父母，温纯执意反对。言官李己、石星被贬

谪，温纯上疏为他们求情。后来赵贞吉更改营制，三个军区各任命一个大将军。任命恭顺侯吴继爵统帅五军，而都督袁正、焦泽统帅神枢、神机。吴继爵不屑于和他们二人做同僚而执意要求辞官。皇上为了这件事便罢免袁正、焦泽二人，然后将这两个职务交给了有功劳的忠臣。温纯上奏要求广求将才，不拘泥于侯爵世家子弟，皇上没有采纳，又

陕西三原县古龙桥

任命三个文臣来分别来监督这三个大将军，当时称之为"六提督"。

万历初年，温纯做了河南参议，十二年（1584），就当上了右侍郎兼右副都御史、浙江巡抚。入京后做了户部左侍郎，后又升为右副都御史，都督仓场。后来母亲去世，他便回家守孝。期满后，做了南京吏部尚书。不久朝廷又封他做了工部尚书，温纯因为父亲年迈便请求回家赡养。父亲去世，守丧期满后，他被召为左都御史。

当时万历皇帝热衷敛财，于是派遣了大量的太监到各地做矿税使，这些阉人所到之处，老百姓几乎完全陷入水深火热之中。矿税使肆意捉拿商人，动辄施以重刑，温纯向皇上禀明这件事的弊端，希望能够释放那些无辜被抓的商人，可是万历皇帝只顾敛财，这件事最终没有得到朝廷的批准。后来，阉党四起，他们强取豪夺，侮辱妇女，无恶不作，并与各地的无赖流氓勾结，肆意非法敛财。有人说，如果开采云南边塞外的矿山，肯定能获得不少财富，还有人进言说，海外吕宋国有矿山，产金银等矿石，如果加以开采一年就能获得10万两黄金、30万两白银，而淮河流域、扬州一带可以通过官盐获利，每年可得白银50万两。万历皇帝欣然批准了这些上奏，朝廷内外都为之震惊。温纯对皇上说："缅人一直伺机窥探我国边境，矿井一开，必定会产生军事冲突。而扬州的盐贩连几千两白银都拿不出来，想从中谋得50万两黄金，这怎么可能呢？金银山在海外，肯定不可能夸张到遍地黄金任人来取的程度，这些事情不过是假借皇上的圣旨而到地方上巧取豪夺，最终获得的利益只是便宜了一帮小人，却严重损害了国家的利益。臣希望皇上能够逮捕奸诈小人，撤掉那些矿监税使吧！"然而不管温纯如何晓之以理动之以情，始终改变不了万历皇帝敛财的本性。后来，京城内外、朝堂上下都要求罢免矿监税使，但万历皇帝都不理不睬。温纯等人无可奈何，只得倡议众大臣到皇上面前哭诉此事。皇上大怒，追究这件事的"始作俑者"，有人告密说是都御史温纯，皇上念及温纯的功劳不再追究。但是矿监税使的事情依然没有得到解决。广东李凤、陕西梁永、云南杨荣都因为矿税的事情激起了民变，温纯又对皇上说："假借皇上圣旨的矿税使数以十计，而陪同这些矿税使的随从则有上百人，加上与之同流合污的地方流氓无赖数以万计，举国百姓皆陷入水生火热之中，国家困于采办、营运、转输，民生凋敝，经济萧条，此乃国之大难呀！"然而，万历皇帝依然一如既往地敛财，丝毫听不进半点忠言。

后来顾龙桢在广东做巡抚，与布政使王泮言论不和，便带人殴打了王泮，王泮弃官而去。温纯弹劾并罢免了顾龙桢。于永清在陕西贪污受贿，他惧怕温纯检举自己，便倡议同僚为顾龙桢说情，从而使顾龙桢与温纯抗衡，他还和给事中姚文蔚一起诬陷温纯。温纯非常气愤，上疏将于永清的罪状一一道来，而且还连带参了姚文蔚一本，然而这件事并没有得到皇上的支持，所以温纯更加气愤，前后三次上疏，这才将于永清贬谪。后来温纯又与首辅沈一贯对抗，而给事中陈志则、钟兆斗都是沈一贯的门人，他们先后弹劾温纯。于是汤兆京看不过这些人的做法，便为温纯打抱不平。温纯上奏二十章申请辞官。皇帝很看重温纯，一再慰留温纯。温纯不忍心辜负皇上的期望便留下来继续为朝廷效力。

温纯清廉正直，先后五次主持南北考察之事，他激浊扬清，被国人传颂为一代名臣。死后，朝廷追封他为少保，天启初年，追加谥号"恭毅"。

唐伯元

唐伯元（1540~1597），字仁卿，号曙台，明潮州府澄海苏湾都仙门里（今属汕头澄海区人）。曾为江西万年知县、泰和知县、南京户部主事、吏部员外郎等官。

唐伯元生于明嘉靖十九年（1540），嘉靖四十年（1561），22岁的唐伯元考中了举人，三年后，他赴京赶考，不第，唐伯元落第后独自到石墉住了数月，每天帮吕怀修订《历纪古义》，师徒相处甚洽。唐伯元从吕怀处接受了湛若水的学术观点，并使之更具实践性。他认为心性是以物为载体的，离开物，心性便无从谈起。他把物限定在"身、家、国、天下"，最终目的仍然在于实现儒家的修身、齐家、治国、平天下。又过了三年，万历二年（1574），唐伯元终于得中进士。从此以后，踏入仕途。

半年后，唐伯元被委任为江西万年知县，由于他以民为重，施政有方，所以一年后调离时，百姓还为他立了生祠。唐柏元离开万年，到泰和任知县，唐伯元在泰和五年，以三罗为典范，清廉公正，克尽职守，很受当地士民推崇。周光镐的家人曾上京路经江西，闻当地人士称颂唐伯元，不禁高兴地去信说："彼中人士颂足下政泽，前百年未有也"，"知足下宅心纯粹，政事自与时吏迥别"。

万历八年（1580），唐伯元调任南京户部主事，署郎中，不久升任尚宝司丞。因与吏部尚书杨巍学术观点相同，被推荐为吏部员外郎，后升考功、文选郎。任满，本可升任太常少卿，但上疏请求罢官回乡。

后到晚年，唐伯元决定辞官归隐。

《渔父图轴》（明）

唐伯元回到潮州，筑醉经楼于潮州府城西小西湖上，在西湖山北麓的寿安寺旁建了居室，种了梅花，命名为梅花庄，过清贫生活。他又在雁塔下筑了钓鱼台，常披蓑戴笠，孤坐垂钓。有时，还勉强着地方官游湖吟诗，为岭海士大夫所敬重。但他的健康状况越来越糟，终于万历二十五年（1597）秋后离开了人世。据《明史》所载，第二年，神宗甄别吏部郎官，又想起这位官阶不高，但却耿直得可爱的唐伯元，下诏起用为南京部职。但传诏到潮州，唐伯元死已逾年。天启五年（1625），明熹宗追封他为太常少卿，并赐赠"理学名卿"巨幅横匾。

唐伯元学问很深,著述甚丰,著作包括奏疏、序文、书信及家训等,编为《醉经楼集》六卷;他还编辑注释了《二程语录纂》《礼篇》《易注》《铨曹仪注》《阴符经注》及《白沙文编》《礼编》《道德经注解》等十多部著作,诚不愧为一代"理学儒宗"。作为理学家,他崇奉程朱理学,反对王守仁的新理学即所谓"心学"。他的诗歌也写很很好,虽难免"沉酣六经之津液",但他能去其糟粕,不事雕琢,自然和幽。如《官人行黄梅道中为役夫述》有句"前岁树皮尽,去岁草根绝",诉说荒年之悲惨,明白如话而不失雅致;《新移芍药台上》有句"旧蕊支新蕊,深红间浅红",描述芍药之形态,清淡素雅而不失绮丽,都颇可见其功底之深厚。

唐伯元的一生是以清节知名的一生,也是在治政和治学上都很出色的一生。《明史·儒林传》说他是"岭海士大夫仪表"。在他青少年时期,明代的复古主义文学正当高潮,他也因学有所就而受到肯定。就如他自己所说:"言文者争治左、国、史、汉,以取荣誉于时,至嘉、隆尤其。余少时偶读一二家而喜之,间有论著,人称能焉。"

于慎行

于慎行(1545~1608),字可远,又字无垢。山东东阿人(今属平阴东阿镇人)。明代政治家、学者、诗人、文学家。万历年间曾任吏部侍郎。

于慎行少年时代天资极高,学习勤奋,17岁乡试中举。乡试放榜次日,按例举行乡饮之礼,欢宴考官和举人,谓之鹿鸣宴。主考官非常器重于慎行这位青年才子,提出在鹿鸣宴上为他举行冠礼,于慎行以未奉父命而婉辞,一时传为美谈。

隆庆二年(1568)成进士,选为庶吉士。散馆后,授翰林院编修官。万历初年,升为修撰,参编《穆宗实录》,遂破例以史官充日讲官。日讲原都是翰林院年高资深的学者充当,像于慎行20多岁年纪便成为皇帝老师的极为罕见。

于慎行为人忠厚平恕、襟怀坦白。不管对皇上、对首辅还是对同僚皆心胸坦荡、真诚相待。有一次,于慎行等人讲课完毕,神宗让人拿出许多历代字画,叫他们赋诗题字。于慎行字写得不好,只好自己作诗,请人代题,并当众承认自己写不好字。神宗很赞赏,当即写了"责难陈善"四个大字赐他,词林传为盛事。

万历初年,张居正当国,他进行了一系列改革,缓解了明朝中期许多严重的社会矛盾,为明朝政治经济的稳定发展作出了很大贡献。但张居正个人作风独断专行,钳制下僚,压制百官,引起朝中文武官员普遍不满。御史刘台弹劾张居正专恣不法,被下狱谪戍。同僚皆畏张居正之势,不敢再见刘台。于慎行不管这些,亲自登门看望刘台。

万历六年(1578),张居正父亲病故,他不想尊制守丧,授意门生提出"夺情"。

神宗予以批准,举朝大哗。于慎行与其他大臣一起疏谏,以纲常大义、父子伦理劝神宗收回成命,张居正很不高兴。一次,他见到于慎行时说:"可远,你是我最赏识的学生之一,我平时待你不薄,没想到你也这样对我!"于慎行语重心长地对他说:"正是因为你对我不错,我才不得不这样啊!"不久于慎行由侍讲学士升礼部右侍郎、左侍郎,转改吏部,掌詹事府,又升为礼部尚书。

于慎行担心张居正失去朝野上下的拥护,但张居正没有听懂他的话。因与内阁首辅张居正失和,于慎行称疾回乡。万历十年(1582),张居正死去,反对他的势力执掌了朝政,左右了神宗;于慎行被重新起用,官复原职。这时,张居正遭政敌攻击,死后被剥夺封爵,籍没全家。于慎行在这种情况下,不避嫌怨,以恳挚地语气写信给主持此事的丘橓:"居正母老,诸子覆巢之下颠沛,实堪可怜,望予关照。"他亲自照顾张居正80多岁的老母和不成年的幼子。此举得到时人的称赞。丘橓给张家保留了住宅和足够的土地。于慎行的高风亮节、古道热肠受到朝中一片赞誉。万历十七年(1589)七月,他升任礼部尚书。

恰在这时,朝中产生了"国本之争",他也被卷入其中。万历帝的皇后无子,王妃于十年(1582)生皇长子常洛,此时已经9岁;郑妃于十四年(1586)生次子常洵。由于封建时代把立太子看作"国本",于是发生了重大争论。

大臣们认为按"无嫡立长"的原则,应立常洛。而神宗喜爱郑妃,不喜欢王妃和她这个儿子,他想立郑妃所生的皇次子常洵为东宫。但是,王妃名分在郑妃之前,神宗不好把这一想法明说,故而迟迟不立太子。满朝文武见皇长子日渐长大,不能正位进学,非常着急。自万历十七年(1589)起,不断有人提出立储问题,请神宗早建东宫。于慎行身为礼部尚书,对此事义不容辞。万历十八年(1590),他连疏极谏,请早立太子。神宗非常生气,再三降下严旨,责备于慎行"以东宫要挟皇上"。于慎行说:"册立之事,是臣部职掌,我如果不说,是为失职。请皇上速决大计,我宁可弃官归里。"神宗很不高兴,大骂于慎行"要君疑上""淆乱国本",把礼部大小官员都停了俸禄。正在这时,发生了山东乡试泄题事件。于慎行引咎辞职,万历十九年(1591)九月获神宗批准,归隐故乡。他家居十余年,朝野上下多次荐他出山,神宗皆不允。至万历三十五年(1607),东宫已立、国本确定,廷推内阁大臣,他又被重新起用,于慎行名列七人之首。神宗命他以原官加太子少

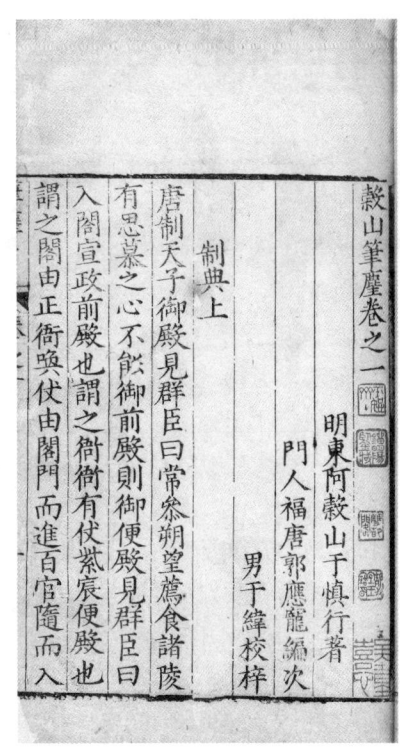

《谷山笔麈》

保兼东阁大学士，入参机务，即担任宰相。这时候，于慎行已经年老体弱，重病缠身，经再三推辞不允，只好离家上路，勉强到京进谒。于慎行由于长途跋涉，身心疲劳，已有疾病，谢恩时，拜起不如仪，遂上疏请罪。归家后卧病不起，起草遗疏，请皇上亲大臣，录遗逸，补言官。到京13天就病逝于京华官邸，年63岁。赠太子太保，谥"文定"。

于慎行一生以其笃实、忠厚、正直的品德受到朝野上下的尊重。他明习典制，朝中礼制多是他亲手修订。他的诗，典雅而清新，为时人所重，被推为万历词馆之冠。神宗一朝公认他与临朐冯琦为"文学之冠"。被誉为"人品事业，宇内第一"。在家闲居16年，他探讨当世得失之故，旁搜博采，属词比事，写成《史摘漫录》、《谷城山馆文集》42卷、《谷城山馆诗集》20卷、《读史漫录》14卷、《谷山笔麈》18卷。尤其是他的《谷山笔麈》记述了明朝万历以前的典章、人物、兵刑、财赋、礼乐、释道、边塞诸事，考溯精当，纤悉具备。为研究明代社会政治、经济、文化、军事、宗教不可多得的史料，具有很重要的参考价值。《谷城山馆诗集》20卷和《谷城山馆文集》42卷手稿，现存山东省图书馆。回乡家居时，他关心桑梓事业，参与重修《东阿县志》，主持编撰《兖州府志》。他于万历七年（1579）所写的《东昌府城重修碑》，有"万货辐辏，江北一都会""漕挽之咽喉，天都之肘腋"等名句，至今被竞相传引。

赵世卿

赵世卿（？～1618），字象贤，历城（今山东济南）人，明代政治家。万历年间官居吏部尚书。

赵世卿隆庆五年（1571）进士，授为南京兵部主事。万历改元，张居正以首辅佐少年神宗，进行了一系列改革。张居正的改革虽然取得了很大成就，但有些措施过分严厉。例如，各地每年死刑犯都硬性定数，完不成受罚；地方官催征赋税，不满九成要降调，等等。赵世卿反对张居正这些举措，上疏劝神宗宽大为怀，开放言路，被张居正以"不谨"之名免职归里。

张居正死后，赵世卿复出。初为陕西副使，后升户部尚书，此后直到万历三十八年（1610）挂冠而去，共担任此职务九年。九年间，赵世卿克尽厥职，事无巨细，必自躬亲，出入算计，酌为调剂，保证了国家财政正常运转。神宗是中国历史上最贪财好货的皇帝之一，国家拨给皇室的银两他嫌少，常常下令从国库中提取银钱放到他的名下，花用起来毫不知撙节。在他的大肆挥霍下，国家财政日渐困难。万历二十四年（1596）起，神宗派出大量太监到全国各地收税和开金银矿，称为矿监税使。这些人带了大量爪牙，到地方后根本不开矿，而是横征暴敛，甚至明火执仗，公开抢劫。短短几年，闹得天下乌烟瘴气，各地都爆发了反对矿监税使的斗争。社会动荡，矛盾激化。赵世卿身任

山东济南赵世卿所创"历城十六景"之一——竹港清风

掌管财政的户部尚书,对此有切肤之痛。他多次奏请神宗恢复向宫内供金花银100万两的原额,不要额外搜刮。同时,请神宗将宫内金银拿出一部分来用做军饷,以缓解国家财政危机。神宗每次都气得骂不绝口。万历三十二年(1604),赵世卿愤然上疏,要神宗罢除矿监税使。他指出神宗派遣矿监税使是"聚悖入之财,敛苍生之怨"。提出矿税有五可罢:一是君德贵俭,为君德计不可不罢;二是多取招尤,为宗社计不可不罢;三是太监聚敛,为国体计不可不罢;四是全国萧条,为民困计不可不罢;五是影响国课,为财政计不可不罢。同时明确告诫神宗:民心即天心,若一意孤行,必失去民心,"丧乱可虞,揭竿非远"。赵世卿此疏一出,朝野传诵,洛阳纸贵。大小臣工纷纷上疏请停矿监税使,神宗终于在万历三十四年(1606)罢除了这一弊政。

在国家财政十分困难的情况下,神宗还不醒悟。万历三十六年(1608),七公主下嫁,神宗又让国库拿几十万两银子,世卿坚决不给,神宗不得已,减了1/3,世卿还是不给。神宗只好再减掉1/3。神宗的爱子福王在京师崇文门开店,与民争利,赵世卿上疏竭力谏阻,神宗根本听不进去。赵世卿见国是日非,又感自己回天乏术,遂萌生去意。他接连15次要求致仕,神宗都不批准。

赵世卿为人正直干练。他曾在万历三十一年(1603)至三十二年(1604)兼署吏部尚书。他不搞任人唯亲,不搞小圈子,推选任命官员皆看本人能力品质,无所偏倚。因此,为朝野所重。但是,当时官场风气已经非常腐朽,党派林立。赵世卿特立独行,当然受别人排挤,这更加剧了他对仕途的灰心,去志更坚。在连上十几本神宗不理不睬的情况下,他于万历三十八年(1610)秋写了辞呈,挂冠封印而去,在北京城候命。谁知神宗倦怠已到极点,他去城外破庙里住了一年多,也没等来神宗的批示,只得乘一柴车径自弃官归家。在故里闲居七年后,病故,赠官太子少保。

周朝瑞

周朝瑞（？~1625），字思永，临清（今属山东）人，明代政治家，著名的东林党人。明光宗时期曾任吏科给事中。

万历三十五年（1607），周朝瑞考中进士，授为中书舍人。他学识渊博，性格耿直，对万历末年朝政腐败又忧又愤。神宗死后，光宗继位，升他为吏科给事中。

他率先上疏提出给万历朝受错误处理的正派大臣平反，劝光宗近贤达、远小人。疏中还直言不讳地抨击了乱政的太监集团，因此受到太监集团嫉恨，加以罪名，他刚当吏科给事中四天，就被贬官外调。就在这时，光宗病故，16岁的熹宗继位。一朝天子一朝臣，形势发生了变化，东林党人在朝中占据了优势。但是，太监与东林党人的斗争并没有停止，而且日益公开化、白热化。那些在"明末三案"中袒护郑贵妃的官员皆受到东林党人攻击，他们转而投到太监魏忠贤门下，形成一个强大的政治势力。太监魏忠贤靠熹宗的奶妈客氏逐渐牢固地控制住熹宗，进而掌握了朝政，形势因此转而对东林党人不利。

江苏无锡东林书院

周朝瑞与杨涟、左光斗、魏大中等人一直站在反太监斗争的前沿。

天启元年（1621），周朝瑞上疏弹劾阉党邵辅忠，并趁机劝熹宗亲掌朝政，以免大权旁落。天启二年（1622），针对魏忠贤每天引导熹宗游嬉以至不理朝政的情况，周朝瑞上疏请求熹宗按时听朝臣讲课。不久，他与左光斗等人弹劾阉党大学士沈㴶，矛头直接对准魏忠贤，请熹宗停止魏忠贤主持的"内操"，并揭露了沈㴶贿赂魏忠贤和客氏的事实。魏忠贤对东林党人恨之入骨，准备报复。

天启四年（1624）六月，副都御史杨涟上疏弹劾魏忠贤的二十四大罪，罪罚当斩。魏忠贤着了慌，向熹宗哭诉，客氏从旁为他辩护。昏愚的熹宗竟没有办魏忠贤的罪，反而下旨痛责杨涟。周朝瑞、袁化中、周宗建、魏大中等70多个官员冒死上疏，交章弹劾。魏忠贤遭到这番弹劾后，对东林党人切齿痛恨，决心大规模地报复。

天启五年（1625），辽东经略使熊廷弼因辽东、广宁相继陷于后金手中，被捕入狱。东林党人曾多方营救熊廷弼。在魏忠贤的授意下，阉党官员逮捕了奔走营救熊廷弼的中书舍人汪文言。逼他诬陷杨涟、左光斗、魏大中、周朝瑞、袁化中、顾大章等人接受了熊廷弼的贿赂，想以此激怒熹宗，陷东林党人于死地。汪文言宁死不愿诬陷东林党人。北镇抚司许显纯杀害汪文言，顺承魏忠贤意编造了他的口供，诬杨涟受贿2万两，左光斗2万两，魏大中3000两，周朝瑞1万两，袁化中6000两，顾大章4万两。五月，魏忠贤矫命逮捕了上述六人，下诏狱。魏忠贤授意许显纯严加拷打。许显纯对六人施以酷刑，三日一打，五日一刑，"六君子"三木锁身、五刑俱尝，直至血肉横飞，肉腐蛆生。七月二十四日，杨涟、左光斗、魏大中三人被害于狱中。不久，袁化中、周朝瑞也先后被害。顾大章被迫自杀。历史上把在这次在狱中受难的六位东林党人称为"前六君子"。崇祯初年，魏忠贤阉党被清除，周朝瑞得到平反，追赠大理卿。福王时，周朝瑞被增谥为"忠毅"。

周嘉谟

周嘉谟（1546～1629），字明卿，又字之谟，号敬松，庠籍湖广汉川，世居天门（今湖北天门），明万历年间吏部尚书，历任户部主事、云南巡抚、两广总督、广东巡抚、右都御史、兵部右侍郎、户部尚书、工部尚书等职。

明代嘉靖二十五年（1546）出生于湖广承天府沔阳州竟陵县（今湖北天门）乾滩驿一个农民家里。隆庆五年（1571）考中辛未科进士，授户部主事。万历二年（1574）迁户部员外、郎中。万历九年（1581）任广东韶州知府。万历十年（1582）升任四川副使，分巡泸州，在职期间，镇压了危害人民、罪大恶极的杨腾霄。万历十二年（1584）总兵沈思学剥害士兵激起兵变，嘉谟单骑赴建武所，从容召谕，安定叛军4000余人。万历十四年（1596）抚谕白草等少数民族，督兵邛州、灌县，加强民族团结，巩固了边疆。万历十六年（1588）晋升按察使。万历二十二年（1594）嘉谟因病辞职回竟陵故乡休养八年之久，著有《蜀政纪略》《省度质言》等书。

万历三十年（1602）复任按察使。时太监邱采云以采金为名，横征暴敛，随便抓人。嘉谟得知后，命令所属不准宦官把人抓走，也不许擅动民间一草一木，并镇压了仗邱采云之势鱼肉百姓的五名歹徒。万历三十二年（1604）四川严重干旱，赤地千里，嘉谟向朝廷特派官员请求，发放沿江各州县仓谷，赈救灾民，帮助人们度过了饥荒。

万历三十四年（1606）升任布政使，翌年又晋升云南巡抚，主持处理地方大事。万历三十八年（1610）陇川宣抚使安民叛乱，逃入缅甸，据守蛮湾，嘉谟命令金腾御史黄文炳、董副总兵，献计讨伐，擒获安民，立他的弟弟安靖为陇川宣抚使。万历三十九年（1611）嘉谟升兵部右侍郎兼右佥都御史，仍巡抚云南。

他在任上曾弹劾黔国公沐昌祚，仰仗皇亲国戚地位，侵占民田8000余顷案，同时还揭露了沐昌的孙儿启元，凭恃其势，作恶多端的罪状。

万历四十一年（1613），嘉谟改任两广总督兼广东巡抚。万历四十三年（1615），嘉谟升右都御史兼兵部右侍郎，当时广西地方头领（土酋）引交趾兵，大肆越境侵掠，嘉谟调兵遣将，积极加强边防，打退了交趾兵的猖狂进攻，爱国之情浓郁。万历四十四年（1616）广东南海、高要、三水、四会、高明各县大水冲毁堤坝，嘉谟会同按院，用赎罪的罚金等费用筑堤垸,保障了人民的生命财产。灾后米贵,嘉谟支官银5000两,差官到广西和广东等处买谷,平价卖给百姓,减轻了灾民的痛苦。万历四十六年(1618)因功召拜户部尚书,翌年旋任工部尚书,后改任吏部尚书。

万历四十八年(1620)四月,孝端王皇后死了,宫内大办丧事,耗资不可计量,嘉谟说:"办丧事有制度规定,不能听其乱说,挥霍浪费,增加国库开支。"结果减少了费用,节约了开支。

七月初,嘉谟上疏神宗皇帝用人为贤,请求召回得罪的诸臣王德光等32人,并罢斥朋党之首及奸邪之人,在当时朝野影响很大。七月十九日神宗皇帝驾崩,寿58岁,在位48年。同年八月初一,神宗长子光宗继位。郑贵妃占据乾清宫,不肯外迁,并邀功请封她为皇太后。嘉谟同谏官杨涟、左光斗以国事为重的大原则,责备她的侄儿郑养性,以利害相劝,养性十分恐惧,进宫劝郑贵妃立即迁移慈宁宫,不再参与国事,郑贵妃给吓住了,只好移宫,邀封的事件也平息下来。

起初,郑贵妃向光宗皇帝进献侍姬四人,致使光宗得病。嘉谟进宫拿寡欲清静规劝。八月十二日光宗皇帝病情危急,卧床不起,再也无法坐朝了。据说是由内侍崔文升给他看病,崔所用的是一服泄药,服过之后,一夜之间腹泻30余次,所以立觉委顿不支。翌日光宗已知病将不起,所以在病榻上召见方从哲、周嘉谟等大臣,所说的都是如何安排后事之类的话。八月二十九日光宗又召见首辅方从哲、吏部尚书周嘉谟等大臣,并任命为顾命大臣。同时还把他的长子朱由校也叫到榻前,予以授命。

八月三十日鸿胪寺丞李可灼进献红丸"仙药",光宗吞服后,于九月初一日去世

明　石文臣

了。这位短命的皇帝从继位到驾崩总共只有30天。十二月十五日光宗长子朱由校即位。李选侍曾抚养熹宗,在宫中专权,势力很大,居乾清宫不肯迁出,想挟持皇太子,企图仿效垂帘听政的故事,参与国事。嘉谟即上疏请李选侍移宫,御史左光斗、谏官杨涟等大臣接着上疏熹宗皇帝。李选侍大怒,但对周嘉谟等三朝老臣,也无可奈何,只得用"拖"的办法,她不说不迁,却又总是赖着,希望日久生变。周嘉谟、刘一燝等人纷纷斥责李选侍,喧声直达宫内深处,李选侍被这势头吓住了,只好认可移宫,当日便匆匆忙忙离了乾清宫,移居哕鸾宫。

天启元年(1621),当时重大事件经常发生,国势倾危不安,吏部尚书周嘉谟严肃对待朝廷大事,尽全力支持正确舆论,朝野人士都把他作为朝廷的支柱。嘉谟用人为贤,大量起用废黜削职的官员,致使满朝都是德高望重的老臣,政治清明。嘉谟又上奏熹宗皇帝请用六条标准评定官吏的好坏。即看操守、看才

能、看思想意识、看政绩、看年岁精力、看行为礼貌。每条都注重事实,不准用虚假掩盖真相。熹宗皇帝同意按法推行。

天启二年(1622),御史贾继春被宦官魏忠贤诬告定了罪,张慎言、高弘图上疏救援。熹宗皇帝一并把他二人治罪。嘉谟尽力解救才免。给事中霍维华按魏忠贤的旨意,奏本弹劾王安。王安被杀后,忠贤逐渐得势专权。霍维华又按忠贤的意旨与嘉谟作对。嘉谟讨厌这些小人,便以牟利为由,把霍维华调出外地任职。魏忠贤非常不满,便指使给事中孙杰上疏弹劾嘉谟,于是嘉谟上疏称病,请求辞职。忠贤假借圣旨,批准嘉谟回原籍竟陵乾滩驿病休。这是嘉谟第二次还乡。在此期间著有《余清图年谱》《墨池清记》等。天启三年(1623)广陵陷落。嘉谟得知忧愤驰疏,弹劾兵部尚书张鹤鸣主战误国罪。天启四年(1624)六月,御史杨涟、左光斗等一批老臣惨遭魏忠贤陷害致死。嘉谟闻讯,悲痛万分,挥泪写了一首《表忠歌》以表哀痛。

天启五年(1625),魏忠贤党羽周维持再次上疏弹劾嘉谟包庇王安,谋为王安复仇。皇帝遂将嘉谟免除官职,回籍竟陵,这是嘉谟第三次还乡,时年80岁。养老期间著有《沧浪集》一部。天启七年(1627)熹宗崩,年仅23岁,因无子,由五弟朱由检嗣位,年号崇祯。

崇祯元年(1628)朱由检继位,年仅18岁的皇帝,在宫里生活了17年,他对魏忠贤和他那一伙人的罪恶是知之颇详的。他既知道魏忠贤必须除去,也知道魏党势大人多,但举国上下,人人痛恨,要除掉魏党也不难。为了树立新皇帝的威信,收买人心,崇祯继位不久,就以贡士钱嘉征劾魏忠贤有十大罪状的一文为由,开始向魏忠贤进攻,经过精心策划,一举将魏党200余人全歼。这件事,新皇帝干得干脆利落,显出了他的魄力,受到全国人民的欢呼。同年八月崇祯起用嘉谟为南京吏部尚书,加封太子太保的职务。满朝文武官员齐来祝贺。

崇祯二年(1629),嘉谟病故于南京任上,享年84岁。崇祯皇帝追封少保头衔,灵柩运回竟陵安葬。

周嘉谟一生经历和辅佐了嘉靖、隆庆、万历、泰昌、天启、崇祯六位皇帝,可称为举世无双的六朝元老。

孙继皋

孙继皋(1550~1610),字以德,号柏潭,江苏无锡双河尖人,明万历年间曾任吏部侍郎。

明隆庆元年(1567),18岁的孙继皋考中了秀才。万历元年(1573),他24岁时参加乡试,中了举人。次年二月,孙继皋去北京参加会试,后得中殿试第一。

明朝后期,土地高度集中,阶级矛盾激化,明王朝开始崩溃。朝廷为了挽回这种局面,向参加殿试的人策问治国的对策,殿试的题目为"问典学立政之要",孙继皋胸有成竹,一挥而就。他在试卷中这样答道:"以典

孙继皋像

学之本,在于纯心之道,而立政之要,在于任人之道。典学立政,相辅相成。学以基政,政以显学。纯心以为学,而任人之本即存;任人以立政,辅学之资有赖。"孙继皋引经据典,议论恢宏,条理清晰地把典学与立政的重要性,及其相互关系阐述得十分透彻。接着,他又强调:"人主端其本以为学,而后可以立天下之治厚;审其要以出政,而后可以弘天下之治仕。"当时,明神宗继位才两年,因此,孙继皋在对策中又强调了人主继位之初,典政立学尤其重要,以此勉励神宗。他的对策博得朝廷的赞赏。这次殿试有299人中进士,孙继皋为一甲第一名,即进士第一,为甲戌科状元。

孙继皋中状元后,任翰林院修撰。他历任经筵讲官、右春坊右谕德、翰林院侍读学士、少詹事、礼部侍郎等职,不久又改调吏部侍郎。

孙继皋是个直声亮节的官吏,他为官清正,敢于直谏。他看到神宗沉湎酒色、不理朝政,就上疏力谏神宗要把国家大事办好,结果遭到斥责。万历二十四年(1606),因为神宗不亲送太后之丧,他又再次上疏极谏,神宗大怒,把他的奏疏掷到地上。从此,神宗开始疏远他。孙继皋不想看到官场的黑暗与腐败,在万历二十五年(1607),称疾辞官,回到家乡无锡,在东林书院讲学。

万历三十八年(1610),孙继皋病逝,享年61岁,追赠为礼部尚书。孙继皋生前曾亲自选定墓地,万历四十二年(1614),墓建成,葬山军嶂白旄山西麓(今江苏无锡大浮镇白旄村东山坳)。其墓于"文化大革命"时遭到破坏。1985年10月由无锡市文管会修复,1986年7月列为市级文物保护单位。旧宅在城中小河上(今崇宁路)的"少宰第"(今已拆毁)。

孙继皋的诗文雍容恬雅,有明朝初年的台阁体遗风。遗著《孙宗伯集》10卷。

顾宪成

顾宪成(1550~1612),字叔时,号泾阳,无锡张泾人,东林党领袖、明代思想家学者,累任户部主事、吏部稽勋司主事、吏部验封司主事、吏部稽勋司员外郎、吏部文选司郎中。

顾宪成于明嘉靖二十九年(1550)八

顾宪成像

月七日出生，年少聪明好学，师以程朱理学。万历四年（1576）举乡试第一，万历八年（1580）中进士，授户部主事。万历十年（1582），调任吏部稽勋司主事，后历任考功司、文选司郎中。万历十四年（1586）九月补吏部验封司主事。是年七月，因殿书对策，妄论贵妃，被削进士籍，返归故里。万历十五年（1587），顾宪成再次入京任吏部稽勋司员外郎。因议论"京察"，上疏忤旨，被连降三级，调任湖广桂阳州判官。万历十九年（1591），转任福建泉州府推官，次年被推举为"公廉寡欲天下推官第一"。

万历二十一年（1593），迁吏部文选司郎中。次年五月，因廷推阁臣忤旨，被革职还乡。其间，在家中辟"同人堂"，教习士子，讲授正统理学。万历三十二年（1594），倡修东林书院和道南祠，与弟顾允成及高攀龙、安希范、刘元珍、叶茂才、钱一本、薛敷教等人讲学于东林书院，时称"东林八君子"。顾宪成任首任主讲，并撰有"风声雨声读书声声声入耳，家事国事天下事事事关心"的著名对联。讲习之余，往往讽议朝政，裁量人物，朝士慕其风者，多遥相应和，于是东林之名大著，形成集团，被称为东林党。

万历三十六年（1608），顾宪成被起用为南京光禄少卿，力辞不受。

万历四十年（1612）五月二十三日卒于家，终年62岁。

天启年间，魏忠贤阉党乱政，已去世的顾宪成因党祸被追夺一切功名。直到崇祯二年才获昭雪。赠吏部右侍郎，谥"端文"。著有《泾皋藏稿》22卷、《小心斋札记》18卷、《毗陵人物志》9卷、《顾端文公遗书》等。后人在无锡惠山听松坊建有"顾端文公祠"。

赵南星

赵南星（1550~1627），字梦白，号侪鹤，别号清都散客，曾用字"拱极"，明河北高邑东关人，历任户部主事、吏部考功主事、吏部文选司员外郎、吏部考功郎中、吏部尚书等官。是明代著名的政治家、散曲作家。

赵南星9岁即有"神童"之称。父赵

汝弼,岁贡,任馆陶知县。明隆庆四年（1570），南星乡试中举人，万历二年（1574）中进士。初授河南汝宁推官，因治行廉明升任户部主事，任职期间刚直不阿。时首辅张居正病重卧床不起，朝中百官竞相祷祀，唯赵南星、顾宪成、姜士昌不去。张居正死后，南星改任吏部考功主事，因厌恶结党营私，得罪尚书杨巍而引疾故里。

神宗万历十二年（1584），南星起任吏部文选司员外郎，直言上疏社会弊端，陈述救时要务，抨击危害国家的左都御史吴时来、左副都御史詹仰庇、黄洪宪，受到奸臣群起攻之。皇帝不听忠言，朝风浑浊，南星再次引疾故里。

神宗万历二十年（1592），陆光祖被解除吏部尚书，朝廷再次任用赵南星，调补吏部考功郎中。万历二十一年（1593），南星协助尚书孙龙大计京官，考察官员，不徇私情，不畏权贵，秉公澄汰。罢免了姻亲王三友、孙龙的外甥吕胤昌、大学士赵志皋的弟弟，堪称数十连考功第一。时朝廷腐败，给事刘道隆拉派结伙，骗取皇上圣旨，将专权职党、贬罚三官的罪名妄加南星。皇上兴师问罪，经李世达等群臣疏救才免于大难，遂斥为民。

南星贬官归里，闲居"芳茹园"，课子授徒，著书立说，声望大震，时与顾宪成、邹元标南北呼应，誉称"东林三君"。

天启元年（1621）熹宗继位，数次下诏，调任南星为太常少卿、左通政、太常寺卿，又诏为工部右侍郎，南星拒招，一再上疏辞免。后受众人之托，推辞不过，才领诏赴京上任。遂擢升都察左都御史，同年升任吏部尚书。权阉魏忠贤嫉畏南星，企图奉承拉拢，均被正色拒之，魏忠贤怀恨在心，被罢贪官崔呈秀等投靠魏忠贤，结党营私，欺群诬贤，立阉党专政之势。赵南星与左都御史杨涟等疏奏皇上，陈述阉党二十四大罪状。魏忠贤、崔呈秀以欺君当斩首，对朝中忠臣一一诬陷杀害，南星被削籍，后戍边代州，时为天启五年（1625）。

崇祯皇帝继位，诏得南星还朝。当时山西巡抚牟志奎为魏忠贤党羽，扣诏不发，终使南星未能见到诏书，含冤死于戍所，时年78岁。后崇祯帝钦定魏党逆案，为南星昭雪，赠太子太保，谥"忠毅"。赵南星生前有著作，所作散曲淋漓酣畅，小曲也多有成就，笑话集《笑赞》中多有讽世之作。另有《赵忠毅公集》《味檗斋文集》《芳茹园乐府》《史韵》《学庸正说》等。

河北高邑县赵南星祠堂

王永光

　　王永光（1560~1638），字有孚，号射斗，今东明县三春集镇油坊村人。明万历二十年（1593）进士。历官中书舍人、吏部主事、工部左侍郎、工部尚书、户部尚书、南京兵部尚书、吏部尚书等职。

　　永光早年丧父，家贫，少时以给富家放牛为生。他聪颖好学，闲暇之余，常去邻村私塾旁听，以柳枝为笔，大地作纸习字。后被塾师发现，询问功课，对答如流，塾师以为奇才，遂免费收其为徒。光得到学习机会，发奋读书，学识大进，明万历年间考中进士，授中书舍人。

　　永光忠于职守，勤于政事。1598年升为吏部主事，历员外郎中，主管人事。他查阅档案时，发现一案竟株连200多名官员降级，甚感惊异，经其仔细考察，确有蒙冤者，于是他上奏神宗恩准，给以平反昭雪，深受朝野赞许。由于政绩突出，明万历三十年（1602）升为通政司参议。四年后为右通政，右佥都御使、巡抚浙江。明万历四十二年（1614）转为南大理卿。光宗继位，为工部左侍郎，署部事。后又为右都御使，仍管左侍郎事。不久升为工部尚书。明天启三年（1623）改任户部尚书，总督仓场，调掌南京督察院。明天启五年（1625）加太子太保。明天启六年（1626），转任南京兵部尚书。任职期间，兵营噪乱，永光单骑驰往，诛倡乱者数人，及时平息。崇祯元年（1628），又任户部尚书，后改任吏部尚书。

　　永光廉洁勤政，忠厚正直，敢于直谏，深得皇上重用。每有事相商，不叫其名，呼官称"王尚书"，恩赐世袭少保。后因年迈归隐，著书《冰玉堂集》数卷。

余懋衡

　　余懋衡（1561~1629），字持国，号少原。江西婺源人，曾为江西道监察御史、大理寺右寺丞、都察院右佥御史、南京吏部尚书。

　　少年好学苦读。明万历二十年（1592）中进士，初授江西永新知县。在任洁己爱民，复学官，凿石梁，为当地办了不少好事。任满，征拜江西道监察御史。

　　当时，国家多次用兵，又建宫殿、修陵墓，耗费了大量资财，经费支绌。为了满足穷奢极侈的生活，神宗派出许多太监往全国各地充任殿工和矿税使。他们下去后骄横恣肆，无恶不作，闹得鸡犬不宁。余懋衡上疏极陈其弊害，要求罢矿税。殿工、矿税使本就是神宗派下去的，结果以"忤旨"罪被罚停俸禄一年。不久，帝委其视察长芦盐政，一切例钱全部归公以赡养贫苦，赈济饥荒，受到了士民的称颂。

　　万历三十四年（1606），余懋衡巡按陕

江西婺源县理坑村余懋衡——天官上卿

西。他发现陕西税监中官梁永以钦差自居，假借巡视之名，横行霸道，劫掠各地富裕城镇，荼毒陕西。时梁永将搜刮的金银财宝，以1/10进贡神宗收用，9/10派亲信护送至京，由家转接收藏于京郊。余懋衡得知后极为愤慨，不顾自身安危，毅然将梁永奴役百姓、中饱私囊的罪行上奏朝廷，要求法办。然而，梁永是神宗面前的红人，他每年进贡给神宗的金银珠宝，数量多得连神宗自己都感到意外，因此神宗认为梁永特忠心能干，极为赞赏。余懋衡的上疏没有奏效，但上疏之事，却被梁永在京的太监亲信得之后密报。梁永因此对余懋衡怀恨在心，他惧怕恶行暴露，指使亲信乐纲买通余懋衡的司厨，投毒加害余懋衡，幸抢救及时，脱险未死。次年正月，余懋衡将梁永买通司厨害己一事上疏，极论梁永之罪。在京的一些忠臣也纷纷弹劾梁永，言官攻梁永者数十疏。然神宗受梁永蒙蔽日久，全然不信。见此，余懋衡将查获的赃物、梁永爪牙录供的画押，铁证如山呈到神宗面前，使得神宗再也无法袒护，不得不下诏撤梁永陕西监税中官之职，仍让其回京师御马监养马。不久，余懋衡也丁忧归乡。

余懋衡在乡丁忧时，曾于境内紫阳书院、福山书院和清华富教堂讲学。由于余懋衡所宗的是朱熹理学，故"研精天人性命之故，而约诸实践躬行"。

天启元年（1621），余懋衡召起为大理寺右寺丞，寻转大理寺左少卿，接着又升都察院右佥御史、左副都御史，后又改兵部左侍郎等职。他在任兵部左侍郎时，宦官魏忠贤的姻亲郭钦由提督钻营升都督同知，此事被余懋衡驳回。接着，魏忠贤又要求太监的子侄袭锦衣卫，也被他拒绝，因而魏忠贤等人对他非常恼恨。这一年，余懋衡迁为南京吏部尚书，他五疏力辞未受命，第二年再授前职。因魏忠贤弄权，他称疾坚卧不出。魏忠贤黜全国书院，党徒张讷疏言："天下书院最盛者无过东林、江右、关中、徽州"，而余懋衡为"大头目"之一，与邹元标、冯从吾、孙慎行"南北主盟，互相雄长"，于是余懋衡请赐处分，被削夺。魏党失势后，直到崇祯元年（1628）追叙其功，赐金帛，并复他南京吏部尚书官。但不久即因病去世。卒后旨赐祭葬。郡县人士特祀于三贤祠。

余懋衡一生著述不少，较有名者是《关中集》4卷，存目于《四库全书》集部别集类；此外，还著有《奏议》40卷、《古方略》45卷和《明新会志》《少源语录》《乾惕斋集》《涧滨寐语》《太和轩集》《经翼》《沱川乡约书》等。

何宗彦

何宗彦（1559~1624），字君美，一字若善，号昆柱。江西金溪东漕（今琅琚乡）人。明代勤谏宰相。官至吏部尚书兼东阁大学士。

17岁时随父客居随州（今属湖北），遂占随州籍。明万历二十三年（1595）进士，任官詹事。四十二年（1614）迁礼部右侍郎，署部事。当时，历时15年之久的立储之争已经有了结果。廷臣力争的皇长子朱常洛终于被确定为太子。在众大臣的请求下，皇帝最宠爱的郑贵妃生的儿子、福王朱常洵不得不搬往封地河南洛阳。但郑贵妃与朱常洵提出要拨庄田40万顷。何宗彦为此多次上疏驳斥，万历皇帝不听，后以在全国拨40万顷的田粮收入归朱常洵而终结。

太子生母王贵妃亡故，万历皇帝把她当普通妃子埋葬，何宗彦又上疏为王贵妃力争。"梃击案"发生后，宗彦又上疏说："天下怀疑陛下薄待太子已经很久了，太子处于被轻视的地位。"建议改善太子待遇，没有得到批准。没过多久，何宗彦被转为左侍郎，继续代理礼部事务。

何宗彦代理礼部尚书六年，为官清廉，治事井井有条，遇事能以大局为重，多次直言进谏，在廷臣中声望日高。四十四年（1616）冬，皇宫隆德殿发生火灾，何宗彦又向皇帝提出通下情、修废政、补缺官的建议。四十五年（1617），皇长孙已经13岁，因皇太子的地位不巩固，皇长孙仍未就师听讲，因此何宗彦又多次上疏，请求派人为太子讲学，让皇孙拜师就读，万历皇帝仍不采纳。四十六年（1618）六月，京师（今北京）发生地震，何宗彦又上疏言三事：一是指出皇帝已不视朝30余载，致使朝政废弛；二是边备尽废，致使辽东尽失；三是衙门缺员太多，致使政务停顿。要求皇帝顺从天意，力行改正。无奈神宗不视朝已30余年，诸事多委以贵戚、近侍，言官多依附齐党，何宗彦不与他们结党营私，仍忠于职守，不断奏本，一时得到不少人的赞许。

四十七年（1619）秋，后金侵犯边境，明军三路败退，开原、铁岭相继失陷，沈阳危急，他奏请皇帝临朝共商兵食大计，又未被采纳。四十七年（1619）十二月，皇帝下令朝臣推荐内阁辅臣，廷臣多把何宗彦作为首选人物推荐，唯独吏科给事中张延登不署

江西抚州何宗彦铜像

名,何宗彦遂未获通过。时御史左光斗、薛敷政、肖毅中等均上疏皇帝,为何宗彦未入阁表示惋惜,而张延登同官兀诗教、薛凤翔又屡屡上疏纠驳。当时朝臣朋党角逐,言官多依附齐党,何宗彦不与他们结党,无所依附,故不能安其位,于是不久辞归。

宗彦为官"清修有执,摄尚书事六年,遇事侃侃敷奏,时望甚隆"。万历四十八年(1620)八月,神宗崩,光宗继位,何宗彦在家被授为礼部尚书兼东阁大学士。此时边陲失守,人情汹汹,危机四伏,他奉命于危难之际。天启元年(1621),何宗彦还是不畏艰险,慨然进京就职,劳苦操作,筹商军国要务。天启时曾典试礼闱,选录400人皆俊义之士,使不少昔日遗珍一时见采,被视为"得人"。天启三年(1623),晋少保兼太子太保、户部尚书、少傅兼太子太傅、太子太师、吏部尚书,建极殿大学士。四年(1624)正月卒于任上,赠太傅,谥"文毅"。

时人评说:何宗彦澡身浴德,正色立朝,淡于求名,拙于求利。死后,奉旨建祠,以示纪念。

何宗彦著有《何文毅公集》10卷、《春曹疏草》2卷。其事迹见于《明史》卷二百四十《何宗彦传》。

叶向高

叶向高(1559~1627),字进卿,号台山,福建福清人,明神宗年间吏部右侍郎,官至礼部尚书、东阁大学士、中极殿大学士。

父亲叶朝荣官至养利知州。叶向高于神宗万历十一年(1583)中进士,授庶吉士,进编修,升为南京国子监司业,改左中允。后被召为左庶子,充皇长子侍班官。不久,又升任南京礼部右侍郎,后改任吏部右侍郎。"妖书《续忧危竑议》"一案兴起后,他上书首辅沈一贯,力请不要株连无辜,引起沈一贯的不满,因此受沈抑制,以致他九年未获升迁。

沈一贯罢职后,万历三十五年(1607)五月叶向高晋礼部尚书兼东阁大学士,成为宰辅。次年,首辅朱赓病死,他升为首辅。

当时,神宗已久不视朝,阁臣李廷机又因受舆论攻击,居家不理政,内阁中仅剩叶向高一人。面对朝政混乱,党派之争愈演愈烈。他力奏增加阁臣,补充其他空缺官职

福建闽侯县叶向高墓碑刻

和停罢矿税，前后上奏达百余次。叶本人是东林党元老，但为官多年，行事力求稳妥，和浙党也能相安。因此他也几次调解党派纷争。但因党派之间积怨已深，他的调停也难见成效。经过多次的调停失败，叶向高深感自己已无能为力，便坚决请求辞官，于万历四十二年（1614）八月晋少师兼太子太师，致仕。光宗泰昌元年（1620），家居六年后的叶向高被召为首辅，但未等他有所作为，光宗就病死了。

熹宗天启元年（1621），叶向高晋中极殿大学士，第三次担任首辅。熹宗幼年登基，受其乳母客氏和宦官魏忠贤操纵。魏忠贤执掌司礼监，利用代替皇帝批阅奏章的大权，兴风作浪，先后将吏部尚书周嘉谟、大学士刘一燝等一批正直大臣逐出朝廷。叶向高为人光明磊落，扶植贤良，极尽所能地保护了帅众、陈良训、熊廷弼等一批朝臣。天启四年（1624），魏忠贤势力强盛，开始大杀东林党人，凡朝中正直之士，都被加上东林党的罪名，或流放或杀害。魏忠贤的党徒王绍徽还编制了黑名单称《东林点将录》。叶向高因是朝中清流的代表，被列为东林党首魁。叶向高眼见黑云压城，自己又独木难支，遂于同年七月致仕。

公元1627年，熹宗去世，叶向高亦于同年病逝，享年69岁。崇祯帝即位，在诛杀了魏忠贤后，追赠他为太师，赐谥号为"文忠"。

李 默

李默（1494~1556），字时言，明弘治年间生于瓯宁县高阳乡（今顺昌县高阳乡）。历任户部主事、兵部员外郎、吏部郎中、太常寺卿、礼部侍郎、吏部尚书等。

自幼聪明好学，明正德十六年（1521）中进士，选入翰林院为庶吉士。明嘉靖元年（1522）调任户部主事。后升兵部员外郎，奉命前往大同（今属山西），协同驻军部署防务。时军营由于管理不善，致使部分士兵骚乱。兵部派侍郎胡瓒负责处理，但他不做调查，便采取惩罚做法，引起不少士兵哗变。李默了解后，即上报朝廷调回胡瓒，然后亲自深入兵营，以教育安抚平息了兵变，得到上级嘉许，调任吏部郎中。任期中，他积极条陈地方事宜，编有《大明舆地图》，详述形势要害和屯兵、课赋的见解，为冢宰桂萼所赏识，特为奏闻，得到皇帝嘉勉，被列为重要文献，交内阁存用。嗣后凡文武会试，都指派李默充同考官。嘉靖十一年（1532），李默被任为考核武会试的考官之一，试毕，赴兵部宴。兵部尚书王宪态度傲慢，轻视僚属，对他不以宾礼相待。李默对此极为不满，当面指责王宪不明礼节，而终遭贬谪。先后调任宁国府（今安徽宣城、宁国等地）通判、广东按察使属下佥事、云南提学副使、浙江左右布政使等职。因历任政绩卓著，遂升任太常寺卿、礼部侍郎，奉旨撰《庚戌进士题名记》。

嘉靖二十九年（1550）秋，蒙古右翼土默特万户的统治者俺答汗出兵侵犯掠夺中原一带，京都告急。李默奉命守正阳门，他率兵5000，发动百姓，军民合力昼夜巡视，

明　石文官

防卫甚为周备，敌遂退却。不久，李默被升为吏部尚书，他秉公持正，坚持任人唯贤，推行"进贤拔滞，澄清吏治"的做法。时严嵩主持内阁，以子严世藩、工部侍郎赵文华、咸宁侯仇鸾等为爪牙，操纵国事，卖官受贿，培植党羽，陷害忠良。因李默执掌吏部职权，使他们无法任意安插亲人而记恨在心。嘉靖三十年（1551）秋，李默推荐张臬为辽东巡抚，张臬不与严嵩一伙同流合污，亦被严嵩等所怀恨。同时，仇鸾有托于李默推荐被拒绝，于是严嵩、仇鸾相勾结，以逸言诬奏李默"偏执用人"。皇帝宠信严嵩，遂罢李默官职。后仇鸾因讳败冒功罪被革职，御批复用李默为吏部尚书，并赐御书褒以"忠好"二字，特许他骑马出入宫门。因此，朝中奸佞更加妒恨，有同僚劝李默要明哲保身，李默慨然说："吾备位公卿，年几六十尚复何求。"坚决抵制严嵩一伙推荐的官吏，并告诫部属不与严嵩一伙交往。时工部侍郎赵文华企图充任大司马，求李默引荐被拒绝。于是，赵文华勾结严嵩，趁会同李默议论"选人策"（选人咸登资簿，厘其流品，平其铨注，而序迁之）之计。因李默发言有"汉武征西域而海内虚耗，唐宪复淮蔡而晚业不终"等语。严嵩等抓住这句话，诬奏他有意诽谤朝廷以及用人不当等罪名，皇帝听信谗言，怒撤李默官职，定罪入狱。嘉靖三十五年（1556）死于狱中。

李默生前性格孤僻，不善于联络同僚，因此有的人对他敢于抵制权势的心情不大理解，所以"士论亦不甚附之"。明隆庆间，南京给事中岑用宾等才为他讼冤，得平反，万历间，追赠太子太保并加"文愍"谥号。

李默博学多才，著作很多，主要有《朱子年谱》4卷、《宁国府志》10卷、《孤树裒谈》10卷、《建宁人物传》4卷、《群玉楼稿》、《大明舆地图》等。

袁宏道

袁宏道（1568~1610），字中郎，又字无学，号石公，又号六休，湖广公安（今属湖北）人，明代文学家。万历年间曾任吏部主事、吏部考功员外郎。

万历十六年（1588）中举人，次年入京赴考，未中。返乡后曾问学李贽，引以为师，自此颇受李贽思想影响。万历二十年（1592）中进士，不仕，和兄宗道、弟中道遍游楚中。万历二十三年（1595），选为吴县令，饶有政绩。不久解官去，游览江南名胜。后又授顺天教授，补礼部仪制司主事。两年后又辞官返里，卜居柳浪湖畔，潜学著文，并作庐山、桃源之游。万历三十四年（1606），入京补仪曹主事，不久又辞去。两年后再入京，擢吏部主事，转考功员外郎，奏立"岁终考察群吏法"，其后成为定制。万历三十七年（1609），迁稽勋郎中，赴秦中典试。事毕请假归里，定居沙市。

袁宏道在明代文坛上占有重要地位。他与兄宗道、弟中道时号"三袁"，被称为"公安派"，宏道实为领袖。

他有一套系统的理论，成为公安派文学纲领：

第一，反对盲目拟古，主张文随时变。他在《与江进之尺牍》中说："世道既变，文亦因之。今之不必摹古者也，亦势也。"在《雪涛阁集序》中说："唯识时之士……袭古人语言之迹而冒以为古，是处严冬而袭夏之葛者也。"为此，他强调文学要随时代而变化，反对前、后七子的拟古倾向。

第二，文随时变的目标是存真去伪，抒写性灵。他在《行素园存稿引》中说："古之为文者，刊华而求质，敝精神而学之，唯恐真之不及也。"在《叙曾太史集》中，言明自己文章的特点是"真"，并指出"真"就是"直写性情"。在《叙小修诗》中，通过对袁中道诗歌的评论，强调诗文要"独抒性灵，不拘格套，非从自己胸臆流出，不肯下笔"。这就形成"性灵说"，是公安派文论的核心。

第三，所谓"性灵"，能导致文章的"趣"和"韵"，而它们是由"无心"或"童子之心"得来的。他在《叙陈正甫会心集》中指出："世人所难得者唯趣。趣如山上之色，水中之味，花中之光，女中之态，虽善说者，不能下一语，唯会心者知之。"又说："夫趣，得之自然者深，得之学问者浅。"他说的"性灵"是排除了"理"（思想）的感情活动，是下意识的直觉。它与李贽的"童心说"极为接近。

湖北公安县三袁墓

第四，他认为民间的通俗文学正是"无闻无识"的"真声"，而加以推崇。他在《叙小修诗》《陶孝若枕中呓引》等文章里都有这方面的论述。"要以情真而语直，故劳人思妇有时愈于学士大夫，而呻吟之所得，往往快于平时。"

总的看来，宏道的文艺思想颇为复杂，他的"性灵说"，比其兄宗道的"学问说"影响更大；在打破封建思想束缚，扫除前、后七子拟古文风，变粉饰为本色，变公式为率真方面，发挥的作用也更大。但他提倡的"性灵"，无视社会实践和思想理论对创作的决定意义，对他自己的创作，特别是晚期文风，产生了消极影响。

袁宏道的散文极富特色，清新明畅，卓然成家。今存其尺牍280余封，篇幅长的1000多字，短的只二三十字。如《致聂化南》一札："败却铁网，打破铜枷，走出刀山剑树，跳入清凉佛土，快活不可言，不可言！投冠数日，愈觉无官之妙。弟已安排头戴青笠，手捉牛尾，永作逍遥缠外人矣！朝夕焚香，唯愿兄不日开府楚中，为弟刻袁先生三十集一部，尔时毋作大贵人，哭穷套子也。不诳语者，兄牢记之。"简凝活脱，间以诙谐，可见其尺牍文的一斑。他的各类随笔200余篇，题材多样，饶有意趣，其中《畜促织》《斗蛛》《时尚》等篇，记述了当时的风俗人情。传记文以《徐文长传》《醉叟传》两篇最优，刻绘人物，生动鲜明。游记文90余篇，于写景中注入主观情感，韵味深远，文笔优美。如《满井游记》所写京郊初春景色，纯用写实手法，刻画细腻，情致盎然。其他如《虎丘》《天目一》《晚游六桥待月记》《观第五泄记》等，真切动人，语言浅近，毫无斧凿之迹，都是佳作。

袁宏道作有各体诗歌1700百余首，成就不及散文。少量诗作如《猛虎行》《门有车马客行》《逋赋谣》《巷门歌》等，揭露了当时"甲虫蠹太平，搜利及邱空""东封西款边功多，江淮陆地生洪波""鲛户十窜九囚虏""野人扶白觅沟壑"等黑暗现实，有一定社会意义。不过他的诗及多数散文，仅限于抒发个人情趣，不能充分反映社会生活，现实意义有限。当时一些公安派文风仿效者，则更发展了这一倾向，走上了邪路。所以以袁宏道为代表的公安派创作，瑕瑜互见，功过并存。总的来看，作为晚明的一次文学改良运动，其功绩还是主要的。

袁宏道著有《敝箧集》《锦帆集》《解脱集》《广陵集》《瓶花斋集》《潇碧堂集》《破砚斋集》《华嵩游草》等。《宏道文集》最早为明万历刊本，今人钱伯城整理有《袁宏道集笺校》。

清代
QingDai

魏裔介

魏裔介（1616~1686），清初大臣。字石生，号贞庵，又号昆林。清直隶柏乡（今属邢台）人，先后做过太常寺少卿、左副都御史、吏部尚书、保和殿大学士。

魏裔介生于明万年历四十四年（1616），少年聪慧，15岁考中秀才，26岁中举人。清顺治二年（1645）他31岁，进士及第，选庶吉士，授工部给事中。后升任都察院都御史，累官至太子太保、保和殿大学士。他入阁办理国家大事时年仅40余岁，须发皆黑，历史上称之为乌头宰相。

顺治四年（1647），魏裔介被授为工科给事中，他多次向朝廷建议"固本宁邦"必须清除明朝末年的各种弊端，削掉苛捐杂税，鼓励开垦荒地，让百姓休养生息。顺治五年（1648），他上疏奏请讲学事宜："燕赵一带的百姓养牛耕田，首先向朝廷效忠，现在天下刚刚平定，多次奉诏缴纳税收，却没有得到朝廷给予的好处，希望朝廷能够下诏褒奖这一代的百姓！"顺治帝答应了魏裔介的请求，下诏褒奖了燕赵的百姓。

后来他转到吏部任职，因为母亲去世便回家守丧，守丧期满后，顺治九年（1652），他继续在吏部做官。他上疏说："君臣上下还不够熟悉，不便奏议，满汉两族人民还存在隔阂，大臣们抱着自保的心态不肯提出建设性的建议，而小吏们则独善其身，纲纪日益松弛，法度渐渐败坏，希望朝廷能够及时改变这样的现状。"当时世祖亲政，魏裔介上书："督抚之类的重臣应该谨慎选人，不应该只用自己的亲信。"他还说："摄政王时立法太为严苛，天下萧然，

魏裔介像

有点泯灭人性，多亏了后来的言官们力谏才有所改观。如果除此之外再有酷刑峻法的话，恐怕会有失民心，古人曰，得民心者得天下，这些事情绝非寻常小事，希望皇上能够慎重处理。"

顺治十一年（1654），魏裔介升为兵科都给事中，当时东南边境依然战火不断，他上疏说："现在刘文秀在川南一带东山再起，孙可望盘踞在贵州一带，李定国在广东一带伺机行事，而张明振流亡在海岛上，连年征讨，到现在还没有平定。以目前的形势来看，四川是贵州和云南的门户，如果他们固守四川的话，贵州和云南则势必抗衡到底，所以我们必须先拿下四川，这是西南一带的形势。广东西部一带的流寇算不上强

大，去年桂林一战没有大创他们，肯定会卷土重来，这样便会牵制我湖南的兵力。我们应该让藩镇兵力来守卫湖南一带的城池。如果要攻打的话，应该先攻打广州西部贼寇，广州贼寇一旦被歼灭，孙可望肯定会有所顾忌，到时候贵州和云南两地的贼寇不攻自破。"他还上疏弹劾湖南将军续顺公沈永忠带兵观望，导致总兵徐勇、分巡辰常道刘升祚寡不敌众而战死，沈永忠因此被罢免官职，削掉爵位。之后他又弹劾福建提督杨名高统兵不力，导致漳州郡县被郑成功攻陷，于是杨名高被罢免。

不久，魏裔介升为太常寺少卿，后提拔为左副都御史。顺治十三年（1656），他弹劾大学士陈之遴结党营私，陈之遴因此被罢官，发配到辽阳做了平民。顺治十四年（1657），他升为左都御史，皇上下诏说："朕之所以用你，并不是有人举荐，而是朕看重你的才华。"魏裔介十分感动，从此以后，在政治上畅所欲言。同年四月，钦天监推测到次日将会发生月食，当时的人们很迷信这种天文景观，魏裔介便上疏奏请广开言路，放下手中的工作，宽限州县官吏的考核，颁布特赦令释放狱中的犯人，缩减征调的兵员。这一系列举措使得魏裔介更受顺治帝的赏识。

顺治十六年（1659），他被加封为太子太保。后来因为御史巡方多次被检举贪污腐败，顺治帝责怪魏裔介没有及时弹劾，便削掉了他的太子太保一职。

当时孙可望依然盘踞贵州，郑成功之乱仍然没有平定，魏裔介上疏说："孙可望依仗峒蛮与我朝抗衡，如果让在职的大臣前去招徕，授以新敕印，同时将旧的及时收缴，那么归降我朝的人肯定会很多，郑成功在海上负隅顽抗，我水师不多，但是只要我们在沿海地带修筑要塞囤积兵力，让他无法登陆，然后离间他们，则海贼必破！"经过下面的官员讨论后，朝廷接受了魏裔介的建议。

清朝建国初期，魏裔介在平乱方面表现出了超凡的军事才能，同时，在弹劾奸臣、举贤纳才方面也卓有成就。

后来他进为吏部尚书，康熙三年（1664），被授为保和殿大学士。当时辅政大臣手握政权，在商讨国家大事的时候动辄产生争执，魏裔介在争执双方之间斡旋，起到了十分重要的作用。

康熙十年（1671），魏裔介辞官养老，顺治帝将他加封为太子太傅。卸甲归田16年间，他躬耕陇亩，生活平淡，乡人都不知道他是以前的宰相，可见其低调的处世态度。康熙二十五年（1686），魏裔介离世，朝廷赐予祭奠仪式。雍正年间，为他修建了祠堂，乾隆年间追加谥号"文毅"。

魏裔介不仅做官时间很长，而且他在文学方面也有较高的成就，留世著作有100多卷，如《圣学知统录》《知统翼录》《希贤录》《易经大全纂要》《四书大全纂要》《四书精义汇解》《四书朱子全义》《孝经注义》《重刊千禄字书》及《兼济堂集》等。

赵士麟

赵士麟（1629~1699），字麟伯，号玉峰，云南澄江县人，官居浙江巡抚、江苏巡抚、兵部督捕右侍郎、吏部右侍郎、吏部左侍郎。

赵士麟生于明崇祯二年（1629），幼时从师醒觉和尚。他天资聪明，读书过目不忘，经常手不释卷，刻苦攻读，后来参加河阳县考，名列第一。顺治十七年（1660）庚子科中举，康熙三年（1664）甲辰科考取进士。吏部分派到贵州省平远县任推官，他大公无私，详查案情，惩暴安良。那时贵州发生的重大要案，都调派他参与审理，使他名声远播。

康熙七年（1668），调河北省容城县任县令。他认为要治理好地方，必须振兴教育，于是创立"正学书院"，以立志、辨学、正心、慎独为宗旨，教育民众立志立德，勤奋读书。容城当时政务偏废，摊派苛刻，赵士麟到任后尽行革除，并刻碑文以示永远遵守。凡有诉讼，不拘时日，随到随审，明察果决，秉公判处，政声远播。还发动民众修理文庙、城池、官厅、桥梁、道路，每年坚持济孤赈贫，抚恤鳏寡，积极发展农桑，使人民不受饥寒。

康熙十二年（1673），赵士麟调到京城任文选司主事，升稽勋司员外郎、考功司郎中，不久晋升光禄寺少卿、鸿胪通政，再升都察院左副都御史。康熙二十二年（1683），康熙攻灭郑氏政权，平定台湾。他积极提出治理办法，上疏说："台湾去闽不远，地方千里，虽所处远近不同，皆可训化也。宜仿广东琼州例而变通之，设一府两县以治其民。设一总兵以镇台湾，设一副将以镇澎湖，以千里所产供驻防之需，柴草粮

浙江杭州赵士麟创设敬一书院

食，不可胜用，即稍有协济饷项亦无几，这样沿海守汛之兵可减。"清廷认为可行，批文交吏部会兵部照办。台湾建府设官如同内地，皆出自他的建议。

康熙二十三年（1684），赵迁升浙江巡抚，他到任视事后，博采群言，调查研究，避害兴利。浙江漕运从来经费浩大，弊病滋生。他深入调查，了解前因后果，采取措施，使数十年盘根错节的问题得以解决。又如杭州河道，淤塞200余年，民房潮湿，诸多不便。他听到民众反映，毅然作为己任，先筹银数百两，以"回龙桥"为试点，进行精细核算，全部工程只需万余两。杭州城的官商民众，闻风捐助，他派属员按划地分工，

各负其责疏浚，完工时实用银13000余两。杭人称颂历代兴修水利，唐有白居易，宋有苏东坡，清有赵士麟。

杭州地接西湖，市场繁盛，百货杂陈。不少贫民常向驻防旗兵官员借贷"印子钱"作为小本经营，由于利上加利盘剥，以致发生营兵军官马化龙等殴官、殴民，酿成大狱。康熙帝特旨严诛首恶，民欠债务由旗营将军与浙江巡抚照市息结算，时军民交哄十分严重。而旗营债款31万两，赵士麟感到十分棘手。这时接到继母万氏来信说："吴三桂叛乱，你弟弟被杀，我万分悲痛！我家祖籍金陵，现在将澄江的房产、田地尽数变卖，准备回籍与你相处。"他读信后欣喜地说："太夫人携金到时，可以代民偿债了结此案了。"于是，向将军商定次年四月偿还。届期太夫人到达，同意赵士麟义举，敲锣打鼓将2万两银子送到军营。

将军见银子字号是云南的，感慨地说："公如此仗义，我辈当助成盛德。"于是让利还本，后来又减6/10，共合5万余两。他发动杭城官商捐足此数，负债被关押的庶民被释放回家，颂声载道。

杭州为江南名城，房舍密集，每有火灾，后患无穷。他为防患创设救火兵200名，由参将统率指挥，发生火灾立即扑灭，不使其蔓延，黎民作《五异政记》刻石记之，并建有他的生祠一座，表示感戴。

康熙二十五年（1686），奉调江苏巡抚，他到任后，"恤刑狱、厘钱法、兴水利、办学校、奖孝悌、尚廉洁"，人称善政。康熙二十六年（1687）调回京城，升兵部督捕右侍郎，旋升吏部右侍郎，转左侍郎。他大胆推荐贤能，不搞任人唯亲，致使官员不敢行私舞弊。

赵士麟自幼孝顺，对万太夫人问寝视膳、晨省晚侍的礼节，数十年如一日。当老夫人98岁，以闰月计为百岁时，康熙帝特御书匾额以赐，诰封一品夫人，也诰封士麟为特授光禄大夫。赵士麟从小喜爱书文，在北京作有《金碧园记》《读书堂石刻》，回籍省亲时有《河阳山水记》，并附七律十首。他的遗作，现澄江尚存《复刁仲熊问河洛书》《复潘明扬先后天问书》《答苏绅公请讲学启》《女范正义节传》《张节母传》《台湾善后疏》《新建儒学尊经阁记》。

康熙三十八年（1699），赵士麟染疾病逝，享年70有余。

王 清

王清（1630～1672），字素修，号冰壶，又号思齐，清海丰县人。清康熙时期曾经历任吏部左侍郎管右侍郎事、吏部左侍郎。

王清少年聪颖，相貌出众，温文尔雅。乡人望之，皆曰神人。清顺治六年（1649）中举人，翌年中进士，先为庶吉士，授翰林院编修，第二年升右赞善，转左赞善。清顺治十二年（1655）迁侍讲，顺治十四年（1657）春升右春坊右庶子，执掌坊事。翌年迁侍讲学士。清康熙元年（1662）农历正月升内弘文院学士，清康熙六年（1667）农历三月升任刑部右侍郎，清康熙八年

清　石文臣

（1669）复转刑部左侍郎。王清宽以待人，在刑部，平反过多起错案；对有疑问的案子，都认真分析，使官吏们办案有法可依。清康熙九年（1670）农历四月调任吏部左侍郎管右侍郎事，诰授"通奉大夫"；十一月正式提升为吏部左侍郎。他忠于职守，办事以大局为重，与各司意见不一致时，必多方探究，公平合理地解决问题。由于政绩突出，多次受到封赏。太皇太后曾赐白金30两，康熙帝分别赏赐蟒衣一袭，貂裘一袭，彩缎表里数匹。皇上对他非常器重，朝中大事多与他商议。

王清文章写得好，风格典雅醇正。清康熙三年（1664）、清康熙五年（1666）、清康熙九年（1670）连续三次担任会试总裁官和殿试读卷官，教习庶吉士，选拔、培养了很多人才，有很多名臣都出自他的门下。他充任侍讲学士、殿试读卷官时，深受顺治帝、康熙帝的器重。他立于朝堂，仪态端庄，风采奕奕，声音洪亮，抑扬顿挫，缓急有当，满朝文武皆肃然起敬。每当他退去，帝都以目送之，嘉许之意尽含其中。康熙帝亲政后，欲振饬纪纲，建久安长治之策；更定制度，垂万世之永计；完善律令，备一代之盛世，思定俊伟魁杰之佐相，而王清之德之才之风度，足以当之。不料，王清英年早逝，不能不令康熙帝扼腕叹息，满朝文武也是唏嘘不已。

王清孝敬父母，待人和蔼，心无芥蒂，对有困难的亲朋故友总是不遗余力地给予帮助。在京服官后，每每思起双亲，常常茶饭不思。待父母进京后，他朝夕问候，亲奉茶饭，一如童稚年少时。在他去世的前三天，因念及老母的生辰寿诞，遣子以归上寿，尽其孺慕之诚。

清康熙十一年（1672）秋病逝，年仅43岁。著有《留余堂诗集》。

李天馥

李天馥（1635~1699），字湘北，号容斋，谥号"文定"，江苏合肥（今安徽合肥）人，其父入籍永城。清顺治进士，官至吏部尚书、武英殿大学士。

他从小聪颖异常，7岁能诗，被称为神童。清顺治十四年（1657）中举，次年中进士，由庶吉士累擢户部左侍郎，调吏部，以扬清激浊为己任。入馆后，遍览《四库全

秋夜读书图轴（清）

书》，授检讨。其父死，服丧三年后仍任检讨。康熙十一年（1672）升任国子监司业，掌儒学训导之政。不久，担任经筵讲官，为皇帝讲解经传史鉴，并敢于将自己的见解直言不讳地向皇帝讲述，很受康熙的器重，被提升为内阁学士。康熙十九年（1680）夏，大旱，他受命会同三司详讯狱中囚犯，全部减等发落，升任户部左侍郎，后调任吏部，拒绝送礼，不受贿赂，有携礼拜谒者，他都严词拒绝，说："我一日在部，就不容许这种事情存在！"五年来，一无所私，官场贿赂之风也有所收敛。

他的高风亮节深得皇上褒扬，被提拔为吏部尚书。康熙二十七年（1688）任工部尚书。有一次皇上召见总河靳辅，巡抚于成龙当面询问河工事宜，二人各执一词。靳辅说高家堰应修重堤截水，于成龙说要以修下河、开海口为急。皇上令九卿发意见。李天馥建议开下河、海口，高家堰重堤宜停建。皇上乃遵从李天馥的建议。同年五月调任刑部尚书，再转任兵部尚书，又改任吏部尚书。时开缺大学士，皇上诏谕百官说："机务重任，必不可用喜事之人。李天馥老成清慎，学行俱优，朕知其决不生事。"遂授他为武英殿大学士，参理朝政，辅佐朝廷。

康熙三十二年（1693）母丧，皇上御书"贞松"二字赐之，又赐格言一幅并亲自为其送行。皇上感慨地说："李天馥侍朕三十年，未尝有失。三年易过，此官不必补人。"三十四年（1695）服丧完仍被召还入阁视事。李天馥深感皇上知遇之恩，更是谨慎小心，竭心尽力，报效朝廷。康熙三十八年（1699）卒于官，年65岁，谥号"文定"。

李天馥性情至孝，对母亲非常孝顺感天动地。据史载：其母丧，扶母柩归，途经巢湖，正值冬季水涸，不能通船。运载其母灵柩的船至巢湖时，水涨数尺，好像专为其送丧。及至埋了母亲，他在墓旁盖房守丧，亲植松树、楸树等，忽有一对白燕栖于墓旁的房子上，人们认为这是被李天馥的孝行所感动，于是把他守丧的房子称为"白燕庐"。当地发生旱灾，李天馥筑坛祈祷，天降大雨。秋旱，发生蝗灾，他仍如前祈祷，结果蝗虫尽去。

李天馥注重为国家选拔人才，下令在全国选举博学之才，并举荐李因笃、顾炎武、秦松龄等人。开科选才时，他大力推举陆陇其、邵嗣尧、彭鹏等人，深受世人称赞。

李天馥一生酷爱文学，擅长诗词文章，初入翰林，雅以诗文为己任，与王渔洋、叶方蔼、陈廷敬等人倡复古学。每朝罢，召集文雅之士，吟诗作对，著有《容斋集》。

陈廷敬

陈廷敬（1639~1712），字子端，号说岩，晚号午亭，清代泽州（今山西阳城北留镇皇城村）人，历任翰林院学士、吏部右侍郎、左都御史、工部尚书、文渊阁大学士、吏部尚书。

顺治十五年（1658）进士，改为庶吉士。初名敬，因同科考取有同名者，故由朝廷给他加上"廷"字，改为廷敬。

陈廷敬生平好学，诗、文、乐极备，他与清初散文家汪琬以文体相切磋，与著名诗人王士祯以诗唱和，"皆能得其深处，而面目各不相假"。他写的《晋国》一诗："晋国强天下，秦兵限域中。兵车千乘合，血气万方同。紫塞连天险，黄河划地雄。虎狼休纵逸，父老愿从戎。"以回顾晋国昔时的强盛和山川的险要，歌颂了晋地人民同仇敌忾、保卫家园的爱国精神。

由于陈廷敬很有才华，在任翰林院学士时，曾和掌院学士喇沙里、侍讲学士张英受一起到康熙皇帝的赞赏，表扬他们"每日进讲，启迪朕心，甚有裨益"。康熙曾特赐予他和喇沙里、张英三人貂皮各50张，表里绸缎各2匹。

康熙二十三年（1684）元月，陈廷敬被调任为吏部右侍郎，管理户部钱法。针对存在的问题，陈廷敬于八月上疏："自古所铸钱币，时轻时重，过不上多长时间就又要重新改铸。现在，百姓最为不便的主要是钱价。过去，一两白银可兑铜钱一千，今则仅兑九百。造成这种情况的原因是私商熔化铜钱为铜，从中渔利。按说，销毁钱币，其罪至重，这是人人都知道的。然而，长久不能禁止，就因为私商能从中获取厚利。因为一两银子可买铜七斤，如果将一两银子兑成铜钱，则得一千，将这一千铜钱熔化，就得铜八斤十二两，从中获一斤十二两铜价。这些不法商人以此为营利的捷径，使得市场上铜钱日趋减少。顺治十年（1653）时，每个铜钱重一钱二分五厘，后又增为一钱四分，原本是为阻止私铸，但结果呢？私铸依旧时常发生。因此，最好的办法就是不再增加钱币的重量，而应改重为轻。如果这样，那私铸之风就会不禁自绝。"同时他还指出："由于近年来产铜之地收税过重，致使铜矿开采寥寥无几。应当减少税收，让百姓也来开采。开采的人多了，铜的产量自然就会增加。随着铜的增加，铜钱价值也自然会日趋稳定。"

陈廷敬这一上疏，送至朝廷后，康熙很重视这个建议，很快就被采纳，并付诸实行。

同年九月，陈廷敬升任左都御史。当时清廷内不少官员贪污受贿，腐化之风十分严重。陈廷敬深切痛恨。他于二十四年（1685）正月向朝廷上疏："贪廉这两方面，是做一个合格官员的关键。然而奢俭这两者，又是造成贪廉的根由。要使官员清廉，就先要使他们养成节俭的品质。古时候，从衣冠、车马到服饰器用，办理婚丧大事，都要'贱不得俞贵，小不得加大'。现在由于奢侈之风未除，以至于贫穷的人办事节俭反受讥笑，富有的人铺张而无人反对，使得大家竞相奢侈，成为一种风气。于是，贪污求利，触犯法律的事就跟着多起来，而且日

山西晋城皇城相府

趋严重。"他一针见血地指出:"好尚嗜欲之中于人心,犹水失堤防而莫知所止。"

康熙帝接到陈廷敬的上疏,表示赞同,他指出,今后"务须返朴还淳,格循法制,以副朕敦本务实,崇尚书俭至意"。

当时,由于农民赋役苛重,加之水旱灾荒不断,人民生活十分困难。陈廷敬及时向朝廷反映了一些地区遭灾后的真实情况,并提出豁免钱粮税收的一些办法。这在一定程度上,起到了减轻人民负担的作用。

为维护清廷的统治,陈廷敬又上疏说:"总督巡抚的职责在于考察和指导吏员,这样做才能使百姓长期安定下来,并不是让吏员只明察于理事,尽自己的职责就够了。孔子说过:上教之不行,罪不在民也。要使百姓不触犯条令,不如先行上之教。行上之教,就要首先检查总督巡抚。这样巡抚可能会说:'问题是在于那些吏员。如果吏员清廉能干,不加派火耗税收,理事时就不会贪赃受贿,也不会搜括百姓,百姓也就不至于因触犯刑法而痛苦。倘若官吏没有这样的能力,这就可以说是对上有罪。'当然,也并不完全是官吏的罪过。上司清廉,则吏员自然不敢贪赃犯法,上司如贪赃不法,吏员虽然也想廉洁,然而却是不大容易办到的。官吏加派火耗,贪赃受贿,搜刮百姓,而他每天就忙碌于察言观色,逢迎上司,又哪里有工夫去行上之教呢?百姓看到吏员的所作所为,就会说:'这样的人还能教导我吗?'管教不听,就用刑法,群吏这样是总督巡抚导致他们这样做的。所以,当今首要的是总督巡抚要人选合格。他们要不为利欲所动。自己身正,才能管好吏员,吏员也不必整日想着如何曲意逢迎、巴结上司,都留心为民办事。百姓就能够休养生息。"他还建议,应给督抚下一通令,凡保荐州府县官,必须考察他们有没有不法行为。对违犯者严加惩处,这就会起到杀一儆百的作用。对于巡抚总督的考察,则要看他是不是廉洁奉公,为群吏作出了榜样。

陈廷敬的上疏被朝廷采纳了,并根据他所提内容,规定了若干条文,下谕实行。

过了一段时间,云南巡抚王继文以军饷为名,动支库银并私自贪污。陈廷敬以其溺职不忠,前后银数赢缩相悬,上疏弹劾。

康熙二十五年(1686),他任工部尚书。同学士徐乾学奏进《鉴古辑览》,康熙认为这本辑览有参阅价值,决定留下来通读。他在工部尚书任内,还纂辑了三朝《圣训》《政治典训》《方略》《一统志》《明史》等,陈廷敬并充总裁官。

康熙二十六年(1687)调户部,又调吏部。第二年,他的亲戚因贪赃被劾罢,使他身受连累,对他打击较大。之后,他借口父年81岁,盼望相守为由,要求解任回乡。清廷答允陈廷敬的请求,免却了他在朝中的职务,但继续担任修书总裁官。

康熙二十九年(1690),清廷又起用陈廷敬为左都御史,直至文渊阁大学士兼吏部尚书。

康熙四十九年(1710),皇帝下诏,命令张玉书、陈廷敬领导编纂一部大型字典。第二年,张玉书病逝,陈廷敬独任总裁官。这部大字典组织了30多人的编纂班子,陈廷敬的儿子陈壮履也在其中。父子留名于一书,一时传为美谈。这部字典是在前人《字汇》和《正字通》的基础上增补充实而成的,共收47000多字,是我国古代历史上收字最丰富的字典。后来定名为《康熙字典》。虽然字典问世时,陈廷敬已经去世,但他因编纂这部字典所付出的心血和作出的贡献为后人所敬仰。

陈廷敬一生著述很多,有《午亭文编》《尊文阁集》《河上集》《杜律诗》《老姥掌游记》《三礼指要》《说岩诗集》等。他的诗风格"清雅醇厚",很得康熙皇帝的赞赏。

康熙五十一年(1712)三月,陈廷敬病危,康熙皇帝遣太医前往诊视。四月病卒,终年73岁,康熙率大臣侍卫奠酒,并令各部院满、汉大臣前往吊祭。康熙皇帝亲笔写了挽诗,赐祭葬典礼,十分隆重。谥曰"文贞"。

王顼龄

王顼龄(1642~1725),字颛士,一字容士,号瑁湖,晚号松乔老人,清代江南华亭县(后松江县,今上海金山区)张堰镇人,清朝著名诗人、文学家。康熙年间曾任吏部左侍郎,官居工部尚书、太子太傅。

王顼龄是御史王广心长子,于康熙十五年(1676)考中进士,授太常寺博士。

康熙十八年(1679)举为博学鸿儒,授翰林院编修,参与《明史》的编纂。能有机会与汪琬、朱彝尊、陈维崧等著名学者,日相接触,讨论切磋,一时人称"史良才"。

康熙二十年(1681)升为日讲起居注官,主持顺天府乡试。旋升春坊右赞善、赞善侍讲,主持福建乡试,提督四川学政,转升为侍读,又为侍讲学士。当时康熙帝亲临讲筵,由侍讲学士每天讲《通鉴》一章。

王顼龄铭歙砚

王顼龄史学功底扎实，结合朱熹的《通鉴纲要》，讲来衍畅旁通，颇得康熙赞赏，因此，当左都御史郭琇疏劾其与高士奇、王鸿绪兄弟时，最先摆脱了干系，依然担任原职，而且还被任命主持陕西乡试，后又转为侍读学士。

康熙三十八年（1699）迁少詹事，获赐康熙亲笔御书王维诗一首。翌年擢为宗人府丞。康熙四十二年（1703）升为礼部侍郎。

康熙五十一年（1712）任吏部左侍郎，又充任经筵讲官。康熙五十二年（1713）升任工部尚书，并在当年与康熙五十四年（1715）两次出任主持全国会试的主考官，矢公矢慎，遴拔得人。

康熙五十七年（1718）官拜武英殿大学士兼任工部尚书。此后还担任《钦定书经传说汇纂》的总裁。

雍正元年（1723）世宗继位，又加封为太子太傅。此时王顼龄已是82岁高龄，屡屡上书要求告老还乡。雍正帝御书"朝堂元老"四字，并多次温谕慰留，雍正二年（1724）他再次乞休时，雍正帝亲撰七律一首书于扇面赐赠，诚恳挽留："端揆仪表百僚中，两历朝熙眷数隆，学识宏才名世业，老成安重大臣风，耋耋可作岩廊瑞，眷顾还当冰镜同，正在谅暗资赞化，邱园荣退莫相匆。"历事两朝，一生谨慎平和，"凡处大事，未尝显立异同，而微言缓讽，立见转移"；又不居功自傲，提拔人才，从不愿身受者知道，知者称颂。王顼龄的诗以唐诗为圭臬，"不逾尺寸，谨守法度"，除应制、酬赠外，主要写闲情逸致。格律工整，文辞典雅，形式颇为讲究。词作品颇具情致，写景状物，历历如绘。文亦有一种英姿勃发的朝气。《四库全书总目提要》评其《世恩堂集》中文章称："顼龄值文治昌明之日，奏太平黼黻之音，故一时台阁文章迥异乎郊寒岛瘦。即早年未达时作，亦无衰飒哀怨之意，足以见其襟抱矣。"《尚书》作为儒家经典，历来为人们所重视，其注释的名作，首推宋代蔡沈的《书集传》，故宋以后解读《尚书》，均以此为根据。晚年主持编纂的《钦定书经传说汇纂》，则立场公允，不偏不倚，对《书集传》既不捧之过高，也不过于批评，而是倾注了自己的见解。

清雍正三年（1725）王顼龄卒于位，年84岁。死后皇帝亲自下诏书哀悼，停止朝事一天，并下令凡出其门下的官员都要素服持丧，各部院汉人官员都要去祭送，并赐葬，赐谥"文恭"，极尽哀荣。著有《清峙堂稿》《索笑檐稿》《紫兰山馆稿》《华黍楼稿》《赐书楼稿》《含晖堂稿》及《画舫斋稿》，最后合编为《世恩堂集》32卷。晚年又有《松乔老人稿》1卷等，词集《螺舟绮语》（又名《兰雪词》）、《世恩堂诗集》等传世。

李光地

李光地（1642~1718），字晋卿，号厚庵，别号榕村，福建泉州安溪湖头人，出生于安溪县祥华乡祥华村。清朝著名的清官、理学名臣，累官至文渊阁大学士兼吏部尚书。为官期间，政绩显著，贡献巨大，康熙帝曾三次授予御匾，表彰其功。同时代的学者尊称为"安溪先生"或"安溪李相国"。

李光地自幼颖悟、勤奋好学，13岁读毕群经，康熙五年（1666）中举人，九年成进士，选庶吉士，十一年散馆，授编修。康熙十二年（1673）春，李光地充会试同考官，十月，请假回乡省亲。翌年三月，靖南王耿精忠叛于福州，郑成功之子郑经应耿精忠约，从台湾提兵入据泉州。两人均遣人到安溪招揽李光地，李光地不得已到福州见耿精忠；行前即嘱家人谎报父疾，故到福州后两天便告假回乡，并迅即奉父匿于山谷间。

康熙十四年（1675）五月，李光地向清廷密疏"破贼机宜"，略谓："今耿逆方悉力于仙霞关，郑贼亦并命于漳、潮之界，独汀州一道与赣州接壤之处，防备极疏。"因而建议：因贼之疏，选精兵万余人诈为入广之兵，由赣达汀，"则贼将不战自溃"，此即"所谓避实击虚、迅霆不及掩耳之类也"。李光地置疏于蜡丸中，遣仆间道赴京，通过内阁学士富鸿基上达。圣祖见疏大喜，嘉其忠，命兵部录疏，付领兵大臣参照。

康熙十五年（1676）秋，清兵攻破仙霞关，直取浦城、建宁、延平，耿精忠乞降。康亲王杰书进驻福州后，命宁海将军拉哈达等进剿郑经，并访李光地下落。

康熙十六年（1677）三月，李光地到福州见康亲王。亲王上荐疏："光地塞遭贼乱，颠沛不渝，矢志为国，始终不肯从逆……应予表扬。"四月得旨，超授李光地为侍读学士。九月，李光地赴京，行至福州，闻父丧，又回安溪守制。康熙十七年（1678）五月，同安人蔡寅自称明裔，聚众二万余人围安溪，李光地募乡兵扼守，戒乡人勿资以粮食，蔡寅退去。六月，郑经复遣刘国轩部陷海澄、漳平、同安、惠安等县，进围泉州。李光地遣人到漳州向拉哈达告急，又遣人到仙游迎巡抚吴兴祚之师；并导两路大军由山路抵泉，还亲具粮、酒犒军。泉州解围后，拉哈达具疏，详陈李光地志切灭贼、接济军需的情况。康熙帝于十一月下旨，特迁李光地为内阁学士兼礼部侍郎。

康熙十九年（1680）七月，李光地奉母至京师就职，并兼太子允礽之师。翌年，入对时奏道："郑经已死，子克塽幼弱，部下争权，宜急取之。"并荐内大臣施琅，谓施琅"习海上形势，知兵，可重任"。皇帝用其言，卒平台湾。从此，李光地益受宠信。其时，与李光地同年举进士并同官编修的侯官人陈梦雷，因耿精忠反叛时适请假在家，被迫降附，此时正以"附逆"罪入狱论斩。李光地为之上疏言："当耿逆之变，（梦雷）家居省会，有七旬父母不能脱逃，及贼以令箭、白刃逼胁伊父，遂为所折。勒授编修，固辞触怒；改降户曹员外，托病支吾，罪有可原。"由于李光地和刑部尚书徐乾学疏救，陈梦雷免死，改戍奉天。但陈梦雷并不感激李光地，后还一再控告李光地"卖友求荣",李光地则对陈梦雷的指责断然否认。这成为一段历史公案。

康熙二十一年（1682）五月,李光地因遭权臣疑忌,其母又不习北方水土,遂请假送母还乡。李光地到家后,建"榕村书屋",讲学其中。其间,总督姚启圣常以地方政事向李光地咨询。李光地备陈利弊,以纾民困。康熙二十五年（1686）三月,李光地还朝,仍任原职。九月,改任掌院学士兼礼部侍郎,教习庶吉士。日与诸庶讲论,贯其说为"一尊程朱"。康熙二十六年（1687）,充经筵讲官、日讲起居注、方略馆总裁。会权臣嘱荐秭声彰著的某布政使,李光地坚执不可,而自度难于见容,又以母病乞归。皇帝给假一年,悬缺以待。临行,李光地向皇帝保荐德格勒、徐元梦、汤斌等人。

康熙二十七年（1688）三月,李光地返京。而以前所举德格勒经廷试文劣,而德格勒又曾奏称："光地知兵,宜外任。"迹涉朋比,故受诘问。李光地引罪乞处分,皇帝予以宽免。康熙二十八年（1689）冬,晋兵部右侍郎。康熙三十年（1691）春,充会试副考官。康熙三十二年（1693）冬,以兵部右侍郎提督顺天学政。李光地对当地沿袭俗学之敝、不习经书古文很不满意,对凡能诵读"二三经及古文百篇以上"生童,皆拔擢之,以资鼓励;又谢绝一切请托,因此"士气顿伸"。会母卒,又乞假奔丧,皇帝以"学政关系紧要"而不允,命其在位守制。后因御史沈恺曾等交章论劾,才命解任,在京守制。康熙三十六年（1697）冬,补工部右侍郎,仍留学政任。次年十二月,李光地以兵部左侍郎、右副都御史巡抚直隶。奉诏先后修治漳河、子牙河及永定河,大大减轻畿辅一带水患。治理永定河时,李光地动员民众,仅用40天,就在郭家务至柳岔口筑堤、开河200里,使"沿河田畴固出,二麦丰收"。康熙亲临视察,喜曰："朕用一清正抚臣,便岁丰民乐。"并亲书"夙志澄清"匾赐李光地。在直隶巡抚任内,李光地整顿吏治、减轻税赋、赈济灾黎、解决旗汉矛盾等,作出显著成绩。

康熙四十二年（1703）四月,李光地迁吏部尚书,仍留任直隶巡抚；康熙四十四年（1705）冬,拜文渊阁大学士。翌年正月,入阁办事,历充殿试读卷官,国史馆、典训馆、方略馆、一统志馆总裁。其时,康熙潜心理学,御纂《朱子全书》《周易折中》《理性精义》诸书,皆命李光地负责校理。李光地频奏,"经学修明,国运昌盛",推动《诗》《书》《春秋》等研究书著的修纂,对清朝理学振兴起重要作用。在编校《朱子全书》等书过程中,李光地每日入便殿,与康熙研求探讨,因而有机会常在皇帝面前献言,扶持善类。如江宁知府陈鹏年,因忤总督阿山,坐事论重辟,李光地言其诬枉,陈鹏年遂内召；两江总督噶礼,与巡抚张伯行互讦,朝廷遣人往讯,久不能决,李光地据实密奏,噶礼终被免职,张伯行恢复原官；桐城贡士方苞,因坐戴名世狱论死,李光地向皇帝指出：自侍郎汪霖死后,"惟方苞能作古文",方苞即获释并内召；翰林院词臣因试被黜24人,李光地认为：文字不称,与行为失检不同,乞予宽减,结果皆以原品休致；直隶巡抚因盗贼猖獗,请立十家连坐法,李光地以为此举不妥："盗纵诡秘,主家未必知情,况邻右乎?株连非善政。"事遂不行；闽人陈五显举义失败被杀,余党及家属1300人拟充军,李光地向皇帝进言：陈五显等"因饥酿乱,首犯既诛,余宜不问",遂赦之。李光地还

先后荐举朱轼、杨名时、陆陇其、蔡世远、梅文鼎等人,皆硕学名臣,有益于政治。自康熙四十八年(1709)起,李光地一再以病乞休,康熙惜其去,不允。康熙五十四年(1715),复以母丧未葬为请,康熙帝才允假二年。康熙五十六年(1717),李光地还朝,翌年(1718)五月卒于官。康熙闻耗,深为悯悼,赐金千两,遣恒亲王允祺往祭,谥"文贞";还对阁臣们说:"李光地谨慎清勤,始终一节,学问渊博,朕知之最深。知朕亦无过光地者。"雍正元年(1723),追赠太子太傅;雍正十年(1732)入祀贤良祠。

李光地从小勤学,至老益笃。"经传以外,凡诸子百家,下及星日、命卜之流,莫不旁涉会通。尝问音学于顾炎武,问历算于梅文鼎,皆尽其要"。"学博而精,以朱子为依归",是清初有影响的理学名臣。李光地一生著述甚富,主要有《周易通论》4卷、《周易观象》12卷、《诗所》8卷、《大学古本说》1卷、《中庸章段》1卷、《中庸余论》1卷、《读论语札记》2卷、《读孟子杂记》2卷、《古乐经传》5卷、《阴符经注》1卷、《参同契章句》1卷、《注解正蒙》2卷、《朱子礼纂》5卷、《榕村语录》30卷、《榕村文集》40卷、《榕村别集》5卷。

李光地为政宽仁,他义设常平仓,荒年赈济饥民;减免赋税,废除自秦以来的"十家连坐法"和"凌迟""灭族"等酷刑,拯救了因《南山集》案被株连入狱的文学家方苞。江南知府陈鹏是一位清官,康熙帝南巡时,江南总督阿山乘机向陈鹏要求供奉、馈赠,增收百姓地丁银,以讨好皇上。陈鹏不理,被阿山罢官投狱,以"大不敬"罪拟判死刑。李光地为陈奏辩申冤,陈鹏获得康熙帝赦免,被召入武英殿编书。康熙帝与李光地"情虽君臣,义同朋友"。李光地近半个世纪的政治生涯均在康熙帝执政时期。他病逝时,康熙帝深为震悼,谕朝臣曰:"知之(李光地)最真,无有如朕者;知朕,变无过于光地者"。其死后被谥"文贞",加赠太子太傅。并列清初一氏名宦,诚非过誉。

张鹏翮

张鹏翮(1649~1725),字运青,一字宽宇,祖籍湖广行省麻城感川(今湖北麻城白塔河村),生于四川遂宁黑柏沟(今四川遂宁蓬溪),清代名臣,曾做过礼部郎中、兖州知府、大理寺少卿、浙江巡抚、刑部尚书、吏部尚书等职。

张鹏翮出生时,正值明末清初改朝换代的大动荡时期,幼年的张鹏翮目睹了乡民们许许多多苦难,为其后执政奠定了一心为民的思想理念。张鹏翮勤奋苦学,3岁时随父读书,授《大学》即能成诵。9岁诗文初露才华,跟随川中名儒彭觉山老师学习,同时还受到蓬溪知县潘之彪的教诲。

张鹏翮少年立志,鸡鸣即起,孜孜不倦,读书论学,潜道修身,以圣自期。因此,学识长进很快。康熙三年(1664),张鹏翮16岁,县州道试皆第一。康熙八年(1669)中举人,九年(1670)考中进士,时年22岁,授翰林院庶吉士,为同僚中年龄最小者。从此,张鹏翮开始了漫长的宦海生涯,一直到逝世。为政55年间,先后在清王朝地方和中央政府担任过知府、学政、巡抚、兵部侍郎、刑部尚书、两江总督、河道总督、户部尚书、吏部尚书、文华殿大学士,加太子太保、太子太傅,还出使过俄国,几乎担任过清王朝从建立到走向鼎盛时期的各种重要职务。张鹏翮立志远大,以身许国,品行端正,生活严谨,为官廉明,治绩显著。康熙十二年(1673),年仅25岁的张鹏翮,在刑部员外郎任上就显露出过人的胆识与才干,办疑狱通明练达,弹劾不避权贵,同官敛手称服。

康熙十四年(1675),张鹏翮任顺天乡试同考官,次年任会试同考官,工作认真负责,令大学士们交口称赞,一致向康熙帝举荐张鹏翮,故康熙帝向张鹏翮亲赐"太液鲜鲤",以示褒奖。

张鹏翮任苏州知府期间,整顿吏治,兴利剔弊,干练廉能,业绩不凡,政声大震。离任时,百姓攀辕而泣,拦路挽留。去后,百姓、士子还编了许多歌谣以表达对张知府的思念之情。如:"天啰,快还我贤父母!"

康熙二十七年(1688),沙俄侵犯我国边境,清军将俄军围困在雅克萨城,张鹏翮奉使同内大臣索额图等前往俄罗斯谈判,勘定边界,张卓越的外文才能令俄方代表折服。后来,沙俄同意签订了中俄《尼布楚条约》,收回了沙俄侵占的领土,阻止了沙俄进一步向黑龙江地区侵犯,保障了我国东北边境的安全。张鹏翮杰出的外交能力与贡献,《大清一统志》称他"扬历中外,以清节著"。翦伯赞《中国史纲要》、蔡美彪《中国通史》也赞扬张鹏翮"忍苦耐劳,为

重庆潼南县张鹏翮墓碑

国忘身"。他在《自叹》一诗中写道:"鬓为忧民催作雪,心思补过炼成丹。"表现出他为国为民、自责自励、洁身自爱的情操。

张鹏翮才干非凡,建树很多。因此,清初震惊全国的大案、重案、要案,都特差张鹏翮前往审理。在审理案件中,张鹏翮的判断能力和办事能力令人吃惊,连康熙帝也承认张神明睿敏,天语优奖,七次蒙御赐物品。

在吏部尚书任上,张鹏翮持身严谨,公正不阿。吏部为六部之首,职掌铨衡和官吏的外迁转调、补缺实授。为了杜绝"说情",张鹏翮利用当时人们敬畏神灵的思想,在其府厅上供奉关羽塑像,周仓持刀旁立。如有亲友说情、纳贿,他便提醒说:"关帝君在上,岂敢营私隐!"有的如硬要密语商求,他便风趣地谢绝说:"周将军手中大刀异常锋利,君不惧乎?"由此可见张

鹏翮躬身廉洁，正大光明。

张鹏翮文章翰墨，词简意明；章表陈奏，切要周备；诗文书法，堪表一世；传世著作16部，著有《冰雪堂稿》《如意堂稿》《奉使俄罗斯行程纪略》《治河全书》《忠武书》《家规辑要》《信阳子卓录》等，不少收入《续修四库全书》中。今有《张文端公全集》，系其后裔于光绪年间刊行。

张鹏翮是政治家、文学家、诗人、教育家、外交家、水利专家，亦是书法家。《益州书画录》《中国美术家人名辞典》《四川通史》均载张鹏翮"善诗、工书，成都驷马桥碑记乃其遗墨，笔法苍古"。眉山三苏祠大门联："一门父子三词客，千古文章四大家"系张鹏翮题书，至今尚存，成为名联。新都桂湖碑室内，藏有张鹏翮书《黄州苏文忠公祠碑》，字精句美。

雍正三年（1725）二月十九日，张鹏翮在京师病逝。雍正帝悲悼减膳，两次御制祭文悼念，追加少保，谥"文端"，诏祀贤良祠，赐白金千两，归葬遂宁庆元山，其墓今存。

康熙帝赞张鹏翮："天下廉吏，无出其右。"雍正帝赞张鹏翮："卓然一代完人。"

田从典

田从典（1651~1728），字克五，号光山。山西阳城通济里（今东关）人，从典由广东英德县知县，历任御史、右通政参议、左右通政、光禄寺卿、副都御史、兵部右侍郎兼管光禄寺、左都御史、户部尚书、吏部尚书等职。雍正三年（1725）拜文华殿大学士兼吏部尚书。

田从典从小专心好学，以宋代五子（即周敦颐、程颢、程颐、张载、朱熹）为自己学习的榜样。他从小很有才气，10岁就能写

广东英德县"近圣书斋"石匾

文章，与县人张泰交齐名，时称"田张"。

康熙二十七年（1688），36岁的田从典考中进士。随后因老父亲去世，居家服丧。一直到康熙三十四年（1695），43岁时始任广东英德知县，开始了他波澜壮阔的从政生涯。

田从典在英德县执政五年间，体察民情，为官清廉，颇有德政。据《英德县志》记载：田从典学识高深，品行醇笃，刚履任，即为文向城隍庙宣誓："从典读父书几十年，口卸王命七千里。学固多陋，惭政事之未谙；地属冲疲，惧民瘼之未悉……总期上下相安，良顽胥治。其有为囊橐之计，而倾一人家，任喜怒偏，而戕一人命。则大庾岭上，将同颓石齐倾，始兴江头，直与流波俱逝。"一番心头话，表明了自己为官一任、振兴一方的志向，也给了当时民众良好的第一印象，时人认为从典为官，与众不同。他的向神誓愿，并不是一纸具文，而是由衷的肺腑之言。且将誓词上报州官，下集乡民，谆谆告诫，发聋震聩，家喻户晓，鼓舞人心。

田从典非常重视教育。他认为，地方之所以落后，民众之所以贫困，官员之所以肆行无忌，都是愚昧无知造成的。因此，他极力主张兴办教育，并且身体力行，康熙三十七年（1698），他捐出自己的俸薪，建立了近圣书斋。据史料记载："国朝定鼎以来，邑学久未修葺，从典鸠工，逐一翻新。又建圣斋，捐俸金买田，专供讲席经费及奖励。从此，人文蔚起。"

据说田从典离任时，英德县的百姓攀车挽留，依依不舍，有的一直把他送过大庾岭。在英德，田从典曾为在当地任过县令的三位宋代贤臣唐介、郑侠、洪皓建立"三贤祠"。他死后，英德县百姓把他供入祠内，改"三贤祠"为"四贤祠"。

嘉庆十九年（1814），知县周本荫将其与学宫迁复今址。随着近圣书斋的完善，当时的英德大兴办学之风，培养出大批学子。据说仅近圣书斋就出了解元、拔元、举人、贡生等百余多名。创办于1928年10月的英德中学，前身即为近圣书斋。如今，"近圣书斋"石刻犹在，现存英德市文博部门。

从政30多年，田从典性甘俭约，有"清白宰相"之称，雍正帝亲书"清谨公方"四字赐赠，并赠诗赞其"出纳望同天北斗，清芳品拟省中兰"，对田从典一生为官清正、严谨认真给予了充分肯定。

雍正六年（1728），田从典因病辞职，加太子太师，以原官致仕。行至良乡驿病逝，享年77岁。谥"文端"。著有《崅山集》4卷，诗集1卷，《四库总目》传于世。

陈元龙

陈元龙（1652~1736），字广陵，号乾斋，清浙江海宁人。清康熙时期曾任吏部侍郎。世称广陵木目国，亦称海宁相国。

陈元龙出生的时候，海宁陈氏科甲之盛已维持了将近百年，敦朴的学风以及得天独厚的家庭环境成就了元龙过人的学识，康熙二十四年（1685），刚过弱冠之年的陈元龙，一举夺得当年殿试亚魁，成为康熙乙丑

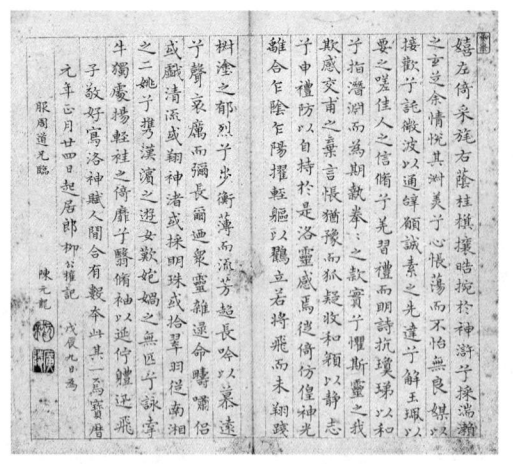

陈元龙楷书临《洛神赋》

科榜眼,少年显达,一时声名震天下。传胪后,授翰林院编修,时未多久,康熙帝亲命陈元龙就职于南书房。南书房位于乾清宫西南角,设于康熙十六年(1677),入直南书房的大臣皆由康熙帝亲自挑选,多为翰林学士中"才品兼优"者,陈元龙之所以入选,不仅因为他文章锦绣,科名早发,也因他颇通翰墨,写得一手端楷,而同他年龄相仿的康熙皇帝当时正醉心于汉族传统文化,他十分喜爱陈元龙所作的楷书,并常将自己的作品交由元龙品评,君臣唱和,颇为相得。南书房初设时当直大臣品级并不崇高,亦不令参与政事,唯日日陪伴君主谈诗作赋,品题书画,是真正的文学侍从之臣,但由于南书房密迩宫禁,各行走大臣又时常随侍皇帝身旁,咫尺"天颜",故其地位日趋显要。这一时期,南书房著名的汉大臣如王鸿绪、高士奇等皆学问渊博且深受宠任,而他们也利用自己的有利地位,相互勾连,罗织党羽,渐窃权柄,染指政务,成为庙堂之间一股强大势力。这一情况引起了康熙帝的警觉,康熙二十八年(1689),在他的间接授意下,左都御史郭琇上疏参劾王鸿绪、高士奇等人结党营私,招权纳贿,陈元龙亦在其论劾之列,奏疏中称"高士奇羽翼既多,遂自立门户。结王鸿绪为死党,科臣何楷为义兄弟,翰林陈元龙为叔侄,鸿绪胞兄王顼龄为子女姻亲,俱寄以腹心,在外招揽"。可见,陈元龙当时被目为高士奇一党的骨干成员。清朝统治者深知前朝党争误国的教训,严禁臣僚结党徇私,高士奇、陈元龙等虽深受康熙帝赏识,但结党事大,康熙帝亦万难容忍,郭琇疏上不久,康熙帝命陈元龙、高士奇、王鸿绪等人休致回籍,暂时斩断了他们的仕路,但也未对他们加以严惩,以示保全。

对君主而言,臣下朋比结党的确难以宽恕,但如因一时之过而将其废置终身则更非明智之举,用人之际须得量才任用,不可求全责备,康熙皇帝可谓深明其理。康熙三十年(1691)十月,陈元龙罢归林下两年后,康熙帝命他重归翰院,元龙再次回到了皇帝身边。复任后,康熙帝对他的恩宠可谓一如往昔,三十三年(1694)升侍讲,很快又转任为侍读。康熙三十四年(1695),康熙帝亲自撰写"凤池良彦"匾额加同御书一卷赐予元龙,"凤池"原意为宫囿池沼,后被用以代指台阁重地,康熙帝此举意在表彰元龙身居要职,赞辅得宜。此后数年间,元龙始终以翰林身份随侍康熙帝左右,他吸取之前的教训,举动谨慎,恪守本分,专心于文字才艺而轻易不蹈于政事,因此康熙帝对他宠眷日增。

康熙四十年(1701)四月的一天,康熙帝正于便殿练习书法,忽然心血来潮,命随侍的众翰林将各自家中所居堂室的名称报上,他要亲自分别书写赐予各人,此举于君主丝毫不费,却足以笼络朝臣,对受赏诸臣而言则蒙赐天翰,光宠无比,陈元龙当即奏称家有老父,年逾80,乞赐"爱日堂"三字,"爱日"典出扬雄《法言》,意指儿女孝侍父母当如崇奉太阳，进一层可引申为臣下奉侍君父亦当怀此感情，康熙帝一生敦讲孝道尊崇儒家孝治天下的箴言，元龙此举正投其脾胃，当即泼洒挥毫，御书"爱日堂"三个大字赐予元龙。此后，康熙帝对陈元龙愈加重视，殿赐书的同年便擢升元龙为侍读学士，两年后，又提升他为詹事，充经筵讲官，陈元龙的仕途前景可谓一片光明。

正当陈元龙宛转台阁、踌躇满志之际，浙江老家传来消息，其父陈之闾患病卧床，为表示孝道，陈元龙当即向康熙帝上疏请求卸任回家终养，所谓"终养"，指的是官员因家有老亲而暂时离任，专心奉养父母直至去世，是朝廷为讲劝孝道而特别设定的一种人事制度。接到陈元龙的奏疏，康熙帝当即批准，并念及元龙思亲心切且天气渐热，特为批准他即刻起身，同时又赐人参二斤，以表示对其父的关切之情，而此后的六年中，元龙大部分时间都在侍养父母、撰文读书中度过，除康熙四十四年（1705），康熙帝南巡期间君臣二人有过短暂的晤面外，也再无其他直接的接触，这一时期的陈元龙成了真正的"林下之臣"。

康熙四十九年（1710），陈元龙的父亲去世已满三年，元龙守孝期满，回到了阔别多年的京师，重入都门时，他已不再是寻常的翰林詹事，不久前，康熙帝下旨擢升他为翰林院的掌院学士，使他一跃成为众翰林之首，而此时元龙也已到了耳顺之年，20多年的历练，使他在康熙帝的心中成为才堪重用的"良器"。康熙五十年（1711），陈元龙被任命为吏部左侍郎，仅过了四个月，他又一次获得擢升，被委派出任广西巡抚。

巡抚是当时一省最高行政官员，肩负着惠济百万生灵的重任，同翰林相比，其职守全不相同，因此，能否胜任巡抚这个新职务对陈元龙来说是个很大的考验。康熙帝同样也看到了这一点，他在元龙赴任前，特别提出告诫："尔至广西，当使文武和睦，兵民相安。巡抚有管兵之责，宜不时操练。尔任翰林年久，朕特试用边疆之职，观尔办事何如，宜尽心加勉。"可见，康熙帝对这位老翰林究竟有多少处理实政的能力还有些吃不准。

在清代，广东与广西通称"两广"，虽地分两省，各设职守，但因其地缘接近，声气相通，故而常常在政务方面彼此影响，陈元龙虽只受命藩守广西，但就其任内事迹来看，多与广东事务有所牵涉。康熙五十二年（1713），广东省内多处地方发生大规模瘟疫并伴有饥荒，米价随之大幅上升，许多商贩转而由邻近各省购米赴粤倾销，与广东仅"一墙之隔"的广西自然成为首选，而巡抚陈元龙以下的广西各级官员虽明知商人购米纯为赢利，同国家购米救荒不同，但为解燃眉之急，也不敢对商人的行动稍加阻遏，不料，时间一长，广西米粮输出过多造成本省米价亦随之上扬，广西民生大受影响，无奈之下，陈元龙只得先行向省库借支白银1万两派专人远赴产粮大省湖南进行采买，辗转波折以解民困。此次事件，陈元龙固然毫无错谬之处，但就其临机应对而言实属平平，故而，康熙帝在看过他汇报整件事情经过的奏疏后，未褒未贬，只是简单地将此事转交有关衙门了事。

康熙五十四年（1715），陈元龙出任广西巡抚已整整四年，对于广西一省地方政务利弊阙失应已有了全面了解，这一年三月，他上疏康熙皇帝，提出广西眼下最应尽快施行的三件事：一是重建桂林粮仓，桂林为清代广西省首府，一省钱粮皆聚于此，但桂林气候温润，土壤潮湿，不利于粮食长期贮存，元龙建议重建仓廒百余间，其高度较之从前大幅增加，结构亦更为宏敞，以利通风避湿；二是修兴安县境内陡河通于漓江，并可顺水达于广东，历来为湖南、湖北等地向两广输送米粮的交通要道，但陡河旧闸年久失修已经倾圮，应尽快加以重修；三是建议于养济院外另建房屋数十间，收养鳏寡，创建育婴堂，施舍药饵赈济贫民，另外兴建义学，聘请家境贫寒的读书士子为师，这样既可以救济贫寒家庭，又可以提高当地的教育水平。总的说来，陈元龙上疏所建议的三事，均是出自公心，也的确是着眼于百姓民生，有一定价值，但始终令人有隔靴搔痒之感，巡抚职守在于整风气、布教化、严兵政、查吏治，而元龙的建议却难免失之细琐，故此，其所陈请的内容虽善但康熙帝却无甚反响，再一次将奏疏转交主办官员处理。

康熙五十七年（1718），康熙皇帝下诏升任陈元龙为工部尚书，这次升迁结束了陈元龙长达七年的巡抚生涯，也结束了他人生中唯一一次地方官经历，当他满怀欣喜，拜谢恩命向阙进发的时候，他不会想到，一场风波正在不远处等待着他。

康熙六十一年（1722）十一月，康熙皇帝驾崩于京郊畅春园，知遇一生的旧主撒手而去对陈元龙无疑是个重大打击，新君雍正帝刚刚登上宝座，便传旨命陈元龙负责看守康熙皇帝的陵墓——景陵，皇陵地处偏远，几乎与世隔绝，生活艰苦，且远离中央枢机，名义虽崇高但其实同于流放，获命护陵的往往是得罪新朝、政治失意之人，雍正帝如此处置陈元龙其真正原因现在已很难考求，但若结合康熙末年至雍正初年的政局形势加以分析，可以推断陈元龙很有可能卷入了康熙晚年诸子夺嫡的政治斗争，并在这场政治角逐中不幸下错了赌注，无意中站到了与雍正皇帝对立的一面，而雍正帝对待政敌手段之酷烈于清代诸帝中可谓"独步"，陈元龙位高望众，且并无罪戾，雍正帝不可能对他加以显惩，唯有将其踢出中央，进行"政治流放"。陈元龙的命运此时正如离阳春而入寒冬，冷暖之间，他觉得委屈愤懑，心中的不满又难免形诸言色，终于给了雍正帝借题发挥的机会。雍正元年（1723）五月，雍正帝传旨剥夺陈元龙根据登基恩诏所应得的各种诰命封典，理由是陈元龙于派守景陵时"反不乐往，若此罪谪者，到处怨望"。"怨望"是看不见摸不到的东西，但历代臣工若被指为"怨望"那便是对朝廷不满，对皇帝本人不满是极重的罪责，陈元龙失去了挣扎的机会，背负着"怨望"的罪名，以花甲之年开始了他的守陵生活，这一住就是七年。

雍正十一年（1733）七月，年过八旬的陈元龙向皇帝请求退职离任归家终老，获得批准，雍正帝在诏书中称赞陈元龙"老成练达，学问优长"，并授予他太子太傅的荣衔。元龙启程之日，雍正帝特赐酒膳、果品并命六部堂官为其饯行。在宦海中浮沉打拼了一生的陈元龙终于有了个风光荣耀的结局。乾隆元年（1736）八月，陈元龙在海宁家中溘然长逝，谥号"文简"。

朱轼

朱轼（1665~1737），字若瞻，又字伯苏，号可亭，瑞州府高安县艮下村（今属江西高安村前镇艮下）人。清代康熙、雍正、乾隆三朝重臣，经学家、文学家。雍正时曾任吏部尚书。

朱轼在高安可算是一个家喻户晓的显赫人物，公元1665年生于高安村前艮下的清贫人家。他从小聪敏勤学，7岁时，有人指木匠锯板，叫他作"八股文"的"破题"，他应声答道："送往迎来，其所厚者薄也。"破题是八股文的开头部分，要为圣人立言，要提起下文，朱轼的破题从表面上看，讲的是锯板，送过去拉过来，使厚的木材变成薄板；从句里面的意思看，破题中活用了古人的话，也可理解为人情冷暖，随着地位情况的变化，深厚的友情也会变得淡薄，这就含有更多的哲理，为下文的展开铺了路，难怪族中长老称之为"千里驹"了。

康熙三十三年（1694），就在30岁时，朱轼考中进士，担任潜江知县，有德政，以清廉审慎著名，后来又任陕西学政、奉天府尹、浙江巡抚、左都御史等地方长官。任浙江巡抚，上任伊始，便把"清吏治，正风俗"作为急务。他说："查吏莫先于奖廉惩贪，厚俗莫要于云奢崇俭。"就是说，要考察官吏，没有比奖励廉洁、惩办贪污更重要的；要使风俗淳厚，没有比禁止奢侈、崇尚节俭更要紧的。他下令取消巡抚衙门的额外摊派，精简巡抚的出入仪仗队。他办理政事十分勤勉，重要的事情一定要亲自办、亲自过问。因为他自奉廉洁，以身作则，把境内治理得井井有条，号通国第一。特别是他治理海水，更是功绩著显。

清代，海宁、上虞一带多是海患，海潮给人民造成了灾难。在元代、明代筑堤塘，堤基尽是浮沙，多次崩塌。朱轼经过实地考察，反复研究，认为只有采用"水柜法"筑石堤，才能保持永久。所谓"水柜法"就是用松树、杉树等耐水木材做成长丈余、高四尺的水柜，内塞碎石，横贴堤基，使其坚固，再用大石高筑堤身，附堤别筑坦坡，高

江西高安朱轼墓"帝师元老"坊

度大约为堤身的一半，仍然用木柜为主干，外面砌巨石二三层，用来保护堤脚，从此以后海堤坚固，沿海的老百姓免除了水患。

康熙五十九年（1720），朱轼任都察院长官左都御史，雍正三年（1725）授文华殿大学士，这就是担任宰相的职责了。

雍正时，充圣祖实录总裁。行取授刑部主事，督学陕西。累官文华殿大学士兼吏部尚书，与怡贤亲王共治畿辅营田水利，蓄泄得宜，溉田60余万顷。

高宗乾隆元年（1736），朱轼去世，终年72岁。

朱轼在救济灾民、安定社稷、保卫巩固边疆等方面，都作出了贡献，成为一代名臣。

励廷仪

励廷仪撰《清阁诗稿》书影

励廷仪（1667~1732），字令式，号南湖，直隶静海（今天津静海）人，祖籍浙江绍兴。官居兵部右侍郎、刑部尚书、太子少傅、吏部尚书。

励廷仪康熙三十九年（1700）中进士。四十一年（1702）入直南书房。四十三年（1704）任翰林院编修。曾任侍讲学士、内阁学士、掌院学士、兵部右侍郎等职。雍正元年（1723），擢刑部尚书。励廷仪对朝廷多建树。任刑部尚书时，为防止地方官吏侵吞粮款，曾疏言："各省常平仓米谷虽有府司道盘查，难保无徇隐弊，当责成督抚核查存仓，委干员不时盘查，年终造册题报督抚，离任将册籍交新任详核。"为加强社会治安，雍正元年（1723）建议朝廷在北口外设量"理事同知"专理治安。二年（1728），疏言："团练民壮，每州县选五十名，分习枪箭……"六年（1724），曾疏"陈考职积弊四条""禁止私盐四条""陈清查入官家产弊端四条"。七年（1729），加太子少傅衔，钦赐"种慎平恕"匾额。是年，迁吏部尚书，专管刑部事。十年（1732）卒，钦谥"文恭"，葬北五里庄。

励廷仪著述颇多。康熙四十三年（1704）参加编纂共40卷的《佩文韵府》和111卷的《韵府拾遗》。四十九年（1710）参加编纂12集的《康熙字典》，署名第九位。是年，在成书450卷的《渊鉴类函》中，名列校勘官第五位。雍正五年（1727），在成书160卷的《子史精华》中，名列编纂官第三位。

沈近思

沈近思（1671~1727），字位山，号闇斋，又号庵斋，浙江钱塘县（今属杭州余杭区）人。清雍正时期曾任吏部文选司郎中、吏部侍郎。

近思从9岁到灵隐寺当小和尚，到21岁补钱塘官学，领乡荐，登进士，授县令，擢同知，摄台湾府事，先后典山东分试及主江南试等职，自散吏擢至九卿，在康、雍、乾三代侍候皇上，最后荣及吏部尚书、太子太傅。他为官一世，执法不避权贵，豪吏敛手，成为一代清官，流传有他的很多传闻。

康熙二十八年（1689），皇帝南巡，驾临灵隐寺。这是一件大事，全寺上下立即清扫庭院，动员了所有和尚来侍候接驾，近思也是乖乖地肃立一旁。这时，主持陪康熙游寺以后，在厢房用菜时，跪请康熙赐墨额。康熙稍一思索后就投笔醮墨，写了大大的一个雨字，他的原意是写"灵隐"二字的，但现在已写了雨字，如再写上"巫"字就显得头重脚轻了，换纸再写，怕有失皇帝尊严，正停笔沉思起来。这时，近旁的侍郎、杭州人高士奇知康熙所写恐难得势，立即在掌上书"云林"二字，趋前装作为皇帝研墨，潜于一边给康熙看，康熙当即意悟，即写成了"云林"二字赐僧。此后，灵隐大殿上又多了这"云林"二字的御匾。这就是它的来历。时仅12岁的近思小和尚，在这时看得清清楚楚、明明白白，觉得高侍郎真是有学问啊！近思边走边想，在去方丈室的路上突然见到一位身穿官服的尊者立在面前。近思脑子一清，知道就是题写"云林"二字的康熙皇帝，立即跪地高呼：吾皇万岁万岁万万

沈近思像

岁！皇帝见这小沙弥眉清目秀，龙颜喜悦，就慈祥地要近思站起身来，款款地问道："小弥徒，你进了佛门，那一定对佛法有些精通，理解深意吧！"因为康熙皇帝早年曾经喜爱过禅道，现在见到这个小和尚，就随心地和他谈了起来。这时，近思见康熙有此动问，也就放宽了心，觉得应该实事求是地回答，就高声地说："万岁！小僧少年潦倒，家境贫困，就逃到这寺里来，幸好寺中能通籍，允许挂名，我才能留心读些经世之学，但愿将来能报效国家，只是怕做不到，也就不再去想它了。"康熙皇帝向来有近民亲民之心，现在来到灵隐寺中，碰到这么个聪颖的小和尚，见他对答不凡，即就像个长辈似的顺手扶了一下近思的肩膀，近思感到

一股热流涌向全身,他似乎觉得当年父亲向他解释仁为何物时的情景,他没有立即把话说下去。皇帝以为这小弥徒胆怯,就又缓缓地说:"你说得实情实理,再继续说下去嘛!"皇帝这一提醒,让近思从迷雾中醒了转来,他才接着又说道:"皇上,我知道您圣明天下,对大乘教义是早已彻悟了。可是皇上要日理万机,天下多少事都要靠您料理的。所以我希望您应该做尧舜,我不希望您去深究佛说。我刚才所讲述的一些话,实在不当,自是妄言,打扰了您的思绪。"康熙听完近思的一席话,启容笑纳,慢慢地向方丈室走去。

后来进思中进士,授河南临颍令。临颍在河南中部颍河上部,与许昌接壤,有孔家口水势经常冲击颍地。近思到任后,去实地察看,认为解决水患,必须修筑堤坝,就下令动员7/10的人工修筑。经过了几个月的奋战,孔家口的水患解决了,大堤安然,两岸稻麦丰收,民众都说这新来的沈县令给我们老百姓办了一件大好事呢。其实,近思在筑堤以后,又有多件大举措:他动员富户,并自己带头捐献款项建社仓,当年就积谷4000余石。接着又建紫阳书院,使学子有个读书的地方。其政绩斐然传至北京,皇上还很有印象地说:"沈近思,就是灵隐寺里的那个小和尚么。"不久,近思被提升为广西南宁府同知。

近思来到南宁,正是春暖花开的时节,但此地多,险恶的崇山峻岭,他得知这个地区财乏而多盗,山秀为权占,民不聊生!作为知府的佐官,他分掌督粮、缉捕、江防、水利等事,到任当天,就碰到了一个老人拦轿求情的,说是离当地仅20里外的家中,被一伙强盗抢劫了。他见老人心急,当即随老人去了村里,细察劫情,立即就破了案,并将凶手抓获。原来是个孝子,为母亲求医而做的蠢事,他当即给了点钱了事。这事在南宁城里传为佳话。他从这件事得到了启示,要想完成自己的职能,做好分掌的差使,一定要把民众组织起来,他进一步推行保甲制,并严厉督察他们纳粮、侦捕、防务、水利等事,支持下属严格执法,不避权贵。经过两年多的时间,南宁一方土地上安宁平静多了。

因西南瘴乡病疫侵染,沈近思病倒,只好辞职回杭州养病。后来浙闽督臣请尚在修养的沈近思出任台湾府事,康熙皇帝立即批准他去履职。因为台湾逆乱初平,需要一个去岛上从长整治的人,康熙思量了很久,听说推荐沈近思去台,而且沈又已作了《治台远虑论》九篇,就动容地说:"沈近思这个小和尚还真是我朝的一个人才呢!"

近思的九篇《远虑论》主要内容为:首先,台湾是沿海诸省的保障,澎湖孤悬海中,如鹿耳天险,以2000里的幅员,仅置三县,地方官则不易管制,故应增为八县,以便臂指,各治其地。每县中各分都阁保甲,统领约束,且易于稽察。其次,岛内聚一二百万之众,无家室妻子剽悍恨戾之徒,肆行轻慢的任侠习惯是地方弊端的由起,故应将这些桀骜之徒收之为勇,拨置行伍,严加操练。再次,对那些渡台之民,要审查其籍贯来历和家口,再授予田土,化暴戾为淳良,变海岛为礼义之土。沈近思就怀着这个理想,去了台湾。

沈近思治台的功绩,传到朝廷,人们在朝房中相遇都经常谈及,正直的都表示钦仰,说他秉公忘私、刚直不阿。朝廷很缺乏直言、保持正义的风气。这时,沈近思已从地方官升任为吏部文选郎,尚书隆科多十分专断,朝中官员都很害怕他,不敢仰视其面。有一天,为一件小事,他和尚书争执了

起来，尚书说可，近思说不可。尚书发怒，近思更是坚持己见，滔滔不绝地叙说道理。突然，隆科多气软了，和颜愧色地说："沈选君是我诤友也。"这次争论就这么停下来了。隆科多还解释道："我们是同僚朋友，就应该这么对待国家诸事的。"

此后，沈近思还直接与皇帝争执过。这时，皇帝新例流罪都迁徙去乌喇，为求直言，即召九卿会议。近思说：乌喇距蒙古三四千里，为不毛之地，气候寒冷，人兽都会冻死的。流罪之人当死，但不能驱之死地。但大家都顺从皇帝意旨，没有声响，只他一人还是坚持己见，并且发愿似地说：臣此议行后，如三日不雨，愿伏欺罔之罪。高龄的康熙皇帝当时很大度，就笑嘻嘻地说：我就听从你的意见了。事后第二日，果然大雨，徙乌喇的事就作罢了。

沈近思直谏之声名震天下。雍正四年（1726），派他主试江南，当年他将50岁，向皇帝辞别时，皇帝赐诗中的"操比寒潭洁，心同秋月明"对他作了非常高的评语。第二年，又进都察院左都御史。他受雍正帝知遇之深，不到五年时间，竟自散吏擢至九卿，因之他更是日夜思虑，凡国家大事，都能知无不言、言无不尽，笃敬尽职，每有奏疏，必定在前一天就行斋诫，然后才送呈。他就这样日夜为国为民而不知疲倦地尽职，不久就死在任上，但因贫困，身无余资，皇上赐金千两，并诏赠吏部尚书，谥"端恪"，表彰他一生谦恭而谨慎。在其家乡，常流传有两句话："得舆验君子，人重五杭村。"

张廷玉

张廷玉（1672~1755），字衡臣，号研斋，安徽桐城人，累任翰林院修撰、礼部侍郎、刑部左侍郎、礼部尚书、户部尚书、文渊阁大学士、吏部尚书等职。康熙十一年（1672）九月初九日生于北京。幼承家教，并相继受业于同乡倪伯醇和宜兴唐起裁等先生。10岁能诵《尚书》《诗》。16岁回乡应童子试，被拔置县学第六名。17岁与大司寇谥端恪公第六女姚氏结婚。康熙三十六年（1697）抵京参加会试，因父奉命为总裁官而回避不与试。

康熙三十九年（1700），张廷玉中进士。被选授为翰林院庶吉士，康熙四十二年（1703），"蒙御试清书一等第一，授翰林院检讨"。同年任《亲征平定朔北方略》纂修官。次年四月，侍直南书房，五月任《御选物诗》《佩文韵府》二书纂修官，十二月任日讲起居注。康熙四十四年（1705）以后，多次随从康熙南巡阅视河工，出口避暑及巡行蒙古诸部落等，"抱书珥笔"，与康熙相去咫尺。

康熙五十一年（1712），授司经局洗马，掌管局事兼翰林院修撰。康熙五十五年（1716），授内阁学士兼礼部侍郎。康熙五十八年（1719），受命领修《骈字类编》，历七年而书成。康熙五十九年

（1720）五月，授刑部左侍郎仍兼内阁批本，任后"殚心竭力，务求平允，不敢一事疏忽"。"每有重案，必披情愫以商榷"。该年冬，山东盐贩王美公等聚众劫夺盐店富户，又有青州生员鞠士林倡言异教，召集人数甚多，巡抚李树德下令捕缉，被捕150多人。奏到之日，康熙命张廷玉同都统陶赖、内阁学士登德前往济南，会同抚镇严审治罪。次年二月初三日，张廷玉等奉命出都。张廷玉"私心惴惴，几废寝食，以不称任使为惧。且同事二公皆为初交，未曾共事，恐有意见参差猜疑掣肘之患，一路同行，以诚信结之，渐知张廷玉之心迹矣。抵东后，穷日夜之力检阅卷案，因于大庭广众谓同事诸公曰：'此盗案非叛也'"。即一一研究，作盗案归结，戮为首者7人，戍35人，无辜牵连者释放。六月，授吏部左侍郎管右侍郎事兼翰林院士。

雍正帝继位，张廷玉受命协同掌院学士阿克敦、励廷仪办理翰林院文章之事。十二月提升礼部尚书，充《圣祖仁皇帝实录》副总裁官。雍正说："汝世受国恩，又系皇考多年侍从之旧臣，当年圣德神功，无不亲知灼见，今应纂修实录之任，纪载详确，惟汝是赖。"

雍正元年（1723），复命直南书房，与朱轼、徐元梦、嵇曾筠为诸皇子师傅。四月为顺天乡试主考官。此时张廷玉子弟数人及长婿姚孔在京乡试，张廷玉奏请一体回避。雍正嘉其公慎，加太子太保。八月署理都察院事，兼管翰林院掌学院学士事。九月调户部尚书。十月殿试，开列读卷官，张廷玉以子弟应试例不列名，雍正帝不允，仍著读卷。张廷玉遂与诸大臣秉公校阅，取定甲乙，照例将前十卷进呈御览。雍正帝阅至第五卷，大为嘉赏并要拔置一甲。张廷玉以该卷为弟张廷珩卷恳辞不可，雍正帝点头命置二甲第一。次日授张廷珩翰林院检讨，入直南书房。该科张廷缘、张若涵被授为庶吉士。一门三人同科入选，相传为科举未有之盛事。同月，张廷玉任四朝国史总裁官。

雍正二年（1724）正月，条奏江西、浙江等省"棚民"事。略言：浙江衢州军府、江西广信等府与福建连界，江西赣州等府又与广东连界。福建、广东无籍与流移失业者，入山垦种，搭棚居住，人数日多，其强悍者，辄出剽掠。请敕江浙督抚查明情况严加约束，秉公拣选才能操守兼优之员，保题补授，并取具五家连环互结及严行保甲之法，不时稽查，以维护治安。雍正帝阅后，下督抚议行。五月，张廷玉为《大清会典》总裁官。雍正三年（1725）二月，任《圣祖仁皇帝治河方略》总裁官。三月，雍正帝躬耕籍田，张廷玉以大司农从耕。雍正四年（1726），实授内阁大学士，仍兼理户部尚书、翰林院掌院学士事务。吏部奏请兼衔，又为文渊阁大学士兼户部尚书。是年三月，充《圣祖仁皇帝实录》总裁官。雍正五年（1727）十月，晋文华殿大学士。雍正帝谓其"身兼数职，夙夜在公"。雍正六年（1728）三月，晋保和殿大学士。不久又兼管吏部尚书事务。雍正七年（1729），加少保。

雍正八年（1730）因西北用兵，雍正帝命设军机房，以怡亲王允祥、张廷玉和大学士蒋廷锡领其事。后改称办理军机处。张廷玉定规制：诸臣陈奏，常事用疏，自通政司上，下内阁拟旨；要事用折，自奏事处上，下军机处拟旨，亲御笔批发。从此内阁权移至军机处，大学士必任军机大臣才能参与政事，每日奉召入对承旨，平章政事，参与机密。雍正十一年（1733）三月殿试，张廷玉之子张若霭卷获一甲第三，张廷玉固辞不允。雍正帝闲论旧事时说："大学士张廷玉，侍朕左右，敬慎小心，十一年如一日，其为人外和平而内方正，足办国家大事。"雍正十三年（1735）八月，雍正皇帝病危，张廷玉与庄亲王大学士鄂尔泰等同为顾命大臣。遗诏他日以张廷玉配享太庙。乾隆继位，命总理事务，赐爵三等子，以张廷玉之子张若霭承袭。

乾隆元年（1736），奉命为皇子师，仍兼管翰林院事。二月，乾隆皇帝亲谒景陵，张廷玉与王大臣留京总理事务。自此，每次巡幸，总是留张廷玉总理事务。乾隆二年（1737）十一月，辞总理事务，晋爵三等伯，仍以张若霭袭。后命自兼，不必令张若霭袭。乾隆四年（1738）五月，加太保。

乾隆十三年（1748）正月，张廷玉以老病乞休，力言当退。乾隆帝执意坚留，严词拒归，又命举所谕宣告朝列，且允张廷玉解去兼管吏部职，如此，张廷玉不敢言去。然而张廷玉确实老病。乾隆十四年（1749）正月，命按照宋代文彦博例，张廷玉可以十日一次至都堂议事，四五日一次入内廷备顾问。同年冬，张廷玉请求暂归养病，乾隆帝命解所兼领监修、总裁诸职，并令军机大臣前往探望。张廷玉说："受上恩不敢言去，私意愿得暂归。后年，上南巡，当于江宁迎驾。"乾隆帝乃让张廷玉辞官，命待明年春天舟行回乡，并制诗三章赐张廷玉。张廷玉入谢说："蒙世宗遗命配享太庙，上年奉恩谕，从祀元臣不宜归田终老，恐身后不获更蒙大典。免冠叩首，乞上一言为券。"乾隆帝意不悦，但仍为颁手诏，申世宗成命，且以诗示意，依明代刘基例，乞休后仍配享。次日，张廷玉遣子张若澄入谢。乾

安徽桐城张廷玉墓

隆帝怒其不亲至，降旨诘责。军机大臣傅恒、汪由敦接旨，汪由敦为请宽恕，未能得允。又次日，张廷玉亲谢，乾隆帝责汪由敦漏言，降旨切责。廷臣请夺张廷玉官爵及罢配享。诏许削伯爵，以大学士原衔退休，仍配享。乾隆十五年（1750）二月，皇长子死，方初祭，张廷玉请南归，乾隆帝更怒，命以太庙配享诸臣名示张廷玉，命自审应否配享。张廷玉疏请罢配享治罪。乾隆帝用大学士九卿议，罢配享，免治罪。旋归。后又以四川学政编修朱荃坐罪，命张廷玉尽缴历年颁赐诸物。朱荃为张廷玉姻家，张廷玉曾荐举过他。乾隆二十年（1755）三月二十日，死于里第，84岁葬于龙眠山。命仍配享太庙，谥"文和"。清代汉大臣配享太庙，仅张廷玉一人。

张廷玉居官50年，长词林27年，主揆席24年，赞画军国大政难于数计，无声色玩好之嗜，性情淡泊。著有《传经堂集》《焚馀集》《澄怀园诗选》《澄怀园载赓集》《澄怀园文存》《澄怀园语》《澄怀主人自订年谱》等，另有疏稿等若干卷。

黄叔琳

黄叔琳（1672~1756），幼名伟元，字昆圃，又字宏献，号金墩、北砚斋，晚号守魁。清顺天大兴县宛平镇（今北京大兴黄村李铁拐巷斜街金墩万卷楼探花第）人。清雍正时期曾任吏部侍郎。

清康熙三十年（1691）辛未科戴有祺榜进士第三人。春闱会试后，殿试阅卷大臣首推吴簽，次为戴有祺，第三是杨中纳。由于康熙帝酷爱书法，戴有祺的书法被康熙帝看中，拔为第一，而吴簽退为第二；而恰恰三人都是南方人，康熙帝认为一个北方人都没有，不妥当，把黄叔琳提升为第三名，杨中纳只有退到二甲第一名的位上。

黄叔琳祖上姓程，原籍安徽歙县。他的祖父程伯起，字瑞芝，"尝摄眉县掾"，就是刀笔吏。后来，"流寓京师"，"为盗所害"。黄叔琳的父亲程华蕃，字涧采，"生甫髫而家难起，养于继母舅黄尔悟，遂后黄氏"，幼失父母，被收为义子，遂姓黄。黄华蕃卒于康熙四十四年（1705）。黄叔琳少有神童美誉。长大后，20岁时与检讨卫既济讨论宋人语录，恂恂然有醇儒风，见者无不觉得他定为年少甲第。

黄叔琳在康熙二十九年（1690）庚午科中举。康熙三十年（1691），进士及第后，更加激励自己，努力上进。黄叔琳在京任职数年后，官迁侍讲。康熙三十三年（1694），出任会试同考官。康熙四十七年（1708），黄叔琳以鸿胪寺少卿出任山东学政。由部引见，康熙帝在引见折上批语："忠厚诚实有余，明白才干不足。"在任期间"毅然以兴贤育才为己任。修三贤祠于泰山之麓，奉胡安定、孙明复、石徂徕，俾学者知所景从。又兴白雪、松林两书院，延师儒，选才俊，所造士多穷经致用之英，翕然称盛"。康熙五十二年（1713），黄叔琳出任奉天府丞兼学政，后迁任鸿胪寺少卿，留学政任。此后，黄叔琳又先后任通政司参议、佥都御史、太常寺卿，回京在翰林院任职。康熙六十一年（1722），出任内阁学士，不久，升任刑部右侍郎，累迁侍讲。

雍正元年（1723），黄叔琳受到雍正帝赏识，在授内阁学士后，又升刑部右侍郎。黄叔琳出任癸卯恩科江南乡试主考官时，他尽力选拔良才，"以造就人才，扶植善类为己任。尝曰：'善人，国之纪也，吾乐与善人交，此吾所以报国也'"。在填榜时，他对监官作揖，说道："一榜三经师，可为朝廷得人庆矣。"在黄叔琳监督下，不少博通经籍的考生被选取为举人，如徐文靖、陈祖范、任启运等，"儒林文苑名臣，多出其中"。后黄叔琳调任吏部侍郎。曾受命偕两淮盐政赴湖广，同总督酌定盐价，革除陋规。当地商人百姓为他树碑立传。雍正三年（1725），黄叔琳出任浙江巡抚，上任仅四个月，先有人揭露他视察盐政时曾受贿，被处以罚款；后又因徇私庇护海宁陈家等数案被弹劾被解职，交由杭州将军安泰审理。处理此案时，雍正帝责备安泰想蒙混结案，将黄叔琳革职严审。这一年，雍正帝下诏，令黄叔琳赴浙江东北尚海，监修海塘工程。年末，又令黄叔琳赴苏州受布政使监管，按期交付罚款，直到结清为止。六七年后，事情才逐渐搞清楚。雍正十年（1732），赦免黄叔琳尚未交纳的罚款余额，准他返京。

雍正十三年（1735），在他的母亲90高寿时，黄叔琳东山再起，此时他已经65岁了。雍正帝召见时，撤御座木瓜，盛以青龙瓷盘，渍以薇露而谕说："供母闻香。"并御书"德门寿母"匾额，黄叔琳遂名其室为"德寿堂"。乾隆元年（1736），新登基的乾隆皇帝授黄叔琳为山东按察使。乾隆二年（1737），他奉旨补山东布政使。乾隆四年（1739）母亲去世，黄叔琳丁忧守制。其间，又因在山东任职时漏报不称职下属官员，被劾降职。乾隆七年（1742），服阕，出任詹事府詹事闲职。又因被人弹劾，说他在山东任上多有失职而被革职，从宽留任。乾隆十六年（1751），重赴恩荣宴。晚年，黄叔琳以詹事加侍郎衔在家居住。

黄叔琳平生接济、奖掖后进，孜孜以求，唯恐不及。如果人有一长处，不必认识，他也大为宣扬。四方来的寒士，手持行卷来谒见的，即使有一篇，哪怕一句工整，他也必定加以奖赏。名士方苞来谒，与他一见如故，二人立刻成为莫逆之交。凡方苞所著研治《周礼》《春秋》的著作，皆与黄叔琳往复商榷。黄叔琳"性好著书"，"耄耋不废"，是著作丰厚的作家。也吟诗，有诗作《送孙文博之云南省觐》。他也是个历史学家，著有《史通训故补》，另有记载台湾朱一贵叛乱的《南征纪程》《台湾史槎录》。

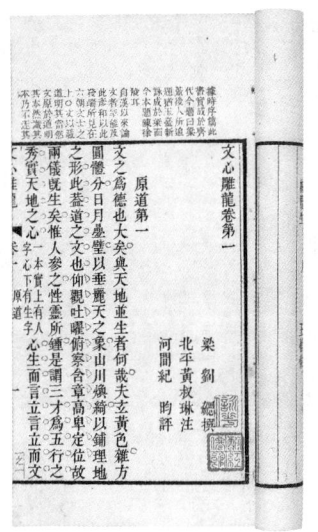

《文心雕龙辑注》书影

黄叔琳性好学，藏书万卷，日事披览，有所得常作笔记。尤其重视人伦鉴识，他以造就人才、扶植善类为己任，所赏拔如莱州守严有禧、长清令刘辉祖皆以循良迁升官秩。黄叔琳以王士禛的诗文作为宗师敬仰。

乾隆二十一年（1756），黄叔琳卒于家中，时年85岁。

著有《砚北易钞》12卷、《诗统说》32卷、《夏小正传注》1卷、《周礼节训》6卷、《史通训故补注》20卷、《文心雕龙辑注》10卷及《宋元周易解提要》《易解别录》《宋元春秋解提要》《砚北杂录》《砚北丛录》《颜氏家训节钞》《砚北易钞》《砚北杂录》《养素堂诗文集》等。

孙嘉淦

孙嘉淦（1683~1753），字锡公，又字懿斋，号静轩，清代太原府兴县（今山西兴县）人，曾担吏部侍郎、都察院左都御史、直隶总督、工部尚书、翰林院掌院学士、吏

河北保定直隶总督府孙嘉淦"居官八约"匾

部尚书、协办大学士等职。

孙嘉淦从小家境贫寒。他利用劳动余暇，刻苦读书，掌握了大量知识。康熙五十二年（1713），举进士，改庶吉士，授检讨。时年30岁。值得一提的是，孙嘉淦亲兄弟三人都是进士。一门三进士的荣耀在兴县至今还被人称道。但是孙嘉淦在康熙朝九年仕途生涯中一直没有什么值得入载史册的事。

正所谓"板凳敢坐十年冷，文章不写一句空"。康熙驾崩，雍正继位，年届不惑的孙嘉淦突然血气方刚起来。他给新皇帝上书，劝诫三件事：亲骨肉、停捐纳、罢西兵。后两件倒也罢了，第一件简直就是捋虎须。雍正在康熙末年"九王夺嫡"中胜出，为了稳定地位，其剪除先帝八子、九子，也就是对自己两弟弟手段残酷，不遗余力。这么做是否必要先不说了，影响相当不好。

孙嘉淦的折子算朝雍正的脸上扇了一个响亮的耳刮子，效果当然明显，那就是满朝轰动，皇帝震怒。好在有雍正的老师朱轼求情，说："嘉淦诚狂，然臣服其胆。"雍正自己也对孙嘉淦说真话不要脑袋的胆识表示佩服，转怒为笑说："朕也服其胆。"没有砍了他，当时保留了孙嘉淦在翰林院工作，之后又提升他为国子监司业，相当于最高学府的教务长。

此事过后，孙嘉淦名声鹊起。但随后，不能释怀的雍正还是抓了孙嘉淦的一个过失，交刑部议处。刑部的负责人领会上意，说，按律当斩。雍正作为一个明君这时候体现了高明的政治手腕，对孙嘉淦加恩免死，说这个人性气不好，我不待见，但是他出了名的不要钱，念在还有这么个长处，"著在银库行走"。孙嘉淦在国库临时打杂的差事结束后，又被委任为河东盐政。在别人眼里，这也是个肥差。能得此官，和孙嘉淦不爱财也有莫大关系。

乾隆继位后，年轻有为，相中了敢言直谏的孙嘉淦，擢升他为左都御史兼吏部侍郎，专管监察。孙嘉淦也不含糊，很快给皇帝上了篇绝代谏论《三习一弊疏》。

"三习一弊"的大意是："人君耳习于所闻，则喜谀而恶直""目习于所见，则喜柔而恶刚""心习于所是，则喜从而恶违"，这三种习惯形成后，那就会产生喜小人而厌君子的弊病。孙嘉淦希望皇帝应该"予除三习，永杜一弊"，不要自以为是。《三习一弊疏》着眼之高，恰恰适合于做皇帝的人看，抨击之广则直指人性的普遍弱点，语言之美足以令人拍案惊奇，但其笔锋之利让所针对的人读来难免汗流浃背，坐卧不安。好在乾隆帝看了之后挺喜欢，表示采纳，而且因此又升了孙嘉淦的官，让他做刑部尚书，并"总理国子监事"。

孙嘉淦是谏臣也是能臣，查贪官、平冤狱、整修河道、调和民族矛盾，办过许多出色的事。敢说、能干又遇上了好皇帝，使得他在仕途上创造了奇迹，兴县的老乡说孙嘉淦一生当过兵部、吏部、刑部、工部"四部尚书"，还当过直隶、湖广两任总督。最后死的时候是吏部尚书兼协办大学士。

1753年，孙嘉淦惊惧而终，时年71岁。

他一生勤学、精研六经，常常静坐闭目沉思，在他从政的40多年中，除了每任干了不少事业外，流传下来的著作就有百余万言。主要有：《春秋义》《南华通》《诗义折中》《周易述义》《孙文定公文录二卷》以及分序论碑文。

陈宏谋

陈宏谋（1696～1771），字汝咨，号榕门，原名弘谋，晚年因避乾隆（弘历）讳，改为宏谋，广西桂林府临桂县（今桂林）人。曾任吏部尚书、工部尚书、协办大学士、东阁大学士等职。

他是清代广西及桂林籍官员中，官位最高（宰相）、任官时间最长（48年）、任官历经省份最多（12个省）、政绩卓著而在民间影响最大的一位清官、名臣。他出生于桂林临桂县四塘乡横山村一个普通农户家。雍正元年（1723）中进士，从此步入仕途，历任翰林院检讨、吏部郎中、浙江道御史、扬州知府、江南驿盐道、云南布政司、直隶天津道、江苏按察使、江苏江宁（今南京）布政司等职；后又历任甘肃、江西、陕西、湖北、河南、福建、湖南、江苏等省巡抚和陕甘、两广、两江、湖广等地总督。乾隆二十八年（1763），他奉调进京，历任吏部尚书、工部尚书、协办大学士、东阁大学士等职。乾隆三十六年（1771），他因病疏请回乡。得乾隆允准，加太子太傅衔，谕令所经处官员20里内料理护行。同年六月，船行至山东兖州韩庄时，他病逝于舟中，终年76岁，谥号"文恭"。

陈宏谋是康乾时期清官廉吏的代表，又是清代的理学名臣。他治宋代二程、朱熹之学，强调明体达用、知行合一。陈宏谋无

陈宏谋像

论是为官还是治学，都是一代楷模。《清史稿》称："乾隆年间，论疆吏之贤者，尹继善与陈宏谋其最也……宏谋尤醇；所至拳拳民生风俗，古所谓大儒之效也。"

2001年，美国著名历史学家、美国霍普金斯大学历史系教授罗威廉先生出版了他集十余年研究之心血，无论从学术水平还是篇幅规模而言，均可称为巨著的《救世：陈宏谋与十八世纪中国的精英意识》一书。罗威廉教授是美国新一代中国研究最有影响的历史学家之一，为什么陈宏谋值得他花十余年的心血进行研究并写成鸿篇巨著，从而使一

个200多年前的清代汉族官员走进二十一世纪的世界视野?答案只能从罗威廉教授的研究成果中去寻找。

在很长一个时期,无论是西方还是中国学术界,有一个很流行的观点即中国封建社会的晚期是"停滞"的社会,就连马克思也非常形象地把这个时期比作"密闭在棺材里的木乃伊"。德国哲学家黑格尔把这个时期认定为"无历史的文明",中国史学家则以一句"闭关自守"来进行概括。罗威廉却是这种观点最尖锐的批评者之一,他的巨著《救世:陈宏谋与十八世纪中国的精英意识》,可以说是对"停滞论"的一有力的回击。

罗威廉把他对陈宏谋的研究引向了一个更为广阔的视野,即把清朝中期以陈宏谋为代表的精英意识形态放到当时那个大环境中,特别是与当时的欧洲相比较。罗威廉认为,陈宏谋关于人和社会认识的基本点,与启蒙时期的许多欧洲学者十分相似,他所涉及的几乎所有主要方面,也是当时欧洲社会文化发展所面临的问题。如由印刷技术发展而导致的文化程度的提高、社会生活中男女角色变化所引发的争论、职业的复杂化、身份等级观念的淡化,以及社会流动的加快,等等。虽然陈宏谋欢迎商品市场,但他像当时的欧洲人一样,力图把市场与个人、家庭关系领域区别开来。他力主在流动社会里建立一种大家共同维护的准则。

从经济方面来观察,陈宏谋与欧洲同道的一面则更为显著,如陈宏谋赞赏地方经济的货币化以及追逐利润的动机。罗威廉认为,陈宏谋将耕地所有权作为经济的基础同时又明确支持"市场原则",从而使他非常接近18世纪法国的重农学派。

在政治领域,陈宏谋非常强调行政的标准化、沟通和效率提高,这正是早期近代欧洲也在逐渐形成的观念。集权的经济控制、自由主义和个人主义都是早期近代欧洲精英意识发展的重要成果。但是罗威廉指出,这种发展并非欧洲的专利,虽然清代中期的正统精英陈宏谋等人并没有把这些观念发展到欧洲那样的系统和圆满,但足以证明,清帝国对欧洲而言并非是"停滞的"和"落后的"。罗威廉指出,18世纪的亚洲和西方交往日益增多,分别都在发展,"如果这两个世界在精英意识上毫无共同之处,倒是真的值得奇怪了"。

在中国,关于陈宏谋的研究成果不多,可以说并没有引起应有的重视。但是有关学者已经敏锐地预感到,如果罗威廉关于陈宏谋研究的主要观点成立的话,那么从"五四"新文化运动以来中国知识分子对中国文化问题的反思、对落后原因的文化探索、对自己思想文化"病灶"的批判等,都需要重新认识。

刘统勋

刘统勋(1699~1773),字延清,号尔钝,山东诸城(今属于高密)人,官居工部尚书、刑部尚书、吏部尚书、协办大学士、东阁大学士、首席军机大臣。

自幼秉承父教饱读诗书,雍正二年(1724)中进士,选庶吉士,从此步入仕途。

刘统勋行书六言联

由编修入直南书房，深受雍正皇帝的信任，迁左庶子，主持过湖北、河南的乡试，充任上书房师傅，官至詹事府詹事。乾隆皇帝继位后，刘统勋再受宠信，升内阁学士、刑部左侍郎、左都御史，曾因参奏大学士张廷玉、尚书公讷亲而名闻朝野。乾隆十一年（1746）署漕运总督。次年典顺天乡试。十三年（1748）协办山东赈务并勘察河道。十四年（1749）迁工部尚书。十五年（1750）调刑部尚书。十六年（1751）主持会试并充军机大臣。十八年（1753）奉命查勘江南河工，并对其中的不少弊端进行了改革。十九年（1754）加太子太傅，协办陕甘总督事务，赐孔雀花翎。二十年（1755），因查勘巴里坤、哈密驻兵事宜不利遭逮治，后得宽免。二十一年（1756）授刑部尚书，署河道总督。二十二年（1757）典会试，并受命查办云贵总督恒文压价购置金炉案、山西布政使蒋洲侵蚀在册钱粮案，均令乾隆很满意，加太子太保。二十三年（1758）迁吏部尚书，赐紫禁城骑马。二十四年（1759）任协办大学士，负责查处西安将军都赉克扣兵饷案、山西将军保德侵吞钱粮案，次年负责查处江西巡抚阿思哈收取贿赠案。二十六年（1761）再典会试，拜东阁大学士，兼管礼、兵二部，主持河南杨桥漫工工程、江南高宝河工程。二十八年（1762）充上书房总师傅。二十九年（1763）兼管刑部，教习庶吉士，充国史馆总裁。三十三年（1768）十月往江南主持清理黄河入海口淤塞工程事宜。次年主持运河勘察并挑淤工作。三十五年（1770）兼管吏部事务。三十六年（1771）三月第四次典会试。三十八年（1773）三月兼任首席军机大臣，充《四库全书》正总裁，十一月死于任上。年75岁。

刘统勋去世当天，乾隆皇帝得知其走东华门时在肩舆上发作痰疾，曾特派御前大臣、尚书公福隆安携药前往视，终未得救。他死后乾隆帝特下谕说："大学士刘统勋老成练达，品行端方，服官五十余年，实为国家得力大臣，可晋赠太傅，入祀贤良祠，赏内库银二千两治丧。"乾隆亲临其丧，赐谥"文正"，因而刘统勋成为清朝大臣中初殁即得谥"文正"的第一人。而这须出自皇帝特旨的赐谥，"非品学德业无愧完人者未足当此"。丧归，乾隆命沿途文武官员在20里内者亲往灵柩前吊祭，遣官护送。六年后，乾隆在所作《怀旧》诗中仍念念不忘这位宠信大臣："遇事既神敏，秉性复刚劲。得古大臣风，终身不失正。"

乾隆从不轻易称赞他的大臣，而刘统勋则是被乾隆帝称作"真宰相"的唯一一人。其原因就在于刘统勋的清廉正直，不结朋党。清代礼亲王昭梿称赞他说："公（刘统勋）性简傲，不蹈科名积习，立朝侃然，有古大臣风。"道光《诸城县志》也称赞刘

统勋,说他"刚毅笃棐,允直机密,襄赞纶扉,随事献纳,推贤黜佞,为百余年名臣第一。数谳大狱,无纵无枉。家故有田数十亩,敝庐一区,服官五十余年,不增尺寸……"

刘统勋死后,与其子大学士刘墉、孙吏部尚书刘镮之葬故乡诸城白家庄祖坟,无著述传世。

刘 墉

刘墉(1719~1804),清朝书画家、政治家,字崇如,号石庵,另有青原、香岩、东武、穆庵、溟华、日观峰道人等字号,诸城县逄戈庄(今属山东高密)人,祖籍江苏徐州丰县大学士刘统勋之子,历任陕西按察使、内阁学士、户部右侍郎、吏部右侍郎、吏部尚书、工部尚书等职。

刘墉一生廉洁奉公,处处从人民利益着想,深受百姓爱戴,没贪过国家一分银两、一件器物。修坝建桥时,自己带领百姓及工作人员努力奋干在第一线。衣着简陋,粗粮杂饭。他最爱的食物是煎饼卷大葱,可以看出为官的他生活是相当艰苦。刘墉是乾隆十六年(1751)的进士,做过吏部尚书、体仁阁大学士。刘墉的传世书法作品以行书为多。

刘墉中进士一年后散馆,授编修,进入仕途,再迁侍讲。乾隆二十年(1755)十月,其父刘统勋因办理军务失宜下狱,刘墉受株连而遭逮捕治罪,旋得宽释,降为编修。次年六月,充广西乡试正考官。十月,提为安徽学政。任职期间,针对当时贡生、监生管理的混乱状况,上疏"请州县约束贡监,责令察优劣",并提出了切实可行的补救办法。

乾隆二十四年(1759)十月,调任江苏学政。在任期间,他又上疏:"生监中滋事妄为者,府州县官多所瞻顾,不加创艾。行政官员既畏刁民,又畏生监,兼畏胥役,以致遇事迟疑,皂白不分,科罪之后,应责革者,并不责革,实属阘茸怠玩,讼棍蠹吏,因得互售其奸。"这一看法深刻而又切中时弊,因此深受乾隆皇帝的赏识,称赞其"知政体",并于乾隆二十七年(1762)任命他为山西省太原府知府。

乾隆三十年(1765),升任冀宁道台。

第二年,因任太原知府期间,失察所属阳曲县令段成功贪侵国库银两,坐罪革职,判死刑。乾隆帝因爱其才,特加恩诏免,发军台效力赎罪。次年赦回,命在修书处行走。乾隆三十四年(1769),授江宁府知府,有清名。第二年,迁江西盐驿道。乾隆三十七年(1772),擢陕西按察使。第二年,其父刘统勋病故,回家服丧。

乾隆四十一年(1776)三月,刘墉服丧期满还京,清廷念刘统勋多年功绩,且察刘墉器识可用,诏授内阁学士,入直南书房。十月,任《四库全书》馆副总裁,并派办《西域图志》及《日下旧闻考》,任总裁。次年七月,充江南乡试正考官,不久,复任江苏学政。在任期间,曾劾举秦州举人徐述夔著作悖逆,要求按律惩办。乾隆四十三年(1778)底,刘墉以劾举徐述夔著作悖逆事有功和督学政绩显著，迁户部右侍郎，后又调吏部右侍郎。

乾隆四十五年（1780），授湖南巡抚。时值湖南多处受灾，哀鸿遍野，无灾州县也盗案迭起，贪官污吏猖獗，百姓怨声载道。刘墉到任后，一面查明情由，据实弹劾贪官污吏，建议严办；一面稽查库存，修筑城郭，建仓储谷，赈济灾民，并准许民间开采硝石。仅一年余，库银充实，民粮丰足，刘墉赢得了百姓的爱戴。

乾隆四十六年（1781），迁刘墉为都察院左都御史。次年三月，仍入直南书房；不久，又充任三通馆总裁。此时，御史钱沣弹劾山东巡抚国泰结党营私等。刘墉奉旨偕同和珅审理山东巡抚舞弊案。刘墉至山东，假扮成道人，步行私访，查明山东连续三年受灾，而国泰邀功请赏，以荒报丰。征税时，对无力缴纳者，一律拿办；并残杀进省为民请命的进士、举人九人。及至济南，经审问，查清国泰已知贪赃案发，遂凑集银两妄图掩饰罪行。刘墉如实报奏朝廷，奉旨开仓赈济百姓，捉拿国泰回京。此时皇妃已为国泰说情，有的御史也从旁附和，和珅亦有意袒护国泰。刘墉遂以民间查访所获证据，历数国泰罪行，据理力争，终使国泰伏法。在处理国泰一案上，刘墉不畏权要，刚正无私，足智多谋，与钱沣一起挫败了皇妃及和珅等人的阻挠而成功地执行了大清律法，为民除了害。后来，民间曾据此事写成通俗小说《刘公案》，对这位"包公式"的刘大人大加颂扬。

国泰案结，刘墉被命署吏部尚书，兼管国子监事务。不久授工部尚书，仍兼署吏部，并充任上书房总师傅。乾隆四十八年（1783）六月，命署直隶总督。八月，又调吏部尚书，不久，充顺天乡试正考。当年年

刘墉像

底，充经筵讲官。次年五月，复兼理国子监事务。六月，授协办大学士。乾隆五十一年（1786），充玉牒馆副总裁。

乾隆五十四年（1789）四月，以上书房阿哥师傅们久不到书房，刘墉身为总师傅而不予纠正，被降职为侍郎。不久，授内阁学士，提督顺天学政。乾隆五十六年（1791）初，迁都察院左御史，旋擢礼部尚书，并再次兼管国子监事务。五月，又署吏部尚书。嘉庆二年（1797）四月，授刘墉为体仁阁大学士。五月，奉旨偕同尚书庆桂到山东办案，并察看黄河决口的情况。察看黄河之后，他上疏请求于秋后在决口处"堵筑"，下游"宽浚"，朝廷采纳了他的意见。嘉庆四年（1799）三月，加太子少保。后奉旨办理文华殿大学士和珅植党营私、擅权纳贿一案，刘墉不畏权势，很快查明和珅及其党羽横征暴敛、搜刮民脂、贪污自肥等罪行20条并上奏朝廷。皇上处死了和珅，没收了他的家产。

嘉庆四年（1799）底，刘墉上疏陈述漕政，对漕运中的漏洞体察至深，忧国忧民之情溢于言表，嘉庆皇帝看后，深以为然。嘉庆六年（1801），刘墉充任会典馆正总裁。

刘墉不仅是政治家，更是著名的书法家，是帖学之集大成者，是清代四大书家之一。清徐珂在其《清稗类钞》中称赞刘墉道："文清书法，论者譬之以黄钟大吕之音，清庙明堂之器，推为一代书家之冠。盖以其融会历代诸大家书法而自成一家。所谓金声玉振，集群圣之大成也。其自入词馆以迄登台阁，体格屡变，神妙莫测。"刘墉是一位善学前贤而又有创造性的书法家，师古而不拘泥。刘墉书法的特点是用墨厚重，体丰骨劲，浑厚敦实，别具面目。刘墉之书，尤善小楷。后人称赞他的小楷，不仅有钟繇、王羲之、颜真卿和苏轼的法度，还深得魏晋小楷的风致。刘墉兼工文翰，博通百家经史，精研古文考辨，工书善文，名盛一时。著有《石庵诗集》刊行于世。

嘉庆七年（1802），皇上驾幸热河，命刘墉留京主持朝政。此时，他80有余，却轻健如故，双眸炯然，寒光慑人。

嘉庆九年（1803）十二月，刘墉卒于官，享年85岁。卒后赠太子太保，谥号"文清"，入祀贤良祠，谕祭葬。

彭启丰

彭启丰（1701~1785），字翰文，号芝庭，又号香山老人，江南长洲（今江苏苏州）人，清诗人。曾经任职吏部侍郎。

康熙十五年（1676），彭家子弟彭定求会试第一，夺得会元桂冠；殿试复第一，膺状元桂冠。彭定求为一代名儒，长洲彭氏从此名闻天下。彭定求的孙子彭启丰，字翰文，16岁入官学读书，好学上进，誓效祖父，也做个状元。雍正五年（1727）会试第一，也夺得会元桂冠；殿试时，担任评卷的"读卷大臣"把他列为第一甲第三名，雍正帝亲拔为第一。在彭定求中状元51年后，他的孙子彭启丰又夺魁于天下。中状元后，彭启丰入翰林院为修撰，掌修国史。不久，奉诏入直南书房，承旨起草诏令，应制撰写文字。从雍正七年（1729）开始，屡次担任河南、云南、江西、顺天乡试考官，迁右中允，成为东宫右春坊的一名官员。

雍正十三年（1735）八月二十二日夜，世宗驾崩，他的第四个儿子爱新觉罗·弘历继位，年号"乾隆"，是为高宗。乾隆元年（1736），彭启丰出为山东乡试副考官。三年（1738），迁为侍讲，侍奉高宗讲读经史。五年（1740），迁右庶子，成为东宫右春坊的长官。六年（1741），迁侍读学士，掌校典籍；寻迁右通政，掌内外章奏、封驳和臣民密封申诉。不久，又迁为左金都御史，成为一名高级监察官。出任左金都御史不到两个月，他奉命南下赈济灾民，上疏奏劾宿州知州许朝栋、凤阳知府畅流健玩忽职守，高宗命员查办。这是彭启丰任职以来第一桩值得一书的事迹。

乾隆七年（1742），迁通政司的长官通政使，提督浙江学政。彭启丰在出任浙江学

彭启丰像

政后,就科举制度问题提出四项改革方案:第一,乾隆元年(1736)谕令各府、州举行的岁试和科试在考试结束后,就儒经中一些疑难问题提问考生;后陕西学政嵩寿奏请于"四书"经义外,摘录"四书"四至五行,令考生讲解其意义,大都敷衍塞责,且有重复。请自今以后不再讲解经义。第二,请严格管理商贾保送子弟入学一事。经查,浙江商贾子弟由盐道官录进学政衙门收验,虽有保举凭证,但多有聘请别人冒考顶替的。自今以后,再有此种事情发生,请依律治罪。第三,以往选拔国子监学员的考试,出题一次却考几批人,后考的预知题目,都有所准备。请今后每次考试都当场另出题,这样可以考出学生的真实水平。第四,乡试卷子另行誊录,与原卷核对,人手不够时,请起用岁试和科试中名列第四等的武生。

这份奏折提交给皇上后,乾隆批语礼部商讨。礼部对彭启丰的建议很欣赏,建议推行,乾隆诏准。这是清代科举制度的一场重大改革。经过这次改革,科举制度中的院试、岁贡、乡试等初、中级考试更趋完善。彭启丰之功,彪炳史册。上科举改革疏后一个月,彭启丰升任左副都御史,成为仅次于左都御史的监察官。乾隆八年(1743),迁内阁学士。内阁学士位次内阁大学士,从二品,掌传达诏令。不久,擢为礼部第二副长官——右侍郎。

十年(1745)四月,彭启丰上疏陈说四事:第一,浙江省一些猾吏奸民侵占蓄水湖泊、泄水沟渠,以为田地。上年浙江布政使潘思榘疏请禁占官湖,户部已令申报新开田亩数额,在余下的湖泊沟渠划定界线,不许再垦。但源于天目山的苕溪,下灌杭州、湖州、嘉兴三府,今已沙淤无水。会稽、余姚、慈溪等地的湖泊已名存实亡。请敕令督抚开港。第二,江南港运粮米每石收费54文,一半给运粮的丁夫,一半归州县,作为修理粮仓、折耗等费用,浙江省杭州、嘉州、湖州三府运粮的丁夫之费用,由州县发给;而州县清运,每石私加一二升至五六升作为运费,贪官污吏乘机偷窃,运粮丁夫额外勒索。请按江市清运之例,每石收钱24文,作为州县修理粮仓、折耗等的费用,严禁乱收费。第三,浙江设置一笔银两,作为来往官员差役人丁的费用。差役人丁少时,可以敷用;多时则入不敷出。钦差的差役人丁定额,易于应付;本省官员来往,没有定额,往往多要,或折成银两。请敕兵部按官员职位高低、任务繁简,定出差役人丁数额,使州县有法可依。第四,浙江黄岩、太平一带地多盐碱,产盐极丰,兵丁借端挨户搜查,稍有食用之盐存积,便多方敲诈,一不遂欲,便指控为私煎私卖,甚或将若干家若干人的盐凑起来,作为证据。请敕全省文武大臣,严禁兵弁借名搜缉,把自食

之盐指控为私煎私卖之盐。

乾隆命有关各部商讨，然后，颁布执行。彭启丰此道奏疏，对整顿浙江地方经济、财政和社会治安，起了很大作用。不久，彭启丰老父病死，辞职回籍服丧。

从雍正五年（1727）入仕以来，至乾隆十年（1745），共18年。此期间，彭启丰不能说无所作为，他关于科举制度和浙江政务的两道奏折，对于改进科举考试、整治浙江政务都有重大的作用。他死后，王岂孙作《兵部尚书彭公启丰神道碑铭》，对他这两道奏折犹啧啧称赞。但是，彭启丰居官，谨慎持重，不好激言畸行，喜欢默默无闻地干事。而当朝天子乾隆皇帝用人过于苛严，在他看来，像彭启丰这样的人，仅能跻身中等人才的行列。因此，他对彭启丰不太看重，日渐轻视。彭启丰不得宠于皇上，仕途失意，自乾隆十年（1745）后再也无多大的作为，这更使乾隆坚信自己对彭启丰评估的正确性，更加鄙夷彭启丰。厄运开始降临彭启丰的头上。

父丧三年期满，彭启丰回到京师，出任吏部第二副长官——右侍郎。不久，再次提督浙江学政，直到乾隆十八年（1753），才调任兵部第一副长官——左侍郎。乾隆二十年（1755）二月，乾隆就大臣乞请去职回籍终养一事，降旨宣谕，如确系身体有病、老父老母需要侍养等，可准予离休。彭启丰自知皇上开始小觑自己，遂于第二天上疏，请求离职，回老家侍养老母。同时上疏乞请去职终养的还有大臣嵇璜。彭启丰此举本非真心，他想进一步试探一下皇上对自己的态度。因为当有人提出离职终养时，若皇上离不开他，会下诏挽留的。彭启丰的折子呈上去后，高宗当天便作了批示："昨日就臣僚终养一事，降旨宣谕。今日嵇璜、彭启丰各上疏乞求终养。他们若是在降旨前提出来，出自真情且确实需要，理应批准。现在尔等是因为面聆朕训，感发天良，则所乞是朕的开导所致，且尔等也无迫不及待的事，故可准可不准，去留朕得权衡一下，视各人的情况而定。彭启丰才干仅够一般水平，办理部务也是力不从心，他原系翰林官，以文学为职，而从去年跟朕巡行所作的诗来看，学问也远不如前了。他既然提出申请，就批准他回去吧。"而那嵇璜，高宗却下诏挽留了。

彭启丰虽然弄假成真，但也清楚了乾隆对他的看法。他在家乡待了六年，又申请出仕。彭启丰毕竟是两朝老臣，况且还是父皇点的状元，出于这个考虑，乾隆允准，委任他署理吏部侍郎。第二年四月，实授吏部侍郎。这年五月，碰上三年一次的京官考绩，当时叫作"京察"。三品以上，由所在部开列事实，上奏裁定；四、五品特派五公大臣审查；余官由长官考察。考察之后，按成绩有无和大小排列名次。吏部官员中，吏部郎中阿敏尔图列在第一等，而彭启丰独列第二等。户、礼、兵、刑、工五部官员等第虽也参差，但都相差不大。乾隆审查"京察"结果，对吏部的考绩大为不满，下诏切责道："吏部郎中阿敏尔图列为一等，而彭启丰独列为二等，是有心显示他彭启丰与众不同，并非偶然品题高下。阿敏尔图系满洲世家，朕常见熟知，他果真有出众才干，堪膺重任，出外做封疆大臣，入内做辅佐宰臣，早就擢用了，还等吏部官员留心甄择荐举吗？况且京察等次，不过就现任职务而言，并非一生定评。阿敏尔图在吏部郎中任内，安分供职，且能公正无私，顾惜脸面，像选拔官吏、出入银两等事，从他的品行来看，的确无什么差失。彭启丰之意，不过是因阿敏尔图系满洲望族，不特加区别，怎知其与众不同？彭启丰人不如他的学问，学问不如他的文章，从无一句有创见的话，没有指正过一件大事，便想在众人的奏折中，小示异同，如此标新立异，谁人不能？朕衡量人才，像各部院兼职的大学士、尚书、侍郎等，也只是让他们克尽职守，各抒己见，并不是根据他们的话来黜陟官员，其间或同或异，原是不加责备的。试问吏部各大臣，列阿敏尔图为一等，是保他做封疆大臣，还是荐他做辅佐宰臣？彭启丰如此标新立异，是为京察大典，还是沽名钓誉？这是不言而喻的。"他在诏书中把彭启丰着实责斥了一通。

乾隆对彭启丰早有看法，故有此举。若是他人，未必惹他如此大动肝火。不过，乾隆并未处罚彭启丰，这年六月，让他去浙江当乡试的正考官；十二月，迁左都御史。乾隆二十八年（1763）六月，他又被迁为兵部尚书。高宗不喜欢彭启丰，但又一直在使用他，且职掌还愈来愈重。这是因为彭启丰还是有一定才干的，像他这样的人，朝中也不多。但乾隆总是看他不顺眼，动辄小题大做，对他大加呵斥。乾隆三十二年（1767），乾隆又小题大做，指斥彭启丰。

事情的经过是这样的：

彭启丰出任兵部尚书后，乾隆擢用大学士史贻直之子史奕昂为兵部侍郎。一次，高宗召见史奕昂，对他说："分管兵部的大学士尹继善又充任军机大臣，年老体弱，不能每天会衙门办事，况且他也是刚刚分管兵部，情况还不太熟悉；兵部尚书彭启丰是个碌碌无能之人；钟音、蒋落两个兵部大臣办事也不熟练，你与期成额两个大臣尚能办点事，应随处留心。"史奕昂得意起来，极为狂傲，自以为乾隆把兵部交给了他，对彭启丰极其蔑视，当着众人的面说他干不了尚书这么大的官，只配做个司一级的官员，期成额见史奕昂如此狂妄，极为不满，上疏奏劾。乾隆问彭启丰史奕昂说过这话没有，彭启丰坚称没有。高宗又问钟音，钟音说史奕昂的确说过。于是，乾隆让文奕昂、彭启丰、期成额、钟音等当面对质，彭启丰才唯唯承认。高宗龙颜大怒，指斥彭启丰不言人过，甘效唾面自干，心地欠诚实，积习未改。诏令史奕昂降为三品卿衔，罢黜官职，回家闭门思过；彭启丰降为兵部侍郎。

到乾隆三十三年（1768），又逢"京察"，高宗下诏："彭启丰才识有限，办事不力，命以原品退休。"勒令彭启丰离职。至此，彭启丰结束了他极为坎坷的41年仕途生涯，回老家长洲去了。乾隆三十六年（1771），彭启丰又赶去北京祝贺孝圣皇后八旬寿辰，乾隆赐诗嘉奖。四十一年（1776），乾隆东巡，彭启丰赶到山东迎驾，乾隆赏给他尚书官衔。四十九年（1784），彭启丰病死于长洲老家。

孙士毅

孙士毅（1720～1796），字智治，一字补山，浙江仁和县临平（今余杭临平镇）人，历任云南布政使、云南巡抚、《四库全书》副总纂、两广总督、四川总督、两江总督、吏部尚书等职。死后谥"文靖"，著有《百一山房集》等。

孙士毅自幼勤奋，博通经史。他于乾隆二十六年（1761）举进士，次年恰逢乾隆帝南巡，皇帝亲自测试江南士子，孙士毅品学兼优，名列第一。从此青云直上，受尽恩宠。寻授内阁中书，迁侍读。三十四年（1769）春，孙士毅随大学士傅恒督师云南，征伐缅甸。他负责拟写章奏，合乎机宜，同时配合指挥也极为得力，傅恒对他极为赞赏。班师后，以功授户部广西司郎中。

四十年（1775），升大理寺少卿。该年四月出为广西布政使，十一月改调云南。在任期间为官清廉，体恤民情。当时，云南产有盐、铜，由于官府长期以来对开采民户课以重税，导致其纷纷逃离产业，矿老山空，民不聊生。孙士毅了解到这一情况，奏请豁免两矿课税，得到朝廷准允。之后，民户相继返乡，对他交口称赞。孙士毅于四十四年（1779）升为巡抚，因总督李侍尧贪渎案发，他以未能早行纠举而被革职，拟罪遣戍伊犁。而当查抄其家时，发现他身为地方大员，竟一贫如洗，甚至连件像样的衣服都没有。乾隆帝得知这一情况后，为其廉洁自律的精神所感动，同时又念其学问优长，遂将他改授翰林院编修，担任《四库全书》副总纂。

四十七年（1782）书成，升太常寺少卿。该年四月出为山东布政使，次年迁广西巡抚。四十九年（1784）调广东巡抚，兼管粤海关务，寻署两广总督。

孙士毅不趋迎奉承上司，敢于提出自己的不同意见和揭露上司的罪行。当时陕甘总督福康安议于各省兵员对半抽拨，选其精兵集中进行训练，以加强各省的防卫能力和协同作战能力。皇帝认为云贵、四川、两广、福建等省系沿边、沿海重地，更应照此办理。孙士毅上疏赞成这种强兵政策，但同时又指出其存在的不足，加入自己的修补意见，从而使其更趋完善。

他认为这种"一刀切"的做法与各省的实际情形有所不符，应该视具体情况略为变通，以收实效。他以自己所辖的两广为例，有的军营兵员充足，易于抽拨；有的军营兵员本来就少，而且还肩负护饷、守隘等各种要务，一旦抽拨，影响甚大。同时，他还考虑到，各省精壮被征调，剩下的兵丁将可能怠于训练，将吏甚至以老弱充数，如此则徒费国家粮饷，并且影响军队的战斗力。

因此他建议对各省被征和未征兵丁一体严加训练，以期达到全面强兵的目的。此外，他还建议推广火器，提高射击准头，加强实战演练；士兵行军干粮，两广地区因地制宜，以炒米代替原来的炒麦；为防止练兵随便

江苏孙士毅故宅——环秀山庄

应付，求得实效，请求严立奖惩科条等。孙士毅的建议确实颇具真知灼见，但是头绪太多，实际操作起来可能会困难重重，因此皇帝拟旨答复，只说"徐徐为之"。

五十二年（1787），孙士毅向朝廷奏闻总督富勒浑纵容仆役婪索案，富勒浑上疏狡辩，反诬孙士毅有赃私，乾隆帝了解到真实情况后，严厉申饬富勒浑，并对孙士毅不避嫌怨、参论公正的做法予以嘉勉。结果，富勒浑被罢免，孙士毅实授两广总督。富勒浑在任时曾着手整顿广东盐务，并提出一些举措，但还没来得及施行他就犯事免职了。

孙士毅上任后，奉命继续对盐务进行整顿。经过实地调查，孙士毅认为富勒浑的整顿盐务的动机虽然是好的，但由于他为人刚愎自用，不能访察舆情；同时又贪功心切，所以所奏报情形多虚假不实。如富勒浑报称广东有运盐船257只，而孙士毅经过调查，发现实际只有72只，此外都是临时征用的不合格的民船。富勒浑又报当年春季广东所完盐额达28万余包，而孙士毅发现实际该季度该完之定额12万包尚缺5万余包，富勒浑乃是以过去已登盐额充数。

广东饷课往例按季催完，年终奏销。富勒浑请改为按季盘查。孙士毅认为这于商人大为不便。广东商人力微资少，而且市场销售情况时衰时旺，旺时往往数月即能完成一年之定额；而衰时若也对其课以定额，势必逼其四处挪移措垫，将打击商人的积极性。所以孙士毅请求仍照旧例岁底奏销，这样商人只要在一年时间内完成所定岁额，各个季度的运销情况可以自由截长补短，从而大大便利了商人。富勒浑还报称自己招收新商经营疲弊商埠，但实际上大多商埠，无人经理。而其所报称清厘商人积欠，也只是追出所欠总数，而无具体着落。孙士毅将这些向

朝廷分条剖陈，皇帝奖谕他办事细致周到。

当时广东受长年天灾以及当地恶劣的自然条件的影响，农民累年歉收，因此积欠官府赋税的现象非常严重。州县官吏不敢过于严催，唯恐滋生民乱；而当奏销届期时，他们只得自己设法措垫，否则自己的政绩考核将可能受到影响。而这样一来，很多地主、富户也都趁机延抗不缴。州县官吏对此叫苦不迭。当时很多人都以去广东做官为苦差事，而不愿前往；在任的也都千方百计地谋求他往。孙士毅了解到这一情况，奏请朝廷，造广东通省乾隆四十年（1775）后民欠赋税清册，并对积欠最多的地方逐户清查。他还请求将所追出的银米还给州县官吏，以使其安心任职。乾隆帝下旨对其办事的细心周到予以表彰，但不同意他将追出积欠返还州县官吏的做法，而下令将之统统充公。

长年灾荒也带来地方治安的不靖。广东茭塘地方是盗贼集聚的老巢，他们昼伏夜出，劫掠过往商客。地方官吏屡治不悛，还每每拒捕伤官，成为地方上一大疾患。孙士毅上任后，下决心铲除这块毒瘤。他亲自调兵遣将，布置方略，最后将所有盗贼一网打尽，地方从此得以安宁。朝廷对他降旨嘉奖，赏戴花翎。

孙士毅不但在自己辖区内整顿治理，成效显著；还受命配合或主持朝廷的多次军事行动，也体现出卓越的军事才华。五十二年（1787），台湾天地会林爽文起事。朝廷命孙士毅赴潮州戒备。孙士毅兵贵神速，等到朝廷征剿的大军到来时，他已遣调粤兵先行渡海。而且大军所需的物资器械，他也都统为经办，丝毫不差。次年二月林爽文事平，孙士毅因功屡邀议叙，加太子太保，赏戴双眼花翎，世袭一等轻车都尉。

五十三年（1788），安南（今越南）内

乱，国王黎维祁为其臣阮惠所逐，率家人叩关求救。孙士毅一边向朝廷申奏，一边急由潮州驰赴龙州，以便应对突发情况。他这种得体的举措受到乾隆的嘉奖。到龙州后，孙士毅马上又向朝廷奏报安南的情形，并请求统兵出关，联合安南国内支持国王的兵民收复失地。于是朝廷遂令他由广西直抵黎城，同时又命云南提督乌大经别由蒙自一路进剿夹攻，而这一路实际并未参与战斗，只是遥作声援而已。孙士毅率部深入安南，指挥清军在寿昌江、市球江、富良江等地击败叛军。他用兵善于、出奇制胜。

清军进至富良江北岸，此处离安南国都黎城只有咫尺之遥，是以叛军调集重兵在此防守。而且为了阻止清军渡江，他们不但将江面上的所有船只尽行收去，还将北岸沿江的竹子全部砍掉。叛军妄图以此将清军阻截在北岸。但是即便如此，孙士毅仍有克敌制胜的办法。大军刚扎营，孙士毅料到敌人不知己方虚实，遂用手上仅有的几只船筏乘载200多名官兵渡江，直冲敌方营寨。敌人被这突如其来的举动吓得失了方寸，还没来得及反应过来，就已经被清军夺走30余只船筏。这次，孙士毅再利用这些船只将士兵尽载过江，将叛军打得落花流水，一败涂地。

这年十一月，遂克复黎城。入城后，孙士毅遣使四处安抚民众，并连夜迎接黎维祁及其家属入城，恢复其王位。先时逃避战乱的百姓都先后返回，安南重现生机。安南战事，历时不足两月便顺利告捷，孙士毅以功封一等谋勇公，赏戴红宝石顶。不久朝廷命其班师，孙士毅以阮氏势力尚未完全消灭，仍在伺机而动，因而未予即行。

果然，次年正月，阮惠卷土重来，复袭黎城，黎维祁再度携其家人逃走。由于这次叛军来势凶猛，且实力对比悬殊，清军被迫退出黎城。撤退途中总兵李化龙、提督许世亨等战死，孙士毅率残军退入关内，上疏请罪。帝以其不遵诏班师而致败，罢其封爵，并撤红宝石顶、双眼花翎，解除总督职务，以福康安代之。但仍命戴单眼花翎，驻镇南关治事，以戴罪立功。后来，阮惠以长年战争，国内民生凋敝，怨声载道，不堪再战而主动请和；清廷也以长年用兵域外，损耗巨大，而且黎氏孱弱，人心尽失，不堪扶持，答应其请和要求，并册封其为安南国王。

孙士毅的晚年主要在四川、两江任职，虽已年逾花甲，但朝廷对他的倚重依然不减，对他委以重任。孙士毅在其生命的最后几年时间里，除了一如既往地兴利除弊，严明刑罚外，主要还是在军事上的成就。

孙士毅不久被召还京师，授兵部尚书，充军机大臣。五十四年（1789）冬，受命署理四川总督，次年即实授。当时四川私铸货币现象严重，且屡禁不止。私钱流入市场，引起物价腾跃，造成民生不便。孙士毅注意到以往禁缴政策不能奏效，认为必须给予私造之人一定补偿，方能杜绝其弊害。他因此建议让官府按一定价格收买私钱，为乾隆所接受，并将这种做法推广到其他省地。私铸之害有所减轻。

五十五年（1790）四月，两江总督书麟以赃私获罪。乾隆认为两江为财赋重地，任用一般官吏最易贪渎犯事，必须要老成干练、清廉自守的人才能胜任。他以为非孙士毅不可。于是于五十五年（1790）六月调孙士毅任两江总督。正如乾隆所预料的那样，两江官员贪赃犯科极其严重，民众甚至已到了无处申诉的地步。孙士毅刚一到任，百姓就跪街拦轿告状，很多案子都牵涉各级官吏。孙士毅这次也颇感棘手，为了避免树敌过多，他想了一个很圆滑的办法：请求根据案情轻重，情节较轻的由自己审理，重的则请皇帝亲自查办。乾隆体谅到他的难处，给他打气，诏示他不必有丝毫的隐徇，只管大胆整顿吏治。有了皇帝做强硬后盾，孙士毅遂着手审查一批大案要案，将许多贪私狼藉的蠹虫、硕鼠绳之以法。

除了反腐倡廉，肃清吏治以外，孙士毅还兴修水利，造福百姓。当时徐州王平庄段黄河决口，砀山、萧县、宿州、灵璧、睢宁等地皆受灾。孙士毅一边对受灾百姓予以抚恤慰问，一边在毛城铺修筑坝堰以蓄洪，民众对他颂声一片。

五十六年（1791）四月，授吏部尚书，协办大学士。同年，清廷与廓尔喀发生战争。廓尔喀原是尼泊尔的一个部落，其民剽悍善斗，因获得英国支持，遂蚕食邻近部落，势力日益壮大。乾隆三十四年（1769），廓尔喀趁尼泊尔内乱，举兵征服各地，建立新王朝，并将首都迁到加德满都。之后，便肆意对外扩张。乾隆五十三年（1788），廓尔喀趁后藏空虚，发动对西藏的第一次大规模入侵。清朝派兵援藏，双方多次接战，最后都陷入困境，遂议和。

两年后，廓尔喀以西藏官员"妄增税课""盐掺杂质"为由，再次于乾隆五十五年（1790）六月出兵侵占后藏聂拉木、济咙、宗喀等地。清朝再次派兵援藏。时四川总督鄂辉奉命率兵赴藏，孙士毅受命往摄其事，负责为大军筹办粮饷等事宜。他身先士卒，筹划周详，多次得到皇帝的赞赏。第二年春天，运粮饷的牛很多病倒，这势必迟误粮饷的运输。

孙士毅以66岁的高龄，亲自赶赴察木多进行督催，运饷部队尾随大军，从后藏辗转至前藏，路途险峻，驮载甚艰。八月，清军一举攻进廓尔喀境内，逼近首都加德满都，廓尔喀国王遂遣使求和。大军得迅奏捷报，孙士毅提供的坚实后勤保障功不可没，朝廷是以复其双眼花翎，授文渊阁大学士兼礼部尚书，暂代四川总督，仍协同福康安等驻前藏处理善后事宜，又因其所上善后章程周详而实用，再获乾隆嘉奖。

后来，乾隆考虑到西藏甫经安辑，正值整饬之时，需得一威望重臣方可镇抚；而孙士毅时已年届70，心力不足，遂以福康安调四川总督。而在福康安赴京入觐时，仍以孙士毅署理其事。其实乾隆这样做还有一个目的。前已言之，大军援藏时，因运牛病倒，孙士毅办理粮饷不无迟误。乾隆有意让其留任四川，是想让他负责查办战时各项物资的奏销情况，是否存在浮冒作假，让他借此将功补过。

六十年（1795）春，湖南、贵州苗人因不堪满、汉地主的双重压迫而起事。起义军提出"焚杀客民（指满、汉地主），夺回田地"的口号，几天内发展至八九千人，占领州县，并多次击毙前来镇压的清军将领。清廷闻讯，赶忙派云贵总督福康安等进行镇压。起义军退至四川秀山地境，孙士毅率兵堵截，杀死200多人。嘉庆元年（1796），湖北白莲教起事，蔓延至四川酉阳州地界，孙士毅率兵进行防剿。四月，他还率军进攻起义军的根据地——茶园溪，双手沾满起义群众的鲜血。六月，孙士毅突然得疾，暴卒于军中。事闻，朝廷加赠公爵。

梁国治

梁国治（1722~1786），字阶平，号瑶峰，一号丰山，又号梅塘，上虞中塘梁巷（又说为浙江会稽，今绍兴）人。乾隆时期吏部左侍郎，曾做过督察院左副都御史、湖南布政使、湖北巡抚、湖广总督、湖南巡抚、户部尚书、军机大臣等官。他是大清王朝300年上虞县唯一夺魁的文科状元。清朝是一个刑法严峻、大兴文字狱的朝代。在这种非常时期，乡贤梁国治在官场狭小的夹缝中能步步高升，从小小的编修晋升到军机大臣的要职，实属凤毛麟角。

乾隆十三年（1748），梁国治中状元后，即授官编修，后充日讲起居官，又升国子监司业。为国子监司业时，曾任广东乡试正考官，考试完毕回朝复命，奏对很合乾隆的心意，随即命以道员身份前往广东候补待缺，很快就补了广东嘉潮道的实缺。在任期间，发动民工开拓岐岭新路，疏通三利溪故道，做了不少利国利民的好事。后又调任广东粮驿道代理，因政绩卓著，提拔入朝为左副都御史，又升吏部侍郎。在此期间，发生了一次变故：广东总督杨廷璋等人追论梁国治在代理粮驿道时有失察其家人舞弊的错误，按律定为有罪，革去吏部职务。这次事故可以算是梁国治仕途生涯的最大一次挫折了。

当他再次被起用时，授予山西冀宁道，不久升为湖南按察使、江宁布政使。乾隆三十四年（1769），因为湖北省吏治久弛，乾隆特派他出任湖北巡抚，委以重任，命他着力整顿湖北吏治。当时的湖北省连年水灾旱灾，老百姓流离失所，为赈民救灾，他开仓放粮。这样一来，官仓贮粮短缺48万多

清　文武状元

石。为了再次储备官仓的粮谷，帮助百姓度过灾荒，梁国治征得朝廷同意后，发放司库白银20万两借给百姓，发展生产，等秋收后，让百姓用粮谷抵钱还债，次年春天春荒到来时又将粮谷粜出，这样一来一去，每石米多收一钱银子，数年下来，48万多石粮谷就补满了。时清军南征缅甸，梁国治由湖北巡抚兼代湖广总督、荆州将军，以文官任武职。当时长江上江盗猖獗，骚扰客商及两岸人民甚是厉害，梁国治全力治理，将江盗全部擒获。

乾隆三十六年（1771），梁国治调任湖南巡抚，时朝廷正对金川用兵，随师从征。治军械、造弹药，军费不给，梁国治向

朝廷建议，动用地方司库白银10万余两暂借军用，然后按年从上缴中央财政数中分三年扣还，很好地解决了军费不足的困难。对于军职的升贬，也提出了中肯的意见，为了鼓励将士出征，冒敌冲锋，让他们凭军功随时补充本营军官的缺出，而不出征作战的，则必须循资按格，不能补缺。这些建议都深得乾隆赏识，于三十八年（1773）召他回京师，入直军机处，擢户部尚书，累迁至东阁大学士兼军机大臣。时军机处是真正的首脑机构，它秉承皇帝旨意，处理军国要务、官员任免及一切重要奏章，而内阁六部只是执行命令的机关。军机大臣几乎全由满族官员担任。后来，汉族官员中只有极少数最受皇帝信任的，才得入军机处任职。而当时的所谓封疆大臣，如总督、巡抚也多系满族。像梁国治这样以汉人身份得任如此要职，实为不易。自三十八年（1773）回京后，他还担任过南书房翰林、代理礼部侍郎、户部右侍郎、太子少傅、协办大学士等要职，又先后任江西、顺天乡试正考官。乾隆五十一年（1786）冬，梁国治逝世，终年64岁。

作为一名汉族官员，梁国治的仕途颇为顺畅，这与他的人品学问是分不开的。据《清史》记载："国治笃孝友。"梁国治的父母早逝，他有一个孪生哥哥，也先他而逝。哥哥死后，他从此终生不庆生辰。逢生日贺客盈门，他却独自避入静室，流泪思兄。梁国治像侍奉母亲一样对待孀嫂。在他担任湖北巡抚时，有一次嫂嫂把他叫去，责备他不督促侄儿读书，话语十分啰唆难听，梁国治想要退走，嫂子却大声喊起来："你厌烦听我的话了吗？"让他站在堂下历数他的过错。连旁边听的人也觉得受不了了，可梁国治依然一动不动，待嫂嫂的怒气平息以后，他才慢慢离去。他曾对别人说过，自己在年轻时，也是个脾气急躁的人，20多岁时才开始努力改变自己的性情。所以他常常教育弟子要以"变化气质为先"。他虽然官居高位，几次任封疆大臣，但"安详镇静，不示赫赫之功"，这也许是在那种因无意写了句"清风不识字，何必乱翻书"的诗句要被处死灭族的严酷的政治环境中，梁国治居然得以保全一生名节，功成名就的奥秘所在吧！

梁国治主持户部多年，每次决定有关钱粮的事，特别小心谨慎，就好像刑部官员判定大案要案一样。他常常说这样一句话："钱谷不慎，其流毒甚于刑名。"他有一个学生曾向他要求进按察使幕主持刑名，他预先告诫说，主持刑名"心术不可不慎"。那学生就要求改治钱谷，梁国治说："刑名不慎，不过杀一个，所杀必有数，且为人所共知。钱谷厉人，十倍刑名，当时不觉，近数十年，远或数百年，流毒至于无穷，且未有已！"始终没有满足这个学生的要求。

梁国治还十分勤勉好学，即使在凶丧疾病颠沛之中，也不废学业。所以，许多名人高士都慕名与他结交。公退之余，梁国治讲论文艺，抒写性灵，一派山林高逸之气，毫无官场的矫作与龌龊。康、乾两朝，大修类书，其中最大的就是《四库全书》，由于梁国治的道德学问，他还担任过编纂这部巨型类书的副总裁。梁国治的晚年，官职越高，交流越广，气质也更加敦厚浑穆，然内心却泾渭分明。他恬淡一生，家资微薄，对于那些老朋友，虽贫贱之交，亦终身不忘。梁国治的书法、诗文均堪称一时，著有《敬思堂文集》。

正是因为处处谨慎，事事勤勉，梁国治才深得乾隆的赏识。在任户部侍郎时，乾隆就曾赐他宅第于皇城内，还赐他在紫禁城骑马行走，又送他青狐端罩及一品顶戴。有

一次，梁国治患疾喘，乾隆多次派御医前往诊视，并派御前侍卫传旨询问，令他安心调理，希望他早日康复。后梁国治去世，乾隆深为惋惜。立即下诏晋赠他太子太保的头衔，谥号"文定"。并派皇十七子带领散秩大臣一名、侍卫十名前往祭奠，又赏银1000两以做料理丧事之用。乾隆还下谕诏称赞梁国治"品学端醇，小心谨慎，扬历中外"。如此优厚的礼遇，即使在满族官员中，也是不多见的。

戴联奎

戴联奎（1751~1822），字紫垣。江苏如皋县人。清嘉庆年间曾代理吏部尚书。

戴联奎两三岁时，天资聪颖，禀赋异常，备受一家人的宠爱。父亲戴知诚给他讲述古往今来的传奇故事、神话传说，小联奎听得津津有味，迷恋不已。后来，父亲一句一句地教他背诵诗词绝句，往往刚教三四遍，他就能一字不错地背诵下来。知诚惊喜异常，便盘算着，要给儿子请一个有名望的先生，早些给他开蒙。

戴联奎15岁的时候，已经读完《三字经》《千字文》《论语》《孟子》《大学》《中庸》等书。接下来，便是读《诗经》《书经》《礼记》《易经》《春秋》儒家经典著作。渐渐的，在如皋城内已小有名气，人称"东皋文童"。道光年间《如皋县续志》卷第七《列传·人物》是这样记载的："戴联奎，资性颖异，博极群书，以明礼达用为学。"

乾隆三十二年（1767）秋，17岁的戴联奎离开家乡，踌躇满志地来到京城游学。在那里，他广交文友，拜访名师，游历了繁华的京师重地，更增添了展示才华的雄心壮志。乾隆三十九年（1774）甲午，24岁的戴联奎以大兴县籍贯参加顺天府的考试，他凭着满腹经纶，以第一名解元夺魁。喜讯传来，前来贺喜的人络绎不绝，戴联奎则表现得非常平静。他又开始发奋攻读，夜以继日地将自己埋在书堆里，为来年的殿试做准备。乾隆四十年（1775），戴联奎殿试表现不俗，一举得中二甲进士，入选翰林院，开始了他一生的仕宦生涯。

进入翰林院后，戴联奎被授为翰林院庶常。庶常为庶吉士的代称，明初设置，始分设于六科，练习办事，永乐以后专属翰林院。清代沿用明制，在翰林院设庶常馆，选新进士之优于文学书法者，入馆学习，称为翰林院庶吉士。三年后，举行考试，成绩优良者分别授以翰林院编修、检讨等官，其余分发各部任主事等职，或以知县优先委用，称为"散馆"。留在翰林院的升迁较快，清代大臣多为翰林院出身。戴联奎在庶常馆学习期间，仍然艰苦努力，不断进取，在前辈们的指教下，学问日长，阅历渐深，很快适应了官场生活。三年后，期满考试，终于以优异的成绩荣升翰林院编修。正如《如皋县志续编》所记述的"乙未成进士，由庶常授职编修"。应该说，至此，凭借戴联奎的聪明才智和发奋图强，他的仕途还算是一帆风顺的。

然而，也就是从担任翰林院编修开始，

戴联奎除乾隆四十五年（1780）"典试云南"放过一次学差外，在翰林院一待就是20年，没有得到升迁。这在清代官场中算是很不得意的了。其间，他不是没有升迁的机会，而是不肯巴结上司，不肯与和珅等权奸同流合污，因而受到压制。

当时翰林院的汉人掌院学士嵇璜对戴联奎的德才颇为赏识。出于对戴联奎德才兼备而多年不得升迁的同情，便劝戴去跟和珅拉关系，可是戴联奎认为官升降自有法度，搞私人拉拢是不应当的，坚持不肯去见和珅。清代考核京官的制度，每三年一次，由吏部考功司主持，称为"京察"。京察的结果分列三等，给予相应的奖惩。有一次京察，戴联奎名列一等，应当得到迁升。当嵇璜按京察结果提议保荐戴联奎升迁时，和珅却坚持要先见戴联奎本人，说是"面察其才再作定夺"，言下之意是索要贿赂。可是戴联奎任凭嵇璜怎么劝说，就是不肯去见和珅。因此，这一次的升迁机会就这样错过了。

戴联奎屡次不肯去见和珅，和珅却因戴联奎品学兼优、才识过人，欲请他为其子丰绅殷德的老师，以此把他罗至自己门下。这在热衷于做官的人看来，是一个难得的机遇，也是一条升官的捷径。然而戴联奎却不肯趋奉和珅，坚持不就。和珅故而怀恨在心，在以后20多年的政治生涯中，戴联奎虽有满腹经纶，却一直没有得到升迁。

嘉庆三年（1798），乾隆病逝，嘉庆帝在开始亲政的15天内，以迅雷不及掩耳之势，把一代奸雄和珅判处了死刑。此事立刻引起了朝野的极大震动，掀起了清算和珅及其死党的热潮。那些久被和珅压制，深受其迫害的满汉官员们，纷纷上疏，揭露和珅的罪行，参劾和珅的余党，终于有了扬眉吐气的机会。

戴联奎的学识最终得到了嘉庆帝的赏识，找到了自己的用武之地。"嘉庆元年擢赞善，五迁而至宫詹，转内阁学士兼礼部侍郎，署兵部侍郎，督学安徽。庚午典试江西差竣，纶音褒奖，赐予有加。擢都察院左都御史，晋礼部尚书，充经筵讲。官历兵、礼、工、户四部尚书，署吏部尚书。"

嘉庆八年（1803）仲春，刚到不惑之年的戴联奎被任命为安徽、山东两省学政，几日后即将启程赴任。消息传来，翰林院那些久慕外任而又没有机会的翰

江苏如皋戴联奎墓石刻

林，对戴联奎荣膺此任羡慕不已，说他蒙圣上恩宠、上司赏识，在读了万卷书之后，又有行万里路的机会，这将会是飞黄腾达、再举青云的阶梯，他的前途不可限量。

几年里，他曾任过云南、江西乡试正考官、文武会试正考官、殿试和召试读卷大臣，为国家选拔了一批品学兼优的人才。

嘉庆十年（1805），戴联奎改任兵部尚书。那时，和珅虽然已被严惩发落，可是其还有一些死党死不甘心，还在挖空心思地想谋朝篡位。

一日，嘉庆皇帝退朝后显得有些劳累，便到一妃子宫中歇息。傍晚时分，有人拜见。然而这人竟是和珅之死党，嘉庆帝还未搞清来龙去脉，就被软禁了起来，情况万分火急。就在此时，一宫女急中生智，连忙化装成一小太监混出宫去，直奔兵部尚书戴联奎府去。戴联奎赶紧带着御林军前往，将和珅爪牙包了个里三层外三层，和珅爪牙最终抵挡不及，缴械投降。

戴联奎救驾立功，嘉庆帝更是对其宠幸万分。特赐予其九龙宝椅两张。

戴联奎常常奉旨深入民间，了解百姓疾苦，并明察暗访，惩治贪官。一日，戴联奎南下浙江，来到浙江桐乡，看到当地农民把自己家种的茶叶焚毁，甚是不解，忙上前打听。原来当地茶监欺君罔上，将茶市封闭，而自己牟取暴利。戴联奎经过数天查清事实，掌握了大量证据后，立马罢免了此茶监，并处以刑罚。此茶监不服，和县太爷勾结，想给戴联奎一点颜色，而他们不知，嘉庆皇帝早已赐给戴联奎先斩后奏的尚方宝剑。戴联奎向浙江巡抚招呼了一声，就将县太爷和茶监一起拿下。执行当日，茶民无不高呼朝廷威声，而戴联奎又一次维护了当时政权的权威。

关于戴联奎被左迁降职之事，《如皋县志续志》曾记载："己卯庚辰会试大总裁，以兵部事左迁太常寺卿。"经查相关资料，原来，"兵部事"的经过是这样的：

嘉庆二十五年（1820）嘉庆皇帝祭东陵，戴联奎带兵护驾。当夜幕降临，嘉庆帝宣戴联奎商议要事。突然，一条黑影窜进戴联奎的房中。黑衣人在房中东找西翻，衣服被乱翻得满地都是。突然，他又停了下来，目光四处扫射了一遍，最后将目光停在了戴联奎枕头旁，一个非常精致的小箱子静静地躺在那里。黑衣人迅速捧起小木箱消失在茫茫夜色之中。戴联奎回来后，大惊失色，原来那黑衣人偷走的不是别物，而是他的兵部行印。次日，戴联奎向嘉庆皇帝请罪，嘉庆帝得知丢了行印，也是非常气愤，一下子将戴联奎降为太常寺卿。戴联奎被降为太常寺卿数月后，偷印的黑衣人终于落入法网。经审讯，此人又是和珅余党。行印失而复得，戴联奎很快被提升为浙江提督学政。

1821年，道光皇帝登基，道光帝一直就很敬重戴联奎，"旋复原官，奉旨回京供职"。可是那时的戴联奎已是年岁已高，病魔缠身。"未入觐，以疾殁于官，年七十有二。"时为道光二年（1822）农历二月初四日。

道光帝悲痛万分，宣旨戴联奎葬于如皋东乡——东陈镇张草港，派大臣致祭，并调和珅之墓石人、石马等祭品用38条船运往如皋，以宰相级葬礼相葬，世称"戴家飨堂"。

戴联奎一生历任四部尚书，虽遭和珅压制，却深得嘉庆和道光两帝的垂爱和重用，及至"以疾殁于官"，道光帝仍"遣大臣致祭，给全葬如礼，悉免在官处分"。可见戴联奎在清廷统治者心目中的地位。且他的门生大多担任显宦要职，但他平生以诸葛武侯为师，清节自励，有人怀疑他故作姿态，他坦然地说："为官者改变节操，多因生活骄奢所致。"因此，他出入皇宫内庭20多年，每次承接了皇帝的旨意都不敢外泄。如有密谕，一定要等到半夜再焚香拜疏，使别人不能看到。他在朝廷上，同僚们商议大事时如果有意见不同的，他也只是以理力辨，正如《如皋县志续》中所记述的那样："无疾言愤色，顾风节弥峻，独处一室，如对严宾。居清显之秩，绝苞苴之私。淡泊明志绰乎！有古大臣风。"

曹振镛

曹振镛（1755~1835），字俪生，号怿嘉，安徽歙县人。清朝大臣，乾隆朝户部尚书曹文埴之子，三国时魏武帝曹操之后。乾隆四十六年（1781）进士，选庶吉士，任翰林院编修，后升侍读学士。嘉庆初年，升少詹事，授通政使，历任内阁学士，工部、吏部侍郎。嘉庆十一年（1806）升工部尚书。奉命撰《高宗实录》，书成，加太子少保，调任户部尚书，兼翰林院掌院学士。嘉庆十八年（1813）九月调吏部尚书、协办大学士；随又升体仁阁大学士，兼工部尚书。嘉庆二十五年（1820）九月任军机大臣。道光初，晋武英殿大学士，军机大臣兼上书房总师傅，又以平喀什噶尔功绩晋太子太师，旋晋太子太傅，并赐画像入紫光阁，列次功臣之首。

曹振镛作为魏武帝（曹操）嫡脉后裔，是新安曹氏的杰出代表，从政时间长达五十三年。他一生经历乾隆、嘉庆、道光三朝，在乾隆四十六年（1782），二十七岁的曹振镛考取进士，入选庶吉士，是青年"后备干部"；到了嘉庆朝，他得到重用，任吏部尚书、体仁阁大学士，兼管工部，进入内阁；到了道光朝，他再升一级，任武英殿大学士，成为道光的心腹之臣，曾代理皇帝事务三个月。他的仕途如一马平川，一江春水，步步高升，无灾无难，年届八十岁才退休，当官长达五十二年，清代官宦岁月之长几乎无人能超过曹振镛。

有不少人说身为乾隆、嘉庆、道光三朝宰相的曹振镛一生唯唯诺诺，小心谨慎，"多磕头、少说话"。这种说法过于尖酸刻薄，也不符合实际情况。曹振镛作为首席军机大臣，从政五十二年的京官，政绩颇多，他没有贪污受贿的记录，能做到这一条就很难得；他一生小心谨慎、言行得体，"克勤克慎"，五十二年没有大的过失，可见官宦文化修炼之深。道光七年（1827），清廷平定新疆张格尔叛乱并活捉张格尔回北京，这是道光朝平定叛乱势力的一次重大胜利，曹振镛作为决策人员赞襄有功，支持有力，是功臣之一。道光帝为他写下这样一段赞语："亲政之始，先进正人。密勿之地，心腹之臣。问学渊博，献替精醇。克勤克慎，首掌丝纶。"评价实在不低。

曹振镛三次当学政，主持乡试、会试各四次，都能尽心尽力；阅评考卷能守法遵纪，不淹没博学有才之士；对到金殿面试的考生，必预先一一校阅考卷，工作一丝不苟，不出差错。曹振镛是盐商子弟，祖上以盐业起家，有一批亲属是扬州盐商，世代享有特权，是曹氏家族的命根子。两江总督陶澍提出盐政改革，取消商盐垄断权，实行凡纳税皆可贩盐的盐票法。这一改革严重损害盐商利益，也损害曹振镛亲属的利益，亲属叫苦不迭，纷纷投诉到曹振镛，曹振镛说："焉有饿死之宰相家？"一笑了之。他能把祖传利益、家族利益撇在一边，支持盐政改革，是识大度开明的。

嘉庆皇帝出巡，曹振镛以宰相身份留守京城处理政务，代君三月，歙县民间至今能听到"宰相朝朝有，代君三月无"这句俗谚。"四世一品坊"屹立在歙县雄村村首曹氏宗祠前，是一座三间三楼，四柱冲天式功名牌坊。为乾隆褒奖户部尚书曹文埴祖孙四代而敕建的，也是曹府新厅之门坊。实则如列入曹振镛在内作为魏武帝（曹操）后裔嫡脉的新安曹氏即是中国历史上真正绝无仅有的五世一品。特别是曹文埴、曹振镛父子，从清乾隆二十五年（1760）到道光十五年（1835），历三代皇帝。把持朝政75年，清王朝几乎有大半历史都在他们父子的影响之下。

曹振镛历事乾隆、嘉庆、道光三朝，三任省学政，四任省会试主考官。凡纂修《会典》、两朝《实录》、《河工方略明鉴》、《皇朝文颖》、《全唐文》皆为总裁官。凡所综理，事必躬亲。承书谕旨及衙门奏章、翰苑进呈之文无不反复阅视，一字一句，反复斟酌，一点一画的错误，必予改正。嘉庆十九年至二十五年间，嘉庆帝6次谒陵，5次秋狝木兰，都留振镛在京处理朝廷大事。两江总督陶澍整理两淮盐政，改行票法，先以私书请示振镛，振镛极表赞同，使改革得以实行。著有《纶阁廷辉集》《话云轩咏史诗》。道光十五年（1835）卒，道光帝亲临吊丧，下诏褒恤，赐谥"文正"，入祀贤良祠。

申启贤

申启贤（？～1839），字子敬，号镜汀，延津南街（今河南新乡）人。清嘉庆年间曾任吏部侍郎。

清嘉庆七年（1802）进士，为翰林院庶吉士，后历任福建道，江西道监察御史，顺天府尹，仓场侍郎，礼、户、吏部侍郎，山西巡抚等职。

申启贤体察民情，办事精细，忠于职守。在任监察御史时，曾两次上疏皇帝，建议地方官员要经常"巡历乡村，化导士庶，体察舆情"，并要求官员本身应"崇简去奢，以培民

清末驻泊于广州近海的鸦片船

气；严禁赌博，以靖民风"。这些建议均为皇帝所采纳。更可贵的是，申启贤目睹当时朝野

吸食鸦片成风，沿海各省出洋贩运，内地州县烟馆遍地，白银外流，财政困难，深感痛心。嘉庆十八年（1813），他拟就《禁鸦片法》奏呈皇上，提出禁止鸦片四条措施：第一，力禁出洋买运，以塞来源；第二，重惩官吏吸食，以示准则；第三，严禁开设烟馆，堵塞煽诱；第四，严加贩卖罪责，勿使流传。经皇帝谕准后，讯即晓谕各州县贯彻执行。申启贤的《禁鸦片法》比林则徐道光十八年（1838）提出禁烟主张早25年，为后来的禁烟运动开了先河，被后人誉为"禁烟先驱"。

道光元年（1821），申启贤任顺天府尹，时武清县发生严重蝗灾，申启贤亲自深入田间地头，体察灾情，并为捕蝗拟定了4条规定。其主要内容是：对生蝻地段，要求官府雇人按垄驱赶，并肩徐进，至垄畔将虫蝻围歼于水缸中或壕沟内；对于飞蝗，则要求于田边燃柴，驱之使扑火自焚，或趁雨天蝗翅淋湿时，用高价收买蝗虫，以动员男女老少踊跃捕捉。此法推行三年，武清一带的虫灾得以控制。道光五年（1825），申启贤调任仓场侍郎（驻通州，今北京通县，负责漕粮收贮。其所属有坐粮厅及各仓监督）。当时因运河水浅，南粮北运至津发生困难，皇上命申奏议。申拟定了改行海运的官商协作办法11条，在运转、查验、折耗、付酬等方面，条条明确周到，措施具体妥善，因而起运便捷，卓有成效，受到皇上褒嘉。

道光十二年（1832），申启贤调任户部右侍郎，旋即偕同顺天府尹徐镛拟定了《保甲章程》4条。重点是"清户口以便稽查，严比伍以核奸匿，散册簿以免滋扰，省繁文以杜需索"。这些措施，既加强治安管理，又限制胥吏勒索，有利于巩固清王朝的统治。皇上认为章程条款"均属周妥"，遂下令各地方官"认清稽查，实力奉行"。

清代，各州县均设有常平仓，贮粮备荒，平粜米谷。原属惠民措施之一，但行之既久，流弊滋蔓。申启贤针对时弊，筹议《平粜章程》六条：场地宜城外分设；禁米谷掺上土和糠；粜价严禁私增；升斗宜校准；禁囤户冒买；严禁胥吏勒索。经批准后施行。各地不仅革除了种种弊端，连贮额不足挪移银、谷的州县官员也受到了惩处。

王 鼎

王鼎（1768～1842），字定九，号省厓，陕西蒲城人。清嘉庆年间曾任吏部侍郎。

王鼎父亲是县西街达仁巷人太学生，无功名。王鼎小的时候家里很穷，他刻苦学习，性耿直，崇尚气节。年轻时赴北京参加礼部考试，东阁大学士、军机大臣王杰是他的同乡与同族，赏识他的才华，很想笼络他，他尽量回避开，坚辞不受。王杰在当时赫赫有名，既是状元出身，权势又很大，他都全然不予理会。这一性格特征深受到王杰的喜爱，认为以他的品质和气概，将来名位"必继吾后"。

王鼎于19岁补诸生，乾隆五十七年（1792）24岁时中举。嘉庆元年成进士，选

陕西蒲城县王鼎铜像

庶吉士，参加乾隆皇帝实录的编纂。旋授编修，至嘉庆十八年（1813）"凡十迁至内阁学士"，十九年（1814）后历任工、吏、户、礼、刑各部侍郎，"迭居五部"。其间"为户部右侍郎者三，为刑部左侍郎者再"，并一度兼管顺天（清代国都即北京）府尹事。嘉庆二十五年（1820），嘉庆帝死后任实录馆副总裁。道光二年（1822）署河南巡抚，擢左都御史，道光六年（1826）授户部尚书，十一年（1831）署直隶总督，十二年（1832）管刑部事，十五年（1835）授协办大学士，十八年（1838）拜东阁大学士。他于道光五年（1825）被任为军机大臣，连续担任此职17年，直至道光二十二年（1842）死时为止。

王鼎在户部尚书任上，两次对盐政进行整顿。清道光八年（1828）赴长芦盐场调查盐政弊端，提出缓旧税、征新税，暂停征税三年，领盐补贴以补损耗三项治理措施；道光十年（1830）去两淮盐场，在陶澍等人的配合下，采取简化管理、缩小浮收、稳定生产、打击私贩等措施，并提出新章法15条。经过整顿，朝廷税收得到增加，食盐产销两旺，百姓生活需盐也得到保障。

王鼎在担任上述官职期间，忠于职守，颇具政绩。他精明认真，"在户部十年，综核出入，吏莫能欺"。"管刑部最久，总览巨细，阅常牍必竟，多所平反"。地方上官吏有疑案不能解决，他总被派去主持审断，"先后历九省，谳狱三十余，多得其实，有所弹劾，虽大吏无少瞻徇"。因而受到民众的称颂。在改革河务、盐政等方面，也都收到相当成效。

王鼎在历史上最重要的贡献是"禁烟"和"治河"。

一、禁烟：在禁烟运动和鸦片战争期间，王鼎支持林则徐的严禁鸦片吸食和贩卖、堵绝鸦片进口的坚决措施，坚持主张抵抗英国的侵略。他对林则徐因严禁鸦片和抵抗侵略而遭革职遣戍，极为愤慨不平。

二、治河：道光二十一年（1841）七月，黄河于祥符（今河南开封）决口，王鼎被派往主持治理，八月转署东河河道总督。当时许多人都认为水势方涨，不宜遽塞，主张迁省城"以避其冲"，他力排众议，并毅然承担重任，保证于"冬、春之交集事"，如办不到，"愿执其咎"。在他主持和指挥下，果然于第二年二月顺利竣工。费用既节省，工程进度又很迅速，大大超过以前大的水利工程。王鼎因此被叙功，晋太子太师。在这次治河工程中，他特地保荐林则徐前往襄办。林则徐是治水能手，对水利建设有丰富的经验，因而对他帮助很大，使工程得以顺利完成。他原拟借留林则徐在河工立功以免远戍，但道光帝于河工完成后竟命令林则徐发往伊犁效力赎罪。对此,他感到异常气愤,虽然他个人受到奖赏,却极为不满,回到北京后,他向道光帝面奏反对与英国议和,力保林则徐可用。他激动地拉着道光帝的衣襟慷慨陈词道:"皇上不杀琦善无以对天下,老臣知而不言,无以对先皇帝。"但道光帝这时已决心向英国侵略者求和,早在这以前就已重新起用投降派伊里布,并任命另一投降派重要分子耆英为署杭州将军前往浙江准备与英国进行和谈活动,因而对王鼎的意见丝毫不加理会。道光二十二年(1842)四月三十日,王鼎怀着极度悲愤的心情,悬梁自缢,以身殉国,他留下遗折数千言,"具论和议大非至计",请求"罪大帅,责枢臣","劾大学士穆彰阿误国",企图以死来感动和唤醒道光帝,纠正其错误的对外方针。

王鼎的死,实际是对清王朝对外妥协投降路线政策的一个抗议。林则徐在西戍中得悉王鼎死讯时无任悲愤,特写下律诗《哭故相王文恪公》,其中有句:"伤心知己千行泪,洒向平沙大幕风","廿载枢机赞画深,独悲时事涕难禁",对王鼎了解和大力支持自己的爱国行动,堪称知己同舟相济的深情厚谊表示感激,对王鼎的功业及国事的艰危表示深切的怀念与关注。王鼎的遗折由于穆彰阿党羽的阻挠破坏,没有上达到道光帝那里。王鼎生平俭朴自持,"清操绝俗","生平不受人请托,亦不请托于人",死时"廪无余粟,椸无新衣",表现了他狷介廉洁的良好作风。

潘世恩

潘世恩(1769~1854),字槐堂,作槐庭,号芝轩,江苏吴县(今江苏苏州)人,曾任工部尚书、户部尚书、吏部尚书、武英殿总裁等职。

乾隆五十八年(1793)状元,授修撰。后历任侍讲学士、内阁学士、户部左侍郎等职。偕纪昀经理《四库全书》事宜,嘉庆十二年(1807)充续办《四库全书》总裁、文颖馆总裁。次年任翰林院掌院学士。十七年(1812)授工部尚书,十九年(1814)调任户

江苏苏州潘世恩故宅——纱帽厅

部、吏部尚书，武英殿总裁、国史馆总裁。道光八年（1828）任礼部、工部、吏部尚书。道光十三年（1833）拜体仁阁大学士、国史馆总裁。次年命在军机大臣上行走。鸦片战争爆发后，支持林则徐前往广东禁烟，力主严内治方能御外侮。

潘世恩为官50余年，历侍乾隆、嘉庆、道光、咸丰四朝，被称为"四朝元老"。由于长期身居高位深得皇帝恩宠，处世谨慎，建树无多。但他在改善漕运、治理黄河水患、筹划边疆事务等方面提出过许多合理建议并为朝廷所采，对国计民生大有裨益。

咸丰初年边疆发生争端，他不顾年老多病退养在家，仍竭力向朝廷举荐林则徐、姚莹等人才，足见其知人善任之胆略。潘世恩一生大半在京为官，在苏州老家时日不多。嘉庆十九年（1814）母亲去世，他回家守孝，随后又因父亲年老有病上奏折"请假"侍奉，嘉庆帝对此大为不悦，下谕训斥并予降职处分，但念其孝心，仍允终善养。他获准留苏尽孝，直至其父离世，守孝期满才重返京城。

二十四年（1819）奏请开发甘肃、新疆，召民垦种，节饷实边。咸丰帝继位后下诏求贤，以80岁高龄保荐林则徐、姚莹等人。

咸丰四年（1854）卒。谥"文恭"。有《潘文恭公自订年谱》。

汤金钊

汤金钊（1772~1856），字敦甫，又字勖兹，萧山城厢镇人，官居户部侍郎、左都御史、礼部尚书、吏部尚书、工部尚书、户部尚书等。

他出身于商家，从小勤奋求学。清乾隆五十九年（1794）乡试中解元。嘉庆四年（1799）取进士，授翰林院庶吉士，后任编修，升侍讲。十三年（1808）入直上书房。

道光元年（1820），汤金钊任户部侍郎时，有总督孙玉庭奏本上调赋税：南漕浮收不能尽，议请八折收漕。汤金钊据理抗争："康熙帝有永不加赋之明诏，此大清亿万年培养国脉之重计也……成朝开加赋之端，臣窃惜之！"坚决反对加赋，其奏获准，维护了国家典章制度的严肃性，深受群臣称赞，道光帝在汤金钊奏文中批道："朝中有诤臣，使朕胸中黑白分明……"诤臣是敢于以正确的意见直言规劝皇上的大臣。

汤金钊为官刚正不阿，严明纪律，不徇私情，办事公道，深受朝廷器重，道光在位时，全国各种案件较多，有很多省市的按察院判的案件，出现上衙堂击鼓鸣冤的现象，直至上京城鸣冤。道光七年（1827），任左都御史、礼部尚书的汤金钊受皇帝的指派，前往山西、宣化、四川、武昌、湖北、浙江、福建等地重新调查刑狱案件，对那些判刑不服者，给予重新调查核实，做到不冤枉好人，但也不放过坏人，实事求是地办案，显示出"法律面前，人人平等"的原则。历时四年，一共出京奉差五次，行程万里，使得一些冤民得以平反昭雪。就连道光皇帝也深感满意，一度人称"汤青天"。

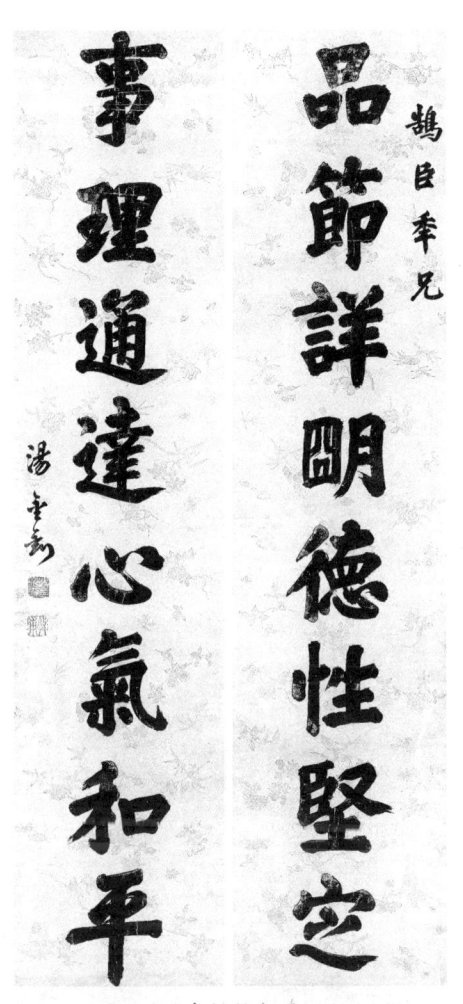

汤金钊所书联

英国鸦片输入由来已久，道光皇帝的皇曾祖父雍正开始禁烟，皇祖父乾隆下令禁烟，皇父嘉庆也屡令禁烟，但收效甚微，且愈演愈烈。雍正时每年走私进口鸦片200箱，乾隆时增至1000箱，嘉庆间又增至4000箱，道光时鸦片走私更加嚣张，年突破30000箱，流失白银3000万两。这时朝臣对禁烟政策有两派意见，以许乃济为首的弛禁派和以林则徐为首的严禁派，两种观点截然不同。英帝国主义如此猖狂，将大批鸦片运抵中国，毒害人民，掠取白银，汤金钊痛心疾首，恨之入骨，与林则徐一起，坚决主张抗英禁烟。他的行为得到了肃亲王敬敏的支持，两人共同拟定了禁烟条例39条，其中规定："戒烟以一年为期，逾期仍吸食者，平民处以死刑；官吏加等治罪，子孙不得应试。"道光帝认为，这个规定是于国于民都有好处，遂批准执行。

六年（1826），父丧归乡，期满，仍直上书房，实授户部侍郎。七年（1827），任左都御史、礼部尚书。任内，各省平民含冤进京上告。汤奉旨前往宣化、山西、四川、陕西、福建、湖北、安徽、江宁、浙江等地查办要案，持法公正，颇得人心。不久，充上书房，调吏部尚书。后遭谗言罢总师傅，降为兵部侍郎；后复授工部、户部尚书。二十年（1840）九月，钦差大臣林则徐禁烟被革职，琦善主抚广东边界，情势每况愈下，而汤金钊仍荐林则徐主事广东，违朝廷之意。

道光二十年（1840）九月，第一次鸦片战争，汤金钊推荐林则徐为两广总督赴虎门禁烟，后被革职，主和派善琦主持广东边界事务，国情每况愈下，道光皇帝问汤金钊："广东边疆谁去合适？"汤金钊就毫不犹豫地提出只有林则徐去才能边疆安宁。此时，道光皇帝已听信奸佞谗言，失去了抗英禁烟的信心。已将林则徐充军新疆，还牵连70多岁的汤金钊，处以连降四级的重罚，次年汤金钊以年迈为由辞别朝政。咸丰六年（1856）四月十九日，汤金钊离开了人世。冬，敕葬萧山所前镇东山夏村黄虎山南麓，今墓犹存。

咸丰皇帝得知汤金钊去世的噩耗后，认为对清廷是一大损失，深感悲痛，便赐奠、祭、葬三道圣旨，以示对汤的怀念，制曰："头品顶戴，致仕光禄寺卿汤金钊，立品端方，学问醇正，由翰林擢正卿，协赞纶扉，叠司文柄，供职恪勤。嗣因降补后，奏请休致，蒙皇考宣宗成皇帝赏给二品顶戴，旋复赏加头品顶戴。朕御极后，因其重与鹿鸣筵宴，赏加太子太保衔。方冀克享遐龄，长承渥眷，兹闻溘逝，轸恤殊深。著派戴宗带领侍卫十员，即日前往奠缀、加恩照尚书例赐恤，任内一切处分，悉予开复。应得恤典，该衙门察例具奏。伊长孙大理寺评事汤学醇著俟服阕后，交吏部带领引见，用示朕笃眷耆臣至意。钦此。"汤金钊一生著有《寸心知室存稿》《轺车日记》《自订年谱》《奏疏》等。

王茂荫

王茂荫（1798~1865），清朝货币理论家、财政学家。安徽歙县人。咸丰至同治时期曾任吏部右侍郎。

王茂荫是安徽歙县人，他34岁中进士，道光时期先后任主事、员外郎等职；咸丰、同治时期后任过陕西道监察御史、山西道监察御史、礼部给事中、兵部给事中、户部右侍郎兼管钱法堂事务、兵部左侍郎、吏部右侍郎等职。作为言官，王茂荫在任职期间，不断向最高统治者谏言，为巩固封建统治出谋划策，其思想主要体现在《王侍郎奏议》中。

咸丰元年为给清王朝筹措军费，上《条议钞法折》，建议发行纸币，提出"极钞之数，以一千万两为限"。其目的在于用控制数量来防止通货膨胀，以便"无累于民"而纸币"有益于国"。咸丰三年（1853），针对肃顺等请添铸"当百、当五百、当千"大钱的建议，上《论行大钱折》，严加批驳，指出："官能定钱之值，而不能限物之值。钱当千，民不敢以为百；物值百，民不能以为千。"这一论点触及货币名目论混淆，价格标准和价值尺度错误的要害，是对通货膨

王茂荫像

胀政策的有力驳斥。翌年，他又对发行不兑现纸币上《再议钞法折》，力主将不兑现纸币变为兑换纸币，触怒了咸丰皇帝，被调离户部。马克思在《资本论》第一卷第一篇注83中曾提及此事。

学术界普遍认为，王茂荫的货币思想

是我国封建社会货币理论的最高成就。王茂荫虽然为封建高官,但是他却能够忧国忧民,不计个人进退,敢于向皇帝大胆谏议,特别是主张发行可以兑现的货币,反对实行通货膨胀政策;极力主张反对外国侵略;主张"治国之道,用人尤重",等等。特别难能可贵的是,王茂荫作为封建统治阶级中的一员,能够做到廉洁自律,受到时人的尊敬和咸丰帝的褒奖。他著有《王侍郎奏议》11卷。

近代经济思想史上,王茂荫所以引人注目,原因有二:一是马克思在《资本论》第一卷第一篇第三章论述货币和商品流通时,有一附注:"清朝户部右侍郎王茂荫向天子上了一个奏折,主张暗将官票宝钞改为可兑现的钞票。在1854年4月的大臣审议报告中,他受到严厉申斥。他是否因此受到笞刑,不得而知。审议报告最后说:'臣等详阅所奏……所论专利商而不便于国'。"马克思附注中提到王茂荫可以看出二层意思,其一,在发行纸币和纸币的兑现上,认为王茂荫的主张是很有见地的,与自己的观点是一致的;其二,对王茂荫因提出改革货币的正确主张而受到清王朝的申饬表示了同情。由于王茂荫是马克思《资本论》中提到的唯一的中国人,故而引起众人的注目,成为近代中国经济思想史一个饶有趣味的问题。其二,更重要的在于王茂荫的经济思想主张形成于特殊时期并且独树一帜。王茂荫任职的时期正是清朝王朝由于第一次鸦片战争的失败和太平天国起义后所形成的严重的财政和货币危机时期。第一次鸦片战争失败后,由于战争费用开支和赔款,清王朝财政支出剧增,战后的银贵钱贱日趋严重,赋税负担增加,使社会经济更趋衰落,反过来造成税收不足,财政基础更加萎缩。对太平天国起义的镇压使清王朝军事开支迅速增加,而财政收入因统治地区缩小而减少等因素,更加重了财政危机和货币危机,为此,在一些错误的主张和舆论下,清王朝采取了各种必然引起通货膨胀的措施,其结果是不仅给广大百姓造成深重灾难,使社会经济更加凋敝混乱,而且财政状况和危机更加严重。在这种背景下,一系列"救弊"的思想主张被相继提出。而王茂荫身为户部主管财政货币的大员,他在财政和货币方面的思想主张,比以前和同时期的一些思想家,分析得更为深刻,观点更为中肯和鲜明,亦更具有实用性,而所以没有得以采纳和实施,缘于这些思想主张的"生不逢时"。

因为王茂荫任要职时是清王朝所处的上述特殊时期,所以他的思想主张涉及面广泛,内容丰富。如:

在社会政治方面,在严厉镇压太平天国等农民起义的同时,为了争夺民心,王茂荫主张封建帝王注意"修省",减轻一些民间的疾苦。认为"民心一去,天下将谁与守",建议咸丰皇帝"严降谕旨饬带兵诸将,务必使兵与民秋毫无犯"。对于"厘捐"局设过多,他认为"局愈多而民愈困""商力因此而废,民食由此而匮",主张将多设的局裁撤、禁止。

在使用人才方面,反对不正确的用人取人标准。如以字体工拙取士,认为由于取士专重小楷,以致"合天下之聪明材力尽日而握管濡毫",根本不能"济实用"。主张改革科举考试的内容,"勿论字体工拙,笔画偶疏,专取学识过人之卷",等等。

在经济思想方面,集中体现在他的货币改革方案和货币理论上:

第一,货币改革方案——《条议钞法折》。

鸦片战争后，因白银大量外流，形成银两短缺，银贵钱贱，造成财政的严重危机，此时任职于户部的王茂荫深感忧虑，潜心研究。太平天国起义，财政危机加剧，当时有铸大钱和无限制发行不兑换纸币等各种主张，实际都是主张用通货膨胀的方法来缓和财政危机。针对这种现象，同样是为了缓和清王朝的财政危机，咸丰元年（1851）九月，时任陕西道监察御史的王茂荫，向咸丰皇帝上了《条议钞法折》，提出了他的发行纸币的主张，被认为是他币制改革的第一个方案。

他认为，行钞（发行纸币）"不能无弊"，指出行钞有十弊，但与铸大钱相比，"两利取重，两害取轻"，只是财政极端困难时的一种"不得已之计"。故纸币要能流通顺利，必须注意和防止无限制发行纸币而造成通货膨胀这一弊端，做到"先求无累于民，后求有益于国"，这构成了他的币制改革主张的出发点。这一认识较为认真中肯地总结了历代行钞的失败经验，可以说王茂荫对于纸币发行原则的理解已达到较高的水平。基于这样的认识，王茂荫的行钞方案主张可以主要概括为三个方面：

其一，发行纸币（行钞）只应是用来"辅银"，"而非舍银而从钞"。纸币发行后，银币并不退出流通，而是数倍于纸币，与纸币同时流通。

其二，行钞应该做到"行之以渐，限之以制""定数"发行。否则钞无定数，则出之不穷，似为大利，不知出愈多，值愈贱。

其三，钞币必须能够兑现。主张朝廷应"准许人民持钞捐官，或缴纳钱粮，或持钞到银号兑取现银，以坚民爱钞用钞之心"。

王茂荫的上述行钞主张是为了缓和财政危机而提出的，在这一点上，符合当时清王朝统治者意图，但其具体主张与清廷意图又是难以相同的，故在建议提出之初，就遭到了驳议，建议未被采纳。虽然1853年5月开始实行发钞（官票），年底发行"宝钞"，但由于这些都是不能兑现的，并且数量很大，与王茂荫的主张建议均是相违背的。但是由于他是太平天国起义后清朝廷中第一个主张发行纸币的人，建议行钞的目的又是为了解决财政危机，加之任职户部多年，1853年十一月王茂荫仍被擢升为户部右侍郎兼管钱法堂事，王茂荫虽被升了官，但其建议主张不被采纳。1853年五月以来的行钞措施与之设想又相违背，所以，在升职之后即给朝廷上了《论行大钱折》，反对铸大钱。

第二，坚决反对"铸大钱"。

道光以来的银贵钱贱现象，在当时清廷的士大夫集团中产生不少主张铸大钱的论调，1853年清廷开始实行铸大钱。针对铸大钱的论调和铸大钱所造成的恶果，1853年十一月二十一日，王茂荫给咸丰皇帝上了《论行大钱折》。他认为："钞法以实运虚，虽虚可实；大钱以虚作实，似实而虚。"也就是说，纸币虽无价值，但若能兑换并且发行量有一定的"定数"，它就代表一定的实际价值；而大钱本身虽有一定的价值，但因它不足值，故而它的面值是虚的。折中还批驳了历史上的错误观点：国家可以创造或任意决定货币价值的观点。认为"论者又谓：国家定制，当百则百，当千则千，谁敢有违？是诚然矣，然官能定钱之值，而不能限物之值"。指出了朝廷虽然规定铸钱的名义价值，但不能决定它的实际价值。还指出"自来大钱之废，多由私铸繁兴，物价踊贵"，1854年正月王茂荫上《再论铸大钱折》又分析了这一方面，"若奸人以四两之铜铸两大钱，即抵交一两官银，其亏国将有不可胜计者","设奸人日销以铸大钱,则民间将无制钱可用,其病民又有不可胜言者"。可惜,王茂荫的这一中肯的正确主张依然没有得到重视和采纳。同年三月咸丰准添铸了"当百、当五百、当千"的大钱,结果在流通中造成极大混乱,加之上述发行的不兑现的"宝钞",使通货膨胀愈演愈烈。

第三,货币改革方案二《再议钞法折》。

咸丰四年(1854)三月,王茂荫针对银票、宝钞和铸大钱所造成的剧烈贬值和混乱,给咸丰皇帝上了《再议钞法折》。《条议钞法折》的主要目的是既要有助于解决财政困难,又想避免严重的通货膨胀;那么,《再议钞法折》则主要是为制止已经发生的严重通货膨胀。被认为是王茂荫的第二个货币改革方案。

《再议钞法折》的主要内容包括四项建议:其一,允许钱钞兑换现钱;其二,允许银票兑换现银;其三,允许各商店用钞换银;其四,允许典(当)铺款项出入搭用钞币。前二项是关于持钞人同国家的关系问题,后二项是在商人同商人、商人与顾客的交换中扩大钞币的使用问题。而前二项是整个方案的关键部分。从中也可以看出,王茂荫亦想利用银号和商人的力量来推行货币改革,因为他深深体会到封建官僚机构贪暴腐败,不能取信于民,而银号在民间却有较高的信用,因而产生了借助银号的信誉和联系推行货币改革措施的想法,产生了发钞必须有"商人运于其间"的主张。王茂荫重视商人的作用,既反映了当时商人在社会中已有了不可忽视的力量,也表明他本人同商人和商业活动之间的密切联系以及对货币问题的深刻认识。然而,咸丰看了《再议钞法折》后大为不满,认为王茂荫所言是贵民而贱官,不以国家政事为重,加上户部军机大臣审议结论中也指责王茂荫是"所论专利商贾而不便于国,殊属不知大体",从而导致咸丰下旨"严行申饬",将王茂荫调离户部,任兵部右侍郎。从此,基本上结束了其主理财政货币的事务。

难能可贵的是,王茂荫上述货币思想主张,是在西方的货币理论和制度还没有介绍到中国来时所提出的,所以,他的货币思想主张被认为是在继承中国传统货币思想的基础上,根据他个人对当时中国的状况的分析、体会而独立形成的。并且很多观点的表述是正确的和中肯的,其主张现实中亦是能行得通的。尤其他的敢于坚持观点、遇事敢言、持正不阿、关心国计民生的精神是值得称颂的。

段光清

段光清(1798~1878),字俊明,号镜湖,宿松县仙田庄(今凉亭镇)段家老屋人。清咸丰年间官至吏部左侍郎、光禄大夫(一品)衔。

段光清少有大志,颇负勤学好问之名。初以举人大挑,任建德县知县,后历任浙江慈溪、海盐、江山、鄞县知县、宁波知府、宁绍台道台、浙江盐运使、按察使等。

清咸丰二年（1852），浙江鄞县官府因催粮事激起民变，乡民与盐盗一齐冲入城中抢劫，焚烧了县衙。后经浙江巡抚派兵万人到宁波缉捕，又因官兵侵犯而引起羊庙之变，使20余名官员被打死，捕兵亦被打死数百人，吓得官兵星夜逃回省城。段光清任取鄞县后，立即采取减粮价、清盐界、诛首凶、散余党、安民心等策略，未动一兵一饷，很快就平定了事变。当地人们都称他为"段青天"。

段光清从官过程中善断奇案，颇受人们推崇。一次，福建总督府签押房中失窃700锭银子，由于段光清为人正派，不会阿谀奉承，新任总督对他很是反感，于是借机要求其限期破案。

段光清承诺："多则十天，少则六天，下官保证将盗贼缉拿归案。不过请大人答应三件事：第一，请准许本县差役守卫总督衙门四周；第二，凡从大人衙门口出入者，一律准由卑职派人检查；第三，卑职来见大人，不论何时何地，望勿拒绝。"总督一一答应，段光清立即回县衙部署。

段光清回到县署，幕僚们纷纷议论："老爷您这办法恐怕不行，到时候逮不住窃贼如何交差？"段光清只是淡淡一笑，不置可否。他立即传集署中吏差到堂，命令他们立即前往总督公署，在督署四周日夜巡逻，勿稍懈怠。段光清随后又命干练衙役前往总督公署二道门口，按一天两人一班分班把守此门。如发现有行走缓慢、摇摆，身上似藏有重物者，立即上报，但不必搜身。接着，段光清又命几名衙役分头前往城中所有的银号、钱店侦查，如发现有人持某某式样、某某印记、某某重量的元丝银锭前往兑换的，连人带银一并扣押，送来县署惩办。

随后，段光清接二连三求见总督，有时一天跑上好几趟，总督碍于先前承诺，也不便拒绝。可段光清觐见总督后却又一句话也不说，只是在公署内前后左右看个遍即告辞，总督感觉莫名其妙，但也不好多说什么。段光清以后几日都是如此。这样过了三四天，搞得总督日不能理卷，夜不能安寝，叫苦不迭。终于，他生气地找来段光清，埋怨道："你这是干什么？这么一天天跑来跑去，也不怕麻烦？你到底能不能破案？"段光清也不作答，只是叩头，唯唯答应而去。

第六日一早，段光清带着衙役和刑具，直奔总督府。正逢总督想出巡，仆役前呼后拥走至门口。段光清上前行礼后便说："案子已破。"总督大喜问："窃贼何在？"段光清指着总督身边的一个随从，厉声道："他就是盗贼！快给我拿下！"总督见此乃他心腹之人，大惊道："有何证据？"

段光清并不答话，只是领众人来到督府

《镜湖自撰年谱》

中的花厅,里面有一张床。段光清令人将床抬走,只见床下有一堆松土,挖开一看,里面果真藏着一大包银锭,一数只有200锭。段光清严斥被捕者:"如不从实交代,必将用刑严惩!"对方惶恐之下,只得供出其余500锭银子的藏匿地点。

总督钦佩地问段光清:"你是怎么破此案的?"段光清笑道:"签押房是机要重地,只有内贼才有机会行窃。可此地吏员仆役甚多,何人作案难以判断,故向您提出三条请求,盗贼心虚,一定急于了解我的行踪及破案情况。我来求见,他必定设法窥听。不出所料,我每次来总见该人悄然窥视窃听,如果不心虚,何必如此呢?但是,所失之银藏于何处,我还不知,便在府中到处观察。一次走过那间花厅,无意发现里面床被人移动过,再一注意,又见那仆役的眼神也时常盯着床处。于是,我断定这儿可能便是藏赃之处。"由此,一桩案件被段光清出奇招破获。

咸丰八年(1858)冬,段光清由宁绍台兵备道升任浙江按察使,加封吏部左侍郎、光禄大夫衔,获咸丰皇帝五次召见。咸丰问:"何以到处称你为青天?"段回答:"原为州县时,百姓有事经官,无论事之大小,即刻见面,为之一言了结,以省拖累。青天之誉,臣实深惭愧焉。"咸丰即命南书房书赠"平易近民"加以褒奖。

同治五年(1866),段光清因年近古稀,请病休归隐故里,光绪四年(1878)病逝,终年80岁。生平著有《吟梅草堂笔记》和《镜湖自撰年谱》传世。其《自撰年谱》一书于1960年作为《近代史资料笔记丛刊》在上海出版,书中着重记载了鸦片战争以后太平天国时期浙江的情况,对研究中国近代政治、经济、文化、刑法很有史料价值;附记宿松风俗、灾害、民情,为地方史志不可多得的资料。

朱凤标

朱凤标(1799~1873),字桐轩,号建霞,浙江萧山城东城厢镇朱家坛村人,为官礼部侍郎、户部右侍郎、户部尚书、刑部尚书、兵部尚书、工部尚书、吏部尚书等。

朱凤标出身世儒人家,几代素来作为诸生而享有文名。道光八年(1828),乡试中举。道光十二年(1832),经会试,殿试赐一甲第二名进士及第,授翰林院编修。道光十四年(1834),高中榜眼。道光十七年(1837),出任山东乡试副考官。

道光十八年(1838),散馆大考第一。道光十九年(1839)二月,翰詹大考获二等,赐文绮。五月,入直上书房。十二月,提督湖北学政。道光二十一年(1841),擢升国子监司业,留任学政。十二月,升翰林院侍讲。道光二十三年(1843),迁官詹事府右春坊右庶子。道光二十四年(1844)二月,回京,在上书房行走,四月,署日讲起居注官,五月,实授起居注官。道光二十五年(1845),升为翰林院侍讲学士。道光帝谕内阁,皇子七阿哥,即醇贤亲王,当时刚五岁,由朱凤标为他讲习。勤恳启蒙,十余年如一日。四月十一日正式入学读书,由朱凤标授读。不久,转为翰林院侍读学士。这一年夏天,擢升内阁学士兼礼部侍郎衔。道光二十六年(1846)正月,充任文渊阁值阁事。署户部右侍郎,兼管钱法堂事务。道光二十七年(1847),充任会试副考官,而后,授兵部右侍郎,仍署户部右侍郎,兼管钱法堂事务,四月,为殿试读卷官,五月,改户部右侍郎,十月,奉敕查验。道光二十八年(1848)正月,前往天津查验海运漕粮、拨船亏短米石的事情。经查证,无经纪串通之事,实属承运不慎所致。他据实上奏。朝廷责令:经纪、拨船分别赔补所有亏损短缺;亏短六石以上者赔偿外,仍要在河干枷示,以示惩儆。朱凤标又上奏:为了防范天津漕运找借口使水掺假,此后,请仓场侍郎即时检查,稍有损耗,立即责令分别赔偿;查出达四石以上者交刑部惩办。道光帝下诏,按他所奏请的办理。十一月,会同大学士耆英、巡抚徐泽醇查办山东盐务,及程仪收受节寿礼银这两件事。查实后,道光帝下诏,将程仪革职,追查历任所受节寿礼银事,严加议处。此后,他又查出运使因公出借银两7万余,多年不还,责成运使如数赔缴。还查出济南属16州县各项未完税银41万两,以及仓廒缺谷37万余石,限八个月补饬钱粮。另

浙江萧山朱凤标故居

外,他还上奏:参劾候补原德州知府欠交1万余两钱粮,请旨勒定限期催缴、夺职。

道光二十九年(1849)八月,朱凤标充任教习庶吉士。道光三十年(1850)六月,转左侍郎兼管三库,并兼署吏部右侍郎。十月,为实录馆副总裁。十二月,充经筵讲官。咸丰元年(1851)五月,迁任都察院左都御史。十月,署工部尚书。咸丰二年(1852)正月,授为国史馆副总裁官。三月,署刑部尚书。四月,拔为殿试读卷官。八月,以侍读出任为顺天乡试副考官。九月,署工部尚书。咸丰三年(1853)三月,署任户部尚书,并管三库事。另为朝廷阻击太平天国,多次上奏,出谋划策。皇帝命各省举办团练,传谕廷臣各举所知。朱凤标荐举前兵部右侍郎戴熙督办浙江团练事。戴熙防御太平天国进攻十分效力,后来杭州城陷,战死。此时,淮河以上地区军事日趋紧张,朱凤标请整饬山东巡抚,亲自扼守淮安要冲;并且整饬直隶总督,全力筹办防剿,以使之成为

京师的屏障。

时应受有方，洪秀全、杨献忠军队进逼河南攻陷归德，朱凤标认为开封守备空虚，上奏疏陈防剿事宜六条，为镇压太平天国革命处心积虑、出谋划策。所上奏各项，全都被朝廷采纳、施行、嘉奖。七月，查办河东盐务，八月，为顺天乡试正考官。九月，为武会试正考官。十一月，为实录馆副总裁。咸丰四年（1854）二月，授朱凤标为刑部尚书。在文华殿为咸丰帝进讲《经易》"自强不息"，进毕，咸丰帝一一宣御论。五月，改任户部尚书。咸丰五年（1855），朱凤标先后为顺天武举乡试正考官、武举会试正考官。咸丰六年（1856），朱凤标充任教习庶吉士，加太子少保。调任兵部尚书。咸丰八年（1858），朱凤标出任顺天乡试副考官。署工部尚书，复调任户部尚书。咸丰九年（1859），顺天乡试舞弊案被揭发，科场大狱使主考大学士柏葰论斩，朱凤标当时任副考官，因为换卷失察，中试举人年龄朱墨不相符合，被御史所劾而解任。朱凤标因咸丰帝知其无私，仅坐失察议处，从宽革职，也算走运。咸丰帝夙知朱凤标清廉、耿介、有操守，不久，恩赏翰林院侍讲学士衔，仍直上书房，授醇郡王奕譞的侍读如故。朱凤标历任大理寺少卿，任通政使司通政使。咸丰十年（1860），朱凤标以通政使迁任左副都御史，署刑部右侍郎，随驾赴热河。擢兵部尚书。咸丰十一年（1861），朱凤标改任吏部尚书，充上书房总师傅。以护送咸丰皇帝梓官回京及扈从圣驾有功，赏加二级。调任吏部尚书，赐紫禁城骑马。充上书房总师傅，兼署工部尚书充经筵讲官。

同治元年（1862），朱凤标署左都御史。为国史馆副总裁。翌年，朱凤标兼署工部尚书。教习庶吉士。同治三年（1864），充任顺天乡试正考官。不久，兼署户部尚书。同治五年（1866），朱凤标任吏部尚书，充上书房师傅经筵讲官，出任顺天乡试主考官，署理户部三库事务。署户部尚书。同治六年（1867），朱凤标以御史奏请更定外城团练章程，并请五城御史协同督察。第二年，朱凤标授命为吏部尚书、协办大学士。不久，充任翰林院掌院学士，国史馆总裁。出任会试主考官。擢大学士管理吏部事务，授体仁阁大学士，充文渊阁领阁事。同治八年（1869），朱凤标充任武英殿总裁。八月，为朱凤标70寿辰，皇帝御书"台衡介祉"匾额，赐文绮、如意及"福寿"字等。同治九年（1870），朱凤标充任管库大臣。同治十年（1871），出任会试主考官。

朱凤标一生视事清楚、深谋远虑，通达而善于治本，经历长久而练达。历任五部尚书，屡掌文字、选才大权，人称得士最多。道光时期，首创海运船户经纪规矩。杜绝侵盗事发及互相推诿。朱凤标制定出分赔、独赔等章程。奉命查办山东盐务，疏陈积弊；请参照官运成本，使商有余资，民沾实惠，此后成为法规。

同治十一年（1872）六月，朱凤标以老病休，退休仍享全额俸银。同治十二年（1873）闰六月，朱凤标卒于京师，终年74岁。追赠太子太保衔，予谥"文端"。

花沙纳

花沙纳（1806～1859），姓乌米，字毓仲，号松岑，乌济特氏，蒙古正蓝旗人后汉隶于蒙古正黄旗人，官至吏部尚书、左都御史。

道光十二年（1832）进士，他在30多年的仕途中迁调频繁，曾在内阁六部、满汉八旗等许多部门均曾任职。不仅如此，他还多才多艺，不仅擅长琴棋书画，文笔也很华美，曾为后人留下了很多文学作品以及大量的奏稿。

花沙纳出身于蒙古贵族家庭，他的祖父德楞泰一生南征北战，镇压过多起民间反叛活动，为效忠大清朝立下了汗马功劳，是乾隆、嘉庆两朝的功勋宿将。花沙纳的父亲苏冲阿、兄倭什讷均因为其祖父的功劳而备受青睐，先后承袭一等侯爵。出于对祖上的敬仰和尊崇，花沙纳曾撰有《德壮勇公年谱》32卷，记述了其祖父的生平，并附有德楞泰的画像。

1864年，花沙纳在工部和户部任职，兼管钱法堂事务，他对清廷赖以生存的经济命脉——漕运非常重视，他针对当时漕粮征收不足的情况，奏请清廷拨银30万两以收买补足缺额。并适当减免税银，以调动粮商的积极性，此项建议受到朝廷的采纳与嘉许。

1850年，道光帝卒，咸丰帝继位。花沙纳仍然担任朝廷要职。太平天国运动爆发后，因用于镇压太平军的军备财物激增而导致了国库空虚，财政陷入困境。为解财政危机，花沙纳于咸丰二年（1852）九月上奏制发银钱钞币，此举在当时产生了很大的影响。花沙纳针对前朝行钞存在的诸多弊病，制定出32条行钞措施，详细陈述了"行钞

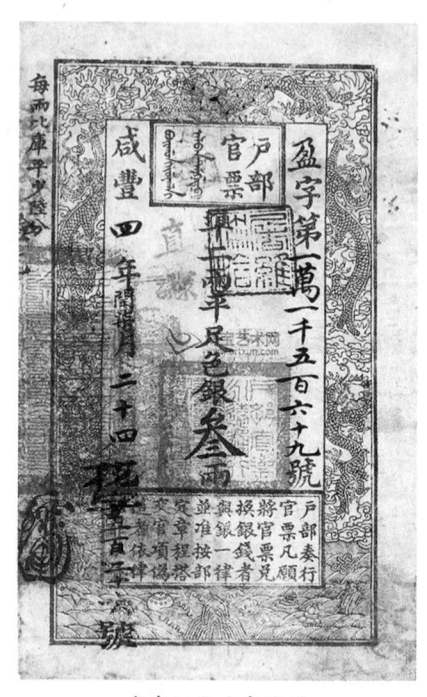

咸丰四年户部官票

十四利"。次年，花沙纳奉命与陕西道御史王茂荫会同户部堂官议定，于同年六月及十二月先后发行了以银两为官位的"官票"和以制钱为单位的"宝钞"，使清廷财政收支的矛盾在一定程度上得到缓解，勉强渡过了难关。

当然，像"官票"和"宝钞"这样的纸币是不能进行兑现的，且印发数量庞大，必然会引起通货膨胀，造成物价飞涨，损害百姓的正常生活。而花沙纳这种当初为解一时之急而作出的妄然之举实质上并没有达到"行钞十四利"中所描绘的那种美景蓝图。

1858年6月，正值第二次鸦片战争期间，英法联军攻陷了天津大沽。清廷慑于外寇的威胁，命花沙纳同大学士桂良前往天津

议和,并签订了丧权辱国的《天津条约》。同年11月,清廷又派花沙纳与桂良赴沪,会同两江总督何桂清与英、法、美三国签订了《通商章程善后条约》,这是政府对国家主权的又一次出卖。咸丰九年(1859)六月,花沙纳回到北京半年后去世,时65岁。清廷赐谥"文定"。

花沙纳在第二次鸦片战争中的议和事件是他一生无法抹去的耻辱,然而,在他一生为清廷供职的30多年间,他在政治、经济以及科举方面所作出的巨大贡献也是不可忽视的。

单懋谦

单懋谦(1802~1879),字仲亨,号地山,湖北襄阳县人(今襄樊)人,官居工部尚书、吏部尚书、文渊阁大学士。

懋谦生性聪颖,自幼随祖父读书。道光十二年(1832)进士,授翰林院庶吉士、编修。十五年(1835),典江南乡试。十七年(1837),入直南书房,管应制文词书画。十九年(1839),参加由皇帝命题的大考,被列为二等,授赞善、司业和洗马,负责皇太子的学业。二十年(1840)八月,任广东学政、侍读、庶子,后督广东学政。后因父丧母忧,请假回乡。在家乡期间尝主鹿门书院数年。二十九年(1849),汉水暴涨,灾民流离失所,懋谦倡议赈济,不少人免于死难。

咸丰初,太平起义军连下德安(今安陆)、随州,逼枣阳,襄阳因为懋谦所办团练阻挠,未能攻下。后胡林翼治鄂,对懋谦颇倚重,襄郧一带军饷,概由其筹办。

咸丰六年(1856)回京,仍值南书房。七年(1857),督江西学政,后历任少詹事、内阁学士、工部侍郎等职。十一年(1861)十月,奉命按察浙江巡抚毓科和布政使庆廉一案,执事称公允,后又充实录馆副总裁。同治二年(1863),擢左都御史。三年(1864),同大学士瑞常等人讲授《治平宝鉴》,授工部尚书。次年,奉命赴盛京(今沈阳)负责修建太庙和昭陵,并奏请"会剿"东北"盗患",创办团练有"功",深得当朝赏识,先后管理户部、吏

湖北襄樊米公祠

部、国子监（太学）事务。同年，以吏部尚书协办大学士，不久，拜文渊阁大学士，兼管兵部。十三年（1863），因耳疾请解职回家，三次上奏，始获准。光绪五年（1879）六月二十二日病死，时年77岁。清迁下诏赐恤，赠太子太保，谥"文恪"。

单懋谦为人持重，接近王室，镇压太平军有"功"，故得连擢重用。当时，汉人入阁者尤重勋望，六官中大拜者少见，准他先后经历五部，终于主掌朝政，为时人所艳羡。他督广东、江西学政时，厘文体，裁陋规，反映良好。曾主考三次，能识拔后进，尚书郑敦谨、湖广总督张之洞等名宦均为他所发现。襄阳名士，翰林院编修王万芳亦曾拜在门下他工诗文、善书法。同治十三年（1874）《襄阳县志》告成，曾为之作序。光绪元年（1875）十二月，书题"米公祠"三字，浑厚庄重、丰润有力，刻于米芾纪念门楣，至今犹存。其著作辑为《岘云山房遗稿》。

曾国藩

曾国藩（1811~1872），初名子城，字伯涵，号涤生，谥"文正"，汉族，湖南长沙府湘乡县（现属湖南娄底双峰县荷叶镇）人。晚清重臣，湘军的创立者和统帅者。清朝军事家、理学家、政治家、书法家、文学家，晚清散文"湘乡派"创立人。曾经任职吏部侍郎。

嘉庆十六年（1811），曾国藩出生于湖南长沙府湘乡荷叶塘白杨坪（今湖南双峰荷叶镇天坪村）的一个豪门地主家庭。兄妹九人，曾国藩为长子。祖父曾玉屏虽少文化，但阅历丰富；父亲曾麟书身为塾师秀才，作为长子长孙的曾国藩，自然得到了二位先辈的教导。

曾国藩6岁时入塾读书，8岁能读八股诵五经，14岁时能读《周礼》、《史记文选》，并参加长沙的童子试，成绩俱佳列为优等，可见他自幼天资聪明，勤奋好学。至道光十二年（1832）他考取了秀才，并与欧阳沧溟之女成婚。连考两次会试不中，随后又努力复习一年，在虚岁28岁时，道光十八年（1838）殿试考中了同进士，从此之后，他一步一阶地踏上仕途之路，并成为军机大臣穆彰阿的得意门生。在京十多年间，他先后任翰林院庶吉士，累迁侍读、侍讲学士、文渊阁值阁事、内阁学士、稽察中书科事务、礼部侍郎及署兵部、工部、刑部、吏部侍郎等职，曾国藩就是沿着这条仕途之道，步步升迁到二品官位。十年七迁，连跃十级。

咸丰二年（1852），曾国藩因母丧居家。这时太平天国的起义已席卷半个中国，尽管清王朝从全国各地调集大量八旗、绿营官兵来对付太平军，可是这支腐朽的武装不堪一击。因此，清王朝屡次颁发奖励团练的命令，力图利用各地的地主武装来遏制太平军势力的发展，这就为曾国藩的湘军的出现提供了一个机会。咸丰三年（1853）借着清王朝寻求力量镇压太平天国的时机，他因势在其家乡湖南一带，依靠师徒、亲戚、好友

曾国藩像

等人际关系，建立了一支地方团练，称为湘军。1854年二月，湘军倾巢出动，曾国藩发表了《讨粤匪檄》。在这篇檄文里，他声称太平天国农民战争是"荼毒生灵"，"举中国数千年礼义人伦诗书典则，一旦扫地荡尽。此岂独我大清之奇变，乃开辟以来名教之奇变，我孔子、孟子之所痛哭于九泉"，号召"凡读书识字者，又乌可袖手安坐，不思一为之所也"。其站在了道德的制高点，故动员了当时广大的知识分子参与到对太平军的斗争当中，为日后的胜利打下了坚实的基础。曾国藩残酷镇压太平天国起义，用刑苛酷，史称"派知州一人，照磨一人承审匪类，解到重则立决，轻则毙之杖下，又轻则鞭之千百……案至即时讯供，即时正法，亦无所期待迁延"。不仅他自己直接杀人，他的父亲和四弟也杀人，即有人责其杀人过多，称呼为"曾剃头""曾屠户"。据说，南京小孩夜哭，妈妈说"曾剃头来了"，小孩就不哭了。在和太平军作战中，曾国藩用劫掠财物、封官赏爵的办法来鼓舞士气，养成湘军剽悍凶残的习性。湘军在军事素质落后的清朝武装力量中成为中国南方地区与太平天国军事力量作战的主力之一。曾国藩被封为一等勇毅侯，成为清代以文人封武侯的第一人，后历任两江总督、直隶总督，官居一品。

太平天国失败后，太平军在江北的余部与捻军会合，清廷命曾国藩督办直隶、山东、河南三省军务。曾国藩带领湘军2万、淮军6万，配备洋枪洋炮，北上"剿捻"，他的方针是"重迎剿，不重尾追"，并提出"重点设防"等计划，妄图把捻军阻击在运河、沙河地区，使捻军无处可逃，然后加以消灭。但是捻军突破了曾国藩的防线，进入山东，使曾国藩的战略计划全部破产。曾国藩被免职，由李鸿章接代。

同治九年（1870），正在直隶总督任上的曾国藩奉命前往天津办理天津教案。1870年六月二十一日，天津数千名群众因怀疑天主教堂以育婴堂为幌子拐骗人口、虐杀婴儿，群集在法国天主教堂前面。法国领事丰大业认为官方没有有利镇压，持枪在街上碰到天津知县刘杰，因发生争执开枪射击，当场击死刘杰仆人一人，民众激愤之下先杀死了法国驻天津领事丰大业及其秘书西门，之后又杀死了10名修女、2名神父、2名法国领事馆人员、2名法国侨民、3名俄国侨民和30多名中国信徒，焚毁了法国领事馆、望海楼天主堂以及当地英美传教士开办的4座基督教堂。事件发生后，英、美、法等国联合提出抗议，并出动军舰逞威。曾国藩到天津后，考量当时局势，不愿与法国开战，"但冀和局之速成，不问情罪之一当否"，在法国的要求下，商议决定最后处死为首杀人的18

人，充军流放25人，并将天津知府张光藻、知县刘杰被革职充军发配到黑龙江，赔偿外国人46万两银，并由崇厚派使团至法国道歉。对这个交涉结果，朝廷人士及民众舆论均甚为不满，使曾国藩的声誉大受影响，引起全国朝野的唾骂，连他的湖南同乡也把他在湖广会馆夸耀其功名的匾额砸烂焚毁。同治十一年二月初四（1872年3月20日）在南京病逝。朝廷赠太傅，死后被谥"文正"。

曾国藩一生著述颇多，但以《家书》流传最广，影响最大。光绪五年（1879），也就是曾国藩死后七年，传忠书局刻印了由李瀚章、李鸿章编校的《曾文正公家书》。他本人也善于运用人才，清朝另外一些名臣如左宗棠、李鸿章都与他有密切关系。左宗棠、李鸿章等称呼曾国藩为老师。曾国藩曾说："李少荃拼命做官，俞荫甫（俞樾）拼命著书。"

张之万

张之万（1811~1897），字子青，号銮坡，直隶南皮南街（今属河北）人。清光绪时期曾任吏部尚书。

道光二十七年（1847）状元，官至大学士。张之万4岁开始读书，18岁进学。道光十九年（1839）丁酉科拔贡。以七品京官分刑部学习行走。二十年（1840）中庚子科举人。道光二十七年（1847）殿试，以一甲一名状元及第，授翰林院修撰。历任修撰、河南学政、内阁学士、礼部侍郎兼署工部等职。同治元年（1862）偕太常寺卿许彭寿等，汇辑前代帝王及垂帘事迹可法戒者呈上，赐名《治平宝鉴》。后署河南巡抚，督师镇压捻军。迁河道总督、漕运总督。九年（1870），任江苏巡抚。次年，来沪查阅江南制造总局一切机器，赴松江巡视海塘。调任浙闽总督，继又抵上海巡视海塘工程，并与曾国藩接见日、英、法、美等八国领事。又同曾国藩会奏必须赶修宝山海塘。橄候补知府厉学潮负责修浚吴淞江（今苏州河）。复与曾国藩会奏续议江苏水师事宜。光绪八年（1882），为兵部尚书，后调刑部。十年（1884），入直军机处，兼署吏部尚书。后为协办大学士、体仁阁大学士、东阁大学士。

1853年林凤祥、杨开芳率太平军北伐，张之万奏请直隶、山东、陕西、安徽四省军队到河南镇压，并请派大员督办地方团练，亲自捐献军饷，致太平军北伐受阻。

咸丰四年（1854），太平军进攻直隶，大败讷尔经额于临洺关，连克交河、献县、沧州、青县、静海等地，前锋逼近天津。张之万献计，在静海设防。咸丰六年（1856）调张之万回京，充日讲起居注官，入上书房。八年（1858）教授钟、孚两郡王读书，与恭、醇两亲王往来密切。九年（1859）补授翰林院侍读，充会试同考官。七月，英法联军进攻大沽口，张之万奉旨与军机大臣焦祐瀛、御史陈鸿翔督办团练。十一年（1861）七月，咸丰帝于承德病死。同治继位。怡亲王载垣、户部尚书肃顺等八大臣总摄朝政。张之万依附于慈禧和恭、醇二亲王，与李鸿章、醇亲王秘密筹划杀害肃顺等计划。

后肃顺等被捕，张之万援引嘉庆朝杀和珅一案，力主置之重典。结果，怡、郑二亲王赐死，肃顺斩首，其他五臣革职治罪。由此深得慈禧信任，升詹事府詹事，兼署工部左侍郎。不久，擢内阁学士。同治元年（1862）升礼部右侍郎，兼工部左侍郎。三月，张之万与许彭寿等编纂《治平宝鉴》。书成，甚得慈禧欢心和赏识。九月，御史刘毓楠奏劾河南洛阳知府任桂擅杀李书声、副将杨飞雄擅杀汝州鲁山县李詹事，朝廷命张之万按察。张之万至河南后，详勘有关人员，回朝实奏，河南官吏擅杀、罚银、浮收、苛派等情形。清廷降旨，巡抚郑元善、知县任桂、副将杨飞雄被降级、革职。张之万署河南巡抚。不久，先后数次上疏，力主变通折漕、改革地方税收办法，得清廷信任。时捻军张乐行击破涡河南北，义民大起。张请清帝调按察使张汝梅、道员袁保庄共署河南军务，擢张曜为总兵，改袁甲三旧部900人为亲军。此时，张乐行率捻军进攻涡河。临漳、内黄农民纷纷响应。张之万遣总兵李世玉、杨玉春、余际昌率部镇压，牵制摇摆不定的团练苗沛霖。十二月，张之万在汝州督师，用强力拖住陈大喜的进攻，命总兵张曜、余际昌袭击捻军张凤舞部。张凤舞无援战败被杀。光绪二年（1876），张之万实授河南巡抚。张曜击陈大喜部，难以取胜，被张之万革去总兵职务，总兵李世玉攻捻军不利，受到摘去顶戴处分，张之万遣余际昌、赵鸿举连营环堵，企图切断捻军西南联系。奏调东三省军队协助，购置马匹、器械，充实骑兵。二月，陈大喜占据杨寨牵制

张之万像

清军，张之万飞檄余际昌进攻土扶桥捻军，总兵陈禄兴、赵鸿举进攻张岗捻军。四月，苗沛霖反清。豫、皖震动，起义军于方寨设伏，全歼余际昌部，余亦阵亡。张之万再调张曜赴张岗，与团练大臣毛昶熙所遣清军，四面环击。激战累月，汝南捻军大败。

张岗捻军失败后，张之万屯兵徐州，节制河南诸清军。八月，亳州起义军攻徐州，连破大庄、保全两寨，直取开封。开封知府汤聘珍和他的亲军守城，张曜急救，保住开封。张之万因指挥失利，被降二级留任。

十月，捻军蓝大顺由山阳、商州向西坪进发，与张宗禹会合。西坪是清军多隆阿大营转运重地，位置十分重要。清廷命张之万严防。张之万遣乡勇会同张曜进攻，败张宗禹于重阳店，乘机袭占西坪，蓝大顺败走。十二月，张之万督师洛州，镇压皖、楚捻军。同治三年（1864），张之万以马队配合张曜部，先破白土岗，令总兵吴在升三面合

围,留出南召一面,故意暴露弱点,诱张宗禹出战,由苏克金马队掩杀,计划一举歼灭捻军。因大雪,迟滞行动。张之万将宋庆由安徽调往河南,令王文行部攻黄梅寨,吴元炳、范文美、苏克金攻南召;额尔固善和宋庆扼居石桥镇。张宗禹于北河口突破清军包围圈,进抵桥滩。张之万率各路清军追击,命宋庆截断捻军与太平军会合路线。张之万移师南阳,克汝南,杀捻军首领赵国良。同治四年(1865)正月,捻军袭击开封,张之万率兵由襄阳往援。三月,张宗禹率军击曹州,张之万令张曜会剿。四月,张之万被调署理河东河道总督。五月,捻军在曹州高楼寨设伏,全歼僧军,击毙僧格林沁。张之万因"督剿"不利,贬去二品顶戴,革职留任。八月,新任河南巡抚吴昌寿领兵赴徐州,省城空虚,捻军进逼开封。张之万派河防清军防守要寨,阻止义军过河得逞。九月,赏还二品顶戴,补授河道总督。同治五年(1866)八月,调任漕运总督,因里下河(江苏江北运河以东通称)为江淮财赋要地,而清淮地区又为里下河门户。洪泽湖、成子河、六塘河皆清淮要地,张之万调重兵设防,又调湘军洋枪队3000余人与清淮炮船相辅。十二月,东捻起义军突破六塘河,占领盐河两岸,准备与西捻会师。张之万檄总兵姚广武、张从龙配合水陆各军,攻打东捻义军。赖文光被俘。东捻军全军覆没。张之万因镇压捻军有功,赏头品顶戴花翎。同治七年(1868)闰四月,张之万赴台儿庄镇压西捻,八月,西捻军遇伏失败。九年(1870)张之万调江苏巡抚,补授闽浙总督。同治十年(1871)十月,因年逾七旬,奏请回籍养亲。光绪八年(1882)正月,复召入见,授兵部尚书,赐紫禁城骑马。九年(1883)调补刑部尚书;光绪十年(1884)三月,奉旨入军机处学习,兼署吏部尚书,协助慈禧向各省索款,筹建颐和园事宜。九月,充上书房总师傅。十一年(1885)十一月,任刑部尚书,协办大学士。十二年(1886)二月,赏穿黄马褂。十月,充会典馆正总裁。十五年(1889)补授大学士,管理户部。光绪大婚,加太子太保衔,授体仁阁大学士。十八年(1892)授东阁大学士。二十年(1894)以总办慈禧六旬万寿庆典,赏双眼花翎,赐用紫缰。二十二年(1896)张之万年老致仕,赏食全俸。二十三年(1897)五月十五日卒,年87岁。因生前镇压农民起义功,赏陀罗经被,照大学士例赐恤,赠太保。谥"文达",入祀贤良祠。

李鸿藻

李鸿藻(1820~1897),字寄云,号兰孙,直隶高阳(今河北高阳)人。清朝中期重臣,清光绪年间吏部尚书,官至兵部尚书、协办大学士、礼部尚书。

咸丰二年(1852)进士,选庶吉士,授编修。典山西乡试,督河南学政。咸丰十一年(1861),特诏授大阿哥侍读。同治元年(1862),擢侍讲。因李是同治皇帝师傅,深受西太后信任。累迁内阁学士,署户部左侍郎。光绪四年(1878),擢都察院左都御

李鸿藻旧照

史,加太子少保。光绪二年(1876)命兼总理各国事务衙门。1881年始历任兵部尚书、协办大学士、吏部尚书、礼部尚书等职。

身为同治帝师,李鸿藻在几十年的生涯中,历任咸丰、同治、光绪时期的诸多职务:内阁大学士,礼部、户部、工部、兵部、吏部尚书,军机大臣,总理各国事务衙门大臣。晋赠太子太傅,谥号"文正"。李鸿藻经历了当时许多重大事件,尤其同治、光绪年间诸多政事,他或直接参与,或亲眼目睹。考察李鸿藻生平的主要经历,对了解中国晚清历史有重要的意义。

李鸿藻所处的时代正值两次鸦片战争、中法战争和中日战争时期。当时,西方列强,包括日本和沙俄对我领土、主权虎视眈眈,无时无刻不在策划侵略中国的阴谋和行动。面对政情诡异、风云变幻的局势,他不畏强暴,一身正气,在中法战争和中日战争中坚决主张抗战,反对屈辱求和,始终坚持维护祖国领土完整和主权的尊严,反对外国的干涉和侵略。在朝政更迭、政争不断的情况下,他以清流议政,主张严整纲纪,清明政治,以国家与民族的利益为重,"持躬俭约,独守正,持大体,所荐多端士"。所以,他在朝廷内外,以德高望重、爱国爱民、清正廉洁而著称。

1871年,沙俄政府乘阿古柏侵占乌鲁木齐并向东进犯之际,出兵强占我国伊犁地区。1877年,左宗棠率军队击败阿古柏。1878年,清王朝派钦差大臣崇厚出使俄国,就要求归还我伊犁问题与俄方进行谈判。然而,崇厚竟于次年在克里米亚半岛的里瓦几亚擅自与沙俄代理外交大臣吉尔斯签订了《里瓦几亚条约》,使中国丧失了伊犁城以外的大片领土,并使我主权蒙受巨大耻辱。李鸿藻坚决反对该条约的签订。

他慷慨陈词,据理力争,并奏请皇上治崇厚擅订之罪,改派使节出使俄国修改上述条约。在李鸿藻、张之洞等人的共同努力下,朝廷另派曾纪泽(曾国藩之子)赴俄。经过艰苦的谈判,曾与俄国外交大臣吉尔斯和俄驻华公使布策于次年2月24日在圣彼得堡签订了《中俄伊犁条约》,终于争回了《里瓦几亚条约》失去的伊犁南境的大片领土以及诸多军事要塞和关口,更正了许多有关分界及通商条款。

1894年日本挑衅于朝鲜,清廷命李鸿藻商办军务,授军机大臣。在对待日本侵略问题上,他在军机大臣中和翁同龢的主张一致,支持光绪皇帝主战,反对西太后、孙毓汶、李鸿章等人的妥协退让。

1894年,中日甲午战争爆发。朝廷中妥协投降之风日盛。很多皇宫大臣、达官显贵多取退让求和的态度。为了保住自己的乌纱帽和既得利益,他们苟且偷安,置国家与民族的利益和黎民百姓的安危于不顾。当时,

前方军情紧急，凤凰、九莲城相继失陷。李鸿藻焦急万分，再三上疏皇上，建议朝廷开源节流，动员全军，重整士气，保家卫国。然而，一些官僚依旧歌舞升平，忍辱求和，最终与日本签订了丧权辱国的《马关条约》。

在这种情况下，李鸿藻与翁同龢重申反对签订《马关条约》的立场，表示为官一任，上要无愧于祖宗社稷，下要对得起黎民百姓，但终于抵挡不住朝廷中妥协投降势力，眼睁睁地看着祖国的大好河山割让给日本侵略者，广大黎民百姓饱受侵略的欺凌和耻辱。从李鸿藻的日记中，人们可以了解到他在中华民族内忧外患面前的奋力抗争以及无力挽救民族危机的无奈和痛苦。

1895年4月17日，李鸿章代表清王朝与日本签订了《马关条约》，规定中国赔偿日本军费2亿两，割让澎湖、台湾、辽东半岛等大片土地与日本。这一屈辱卖国条约遭到全国人民的强烈反对。许多封疆大吏和朝廷重臣以及御史台谏、领兵将领纷纷上疏，反对批准马关条约。许多人主张迁都再战，斥责主和非计。

从1868年至1871年，同治皇帝和慈禧多次提出重修圆明园。当时国力日渐衰微，西方列强对中国的领土和主权心存野心，随时窥探时机以求一逞之时。李鸿藻念及国力日衰，百姓穷困，多次"明疏"或"密谏"，明确提出"不应虚糜帑糈，为此不急之务"，竭尽全力阻止重修并多次直接劝阻同治帝，最后，终于促使同治帝收回了成命。

此时，河间等地又出现大灾，灾区饿殍遍野。李鸿藻和张之洞拟定了一份启事，呼吁朝廷官员募捐助赈。据保留至今的启事原稿及账单记载，当时有29人响应。募捐多则白银100两，少则10两、20两。李鸿藻身体力行捐银500两，并将全部捐款送至灾民手中。在当时朝廷日趋腐败，国库日渐空虚的情况下，能够体恤黎民疾苦，并以己之所能解囊助赈者实为寥寥无几。因此，李鸿藻之廉洁清正一直为后人称道。他的家乡至今传颂着他爱国爱民、清正廉洁的往事。

李鸿藻虽为军机大臣，但持躬俭约。"其在枢府，独守正持大体……所荐引多端士。"此举与李鸿章等引用私人，扩大派系势力形成了鲜明的对比。

袁保恒

袁保恒（1826~1878），字小午，号筱坞。项城（今河南项城）人。道光三十年（1850）进士，改庶吉士，授翰林院编修，官至刑部侍郎，卒谥"文成"。筱坞少随父甲三治军，谙练武事，曾先后佐李鸿章、左宗棠军幕20余年。为袁世凯叔父。清光绪年间曾任吏部右侍郎。

道光六年（1826）生于项城袁张营，袁保恒自幼在父亲调教下苦读孔孟，兼修武学，"十三学书十五学剑"，21岁中举，25岁中进士，成了一位年轻的翰林院编修。

咸丰三年（1853），袁保恒请假送亲

河南项城袁氏故居

回籍，转赴安徽看望统兵剿捻的父亲袁甲三。袁甲三奏请朝廷同意，把他留在军中辅佐军务，后随父从军。此后袁军解亳州之围，又连拔白龙王庙、寺儿集、雉河集等捻军据点。战斗中，袁保恒作战勇敢，所向克捷。随军钦差大臣胜保提议为他请功，却被袁甲三为避嫌疑而拒绝。直到咸丰七年（1857），也就是袁世凯出生前两年，胜保坚持上奏袁保恒的功劳，因战功显赫，他才得到圣旨赏"侍讲"衔花翎，官拜从四品，获赐顶戴花翎。

咸丰八年（1858）十月，李大喜率领部分捻军，从安徽怀远出发进攻孙家寨，袁保恒率领步兵由潘家屯、杨庄一路配合骑兵会剿，俘斩捻军数十人，夺得大量辎重。十一月，又统兵取道永城，追剿孙葵心、刘狗带领的进攻陈州、周家口的捻军。经鹿邑绕道截击，后在太和境内击溃孙刘部，被朝廷赏"伊勒图巴图鲁"（勇士）名号。

咸丰九年（1859）正月，袁保恒跟随父亲奉命回京，被允文渊阁校理，八月份任顺天乡试官。咸丰十年（1860）三月，袁保恒奉命仍回袁军营中听候父亲差遣。六月份率马步军剿定远捻军，屡战屡捷。袁甲三的军务帮办穆腾阿移，建议袁甲三给袁保恒请功，袁甲三仍以"不敢与将士争爵赏之荣"阻拦。后来朝廷得知此事，特发上谕给袁甲三："保恒著有功绩，亦应实叙，不必引嫌。"

咸丰十一年（1861）九月，归顺清廷的捻军将领苗沛霖、张士端重举义旗，分别攻占了定远和怀远。袁保恒率精兵5000进攻怀远，于当年十二月收复二地，擒斩苗、张二人。

同治元年（1862）五月，袁保恒被擢封为翰林院侍讲，八月份转为侍读。这时袁甲三病重，上折请求解职，获恩准退养后，袁保恒请假回淮阳侍奉父亲。次年六月袁甲三病逝，袁保恒被赐封为翰林院侍讲学士。这时，皖北、山东的捻军已在清军镇压下渐趋平息，袁保恒深谋远虑，为防止捻军再起，上折提出了"八项建议"，其中有一条"置军屯田"的重要建议，可惜朝廷无议，如石沉大海。恰在这时，苏州又被捻军占领，还筑垒固守。江苏巡抚李鸿章，奏请法国军队帮助剿灭捻军。袁保恒得知后，立即上折反对，认为夷人贪而无信，不但不能借用，还应多加防备。这份奏折引起了朝廷重视，终于没有采纳李鸿章的建议。

同治三年（1864），袁保恒再次上奏请"置军屯田"，认为此举已经刻不容缓，并提出愿回京与廷臣"面议"。可是朝廷认为他不经督抚，反复奏请一事，属于自信过深，不合体制，交吏部议处，结果在同治四年（1865）正月，被吏部给予降一级处分，由翰林院侍讲学士降为鸿胪寺少卿候补。袁保恒虽然受降职处分，但前任顺天府尹蒋琦龄仍在上奏的策论中称赞袁保恒"武备娴熟"，户部尚书罗淳衍疏论人才时，也提及袁保恒"久在军中，武事谙练"。

同治七年（1868）正月，捻军又起，声势如前，朝廷命湖广总督李鸿章率部剿灭。袁保恒立即上折请缨出战，奏折中提到豫皖各路大军都是父亲的旧部，自己愿意和他们同甘共苦完成父亲未完成的事业。朝廷准奏，调他到李鸿章营中委用。清军与捻军在商河一带决战时，袁保恒率轻骑冒酷暑追击捻军，配合李鸿章的部队围歼捻军于徒骇河。捷报上呈后，朝廷撤销了对袁保恒的处分，仍以翰林院侍讲学士补用，并授予三品衔。

同年八月，袁保恒又受命赴陕甘总督左宗棠部候委，同年九月授实缺，被委管理西征粮务，并得专折奏事。

同治十一年（1872）肃州战役后获头品顶戴，五月，擢升为詹事府少詹事（备翰林官升迁，无实职），十月再升为詹事。左宗棠军克复肃州时，朝廷大奖左军将士，袁保恒荣膺一品顶戴。后升任内阁学士兼礼部侍郎、户部左侍郎兼管三库事务。

同治十三年（1874），袁保恒回籍省亲，协同堂兄袁保中编修《袁氏家谱》；返军时，让侄儿袁世凯随侍身边，想为袁世凯以后的发展丰富阅历。这年十月是慈禧太后四旬寿典，她特别恩赐袁保恒的祖母郭氏匾额、如意、文绮，以示对袁保恒的恩宠。

光绪元年（1875）三月，袁保恒奉诏从左宗棠军中回京，八月，兼署吏部右侍郎，次年四月升任刑部左侍郎。

光绪三年（1877），祖母郭氏寿终，袁保恒回籍奔丧，正赶上河南一带发生特大旱灾，饥民相食，饿殍遍野。河南巡抚李庆翔因赈灾迟延，被朝廷革职查办。袁保恒丧假期满后，受命到河南府帮办救灾事宜。此间，袁保恒摒绝供帐，服食粗粝，协同暂署河南的河东河道总督李鹤年，通饬所属府、州、县署，详查灾民户口造册上报。他日夜为救灾操劳，连上数折陈述灾情，还亲书求助信件发给全国各省大吏，并写家书要求家人倾尽家财恤救本地灾民。赈灾事务繁重，袁保恒经常食宿无定，身心日渐憔悴。

光绪四年（1878）四月，豫东一带春霖普降，袁保恒正计划到灾区视察一边，巡视春种情况，尚未成行却不幸染上霍乱。那时，霍乱本就属不治之症，心力体力都近衰竭的袁保恒，更加承受不住，故而患病三日就溘然长逝。灾民闻袁侍郎病故，无不痛哭流涕；朝廷追念他的功德，谥"文诚"，并将他列在临淮、陈州袁甲三祠内配享。

唐景崧

唐景崧（1841~1903），字维卿。灌阳人。清同治时期曾任吏部候补主事。

同治四年（1865）进士，在皇帝主持之朝考中被选入翰林院任庶吉士，三年后经考试派往吏部任候补主事。唐景崧在吏部打杂15年，加上三年庶吉士共18年，这18年从小立志"修心、齐家、治国、平天下"的他，是不得志的18年，但他并没有气馁，他一直在寻找着干一番惊天动地事业的机会。

与唐景崧家乡广西毗邻的越南是中国的

唐景崧旧照

藩属国。法国早就对越南存觊觎之心，第二次鸦片战争后，逐步将越南南方变成了它的殖民地。法国人对此还不满足，1882年4月间再次占领河内，其目标就是打开通向中国的陆路通道。清王朝完全清楚法国占领越南北部后的危险，但在战火尚未燃烧到本国土之前，又不愿派清军直接与法军交火。当政的慈禧太后与大臣们绞尽脑汁，也拿不出好主意。

时刻挂念桑梓而且熟悉家乡情况的唐景崧不失时机地给慈禧太后上折提出建议：

太平天国运动失败以后，广西有一支打着黑旗的反清义军，为了避开清军的围剿，进入越南活动。其首领是博白籍的刘永福。黑旗军是一支战斗力很强的部队。当时在越南协助当局打击当地盗匪，维持社会治安，与越南官府及百姓和谐相处。小日子倒也过得马马虎虎，但他们毕竟是清朝人，终究不能长久离乡背井寄人篱下。他们想回广西老家，又怕朝廷追究镇压，处境着实尴尬。

唐景崧认为朝廷应该既往不咎，资助和招安这支黑旗军来与法军作战，既可避免中法直接开战，又可打击法军的气焰，使清廷保持决策的主动性与灵活性。此建议一出，慈禧太后十分赞赏，但鉴于清廷与黑旗军过节太深，实在难于找到合适的沟通者。为难之际，唐景崧挺身而出，毛遂自荐，请求前往越南招抚刘永福。慈禧大喜，便采纳了唐景崧的建议，要光绪下诏将他派往云贵总督岑毓英帐下听候差遣。

1883年初，越法战争中，唐景崧奉岑毓英命孤身抵达越南保胜，劝刘永福内附抗法，为刘永福出谋献策，并亲身参与指挥了河内、山西两战役。黑旗军当年就取得了纸桥大捷，击毙法军北圻舰队司令李威利上校。唐景崧以功赏四品卿衔。

1884年中法战争爆发，唐景崧奔走于援越桂军、滇军、黑旗军和抗法越军之间做协调工作。清王朝授予刘永福"记名提督"衔，赏戴花翎，拨给"黑旗军"饷银2万两及军械等。刘永福与唐景崧部配合，在抗法战争中起了重要作用。更关键的是唐景崧受两广总督张之洞派遣将法军的克星、已退隐的老将冯子材请出山领兵上阵，取得了镇南关大捷，并收复谅山、长庆等地，东线战场大获全胜。唐景崧还奉张之洞命募勇景字军四个营，他亲自率军独当一面，入越会同黑旗军、滇军围攻宣光法军。他与云贵总督岑毓英联手，组织和指挥了宣光攻坚战。在西线战场上也取得了临洮大捷和宣光大捷。法军遭遇亚洲滑铁卢的消息传至巴黎，好战的法国茹费里内阁即刻轰然倒台。

后来，唐景崧以日记体文学形式，将自己1883年8月至1886年10月在越南协助刘永福抗法、广西关外守边、建景字军开入镇南

关进攻法军的事迹,以及战后参与中越划界事宜,结集为《请缨日记》。

中法战争结束后,唐景崧以功"赏花翎,赐号迦春巴图鲁,晋二品秩,除福建台湾道"。唐景崧初到台湾,当地文化大多还停留在土著民的基础上,唐景崧办书院、兴科举,倡导修铁路,为发展生产,他走访民间,了解农桑之事,教化台南当地的少数民族。他在台任职时间并不长,做了不少造福台湾人民的事情。据载,唐景崧"颇好文事,聘进士施士洁主讲海东书院,建万卷堂,藏书富,饬纂《台湾通志》,自为监督,未成而遭割台之役。任兵备道,修葺旧有斐亭,组'斐亭吟社',自撰楹联悬挂亭柱,每逢春秋佳日,与台南进士、文人于道署内射虎助兴,后有《谜拾》问世,附于《斐亭诗畸》卷内。《澄怀园唱和集》是唐景崧及其僚友平日吟咏唱和之诗,为唐赞衮所辑。及任布政使驻台北,又时邀名士吟咏于官署,诗会时曾由海上运来数十盆牡丹,遂名为'牡丹诗社',亦多作诗钟。光绪十九年(1893)一月取历年唱稿,分门编辑,录佳作10卷,命名《斐亭诗畸》,内唐景崧作品1301联,律诗68首,唐景崧在台南及台北带动地方文风,有功于诗歌传播"。

光绪十七年(1891),唐景崧升任布政使,即掌管财赋、民政的副省长;光绪二十年(1894)十月三十一日署理台湾巡抚,正式当上了包揽行政、军事、监察等大权的省长。

唐景崧就任之时。甲午中日战争已打了两个多月了。次年清军惨败,1895年4月17日与日本签订了卖国的《马关条约》,将台湾、澎湖列岛及其附属岛屿割让给日本。

清王朝的卖国罪行激起了全体台湾人民的愤慨。唐景崧坚决反对割台,他七次致电清廷,表示"台湾属倭,万众不服","桑梓之地,义与存亡,愿与抚臣誓死守御,若战而不胜,待臣等死后,再言割地"。但是,决心出卖台湾的清王朝,无动于衷,回电训斥唐景崧说:"台湾虽重,比起京师则台为轻。倘敌人乘胜直攻大沽,则京师危在旦夕。又台湾孤悬海外,终久不能据守……不可因一时义愤,遂忘以前所陈种种患害于不顾也。"5月18日,清王朝派李鸿章之子李经方为割台特使前往台湾办理交割事宜。并谕令"署台湾巡抚布政使唐景崧著即开缺来京陛见。其台省大小文武各员,并著饬令陆续内渡"。卖国的慈禧一面下令台湾大小官员内渡撤回大陆,一面严厉禁止内地接济台湾抗日军民。唐景崧拒不奉命,愤怒的台湾民众公推唐景崧为首,与刘永福一道率全岛军民抗击日本侵略者。

在唐景崧、刘永福领导台湾军民抗击日军对台湾占领的同时,康有为、梁启超发动正在北京会试的各省举人1300余人"公车上书"。他们连夜写出了长达18000余字的呈文,上书光绪皇帝,反对和约,反对割地,要求清王朝迁都再战,变法图强。痛陈:"数千百万生灵皆北向恸哭,闾巷妇孺莫不欲食倭人之肉,各怀一不共戴天之仇,谁肯甘心降敌!"他们强烈要求清廷抗敌到底。一场前所未有的反侵略、反卖国的爱国运动震荡着神州大地。

甲午战败和《马关条约》签订大大地伤害了中国人的自尊心。马关之耻极大地刺激了中国知识分子。亲历了割地之辱的唐景崧更希望变法图强。康有为曾两次到广西桂林进行变法维新宣传,与唐景崧一拍即合,两人很快结成莫逆之交。每次康有为来,唐景崧都特别热心,他慷慨解囊捐钱协助,到处呼吁维新变法。唐景崧还和康有为,及桂林的另一位维新干将岑春煊一起创办"圣学

会"和《广仁报》,设立广仁学堂,宣传维新思想,开风气之先。维新思想很快在桂林深入人心,对广西政界、学界和学术思想都产生了重大影响,广西成了维新派的重要据点。

百日维新期间,广西有识之士还注意培养人才,积极筹办"新学"。唐景崧同时担任起桂山书院和榕湖书院的山长。

清光绪二十四年(1898),广西巡抚黄槐森在桂林创办"广西体用学堂",聘请唐景崧主办学堂堂务(当校长)。这是实践洋务派"中学为体,西学为用"口号的新型学堂。它改变了传统书院式教学,加上了西学课程,是广西新学的开始。后来的广西大学就是由"广西体用学堂"发展来的。唐景崧还兼任体用学堂中文总教习。他授课时喜欢用亲历的中法、中日战争为例激励学生的爱国热情;教出的许多学生都奋发图强立志为振兴国家效力。最著名的如邓家彦和马君武,他们与孙中山共同创立同盟会并担任了重要职务,为辛亥革命推翻丧权辱国清王朝作出了贡献。

光绪二十八年(1903)冬,唐景崧于桂林病逝,享年63岁。唐景崧作品有《请缨日记》《寄闲云馆诗存》《看棋亭杂剧》《斐亭诗畸》和《唐景崧手编戏本》(抄本)等。

李殿林

李殿林(1842~1916),清末大臣。字荫墀。山西大同县大王村人,官居吏部主侍郎、正黄旗汉军都统、吏部尚书、礼学掌院大学士等。

李殿林之父李增桂共有五个儿子和一个女儿,长子李时中,因李家忌讳老二,其次子为虚设,老三李士林,老四李毓林,老五李苑林,老六李殿林,女儿李美林。因为李殿林在李氏门中排行第六,故而,当地乡亲们都亲切地称呼他为"六大人"。李家当时在大王村之中,虽然属于小康之家,但是常常遭受本村恶霸地主郝威的欺侮。因此,决心发奋图强改换门庭,不惜花费重金,延请浑源州水香寺的科举进士谢定书来到李家,专门教授六个儿女读书。由于谢定书先生知识渊博,督教学生有方,再加上李氏兄弟苦读不辍,因此,在同治、光绪年间,李家兄弟全部科考及第。

清朝同治甲子年间,18岁的李殿林赴太原乡试中文举。同治十年辛未科进士及第,多年来曾经历任:翰林院庶吉士、翰林院编修、广西学政、咸安宫总裁、日讲起居官总裁、科举会试主考官、内阁学士、礼部左侍郎、兵部右侍郎、广东乡试正考官、吏部主侍郎、江苏学政、正白旗汉军副都统、邮传部尚书、正黄旗汉军都统、吏部尚书、充经筵讲官、参与政务大臣、吏部尚书协办大学士、礼学掌院大学士,赠紫禁城骑马,西苑门内乘二人肩舆,优礼有加。

李殿林平日居官慎守成法,廉洁奉公,馈遗无受,请托无听,循规任免,从未安置私人。在署邮传部尚书时,整顿吏

李殿林书法

治，革除积弊，一日内弹劾数十百员，营私渎职者望而生畏，因而使国家财经收入骤增，吏治廉洁，但他自己却两袖清风，一尘不染。

辛亥革命时期，李殿林目睹清王朝昏庸腐败，料知清朝气数已尽，难以挽回，只好上疏辞官。于1912年2月8日离职回到原籍大王村闲居。

1917年，李殿林因病去世，享年74岁。丧讣传到故宫，退位的清朝末代皇帝宣统甚表哀悼，谥号"文僖"，追赠相国。墓葬于大王村北，如今石兽、碑文并存。李殿林辞职归里之后，为人公正，恤老怜贫，很受当地人民爱戴。直到现在，阳高县和大同县一带的人民，经常传颂着"六大人"刻苦攻读、智审贪官和为民除害的故事，每逢清明时节，经常有人前往坟前祭祀。

李殿林平生以书法、诗词自娱，遗作有《周易别》《云中草堂诗文集》《识史例纂》《辎轩杂记》《铨政管见》等，可惜其他书稿毁于兵祸。前两部书之手稿和后书刊印本，都为山西省图书馆收存。

张百熙

张百熙（1847～1907），字埜秋，一作冶秋，号潜斋。室名退思室、退思轩，谥号"文达"，湖南省长沙县人。同治十三年（1874）甲戌科进士，选翰林院庶吉士，散馆，授编修。曾任礼部侍郎、左都御史、工部尚书、礼部尚书、吏部尚书、户部尚书、邮传部大臣等职。

历任山东、广东学政，迁内阁学士、礼部侍郎、左都御史，工部、礼部、吏部、户部尚书，邮传部大臣，派充督学大臣等。工诗，善书法。京师大学堂（今北京大学前身，中国最早成立的新式大学之一）创办人，首任总教习（校长）。近代教育改革的先驱者，著名教育家、思想家。

张百熙为官30余年，积极主张变法自强，直言进谏。中日甲午战争爆发后，张百熙严劾李鸿章"阳为战备，阴实主和"。光绪二十三年（1897）创办时敏学堂，曾任《清会典》总纂官。光绪二十四年（1898）因保举康有为经济特科，被革职留任。光绪二十七年（1901）张百熙上疏陈述五条革新大计："增改官制，整理财政，变通科举，广建学堂，创立报馆。"提倡变法自强。同年九月，奏请"将京师大学堂改隶国子监，正名大学，以一学术而育真才","改总理衙门附设之同文馆隶于大学"。1902年1月10日,张百熙被任命为管学大臣,负责制定大学堂章程。

张百熙任管学大臣后,于光绪二十八年(1902)初奏《筹办京师大学堂情形疏》,建议先开预备速成两科,预备科分政科、艺科,速成科分为仕学、师范两馆。"仕学馆造就已登仕版者,以应目前创办新政之需;师范馆则为中学堂教习之需。"同时"兼添设讲舍,附设编译书局,广购书籍图器"。同年七月奏准所拟各级学堂章程六件:《京师大学堂章程》《考选入学章程》《高等学堂章程》《中学堂章程》《蒙学堂章程》,统称《钦定学堂章程》。是为我国第一次以政府名义规定的完整学制。鉴于教习人才的缺乏,张百熙选派40余人赴欧美日本留学,各省派官费留学生由此开始。光绪二十九年(1903)奏设教习进士馆。光绪三十一年(1905)奏请"先设法政科、文学科、格致科、工科,以备大学豫科学生及各省高等学生毕业后之升入"。建议将广安门外瓦窑和德胜门外官地作为建造大学堂之用,并"奉旨议行"。张百熙一生主要从事教育管理工作,注重培养人才,对京师大学堂有开创性的贡献。

张百熙的政治主张和教育思想主要散见其奏折,《清史稿·艺文志》著录《张百熙奏议》4卷,另有《退思轩诗集》6卷、《补遗》1卷传世。

张百熙旧照

历代吏部官员表

姓　名	生卒年限	职　位
三国魏晋南北朝时期		
任　恺	不详	吏部尚书
山　涛	205～283年	吏部尚书
陈　群	？～236年	吏部尚书
诸葛诞	不详	吏部郎
孙　邕	不详	吏部尚书
崔　洪	不详	吏部尚书
卢　毓	不详	吏部郎
王　戎	234～305年	吏部黄门郎
李　胤	不详	吏部郎、尚书仆射
谢　安	320～385年	吏部尚书
毕　卓	不详	吏部郎
车　胤	333～401年	吏部尚书
袁　淑	不详	尚书吏部郎
江　敦	不详	尚书吏部郎
封　孚	337～407年	吏部尚书
徐羡之	364～426年	吏部尚书
何尚之	382～460年	吏部尚书
范　晔	398～445年	尚书吏部郎
蔡兴宗	415～472年	吏部尚书
陆慧晓	不详	吏部郎
何昌宇	不详	吏部郎、吏部尚书
王思远	不详	吏部郎
崔　宏	？～418年	吏部郎
卫　臻	不详	吏部尚书
宿　石	不详	吏部尚书
王僧绰	不详	尚书吏部郎
沈演之	397～449年	吏部尚书
何　偃	413～458年	吏部尚书
颜　竣	？～459年	吏部尚书

续表1

姓　名	生卒年限	职　位
褚　渊	435～482年	吏部郎、吏部尚书
何　戢	不详	吏部尚书
褚彦回	不详	吏部尚书
孙　谦	424～516年	吏部郎
范　云	451～503年	吏部尚书
谢　瀹	454～498年	吏部尚书
元　晖	?～519年	吏部尚书
徐　勉	466～535年	尚书吏部郎、吏部尚书
朱士明	不详	吏部尚书
萧子显	487～537年	吏部尚书
封隆之	485～545年	吏部尚书
褚　翔	505～548年	吏部尚书
何敬容	?～549年	吏部尚书
姚　察	不详	吏部尚书
王　褒	513～576年	吏部尚书
封子绘	514～564年	吏部郎中
沈君理	?～573年	吏部尚书
陈蔡徵	不详	吏部郎、吏部尚书
柳　敏	?～581年	吏部郎中
唐　瑾	不详	吏部郎中、吏部尚书、吏部中大夫
隋代		
高　构	539～611年	吏部侍郎
薛道衡	540～609年	吏部郎
牛　弘	545～610年	吏部尚书
裴　矩	547～627年	吏部侍郎
韦世康	不详	吏部尚书
王世充	591～621年	吏部尚书
邸怀道	不详	吏部主事
令狐熙	不详	吏部曹中大夫

续表2

姓　名	生卒年限	职　位
唐代		
吴孝宽	不详	吏部尚书
殷开山	?～622年	吏部尚书
杜　淹	?～628年	吏部尚书
高　俭	576～647年	吏部尚书
祖孝孙	581～640年	吏部郎
侯君集	?～643年	吏部尚书
杜如晦	585～630年	吏部尚书
戴　胄	?～633年	检校吏部尚书
姚　懿	590～662年	吏部尚书
刘祥道	595～666年	吏部侍郎
褚遂良	596～659年	吏部尚书
唐　临	600～659年	吏部尚书
马　周	601～648年	吏部尚书
长孙无忌	不详	吏部尚书
柳　奭	?～654年	吏部尚书
李义府	614～666年	吏部尚书
韦待价	不详	天官尚书
裴行俭	619～682年	吏部侍郎
张柬之	625～706年	天官尚书
韦承庆	?～707年	天官侍郎
岑　羲	?～713年	天官（吏部）员外郎
李　峤	645～714年	吏部尚书
魏知古	646～715年	吏部侍郎
苏味道	648～706年	天官侍郎
郑　愔	?～710年	吏部侍郎
卢藏用	656～713年	吏部侍郎
宋　璟	663～738年	吏部侍郎、吏部尚书
许景先	?～725年	吏部侍郎
卢从愿	668～737年	吏部侍郎

续表3

姓　名	生卒年限	职　位
关　播	不详	吏部侍郎
赵宗儒	不详	吏部尚书
徐安贞	671～743年	吏部尚书
李林甫	？～752年	吏部侍郎
苗晋卿	684～765年	吏部员外郎
王　维	701～761年	吏部郎中
杨　纂	不详	吏部侍郎
徐　浩	703～782年	吏部侍郎
颜真卿	709～785年	吏部尚书
金　忠	712～786年	吏部尚书
李　华	715～766年	检校吏部员外郎
张延赏	727～787年	吏部尚书
奚　陟	？～799年	吏部郎、吏部选事、吏部侍郎
崔　衍	不详	吏部员外郎
柳公绰	726～830年	吏部郎中
韩　愈	768～824年	吏部侍郎
钱　徽	不详	吏部尚书
裴　漼	？～736年	吏部尚书
郑珣瑜	738～805年	吏部侍郎、吏部尚书
许孟容	743～818年	吏部侍郎
郑余庆	746～820年	吏部尚书
赵宗儒	746～832年	吏部尚书
袁　滋	749～818年	检校吏部尚书
李　廊	？～820年	吏部郎中
郑　絪	752～829年	吏部尚书
杨於陵	753～830年	吏部尚书
权德舆	759～818年	吏部侍郎、吏部尚书
张弘靖	759～824年	吏部尚书
王仲舒	762～823年	吏部考功员外郎
光　宗	764～848年	吏部尚书

续表4

姓　名	生卒年限	职　位
窦易直	不详	吏部侍郎
崔　群	772～832年	吏部侍郎、检校吏部尚书、吏部尚书
魏　谟	794～859年	吏部尚书
杜　牧	803～852年	吏部员外郎
裴　休	813～887年	吏部尚书
郑　畋	825～883年	吏部侍郎
五代十国时期		
张延朗	？～936年	吏部尚书
杨　邠	？～950年	吏部尚书
陈　拙	不详	吏部郎中
冯　道	882～954年	吏部尚书
韩熙载	902～970年	吏部员外郎
徐　铉	916～991年	吏部尚书
宋辽金时期		
陆　扆	847～905年	吏部尚书
张　昭	893～972年	吏部尚书
陶　谷	903～970年	吏部侍郎
薛居正	912～981年	吏部侍郎
梁文矩	不详	吏部侍郎
毕士安	938～1005年	吏部侍郎
张齐贤	942～1014年	吏部尚书
吕蒙正	944或946～1011年	吏部尚书
王　旦	957～1017年	吏部流内铨
寇　准	962～1023年	吏部东铨
丁　谓	966～1037年	吏部尚书
李　迪	971～1047年	吏部侍郎
范仲淹	989～1052年	吏部员外郎
汪　韶	不详	吏部尚书
程　戡	990或997～1066年	吏部侍郎
丁　度	990～1053年	吏部南曹

续表5

姓　名	生卒年限	职　位
林大鼐	？～1075年	吏部尚书
曾公亮	999～1078年	吏部侍郎
凌景夏	不详	吏部尚书
陈俊卿	不详	吏部侍郎、吏部尚书
孙　觉	不详	吏部侍郎
时　彦	不详	吏部侍郎
罗汝楫	不详	吏部尚书
文彦博	1006～1097年	吏部尚书
苏　颂	1020～1101年	吏部尚书
冯　京	1021～1094年	吏部南曹
范纯仁	1027～1101年	吏部尚书
范百禄	1030～1094年	吏部侍郎
温　益	1037～1102年	吏部尚书
许　将	1037～1111年	吏部尚书
苏　辙	1039～1112年	吏部尚书
彭汝砺	1042～1095年	吏部尚书
黄庭坚	1045～1105年	吏部员外郎
管师仁	1045～1109年	吏部侍郎
邹　浩	1060～1111年	吏部侍郎
慕容彦逢	1067～1117年	吏部侍郎
廖　刚	1070～1143年	吏部员外郎
胡直孺	不详	吏部尚书
晏敦复	1075～1145年	吏部尚书
李　光	1078～1159年	吏部侍郎
孙　觌	1081～1169年	吏部侍郎
黄龟年	1083～1145年	吏部员外郎
胡松年	1086～1146年	吏部尚书
李若水	1093～1127年	尚书吏部侍郎
葛立方	？～1164年	吏部侍郎
陈康伯	1097～1165年	吏部侍郎、吏部尚书

续表6

姓　名	生卒年限	职　位
晁公武	1105～1180年	吏部侍郎
董德元	1107～1174年	吏部侍郎、吏部尚书
汪应辰	1118～1176年	吏部郎官、吏部尚书
韩元吉	1118～1187年	吏部尚书
史正志	1119～1179年	吏部侍郎
洪　遵	1120～1174年	吏部尚书
程大昌	1123～1195年	吏部尚书
洪　迈	1123～1202年	吏部员外郎
范成大	1126～1193年	吏部员外郎
必　大	1126～1204年	吏部尚书
杨万里	1127～1206年	吏部员外郎
韩彦直	1131～1194年	吏部侍郎
林大中	1131～1208年	吏部尚书
郑　侨	1132～1202年	吏部尚书
张　栻	1133～1180年	吏部员外郎
陈傅良	1137～1203年	吏部员外郎
楼　钥	1137～1213年	吏部尚书
薛元鼎	不详	吏部尚书
应孟明	1138～1219年	吏部侍郎
赵汝愚	1140～1196年	吏部侍郎、吏部尚书
袁说友	1140～1204年	吏部尚书
钱象祖	1145～1211年	吏部侍郎
杨伯通	不详	吏部主事、吏部尚书
王希吕	不详	吏部员外郎
杨　炳	1150～1230年	吏部尚书
朱　质	不详	吏部左侍郎
叶　适	1150～1223年	吏部侍郎
杨云翼	1170～1228年	吏部郎中、吏部尚书
聂子述	不详	吏部侍郎
郑性之	1172～1255年	吏部侍郎

续表7

姓　名	生卒年限	职　位
余天锡	1180～1241年	吏部尚书
杜　范	1182～1245年	吏部侍郎
王伯大	不详	吏部侍郎
元好问	1190～1257年	吏部员外郎
吴　潜	1196～1262年	吏部员外郎
留梦炎	不详	吏部右侍郎
方　岳	1199～1262年	吏部尚书左郎官
吴　泳	不详	吏部侍郎
袁　甫	不详	吏部尚书
程元凤	1200～1269年	吏部侍郎
叶梦鼎	1200～1279年	吏部尚书
李昴英	1201～1257年	吏部侍郎
刘　黻	1217～1276年	吏部尚书
方逢辰	1221－1291年	吏部侍郎
王应麟	1223～1296年	吏部尚书
元代		
夹谷之奇	？～1289年	吏部郎中、吏部侍郎、吏部尚书
陈思济	1232～1301年	吏部尚书
王　构	1245～1310年	吏部郎中
李　衎	1245～1320年	吏部尚书
许师敬	1255～1340年	吏部尚书
曹元用	1268～1330年	吏部尚书
张　宓	不详	吏部尚书
苏天爵	1294～1352年	吏部尚书
贡师泰	1298～1362年	吏部侍郎
明代		
董　伦	1323～1403年	吏部侍郎
张　紞	1335～1377年	吏部尚书
林　弼	不详	吏部主事
高　巍	1354～1402年	吏部侍郎

续表8

姓　名	生卒年限	职　位
练子宁	？～1403年	吏部侍郎
茹　瑺	1358～1409年	吏部尚书
杜　泽	不详	吏部尚书
蹇　义	1364～1435年	吏部右侍郎、吏部尚书
师　逵	1365～1427年	吏部侍郎、吏部尚书
夏原吉	1366～1430年	吏部尚书
魏　骥	1373～1471年	吏部左侍郎、南京吏部侍郎、南京吏部尚书
顾　佐	1376～1446年	吏部主事
王　直	1379～1462年	吏部尚书
何文渊	1385～1457年	吏部左侍
郎曹鼐	1402～1449年	吏部左侍郎
李　贤	1408～1466年	吏部验封主事、吏部考功郎中、吏部文选郎中、吏部右侍郎、吏部尚书
商　辂	1414～1486年	吏部尚书
黄德温	不详	吏部考功司主事
王　恕	1416～1508年	吏部尚书
叶　盛	1420～1474年	吏部左侍郎
方　鹏	不详	吏部员外郎中
马文升	不详	吏部尚书
张　悦	1426～1502年	吏部左侍郎、南京吏部尚书
黎　淳	1427～1491年	吏部左侍郎
宋　景	不详	南京吏部尚书
焦　芳	1434～1517年	吏部左侍郎、吏部尚书
刘　健	1434～1526年	吏部尚书
吴　宽	1435～1504年	吏部右侍郎
刘大夏	1436～1516年	吏部侍郎
许　进	1437～1511年	吏部尚书
邱　璐	1440～1498年	南京吏科给事中
屠　滽	1440～1512年	吏部尚书

续表9

姓　名	生卒年限	职　位
张　彩	1445～1501年	吏部主事、吏部文选司郎中、吏部左侍郎、吏部尚书
闻　渊	不详	吏部尚书
杨　博	不详	吏部尚书
李东阳	1447～1516年	吏部尚书
夏　寅	不详	南京吏部主事进郎中
倪　岳	1444～1501年	吏部尚书
王永光	不详	吏部尚书
曹　元	不详	吏部尚书
梁　储	1453～1527年	吏部侍郎、吏部尚书
杨一清	1454～1530年	吏部尚书
廖　纪	1455～1532年	吏部左侍郎、吏部右侍郎、南京吏部尚书
柴　升	1456～1532年	吏部侍郎
乔　宇	1457～1524年	吏部尚书
王　琼	1459～1532年	吏部侍郎
吴一鹏	1460～1542年	吏部尚书
刘　忠	不详	吏部尚书
罗钦顺	1465～1547年	南京吏部右侍郎、左侍郎、南京吏部尚书
汪　铉	1466～1536年	吏部尚书
费　宏	1468～1535年	吏部尚书
许　诰	1471～1534年	吏部右侍郎
徐　讚	1473～1548年	吏部尚书
朱希周	1473～1557年	南京吏部尚书
何孟春	1474～1536年	吏部侍郎
马　理	1474～1556年	稽勋主事、稽勋员外郎、稽考功郎中
张　璁	1475～1539年	吏部尚书
钟　芳	1476～1544年	吏部稽勋司郎中、吏部考功司郎中
唐　龙	1477～1546年	吏部尚书
熊　浃	1478～1544年	吏部尚书
张　治	不详	吏部尚书

续表10

姓　名	生卒年限	职　位
严　嵩	1480～1567年	吏部右侍郎、吏部尚书
王崇庆	1484～1565年	南京吏部尚书
方献夫	1485～1544年	吏部右侍郎、吏部尚书
刘天民	1486～1541年	吏部文选司主事、吏部员外郎
王邦瑞	1495～1561年	吏部左侍郎
许天锡	？～1558年	吏部给事中
程文德	1497～1559年	吏部左侍郎
李开先	1502～1568年	吏部累任考功司主事、稽勋司员外、文选司郎中
徐　阶	1503～1584年	吏部侍郎、吏部尚书
毛　恺	1506～1570年	吏部尚书
王慎中	1509～1599年	吏部考功员外郎、吏部验封司郎中
王与龄	不详	吏部员外郎、吏部文选郎中
张　瀚	1510～1593年	吏部尚书
董　份	1510～1595年	吏部左侍郎
严　讷	1511～1584年	吏部侍郎
李春芳	1511～1585年	吏部尚书
何维柏	1511～1587年	吏部侍郎
郭　朴	1511～1593年	吏部尚书
杨　巍	1514～1605年	吏部尚书
杨时乔	？～1608年	吏部员外郎、吏部左侍郎
李　戴	不详	吏部尚书
赵邦清	不详	吏部稽勋司郎中
茅　坤	1512～1601年	吏部稽勉司
高　拱	1513～1578年	吏部左侍郎、吏部尚书
张守直	不详	吏部考功文选郎中
海　瑞	1514～1587年	南京吏部右侍郎
秦鸣雷	1518～1593年	南京吏部左侍郎
赵志皋	1521～1601年	吏部左侍郎
张四维	1526～1585年	吏部右侍郎、吏部左侍郎、吏部尚书
黄养蒙	不详	吏部稽勋司主事、吏部考功郎中

续表11

姓　名	生卒年限	职　位
陆光祖	1521～1597年	吏部左侍郎、吏部尚书
宋　纁	1522～1591年	吏部尚书
王国光	1524～1588年	吏部文选郎中、吏部尚书
张　翀	1525～1579	年吏部稽勋司
张居正	1525～1582年	吏部左侍郎、吏部尚书
孙　鑨	1525～1594年	吏部尚书
梁梦龙	1528～1591年	吏部尚书
孙丕扬	1531～1614年	吏部尚书
赵用贤	1535～1596年	吏部侍郎
王家屏	1535～1603年	吏部左侍郎
申时行	1535～1614年	吏部左侍郎、吏部尚书
徐元太	1536～1617年	吏部考功主事
吕　坤	1536~1618年	吏部主事、吏部郎中
张　位	1538～1605年	吏部尚书
胡执礼	1539～1589年	吏部文选郎中
温　纯	1539～1607年	吏部尚书
唐伯元	1540～1597年	吏部员外郎
于慎行	1545～1608年	吏部侍郎
赵世卿	？～1618年	吏部尚书
蔡国珍	不详	吏部尚书
李长庚	不详	吏部尚书
周朝瑞	？～1625年	吏科给事中
陈于廷	不详	吏部左侍郎
孙传庭	不详	吏部主事
刘应峰	不详	吏部主事
周嘉谟	1546～1629年	吏部尚书
孙继皋	1550～1610年	吏部侍郎
顾宪成	1550～1612年	吏部稽勋司主事、吏部验封司主事、吏部稽勋司员外郎、吏部文选司郎中

续表12

姓　名	生卒年限	职　位
赵南星	1550～1627年	吏部考功主事、吏部文选司员外郎、吏部考功郎中、吏部尚书
余懋衡	不详	南京吏部尚书
郑三俊	不详	吏部尚书
邹元标	1551～1624年	吏部给事中、南京吏部员外郎、吏部左侍郎、吏部尚书
何宗彦	1559～1624年	吏部尚书
梅友月	不详	吏部稽勋司主事
叶向高	1559～1627年	吏部右侍郎
史继偕	1560～1635年	南京吏部侍郎
李　默	不详	吏部尚书
袁宏道	1568～1610年	吏部主事、吏部考功员外郎
张瑞图	1570～1641年	吏部尚书
魏大中	1575～1625年	吏科给事中
林欲楫	1576～1662年	吏部尚书
徐石麒	1578～1645年	吏部尚书
张慎言	1578～1646年	吏部尚书
钱龙锡	1579～1645年	南京吏部右侍郎
庄钦邻	1580～1668年	吏部四个司的郎中和尚书
周应秋	不详	吏部尚书
高宏图	1583～1645年	吏部尚书
周顺昌	1584～1626年	吏部稽勋主事
王在晋	？～1643年	南京吏部尚书
王祚远	不详	吏部左侍郎、吏部尚书
姜曰广	1584～1649年	吏部右侍郎
黄道周	1585～1646年	吏部尚书
李建泰	？～1649年	吏部右侍郎
孙承泽	1592～1676年	吏部侍郎
吴甘来	不详	吏科给事中
周延儒	不详	吏部尚书

续表13

姓　名	生卒年限	职　位
华允诚	不详	吏部员外郎
吴麟征	1593～1644年	吏部给事中
夏允彝	1596～1645年	吏部主事
张四知	不详	吏部尚书
杨廷麟	？～1646年	吏部右侍郎
高尔俨	1605～1654年	吏部尚书
沈佺期	1609～1682年	吏部郎中
朱延禧	不详	吏部尚书
罗万杰	1613～1680年	吏部清吏司主事
清代		
刘正宗	1594～1661年	吏部尚书
董国祥	不详	吏部右侍郎
李之椿	1600～1651年	吏部主事
王永吉	1600～1659年	吏部尚书事
陈名夏	1601～1654年	吏部尚书
赫舍里·索尼	？～1667年	吏部启心郎
成克巩	1608～1691年	吏部尚书
爱新觉罗·多尔衮	1612～1650年	吏部尚书
黄　机	1612～1686年	吏部尚书
安达礼	？～1669年	吏部尚书
孙廷铨	1613～1674年	吏部尚书
宋　琬	1614～1674年	吏部稽勋司主事
孙宗彝	不详	考功司主事、员外郎
裔　介	1616～1686年	吏部尚书
李之芳	1622～1694年	吏部右侍郎
王士禄	1626～1673年	吏部员外郎
宋德宜	1626～1687年	吏部尚书
舒舒觉罗·介山	？～1695年	吏部尚书
赵士麟	1629～1699年	吏部右侍郎、吏部左侍郎
郝维讷	不详	吏部侍郎

续表14

姓　名	生卒年限	职　位
王　清	1630～1672年	吏部左侍郎管右侍郎事、吏部左侍郎
阿兰泰	？～1699年	吏部尚书
彭孙遹	1631～1700年	吏部左侍
郎宋荦	1634～1713年	吏部尚书
李天馥	1635～1699年	吏部尚书
顾八代	？～1708年	吏部尚书
明　珠	1635～1708年	吏部尚书
熊赐履	1635～1709年	吏部尚书
索额图	1636～1703年	吏部右侍
郎吴琠	1637～1705年	吏部主事
伊桑阿	1638～1703年	吏部尚书
陈廷敬	1639～1712年	吏部尚书
王顼龄	1642～1725年	吏部左侍郎
王九龄	1643～1708年	吏部左侍郎
蔡　珽	不详	吏部尚书
隆科多	？～1728年	吏部尚书
萧永藻	1644～1729年	吏部尚书
张鹏翮	1649～1725年	吏部尚书
吴达礼	不详	吏部尚书
田从典	1652～1728年	吏部尚书
陈元龙	1652～1736年	吏部侍郎
杨名时	1661～1737年	吏部尚书
朱　轼	1665～1737年	吏部尚书
励廷仪	1667～1732年	吏部尚书
喜塔腊·迈柱	1670～1738年	吏部尚书
沈近思	1671～1727年	吏部文选司郎中、吏部侍郎
周钟瑄	1671～1763年	吏部员外郎
傅尔丹	？～1752年	吏部尚书
张廷玉	1672～1755年	吏部尚书
黄叔琳	1672～1756年	吏部侍郎

续表15

姓　名	生卒年限	职　位
刘于义	1675～1748年	吏部尚书
任兰核	1677～1746年	吏部侍郎
彭维新	1679～1769年	吏部右侍郎、吏部左侍郎
高　斌	1682～1755年	吏部尚书
史贻直	1682～1763年	吏部尚书
孙嘉淦	1683－1753年	吏部尚书
沈起元	1685～1763年	吏部主事、吏部员外郎
庄亨阳	1686～1746年	吏部主事
爱新觉罗·德沛	1688～1752年	吏部右侍郎、吏部左侍郎、吏部尚书
黄廷桂	1691～1759年	吏部尚书
王安国	1692～1757年	吏部尚书
汪由敦	1692～1758年	吏部尚书
鄂弥达	？～1761年	吏部主事、吏部郎中
杨超曾	1694～1742年	吏部尚书
吴　檠	1696～1750年	吏部主事
陈宏谋	1696～1771年	吏部尚书
梁诗正	1697～1763年	吏部尚书
方观承	1698～1768年	吏部郎中
董邦达	1699～1769年	吏部侍郎
刘统勋	1699～1773年	吏部尚书
陈大受	1702～1751年	吏部侍郎、吏部尚书
冯成修	1702～1796年	吏部主事、文选司员外郎
谢　墉	不详	吏部左侍郎
蔡　新	1707～1799年	吏部尚书
蒋　溥	1708～1761年	吏部尚书
曹秀先	1708～1784年	吏部右侍郎